- 教育部人文社会科学研究青年基金项目"基于马克思主义生存论的思想政治教育公共关怀研究"（项目批准号：17YJC710106）的最终结项成果
- 2021年度江苏高校"青蓝工程"资助项目的研究成果
- 江苏省高校哲学社会科学重点研究基地"江苏省特殊教育发展研究院"（苏教社政函【2020】20号）的资助成果
- 南京特殊教育师范学院"十四五"马克思主义理论重点学科的资助成果

思想政治教育公共关怀研究

基于马克思主义生存论视角

张九童 ■ 著

中国社会科学出版社

图书在版编目（CIP）数据

思想政治教育公共关怀研究：基于马克思主义生存论视角/张九童著．
—北京：中国社会科学出版社，2024.3
ISBN 978-7-5227-3598-6

Ⅰ.①思⋯　Ⅱ.①张⋯　Ⅲ.①思想政治教育—研究—中国　Ⅳ.①D64

中国国家版本馆 CIP 数据核字（2024）第 101523 号

出 版 人	赵剑英
责任编辑	刘　艳
责任校对	陈　晨
责任印制	郝美娜

出　　版	中国社会科学出版社
社　　址	北京鼓楼西大街甲 158 号
邮　　编	100720
网　　址	http://www.csspw.cn
发 行 部	010-84083685
门 市 部	010-84029450
经　　销	新华书店及其他书店
印刷装订	北京君升印刷有限公司
版　　次	2024 年 3 月第 1 版
印　　次	2024 年 3 月第 1 次印刷
开　　本	710×1000　1/16
印　　张	24.75
字　　数	381 千字
定　　价	148.00 元

凡购买中国社会科学出版社图书，如有质量问题请与本社营销中心联系调换
电话：010-84083683
版权所有　侵权必究

序

得知九童的书稿再次被国家权威出版社——中国社会科学出版社出版，我感到十分高兴。我是九童的博士生导师，他是我指导的唯一一名残疾博士，从他身上我看到了一种自强不息的精神。九童工作七年来，先后出版独著、主编和合著5部学术著作，发表23篇学术论文，足见他在学术研究上的勤勉自强与笔耕不辍。令人欣慰的是，他不仅在学术研究上取得了丰硕成果，而且成为南京特殊教育师范学院马克思主义学院的行政主要负责人，正在以他独有的方式践行着他的学术之路和事业理想。作为导师，看到自己的学生取得如此成绩，我倍感喜悦。

九童的这部著作是他博士期间研究成果的延续、拓展和深化。当年，在博士论文选题上，我们经过反复商议决定从"人的公共生存和思想政治教育的创新"入手展开研究，九童在博士论文写作中经常与我探讨，付出了极大的努力，很多观点让我感到耳目一新，最后他的论文获得山东省优秀博士学位论文，成为当年全省唯一的思想政治教育专业省级优秀博士学位论文。从他的书稿看，相较于博士论文，做了60%左右的修改，注入了近年来党的创新理论成果以及对全球化大公共生存时代全新的理论阐释，是一项较好地把握了研究前沿的学术成果。

纵览全书，最大的理论贡献是实现了人的公共生存、思想政治教育、关怀理论的整合研究，提出了"思想政治教育公共关怀"这一概念，回应了人的公共生存对现代思想政治教育提出的新要求。本书的创新性具体表现在四个方面：

第一，对人的公共生存方式与思想政治教育进行了整合研究。在当前对公共领域与思想政治教育关系的研究中，大部分论文局限于具体公共性问题或公共性环境与思想政治教育的研究，偏重于社会学、管理学的视角，而从马克思主义哲学视角对人的公共生存与思想政治教育的关系进行系统探讨不足，未能全面反映思想政治教育对人的公共生存方式的价值。本书从马克思主义生存论的视角提炼人的公共生存方式，审视人的公共生存方式与思想政治教育的关系，分析在人的公共生存实践日益凸显的当代，思想政治教育应怎样丰富和创新自己的理论与实践体系，更好地指导和优化人的公共生存。本书不仅创新了思想政治教育公共关怀的研究视角，还丰富了思想政治教育的人学研究范式。

第二，将"公共关怀"概念引入思想政治教育领域，试图阐释人的公共生存、公共关怀和思想政治教育间的内在联系，提出了"思想政治教育公共关怀"命题，并论述了思想政治教育公共关怀从理论到实践的系统框架。本书立足人的公共生存，借鉴西方关怀伦理学的精神要义，着力从学理层面探讨关怀理论在公共生活领域的实现形式和表达方式，提出了"公共关怀"的学理性概念和思想政治教育公共关怀的内涵和外延，面向人的公共生存提出和阐释了思想政治教育公共关怀的框架结构。

第三，把社会主义核心价值观渗透在全书始终，着力实现了思想政治教育公共关怀与社会主义核心价值观的有机契合。社会主义核心价值观是当代中国的公共价值观，思想政治教育公共关怀的核心内容就是在激励人们内化和践行社会主义核心价值观的过程中培育公共意识、塑造公共道德、涵养公共精神，进而关怀公共世界。将社会主义核心价值观倡导的爱国、敬业、诚信、友善、自由、平等、公正、法治等内容纳入思想政治教育内容建构框架，并在论题视域下对其公共价值蕴含予以解读，体现了思想政治教育公共关怀与社会主义核心价值观的有机契合，凸显了思想政治教育公共关怀的时代性价值。

第四，从政治、经济、文化、生态四个方面提出并阐发了思想政治教育公共关怀的公共人塑造，丰富了思想政治教育人学研究。从政治公共人、经济公共人、文化公共人、生态公共人四个维度对"公共人"进行了系统梳理和阐发，体现了思想政治教育公共关怀的育人本质，系统展示了"公共人"这个人的发展样态，使思想政治教育的人学研究谱系愈发丰满。

当然，本书的学术研究仍有进一步深化的空间。从理论研究层面看，思想政治教育公共关怀的理论建构需要进一步深化。譬如，对思想政治教育公共关怀的实现方法尚需根据时代特点进行创造性阐发，等等。从实践探索层面看，思想政治教育公共关怀还有待与社会的公共性制度实现更加紧密的结合，等等。值得肯定的是，本书作为思想政治教育人学研究领域的原创性成果，对于在人的公共生存场域下实现思想政治教育创新、回应全球化时代"我们如何在一起"的文化期许具有重要意义。

希望九童能以本书出版为契机，在学术研究道路上继续创造新业绩，书写人生新华章！

万光侠

2023年12月于泉城

（本序作者为山东师范大学党委副书记、山东省社会科学联合会副主席、二级教授、国家"万人计划"哲学社会科学领军人才、全国宣传文化系统"四个一批"人才）

目　　录

绪论　思想政治教育公共关怀的问题缘起与研究基础 …………… 1
 第一节　思想政治教育公共关怀的问题缘起 ………………… 3
  一　人的公共生存课题及对思想政治教育提出的时代使命 …… 5
  二　思想政治教育公共关怀的实践基础 ……………………… 7
  三　思想政治教育公共关怀的理论支撑 ……………………… 18
 第二节　思想政治教育公共关怀研究的文献基础与逻辑进路 …… 21
  一　国内外相关研究述评 ………………………………………… 21
  二　本书的逻辑进路与主要观点 ………………………………… 33

第一章　思想政治教育公共关怀的理论导源与历史考略 …………… 40
 第一节　思想政治教育公共关怀的马克思主义生存论导源 ……… 41
  一　马克思主义实践理性的公共价值意蕴 ……………………… 44
  二　马克思主义生活世界的公共价值建构 ……………………… 47
  三　马克思主义社会共同体的公共价值旨趣 …………………… 53
 第二节　思想政治教育公共关怀观念的中西历史考略 …………… 58
  一　中国传统文化中蕴含的公共关怀价值 ……………………… 58
  二　西方公民学说中彰显的公共关怀滥觞 ……………………… 68

第二章　思想政治教育公共关怀的概念解读与哲学意蕴 …………… 77
 第一节　公共关怀的哲学阐释 …………………………………… 78
  一　当代公共哲学的生存论取向 ………………………………… 78

二　人的公共生存的哲学表征……………………………… 81
　　　三　公共关怀的逻辑生成与内涵界定 …………………… 93
　第二节　思想政治教育公共关怀的概念解读 ………………… 104
　　　一　思想政治教育公共关怀的教育过程 ………………… 106
　　　二　思想政治教育公共关怀的教育对象 ………………… 107
　　　三　思想政治教育公共关怀的基本矛盾 ………………… 108
　　　四　思想政治教育公共关怀的价值关系 ………………… 112
　第三节　思想政治教育公共关怀核心要素的生存论意蕴 …… 114
　　　一　思想政治教育公共关怀本质的生存论意蕴 ………… 115
　　　二　思想政治教育公共关怀内容的生存论意蕴 ………… 126
　　　三　思想政治教育公共关怀基本结构的生存论意蕴 …… 136

第三章　思想政治教育公共关怀的时代境遇 ………………… 144
　第一节　人的公共生存主要矛盾的时代表征 ………………… 145
　　　一　多元价值观念与公共价值共识的矛盾 ……………… 146
　　　二　社会公共性发展与人的个性发展的矛盾 …………… 155
　第二节　思想政治教育公共关怀面临的挑战 ………………… 161
　　　一　思想政治教育的公共认同有弱化趋势 ……………… 162
　　　二　思想政治教育主体的公共职能存在缺位现象 ……… 167
　　　三　思想政治教育公共环境呈现复杂态势 ……………… 171
　第三节　思想政治教育公共关怀的新机遇 …………………… 179
　　　一　公共生活世界的完善有助于推动思想政治教育公共
　　　　　关怀内容的生活化 …………………………………… 180
　　　二　社会公共治理的发展有助于推动思想政治教育公共
　　　　　关怀主体的多元化 …………………………………… 187
　　　三　新媒体的蓬勃发展有助于推动思想政治教育公共关怀
　　　　　载体的现代化 ………………………………………… 194

第四章　思想政治教育公共关怀的内容建构 ………………… 199
　第一节　基于人的公共生存主体样态的思想政治教育公共
　　　　　关怀内容建构 ………………………………………… 200

一　基于个体主体：公共理想信念教育 …………………… 200
　　二　基于群体主体：集体主义价值观教育 ………………… 209
第二节　基于人的公共生存关系的思想政治教育公共关怀
　　　　内容建构 ……………………………………………………… 217
　　一　基于人与自然的关系：公共生态观教育 ……………… 217
　　二　基于人与人的关系：公共交往观教育 ………………… 227
第三节　基于人的公共生存核心价值的思想政治教育公共
　　　　关怀内容建构 ………………………………………………… 237
　　一　基于自由价值：公共生活中的自由观教育 …………… 238
　　二　基于平等价值：公共生活中的平等观教育 …………… 244
　　三　基于公正价值：公共生活中的公正观教育 …………… 249
　　四　基于法治价值：公共生活中的法治观教育 …………… 255

第五章　思想政治教育公共关怀的价值呈现 ……………………… 262
第一节　思想政治教育公共关怀是一种价值实践活动 ………… 263
　　一　思想政治教育公共关怀的价值生成基点 ……………… 263
　　二　思想政治教育公共关怀的价值评价尺度 ……………… 265
　　三　思想政治教育公共关怀的价值目标追求 ……………… 267
第二节　思想政治教育公共关怀对人的公共品格的培育价值 … 267
　　一　完善人的公共认知 ……………………………………… 268
　　二　优化人的公共情感 ……………………………………… 270
　　三　强化人的公共意志 ……………………………………… 273
　　四　塑造人的公共行为 ……………………………………… 275
第三节　思想政治教育公共关怀对人的公共生存秩序的
　　　　优化价值 ……………………………………………………… 278
　　一　传播主流意识形态中的思想塑造 ……………………… 279
　　二　调处公共矛盾中的实践创新 …………………………… 284
　　三　遵行社会公共规范中的价值范导 ……………………… 291
第四节　思想政治教育公共关怀对人的公共生存质量的
　　　　提升价值 ……………………………………………………… 295
　　一　提升人在公共生存中的物质获得感 …………………… 296

二　提升人在公共生存中的政治使命感 …………………… 304
　　三　提升人在公共生存中的精神富足感 …………………… 309

第六章　思想政治教育公共关怀实现的路径选择 ………………… 319
　第一节　思想政治教育公共关怀的环境优化 ……………………… 319
　　一　优化公共制度环境 ……………………………………… 320
　　二　优化公共交往环境 ……………………………………… 325
　　三　优化公共舆论环境 ……………………………………… 328
　第二节　思想政治教育公共关怀的主要实现方法 ………………… 332
　　一　典型教育法 …………………………………………… 333
　　二　民主讨论法 …………………………………………… 337
　　三　主题活动法 …………………………………………… 343
　第三节　思想政治教育公共关怀的公共人塑造 …………………… 349
　　一　政治公共人塑造 ………………………………………… 349
　　二　经济公共人塑造 ………………………………………… 356
　　三　文化公共人塑造 ………………………………………… 362
　　四　生态公共人塑造 ………………………………………… 366

参考文献 ……………………………………………………………… 370

后　记 ………………………………………………………………… 383

绪 论
思想政治教育公共关怀的问题缘起与研究基础

"我们如何能在一起",这是始终困扰人类的公共生存命题。"我们要真正在一起",这是人类不变的公共追求。中国古代儒学经典《礼记》有云:"大道之行也,天下为公,选贤与能,讲信修睦。故人不独亲其亲,不独子其子,使老有所终,壮有所用,幼有所长、矜寡孤独废疾者皆有所养。"[1] 它表达了中国古代先民以"公"为核心的大同社会治道理想。美国哲学家李普曼说:"如果不承认一套超越于众多特殊利益的理性秩序及其共同法则,就根本无法管理一个庞大的多元社会……正是这种进一步多元化的不断裂变的社会,比以往任何时代更需要一种带有共同的约束性准则的公共哲学。"[2] 从古至今,从中国到西方,公共性作为人类共同的文化理想和价值追求,指引着不同民族、不同地域、不同宗教信仰的人们走向交融与和解,和平发展、和谐共存、合作共赢成为人类孜孜以求的生活目标。人类为什么要如此企盼公共生活、倡导公共精神、追求公共价值、探寻公共哲学的致思理路呢?就在于人是一种"合群"的类生命存在,个体的有限性引导人们不断寻觅类群生命的价值生长点,

---

[1] 陈浩注:《礼记集说》,凤凰出版社2015年版,第169页。
[2] 转引自刘军宁等编《市场逻辑与国家观念》,生活·读书·新知三联书店1996年版,第37页。

个体及不同族群间为私利展开零和博弈的惨痛代价总是促使人对自身生存的公共合理性展开反思,始终在"我们如何能在一起"的生存追问中体悟公共生活的意义。

习近平主席指出:"世界多极化、经济全球化深入发展,社会信息化、文化多样化持续推进,新一轮科技革命和产业革命正在孕育成长,各国相互联系、相互依存,全球命运与共、休戚相关,和平力量的上升远远超过战争因素的增长,和平、发展、合作、共赢的时代潮流更加强劲。"① 由此可见,在新的时代背景下人类公共生存日益深化,共同生存成为人类共同的价值选择。人的公共生存方式不仅在人的"类存在"意义上得到凸显,而且贯穿于个体生活、群体生活的多维层面,日益成为人的社会生活的"出场逻辑",同时也面临着"我们如何能在一起"的价值选择。

优化人的公共生存、建构共有精神家园,日益成为思想政治教育的崭新课题。思想政治教育的基本矛盾是个体的思想政治水平、道德素质的实然性状况与社会的应然性公共要求之间的矛盾,这成为思想政治教育存在合法性的重要依据。在全球化的大格局下,思想政治教育面临的公共境遇及其要解决的公共"文化—价值"困境的任务,更强化了其内在的公共本性。在马克思主义生存论的视域中,思想政治教育成为一种按照社会公共标准,通过塑造个体的思想行为,培育个体的公共精神,引导个体走出私人价值视域而施展公共关怀的公共实践活动。思想政治教育通过思想引导和道德塑造掌握人的公共生存与个体生存之间的内在张力,不仅能在关心个性需要、完善个人道德、规范个体行为中为主体解答"我为何存在""我怎样存在"的主体生存课题,更能引导个体关怀社会公共事务和追寻社会公共价值,让每个人在公共交往中体味"他者"的存在和人类的共通价值,进一步找到思想和价值寓所,在致力于"我们如何能在一起"的深入思索中,寄托对美好生活的祈愿。

---

① 《习近平著作选读》第一卷,人民出版社 2023 年版,第 562 页。

第一节 思想政治教育公共关怀的问题缘起

自人类进入阶级社会以来，思想政治教育就具有双重属性：一是作为一种"意识形态教育"，思想政治教育具有阶级性，总是统治阶级思想教化与控制的外显形态；二是作为一种社会教育实践活动，思想政治教育具有社会公共性，其基本着眼点就是调和人类生存中的"群己关系"，旨在使个体的思想政治水平和道德素质符合社会公共要求。因此，"思想政治教育是指社会或社会群体用一定的思想观念、政治观点、道德规范对其成员施加有目的、有计划、有组织的影响，使他们形成符合一定社会、一定阶级所需要的思想品德的社会实践活动"[①]。这个定义之所以比较为学界和社会公众接受，主要是因为它兼顾了思想政治教育阶级性和公共性的双重属性。阶级性和公共性是思想政治教育的一对矛盾。任何国家都有属于本民族的思想政治教育，但都未能破解思想政治教育阶级性和公共性的对立性，甚至在放大这对矛盾对立性中消解了统一性。在中国这个社会主义国家，由于马克思主义的意识形态本质上具有人民性，推动和促进人民对美好生活的向往成为社会主义思想政治教育的价值目标。思想政治教育的阶级性和公共性在这种意识形态指针下实现内在统一，公共性成为思想政治教育重要属性，公共关怀成为思想政治教育的内在价值诉求。

在对思想政治教育的研究中，最具代表性的两重范式就是思想政治教育的社会学范式和人学范式，这两种范式都反映了思想政治教育的公共属性。在思想政治教育的社会学范式中，作为服务于经济社会发展大局的思想上层建筑，思想政治教育具有鲜明的公共性特征，它以促进社会发展的公共目标为基本任务，指明经济社会发展的公共方向，为经济社会发展提供思想基础和精神动力。在思想政治教育的人学范式中，作为建构人的精神世界和完善人的行为方式的教育实践活动，思想政治教

---

① 张耀灿、陈万柏主编：《思想政治教育学》，高等教育出版社2001年版，第4页。

育按照社会发展对个体思想政治素质的公共性要求，发掘人的公共本性，培育人的公共品质，发展人的公共精神，塑造致力于社会公共事务和公共理想的公共人。思想政治教育人学范式并不是对社会学范式的否定，而是基于人的现实生存境遇对思想政治教育社会学范式"工具理性"的反思。在思想政治教育社会学范式中，思想政治教育主要作为社会大系统中的一个子系统，对社会经济发展起到政治导向和精神动力作用，思想政治教育对人的思想政治素质和道德素养的培育主要是基于"个人"在社会存在发展中的"意义"而言的，即从工具理性的眼光和外在事功的角度看待"人"。其实，思想政治教育的主体和客体都是人，思想政治教育公共性的彰显、思想政治教育对于经济社会公共效应的展现，归根到底要依靠对人的公共性品质和素养的价值塑造。在革命战争年代和新中国成立初期，思想政治教育激发了人民的革命意志和建设新国家的热忱，使人民从心灵深处产生高度的公共认同，心甘情愿地为了心中的公共目标而不懈奋斗，思想政治教育公共关怀能量充分彰显。但是，正是因为过分强调思想政治教育的社会性而忽视了对"现实的个人"的实际生存过程的关注，产生了对思想政治教育公共性的误读：把共同性误读为人与人单一同质性，忽视了人的个体差异性；把公利性误读为个人对社会的单向工具性，忽视了人与社会的共赢性和共享性；把公平性误读为绝对平均主义，忽视了人的能力和贡献的多元性。

当代人的公共生存发生复杂而深刻的变革，呼唤我们从人的公共生活本身展开思想政治教育，突出思想政治教育的人学范式。从领域维度看，全球化成为不可阻挡的时代潮流，人类历史加速向世界历史演进，社会公共领域不断扩大，公共生活日益丰富，公众参与成为经济、政治、文化、社会发展进步的重要渠道，社会公共领域的丰富性和复杂性前所未有地开显出来。从价值维度看，人的实践对平等、公正、共享的公共价值追求也不断塑造着人的公共生存的发展样态和未来走向。现代社会公共生存伴随着人类现代化的进程而不断开显，当前，人类现代化正走在一个新的十字路口，西方社会三百年来对人类现代化"代言"所造成的资本至上、政治极化、精神贫瘠、社会撕裂、生态恶化等重重积弊不断冲击人的公共生存的价值合理性，各国在反思中不断探索适合本民族的现代化模式,创构人的生存发展的公共合理性。全球化的发展逻辑出现了具有全局性意义的深刻变化,世界百年未有之大变局成为人类全球化的当代形态。之所以称其为"百年未有之变局",是因为它从根本意义和整体趋势上开始改变以西方为主导的现代化和全球化逻辑,现代化和全球化发展从"西方中心主义"向"多极共生主义"方向发展。在这个过程中,中华民族的和平崛起成为影响百年未有之大变局的最重要变量,中国式现代化展现了人类现代化的新图景,促使世界文化认同从"西方化=普世化"的立场向中国所倡导的人类文明新形态转变,逐步塑造和引领现代人公共生存方式。思想政治教育应立足现代公共世界的变迁趋势,结合中国式现代化所创构的人的公共生存的图景,科学把握和试图求解人的公共生存面临的时代命题,探究当代人公共精神培育和公共价值塑造的新内涵,探索公共关怀对人的生存发展的价值意蕴,以公共关怀为着眼点建构思想政治教育的新样态。

一 人的公共生存课题及对思想政治教育提出的时代使命

2017年,习近平主席在联合国日内瓦总部演讲时提出"时代之问":"当今世界充满了不确定性,人们对未来既寄予期待又感到困惑。世界怎么了?我们怎么办?"[①] 习近平主席在回顾了人类在过去100年谋求和平与发展的成就和曲折,深刻指出:"全球命运与共、休戚相关,和平力量的上升远远超过战争因素的增长,和平、发展、合作、共赢的时代潮流更加强劲";同时,"世界经济增长乏力,金融危机阴云不散,发展鸿沟日益突出,兵戎相见时有发生,冷战思维和强权政治阴魂不散"。[②] 接着,习近平主席提出了"时代之问"的中国方案:构建人类命运共同体,实现共赢共享。[③] 实际上,习近平主席之所以提出这个"时代之问",就在于已经进入21世纪的人类社会实际上陷入了由西方现代性文明导致的人的公共生存悖论当中。"时代之问"实际上反映了当今全球化时代人的公

[①] 《习近平著作选读》第一卷,人民出版社2023年版,第561页。
[②] 《习近平著作选读》第一卷,人民出版社2023年版,第562页。
[③] 《习近平著作选读》第一卷,人民出版社2023年版,第563页。

共生存的核心命题：我们如何能在一起；"时代之问"的中国方案提出了这一核心命题的求解方式，即以共同的命运纽带实现人类凝聚和共赢共享。

消解人类公共生存悖论是时代赋予思想政治教育的重要使命。全球化超越了民族地域界限，压缩了时间和空间，信息高速公路穿越地理障碍，人才、技术、资本和商品在全球范围内自由流通。市场经济和民主政治的发展加速了中国社会公共领域的成熟，个体理性和主体价值得到彰显，个人与社会充分互动的公共样态日渐走向成熟。"我们必然在一起"的大公共格局已然形成。然而，全球化促进了不同实体形式意义上的聚合，并未完成不同国家、不同群体以及个体间的价值融通与利益共享。

工业时代打破了农耕时代的血缘纽带和家族共同体，市场经济的利益最大化信条催生了"私人化浪潮"，诱发了不同主体间思想层面的"价值离散效应"。它带来了选择的自由、支配的乐趣、尝试各种生活方式的机会以及自我的价值认同。由于深受西方现代性"理性至上"和"主体本位"的影响，面对市场经济和资本逻辑媾和，在利益博弈中，个体理性和主体价值得到无限放大，甚至把他人和社会当成自我实现的工具。社会公共理性却日渐式微，造成个体理性和公共理性关系的无序性发展。公共世界的丰富带来的自我确证并未使觉醒的个体走向团结统一，反而制造了个体试图挣脱公共世界的力量。"个人化意味着人们作为享有自主权的个人愈来愈有决定自己怎样行事，选择什么样的价值观的自由……而置集体权威于不顾"[1]。也就是说，在这个精彩纷呈的公共世界中，即便世界各个国家和民族间联系更加紧密、各个领域间的交融更加深入、各种流程间的相互依存和配合更加重要，但"我们如何在一起"却越来越成为了一个问题。人们虽然满口谈论"我们"，但对"我们"的意谓模糊不清，"我们"只是一种实然义的群体代称，却缺失了价值义的整体性概念与公共性诉求，"我是谁？我们是谁？在当代中国，个人自身与我们

---

[1] 中国社会科学杂志社主编：《社会转型：多元文化与多民族观念》，社会科学文献出版社2000年版，第92页。

自己被隔离开来"①。个人在身体上过着公共生活,在观念上却过着私人生活,公共性的价值信念反而随着公共生活形式的丰富而日渐衰微,对"我们如何能在一起"的回答日益模糊,使得公共意识淡薄、公共道德失范、公共精神失落、公共权力腐败、公共安全缺失、公共生态脆弱,等等,人的公共生存面临着严峻挑战,构成了现代公共生活"自反性"。正如学者赵汀阳所说:"我们所谓的'世界',现在还是一个'非世界'(non-world)。……目前所谓的'世界'至多只能表达地理学意义上的整体性。……谈论到'世界',完全不像谈论到'国家'那样能够显示出自身统一的意义和归属感。"② 因此,人的公共生存的最大困境就是公共价值合理性的危机,这就需要思想政治教育充分发挥群己关系的调适功能,帮助人们重建公共生活的文化合理性,重新界定私人生活与权利的边界,寻求当代人个体理性与公共理性间的张力空间,引导个体思想和行为接受公共价值的评判,实现对个体与公共世界关系的反思性重构,塑造个体的社会公共性的价值信念和文化理想,帮助人们在私人生活的利益角逐中重新寻觅日渐远去的社会公共价值共识,以此消解个体生存形式上公共性和价值上的非公共性的文化悖论,建设个人与公共、人与人之间相互关怀的和谐公共世界。

二 思想政治教育公共关怀的实践基础

思想政治教育公共关怀首先来源于思想政治教育公共化转向。探究思想政治教育公共化转向,必须超越资本主义现代化实践中对"公共领域"和"教育公共性"的解读范式。实现现代化的进程意味着人们逐步走出以家族和习俗为核心的"家元共同体",向着以民族国家和制度契约为核心的"族域共同体",乃至"人类共同体"的转变,伴随着人的公共世界的开显和对共同体的价值追求。在资本主义现代化的实践中,资本逻辑造就了国家和市民社会、公共领域和私人领域的二元界分。市民社

---

① 流心:《自我的他性——当代中国的自我系谱》,上海人民出版社 2005 年版,第 151—152 页。
② 赵汀阳:《天下体系——世界制度哲学导论》,江苏教育出版社 2005 年版,第 110—111 页。

会即由市场经济逻辑和私人牟利行为构成,并在生产和交换的经济活动中实现对私人领域的建构。为了使国家与市场间保持足够的界限、减少对市场的干预,在市场中从事逐利行为的个人组织起来成为关注公共事务的公众,形成介于国家权力与市民社会的公共领域。与之相应的是,资本主义的公民教育也是基于国家权力、公共领域和市场的三元界分基础上的教育,这种教育一方面引导公众关注社会公共利益,在一定程度上从市民社会的逐利行为中超脱出来;另一方面诱导公众以批判国家和政府的形式实现对公共领域的塑造。"社会是作为国家对立面而出现的,它一方面明确划定一片私人领域不受公共权力管辖,另一方面在生活过程中又跨越个人家庭的局限,关注公共事务,因此,那个永远受契约支配的领域将成为一个'批判'领域"①。这种伴生于资本主义现代化实践中的教育公共化阐释逻辑是我们这个研究必须要超越的理论和实践叙事。

思想政治教育既是中国共产党的政治优势,又是面向人类生存命题和回应人的现代文明需求的教育实践活动。此二者在中国特色社会主义现代化实践中得以统合。思想政治教育公共化应当立足于"中国式现代化"的理论和实践叙事加以解读。党的十九届六中全会通过的《中共中央关于党的百年奋斗重大成就和历史经验的决议》明确指出:"党领导人民成功走出中国式现代化道路,创造了人类文明新形态,拓展了发展中国家走向现代化的途径。"② 中国式现代化之所以称得上创造"人类文明新形态",一个重要因素在于其超越了资本主义现代化的私人生存逻辑,创造了人类公共生存的崭新图景,为人类追求公共价值和实现共同利益开启了一段新的时代启蒙。党的二十大报告指出:"中国式现代化,是中国共产党领导的社会主义现代化,既有各国现代化的共同特征,更有基于自己国情的中国特色。"③ 中国式现代化是人口规模巨大、实现全体人民共同富裕、物质文明和精神文明协调发展、人与自然和谐共生、走和

---

① [德] 尤尔根·哈贝马斯:《公共领域的结构转型》,曹卫东等译,学林出版社1999年版,第23页。

② 《中共中央关于党的百年奋斗重大成就和历史经验的决议》,人民出版社2021年版,第64页。

③ 《习近平著作选读》第一卷,人民出版社2023年版,第18页。

平发展道路的现代化，其内涵特色与价值追求无不彰显着深厚的公共性价值，体现了历经反思阵痛后的人类现代化的公共范式，为思想政治教育公共化转向和思想政治教育公共关怀创构提供了鲜活的实践基础。

（一）人口规模巨大的国情价值研判标注思想政治教育公共关怀的属人性

"人口规模巨大"是一个事实性判断，即中国式现代化需要在一个人口体量14亿多的国家展开，这超过了人类一切已实现现代化国家的人口总和，标注中国式现代化的复杂程度。中国式现代化将在一个10亿级以上的人口国度铺展开来，可谓人类现代化历史上史无前例的公共性事件。为了满足这一庞大人口基数普遍达到现代化发展要求，需要中国建构人类历史上规模最大的现代化经济体系，形成庞大的公共服务系统；为凝聚14亿人的精神力量，需要创建为绝大多数人共同认同的社会核心价值体系和文化价值系统，建设中华民族现代文明；为保障现代化的有序推进，需要在考虑14亿人口数量的前提下处理好人与自然、效率与公平、活力与秩序、纪律与自由、民主与集中等一系列重大关系，所有这些深刻改变了公共世界的面貌，加剧了公共生活的演变速度，加深了公共领域的复杂程度。思想政治教育要面对中国式现代化的"公有现实"，立足于人的公共生存的全面性、复杂性、激变性来处理问题，积极回应中国式现代化人口规模带来的公共问题和公共诉求，把握人民现代化的深层逻辑。

"人口规模巨大"更是面向国情的价值性研判，其内在蕴含着对实现"人的现代化"的价值追求。"人"是中国式现代化实践的创造主体，也是中国式现代化成果的享有主体，"人的现代化程度"更是中国式现代化的核心评价尺度。英格尔斯认为："只有一个国家的人民是现代化的，这个国家才能成为真正的现代化国家。"[1] 我们必须认识到，资本主义现代化固然实现了人类生产方式的巨大变革，以工业文明实现了对农耕文明的极大超越，但人在创造巨大物质财富的同时并未获得全面发展的条件，马克思指出："在资产阶级社会里，资本具有独立性和个性，而活动着的

---

[1] ［美］英格尔斯：《人的现代化》，殷陆君译，四川人民出版社1985年版，第8页。

个人却没有独立性和个性。"① 资本逻辑成为现代化的主导逻辑，资本逻辑以私有制为基础、以资本增殖为目标、以资本—权力为控制手段，表现为资本扩张的无序化、生产标准的模式化、生产管理的科层化、生产关系的等级化。在这样一种不公正的现代化生产方式中，人的生活方式和思维方式也会陷入单极化发展的窠臼，片面追求物质享受，崇拜技术理性，执着于碎片化的文化工业中。虽然人生活于现代化的社会条件中，却与人本身的现代化渐行渐远。任何国家的现代化都会把人口作为重要考量，只不过中国式现代化是唯一将所有人民对美好生活的追求为首要考量的现代化，它不单追求物质生产方式和生活条件的现代化，还追求政治、文化、社会、生态多维领域的协调发展和现代化创生，正如习近平总书记所说："我们要坚守人民至上理念，突出现代化方向的人民性。人民是历史的创造者，是推进现代化最坚实的根基、最深厚的力量。现代化的最终目标是实现人自由而全面的发展。现代化道路最终能否走得通、行得稳，关键要看是否坚持以人民为中心。"② 只不过中国式现代化面向的是人类历史上人口最多的国度，必然要经历一场人类历史上体量最大、情况最复杂、意义最深远的现代化变革，指向 14 亿人的全面发展和共同进步，实现人类历史上最具影响的现代化公共文明创建。

这既是思想政治教育公共关怀的基本前提，也要求思想政治教育秉承以人民为中心的理念，彰显对"人的现代化"公共关怀价值，在波澜壮阔的现代化公共实践中保持历史耐心，锚定战略定力，坚持底线思维，崇尚公共理想，展现思想政治教育公共化的属人性内核和关怀性意蕴。

（二）全体人民共同富裕的公共目标构成思想政治教育公共关怀的物质基础

习近平总书记指出："当前，全球收入不平等问题突出，一些国家贫富分化，中产阶层塌陷，导致社会撕裂、政治极化、民粹主义泛滥，教训十分深刻！我国必须坚决防止两极分化，促进共同富裕，实现社会和

---

① 《马克思恩格斯文集》第 2 卷，人民出版社 2009 年版，第 46 页。
② 习近平：《携手同行现代化之路：在中国共产党与世界政党高层对话会上的主旨讲话》，《光明日报》2023 年 3 月 16 日第 2 版。

谐安定……共同富裕是社会主义的本质要求，是中国式现代化的重要特征。"[1] 在人类现代化的历史上，只有中国式现代化旗帜鲜明地将"共同富裕"作为现代化的重要特征和价值目标，充分体现了中国式现代化的公共价值指向及对其他国家现代化的超越性。截至目前，人类现代化都是以资本为核心、以市场为手段的现代化，"两极分化"是现代化国家财富分配的真实写照，财富生产和财富享有二律背反成为资本主义现代化的景观，由多数人创造的财富被少数人占有的同时，多数人还要偿付社会文明进步的代价。在资本逻辑的裹挟下，本应是经济发展手段的"市场"也成为具有意识形态属性的资本主义现代化的代名词，进而形成了"市场经济属于私人领域→市场经济是资本主义的专属形态→资本逻辑派生市场逻辑"的逻辑预设。在资本主义现代化的过程中，"两极分化"被视为人的自然差别导致的必然结果，同时又充当了人依凭自身努力和成就获得财富的动力。20世纪以来，为了宣示其现代化的价值合理性，资本主义国家陆续推出所谓的"福利政治"，营造"高福利"基础上"富裕社会"的假象。鉴于资本主义私有制的经济基础，所谓"福利主义"也只不过是政府通过税收杠杆在资本家和工人之间进行的财富分配调节，劳动和资本对立的矛盾、市场和财富共享的矛盾始终没有解决。

在资本主义现代化中，市场通常被认为是以"经济人"为主体，以利益最大化为价值取向的私人领域，与公共领域截然二分，与公共价值背道而驰，其实这种说法是在资本主义阐释框架下，混淆了市场逻辑和资本逻辑的区别。资本逻辑是资本增殖、唯利是图、赢者通吃的逻辑，而市场逻辑是等价交换、供需相称、竞争合作的逻辑。市场逻辑是中性逻辑，资本主义孕育了市场文明，又以资本扩张侵蚀了市场逻辑，资本主义就是凭借资本逻辑放大市场的局限性，使市场逻辑为资本逻辑服务，成为资本增殖的手段，因而造就了市场与公共领域截然二分、市场与公共价值二元对立的境遇。中国特色社会主义打破"社会主义"与"市场经济"对立的现代性范式，进而创造出"社会主义市场经济"这一崭新实践样态。社会主义市场经济遵循人民性逻辑，改变了市场经济与公共

---

[1] 习近平：《扎实推进共同富裕》，《求是》2021年第20期。

性二元对立的阐释方式，赋予市场经济公共性表征。

　　一是坚持公有制为主体的制度基础。社会主义公有制意味着在关乎国计民生的各个领域，代表人民公共利益的国家资本发挥着决定性作用，根本上抑制了私人资本向关乎国家命脉的经济领域的渗透。社会主义国家无须在资本家和人民群众间进行财富调和，其本身就是公共财富的占有者和分配者，人民群众可以凭借自身劳动从中获取应有的报偿，在人类文明发展史上首次使多数人成为驾驭市场与财富的力量。二是坚持政府与市场间良性互动是社会主义市场精神的价值支点。中国既注重发挥市场在资源配置中的决定性作用，又强调更好发挥政府作用，强调政府在市场监管、公共服务和促进社会公平正义中的地位和作用，改变了西方自由主义一种鼓吹的"干预失效"的谬论。中国以先锋型政党为领导核心、以惠民型政府为执行保障、以公益型市场为实践依托，形成了以若干个五年经济社会发展国家计划为指针的经济治理模式，这种治理模式既遵循了商品价值规律，又将资源、信息、人力资本等要素统合起来，从价值质态上为各个市场主体的发展和目标提供了一个明确方向，这种目标管理既不同于指令性计划经济，又不同于西方干预型市场经济，是中国处理政府与市场关系中形成的创造性文明质态，实现了对"资本逻辑"的有效管控。三是社会主义市场经济的公共性表征决定了它旨在实现共同富裕的价值目标。社会主义市场经济实现了对"资本逻辑"的超越，以社会主义市场的人民性逻辑恢复了"市场逻辑"本性，将"资本逻辑"限制在可控的区间内，贯彻创新、协调、绿色、开放、共享的新发展理念，更加注重发展结构的合理度、发展动力的创新度、发展方式的生态优化度、发展成果的普惠度，旨在推动自然、社会和人相协调的公共性发展，谋求满足人民群众美好生活需要的高质量发展。只有社会主义市场经济能够注重经济发展的公共理性，更加注重加强公共生态保护，更加注重完善公共需求满足，更加注重维护发展成果的公正分配，旨在实现市场本身的公共性建构，使市场追求"私利"的动力机制转化为追求"公利"的文明成果。

　　中国式现代化市场经济的公共性表征和共同富裕的价值追求为思想政治教育提供了公共性方向，也为思想政治教育公共价值的实现提供了广阔空间，有利于思想政治教育公共目标塑造、内容建构、方法探求和文化传播，为思想政治教育开展共同富裕价值教育、公平竞争教育、合作共赢教育、科学发展教育、生态与经济协调发展教育奠定了基础，有助于促进思想政治教育公共化取向与市场经济公共性的有机融合，实现对各类市场主体反公共性思想行为的矫治，推动思想政治教育公共性与市场公共性的融合发展，助力共同富裕这一中国式现代化目标的实现。

（三）物质文明和精神文明协调发展的共生文明愿景为思想政治教育公共关怀提供精神指针

人是灵与肉的复合体，这种二重性存在既表征着人对其他生物的超越性，它意味着人对自身的超越性，它意味着人不只要求物质需要的满足和自然存在的充裕，更需要追求社会存在的丰满与精神世界的富足，因此追求物质文明和精神文明协调发展始终是我们孜孜以求的文明愿景。

在现代社会之前，人类文明的发展往往受制于物质世界的局限性，资本主义现代化创造的物质财富打破了人类物质文明的稀缺困境，其创造的物质成果"比过去一切世代创造的全部生产力还要多，还要大"[1]，然而资本主义社会奉行"发展主义"的现代性信念，将社会发展单纯等同于物质财富的积累，使所谓的物质文明蜕化为"物质主义"的窠臼当中。在资本逻辑的驱使下，对物质财富的追求成为整个社会的首要价值和评判标准，谁运用资本创造的物质财富多，谁就拥有相应的社会地位，谁的价值就受到肯定。在资本主义私有制的基础上，由于生产资料为少数人所有，多数人只有成为少数人追求物质财富的工具才能生存下去，因此工人的生活只能屈从于周而复始的机械劳动、商业化的文化产品和各类资本增殖的需要，从而失去了自由选择精神产品和追寻人生价值的时间和空间，劳动者因为异化劳动而处于异化生存状态，即他所创造的物质财富和精神产品成为与之对抗的力量而存在，整个资本主义社会呈现出一种与工人阶级和普通劳动者相对立的物质生产体系和精神生产体系。正如马克思所说："他（工人）在自己的劳动中不是肯定自己，而是否定自己；不是感到幸福，而是感到不幸，不是自由地发挥自己的体力

---

[1] 《马克思恩格斯文集》第2卷，人民出版社2009年版，第36页。

和智力,而是使自己肉体受折磨,精神遭摧残。"① 资本主义现代化不仅造就了贫富分化和阶级对立,而且造成了两大群体的同时"物化":对于工人阶级而言,他们不得不为了生计而无条件地屈从于物质生产,以其体力的消耗和智力的愚痴为代价换取资本的增殖,他们沉溺于资本主义所创构的文化精神世界中,在补偿自身肉体需要的同时消费快餐式、碎片化的精神商品;对于资本家而言,他们沉醉于光怪陆离的物质诱惑中而失去了精神信仰和价值追求,表面上物质消费使其欲望得到满足,实际上却不断成为扩大再生产的手段。总之,精神世界在资本逻辑的驱使下不断走向商品化,不再成为能为人提供灵魂安放的价值栖居地。谋求物质财富的增加和政治地位的提升,拜金和享乐具有天然的合理性,人生真实的目的和价值却成为被长期忽视的存在;个人主义成为与生俱来的信条,集体情怀与公共意义则疏离于人的精神家园。

从这个意义上说,资本主义现代化非但没有在物质财富急剧增加的基础上实现物质文明和精神文明的协调发展,反而在资本逻辑的作用下用物质文明绑架了精神文明,并在与私有制媾和的过程中使各个阶级的人得到不同层面的精神失落。党的二十大报告指出,"丰富人民精神世界"是中国式现代化的本质要求,习近平总书记指出:"人,本质上就是文化的人,而不是'物化'的人;是能动的、全面的人,而不是僵化的、'单向度'的人。人类不仅追求物质条件、经济指标,还要追求'幸福指数';不仅追求自然生态的和谐,还要追求'精神生态'的和谐;不仅追求效率和公平,还要追求人际关系的和谐与精神生活的充实,追求生命的意义。"② 社会主义追求的精神文明的发展关注人的自由全面发展,它不是建构在"物质贫乏"基础的单纯"精神激励",也不是受到"物质主义"侵蚀的"精神商品化",而是与物质文明协同共生的全体人民精神充实丰盈。不仅表征着个体精神需要的满足及精神生活的优质体验;而且包括社会公共层面精神生产和消费、供给和需求的平衡,整个社会精神面貌的改善。具体而言,就是在个人和公共世界两个领域表现出心理

---

① 《马克思恩格斯文集》第 1 卷,人民出版社 2009 年版,第 159 页。
② 习近平:《之江新语》,浙江人民出版社 2007 年版,第 62 页。

认知层面的"追真"诉求、道德价值层面的"向善"要求、思想文化层面的"求美"渴求。

追求物质文明和精神文明协调发展的现代化对思想政治教育公共关怀提出了新要求。其一，要求思想政治教育公共关怀充分发挥自身的公共价值范导效应。资本主义现代化之所以出现"物质丰富、精神痛苦"的局面，其着眼点无非是一个"私"字，正是在私有制的制度设计下，人们才过多着眼于私人物质财富的追逐。思想政治教育既要充分运用公有制的制度优势，在制度精神的宣扬中引导人们认识个人利益和集体利益、个人富裕和共同富裕、物质富裕和精神富裕的关系；又要充分发挥道德公共价值属性，引导人们在自觉关切公共利益中丰富自己的精神肖像，在献身公共事业中建构自身的精神家园，实现对"私人生存逻辑"和"利己价值取向"的超越。其二，要求思想政治教育公共关怀更加关注人的全面发展。物质世界与精神世界的平衡发展是人的全面发展的内在要求，要引导人们从光怪陆离的物质世界中超拔出来，寻找个体人生意义和民族公共精神，以精神世界的丰盈助力公共财富的进益，促进人对客观物质世界和自身精神世界的全面占有，为在公共世界全面进步中实现自身全面发展创造条件。

（四）人与自然和谐共生的价值理念奠定思想政治教育公共关怀的生态追求

党的二十大报告指出："尊重自然、顺应自然、保护自然，是全面建设社会主义现代化国家的内在要求。必须牢固树立和践行绿水青山就是金山银山的理念，站在人与自然和谐共生的高度谋划发展。"[①] 人与自然的关系问题是人类生存发展的永恒课题，自人从自然界分化出来之后，人与自然间生态秩序影响甚至决定着人类文明的向度，也塑造着人的发展样态。原始文明时代人无条件服膺于自然，自然被人类所神化，人尚处于未和自然完全分离的"自然人"状态；农耕文明时代人有限度地利用自然，不是为了全面发展而是为了自给自足，在"存天理，灭人欲""制天命而用之"的思维框架下实现"道义人"的追求。自人类开启现代

---

① 《习近平著作选读》第一卷，人民出版社2023年版，第41页。

化进程以来,"知识就是力量"的先验命题将人提升至自然的主宰地位,理性力量的强大及其与资本逻辑的媾和,无限度地征服自然和从自然中攫取利润成为"最清白和最有价值的工作","经济人"成为主宰自然的存在。当现代化发展到一定阶段,人类发现生态之殇逐渐成为掣肘现代文明进步的主要因素,不管先发现代化国家如何凭借资本特权转嫁生态危机,生态风险还是在世界各国悄然爆发。

中国式现代化试图转变西方现代化将经济和生态二元对立的思维范式,扭转"先污染后治理"的现代化生态路向,探索超越"经济人"的"生态人"发展范式,这既给思想政治教育公共关怀创造了发展机遇,也带来诸多挑战。从时空面向上看,迫切需要思想政治教育从关切人类公共生存命运的高度审视生态公共性问题,引导人们深刻认识生态公共危机及对人的公共生存挑战,促进不同国家承担相应的生态责任。从道义诉求上看,迫切需要思想政治教育充分激发人对生态环境的公共关怀效能,关怀生态环境的自然生长、修复及其与人的全面发展的关系。从文明追求上看,迫切需要思想政治教育在中国式现代化进程中把培育"生态公共人"作为育人形态目标,充分考量中国式现代化与生态文明的共生关系,在中国式现代化中推进工业文明向生态文明的跃迁,在生态关系上推动开创人类文明新形态。

(五)走和平发展道路的共赢智慧为思想政治教育展现对人类文明的公共关怀创造条件

人类社会由传统社会向现代社会的转变并不是一个平等和公正的历史进程,而是作为现代化"先行者"的西方国家利用资本逻辑实现全球化霸权的历史进程。现代化起源于殖民掠夺,西方国家通过资本扩张和殖民侵略建构了不公正的"中心—边缘"世界结构,西方国家理所当然地成为世界经济政治的中心和人类文明的"代言者",由此西方世界形成了一种"现代化价值公设",即现代化就是资本主义化→非西方国家遵循西方国家的现代化→由不发达转向发达、由传统文明转向现代文明→西方现代化终结人类历史。在西方人眼中,不存在有别于西方现代化特质的现代化道路,也不存在有别于通向西方现代化的其他方式,他们时刻向世界其他国家兜售西方现代性的价值系统,企图使非西方国家完全沿着西方现代性的致思取向去推进自身的现代化进程，使各民族在向往"西式文化"中遵循"文化均质化"的实践范式，以西式文明的所谓"普遍性"裁剪人类各民族文明的"特殊性"，并把这种"普遍—特殊"的思维范式置换于"先进—落后""文明—野蛮""富强—贫贱"的价值分析框架中，进而按照进化论的线性思维去评判不同民族的现代化文明。

中国式现代化力图走和平发展道路，以自身现代化发展的和平价值维护世界和平，以自身现代化发展的实践成果促进世界发展。在国际关系上，中国式现代化还在多个维度上实现对西方现代化的价值超越：在现代化的发展方向上，表现为以各国和合共生对国强必霸的超越；在现代化发展的基本逻辑上，表现为人本逻辑对资本逻辑的价值超越；在现代化追求的世界理想样态上，表现为人类命运共同体对种族主义的价值超越；在现代化追求的文明愿景上，表现为"以文明交流超越文明隔阂、文明互鉴超越文明冲突、文明共存超越文明优越"①。进而不断打破"现代化=西方化"的迷思，改变以往现代化的文明等级秩序，创造现代化发展的人类文明新形态。

走和平发展道路的现代化给思想政治教育公共关怀提供了发展契机、赋予了时代使命。思想政治教育作为面向和优化人的生存实践的公共性活动，理应观照当代人类文明发展的公共走向。一要发挥好思想政治教育公共关怀的价值引领力，解读好和平发展道路对世界公共性发展的价值和意义，传递中国智慧、中国声音和中国力量，传播好全人类共同价值，解读好中国式现代化何以站在历史正确一边、站在人类文明进步一边，彰显思想政治教育对人类文明的公共关切。二要发挥好思想政治教育公共关怀的理论辨识力。世界百年未有之大变局意味着由西方绝对优势向相对优势甚至相对劣势的转变。一方面，思想政治教育要借助世界文明力量"东升西降"的历史大势提振民族自信、增强精神动力、汇聚奋进合力；另一方面，西方世界不会轻易承认这种力量对比变化，会通过资本输出、科技垄断、意识形态渗透、贸易制裁、政治打压等方式以前所未有的方式冲击中国社会公共领域和中国人的精神世界，思想政治

---

① 《习近平著作选读》第二卷，人民出版社2023年版，第48页。

教育要勇于应战、冷静应对中西文明博弈中相互融合、碰撞、冲突的复杂态势，发挥公共价值的传播作用和公共方向的引领效应。

三 思想政治教育公共关怀的理论支撑

任何新的理论建构都离不开既有理论大厦的支撑。思想政治教育公共关怀理论导源于马克思主义哲学的公共性品格，借鉴并发展了西方关怀伦理和关怀德育理论，也来自思想政治教育自身发展的理论诉求。

（一）马克思主义哲学公共性品格的凸显为思想政治教育公共关怀的生成和发展提供了哲学基础

马克思主义哲学诞生于西方资本主义世界高度发展和矛盾凸显的历史时期，现代性浪潮荡涤了中世纪神学公共性的阴影，人对主体价值的觉解使个体理性日趋膨胀，建立在资本主义基础上的市民社会的繁荣使社会成为私人利益的"角力场"，他们虽然也提倡在市民社会之外构建公共领域而找到实现公共性的渠道，但这种建立在"原子化个体"之上的哲学求索永远无法达致真正的公共性归宿。马克思主义哲学就是要以其内在的公共价值品格实现对这种个体理性主义的深度矫治，从不同层面奠定了思想政治教育公共关怀的哲学基础。

从实践维度看，人的公共实践是马克思主义哲学公共性的理论基点。"实践"体现了马克思主义哲学对以往一切哲学的超越性。马克思认为："全部社会生活在本质上是实践的，凡是把理论引向神秘主义的神秘东西，都能在人的实践中以及对这个实践的理解中得到合理的解决。"[①] 实践基础上，马克思把哲学从对形而上的"公共始基"的寻求拉到了对人的现实生活过程的关注。在马克思主义哲学看来，"人的本质不是单个人所固有的抽象物，在其现实性上，它是一切社会关系的总和"[②]。从"社会关系"的维度界定"人的本质"，说明人是公共存在物，体现了马克思主义哲学对人的"类群价值本位"的积极确证。人是类存在物，人的类群性只有在全球化的公共交往实践中才能得到确认

---

① 《马克思恩格斯文集》第1卷，人民出版社2009年版，第501页。
② 《马克思恩格斯文集》第1卷，人民出版社2009年版，第501页。

和深化，也只有在生产力普遍发展和人类普遍交往的情况下，马克思主义哲学所倡导的公共理想才有可能实现。马克思主义哲学对人的公共实践的推崇和类群价值本位的确证给思想政治教育公共关怀深刻的哲学启示。思想政治教育植根于马克思主义的魂脉，从公共性的视野引导人们自觉把握人与人、人与社会、人与自然的关系，以公共关怀精神塑造和优化人们之间的共在关系，立基于人类生存现实及其发展趋势，从思想观念层面打造"命运共同体意识"，传播适用于共同体生存发展的公共道德规范，教育和引导人人相互关怀与合作共赢，推动人的公共实践的合理性，推动"思想政治教育公共关怀"这一基于公共关怀的思想政治教育形态的生成和发展。

从价值维度看，马克思主义哲学以服务人民大众为公共宗旨和价值旨归。马克思主义哲学是人民大众的哲学思想，理应致力于实现人民大众的公共利益。马克思主义哲学的公共性精神归根结底需要在人民大众践行和弘扬。这决定了思想政治教育公共关怀理论生成和发展的必然性和可能性。作为学习和宣传马克思主义的教育实践方式，思想政治教育应把实现好、维护好、发展好人民大众的公共利益放到第一位，教育和引导人们特别是公职人员时刻实现对人民大众的公共关怀。在关怀人民大众公共利益的基础上，还要教育引导人民群众关怀我们共同发展的公共世界，使人民既成为公共世界发展成果的共享者，又成为公共财富的创造者。思想政治教育公共关怀要高举以人民为中心的旗帜，把人的公共关怀思想和精神的培育融入社会发展中，在培育和践行社会主义核心价值观和为共产主义公共理想而奋斗的过程中，塑造人的公共精神品格，实现人的公共价值追求。

（二）西方关怀伦理为思想政治教育公共关怀提供了新启迪

西方关怀伦理是基于对西方公正伦理的批评性反思基础上生成和发展的一种伦理模式，以科尔伯格、罗尔斯为代表的公正伦理强调道德原则的普遍性，忽视了道德对个体的亲和力和感召力。关怀伦理从女性主义的关怀特质入手，注重在人际关系中建构"关系自我"，把人置于相互关怀的关系网中，强调处在具体关系中的人们在具体道德情境中相互关怀。

一是关怀伦理对个体的欲望、需要和情感的重视启迪我们要在思想政治教育中进一步关注人与人具体道德情感的发展，着力引导受教育者产生对关怀情境自觉的价值体认，完善思想政治教育对于个体生存的引领和培育。二是关怀伦理向公共领域的延伸为思想政治教育公共关怀理论的建构提供了空间。作为女性主义伦理学，关怀伦理受母性关怀特质的启发，侧重于在家庭层面建构人与人之间的关怀关系。虽然内尔·诺丁斯后来将这种关怀展到公共领域，但仅停留在注重社会政策的关怀性这一社会学层面，对于如何启发个体的公共关怀意识和精神、解读道德教育公共关怀的机制和特征等具体问题缺乏研究。关怀伦理既为思想政治教育公共关怀提供了理论借鉴，同时也为在马克思主义生存论视域下审视思想政治教育公共关怀提供了理论空间。三是关怀伦理同公正伦理的相互融合为思想政治教育公共关怀理论建构创造了条件。关怀伦理学反思了公正伦理的诸多不足，但并不完全反对公正伦理。关怀伦理学家吉利根正是在公正伦理的基础上提出了关怀原则，当前在伦理学界，许多关怀伦理学家亦开始以关怀取向整合公正，推动了关怀伦理和公正伦理的有机融通。这启发我们不能把关怀伦理仅仅视为"私域伦理"，把公正伦理视为"公域伦理"，而要从二者相互融合的视角，分析公共领域的关怀特质，注重挖掘公正伦理范畴的关怀价值，借鉴关怀伦理与公正伦理有机融合的理论，促进思想政治教育公共关怀的构建。

（三）公共关怀反映了思想政治教育学的理论诉求

马克思主义以人类解放为己任，对公义大同理想的价值追求反映了马克思主义理论学科的真理和良心。思想政治教育学作为以马克思主义为指导、以探寻人的思想品德形成发展规律为主要内容、以完善人的思想行为为主要目标的理论学科，公共关怀本身就是其内在的理论品质。个人与社会是思想政治教育学的一个最基本的范畴。个人"是一个特殊的个体，并且正是人的特殊性使他成为一个个体，成为现实的、单个的社会存在物"[①]，一个个人的特殊性决定了个人有发展个性的特殊需求，这就需要思想政治教育尊重人、理解人、关心人，满足个人需要，彰显

[①] 《马克思恩格斯文集》第 1 卷，人民出版社 2009 年版，第 188 页。

个人价值；个人又是在社会中生成和发展的，个人发展方向和方式理应顺应社会发展的规律和方向，思想政治教育就是引导个人按照社会发展的公共要求谋求生存和发展。如何正确处理好个人与社会的关系，始终是思想政治教育学面临的基本论题。思想政治教育公共关怀理论既立足于多元共在的公共生存实践而观照社会公共价值，引导个体施展公共关怀，让人们在公共关怀中实现共建共享共处；又尊重个体多样化的存在方式，积极引导个体在关怀公共世界的过程中找到自身生存发展的价值基点，实现个体价值和公共价值的有机统一，在多元共存的公共世界中彰显思想政治教育的功能和价值。

第二节 思想政治教育公共关怀研究的文献基础与逻辑进路

"基于马克思主义生存论的思想政治教育公共关怀"是一个综合性的前沿研究，只有吸收国内外学界当前各个方面的相关研究成果，并对现有成果进行科学评价，才能找准这一综合研究的发展趋势，阐述本研究的逻辑进路。

一 国内外相关研究述评

（一）国内研究现状综述

目前，学界尚未有关于"基于马克思主义生存论视域中的思想政治教育公共关怀"或与此题目相近的研究成果，但对于"公共性的哲学研究""公共性与思想政治教育的关系研究"已经取得了一定的成果，对"公共关怀"概念尚无学术性研究，只有散见于个别文章中的相关词汇。此论题属于多个论题的综合和交叉研究，着眼国内研究现状，总结梳理相关论题的研究成果，以期对本课题研究提供有益启示。

1. 关于"公共性"的哲学研究

关于"公共性"的研究最早兴起于管理学领域，主要涉及公共管理的公共性问题，后来扩展到文学、传播学、艺术学、教育学等领域。从哲学视角探索公共性问题是当今哲学界一个新的理论生长点,它吸纳了其他各学科关于公共性理论的有益探索,积极借鉴西方公共哲学理论成果,正在形成具有中国特色的公共性和公共哲学理论。主要集中的问题域有:关于公共性内涵的哲学研究、关于公共性与马克思主义哲学的关系研究等。

(1) 关于公共性内涵的哲学研究

近年来,学界对"公共性"内涵的哲学研究日益兴起,一般都是以马克思主义哲学对"公共性"的理解为基础,综合西方对公共性的哲学认识,梳理出关于"公共性"的哲学意涵。主流观点概括如下:

郭湛主编的《社会公共性研究》中认为:"公共性是自我在确证自己的过程中所体现出的为他的属性。"进一步界定了"公共性"的概念归属:"公共性"是一个社会范畴、历史范畴、政治范畴和文化范畴。借此提出公共性是人的一种存在方式,为"人的公共生存"概念生成提供理论支撑。指出公共性的系统样态表现为:①共在性——共处性——共和性;②公有性——公用性——公利性;③共通性——共谋性——共识性;④公意性——公义性——公理性;⑤公开性——公平性——公正性——等等。①

袁祖社认为,公共性是人们之间公共生活的本质属性,它表现为公开环境中、在具有差异性视点的评判下形成的一种共同认识,进而巩固一种维系他们之间共同存在的意识的过程。在这个基础上,他进一步指出了公共性的多维含义:一是社会性,认为社会性和公共性是一般和特殊的关系;二是共享性而非排他性;三是公益性,利益所属的公共性而非私人性,利益本位的社会性而非个人性;四是文化认同性,公共性追求归根结底是一种文化认同行为;五是干预性,公共性不是纯粹市场调节还有国家权力干预;六是差异共识性;七是公共空间的需求性。②

袁玉立从公共性和个人性关系出发界定"公共性":第一,公共性本

---

① 郭湛主编:《社会公共性研究》,人民出版社2009年版。
② 袁祖社:《市场经济与现代社会的公共理性研究——当代"公共哲学"的理论视角》,中国社会科学出版社2011年版,第19—22页;袁祖社:《公共哲学与当代中国的公共性社会实践》,《中国社会科学》2007年第3期。

质上是个人性的延伸。公共性是共同体中每个人的个人性的扩展。但在一定的社会历史条件下，公共性则以异化的形式扩大了共同体内少数人的个人性。第二，公共性就是一种现代性，甚至就是现代性的基础的或强势的部分。作为现代性基石的理性和主体性，是以人的公共性为条件和前提的。第三，公共性愈益成为一个复合型的概念。公共性往往被多层次的人数、规模、资源与范围不等的社会共同体所吸纳。第四，公共性是一个质量统一的概念。其质的规定是指共同体中由个人让渡出去后又返还个人或物质性或精神性或制度性的社会资源；其量的规定是指个人让渡出去的部分在返还予个人时的多寡。①

王乐夫、陈干全从一种描述现代政府活动基本性质与归宿工具性视角分析公共性，充实了公共性的政治哲学内涵。一是指政府应按照社会的共同利益和人民的意志制定与执行公共政策。二是作为一种现代行政公共精神的公共性。三是强调公共部门运作要体现人民主权、政府行为合法性和政府行为的制度公正性。四是强调政府应负有社会责任感，让公民有平等的参与权与机会，体现社会公平与正义。五是强调公共舆论的监督和批判作用。②

（2）关于公共性与马克思主义哲学的关系研究

当前学界日益重视挖掘马克思主义哲学内在的公共性维度，并把"公共性"作为实现马克思主义哲学的一个阐释维度。在公共性与马克思主义哲学的关系方面，国内学界的主要代表性观点有：

贾英健认为马克思主义哲学的公共性蕴涵可以从四个方面加以认识：首先，马克思主义哲学揭示了改变世界哲学的公共性实质。其次，马克思确立了以公共人的终极关怀为理论旨趣的人本立场。再次，马克思把社会共同体价值本位的公共性理念作为唯物主义新质的新智慧。最后，马克思揭示了历史与公共性的相互形塑的历史发生学的科学视界，研究了历史生成中的公共性原则，阐释了世界历史发展这一公共空间的公

---

① 袁玉立：《公共性：走进我们生活的哲学范畴——马克思主义哲学的一个新视点》，《学术界》2005 年第 5 期。

② 王乐夫、陈干全：《公共性：公共管理研究的基础与核心》，《社会科学》2003 年第 4 期。

性深蕴和价值理想。①

袁祖社从三个方面阐发马克思主义哲学的公共性蕴涵。首先，公共性意味着马克思主义哲学的整体性价值取向——共产主义社会的超验性、理想性预设。其次，公共性还指马克思的哲学的阐述的新的理性观——公共实践合理性。最后，公共性指马克思主义哲学的类群价值的本位性，旨在探求人类社会与社群公共生活的合理性。②

郑广永、常晋芳为唯物史观提供了理解公共性问题的方法、解释框架，是介入公共性问题研究的一种方式。③

桑明旭提出，公共性是主体间一种具体社会关系的属性；公共性是对某种事物、某种行为、某种思想是否"公共"的判断尺度和检验原则。还从公共性和社会性、公共性和阶级性两重关系的向度阐述了"公共性"。在公共性和社会性的关系上，认为公共性和社会性是部分与整体、被包含与包含的关系；社会性是公共性的前提；公共性是社会性的发展趋势和未来状态。在公共性和阶级性的关系上，认为公共性和阶级性在一定历史发展阶段上是同时存在的，是社会性在不同层面的表现；阶级性是公共性发展过程中需要依赖的手段和扬弃的对象。④

2. 关于"公共性与思想政治教育关系"的研究

近几年，学界越来越开始关注"公共性与思想政治教育关系"的研究，尤其注重挖掘思想政治教育内蕴的公共性。虽然这一研究还有很多有待挖掘之处，但已然打开了思想政治教育公共性研究的通路。具体表现为以下几个方面：

第一，公共性视野下的思想政治教育研究。其一，关于公共性与思想政治教育的关系。学界普遍认为，公共性是思想政治教育的应有属性。罗仲尤、邹德萍指出，提升公共性是思想政治教育目标的重要取向；促

---

① 贾英健:《公共性的出场与马克思主义哲学创新的当代视域》,《湖南社会科学》2008年第4期。
② 袁祖社:《文化公共性理想的复权及其历史性创生——马克思主义哲学的一种新的解释视域》,《学术界》2005年第5期。
③ 刘志洪、朱华彬:《总结、探索与争论——唯物史观视野中的公共性问题理论研讨会综述》,《哲学研究》2009年第8期。
④ 桑明旭:《马克思的"公共性"概念》,《宁夏社会科学》2019年第1期。

进公共性是思想政治教育功能的必然选择；体现公共性是思想政治教育内容的客观要求。① 王晓玉、苏国红强调，思想政治教育的目的、内容、环境、价值都体现出深刻的公共性意蕴。在社会转型期，思想政治教育公共性转型面临困境，需要发掘公共空间资源，培养公共人，凝聚公共价值。② 孟凡辉、胡晓红研究表明，主导性的消解凸显了思想政治教育公共性困境，价值引领与整合是思想政治教育公共性的实质。③ 其二，关于思想政治教育公共化内涵研究。戴锐认为，思想政治教育公共化是指通过教育使人们具有以公共情感、公共理性以及致力于公共事务的奋斗、牺牲精神所构成的公共精神为核心的公共性品质。教育的主要影响路径是，公共环境与设施的潜在影响、公共文化空间的参与建设与公共传播、公共交流空间的日常参与、公共事务参与或模拟参与、公共服务（尤其是公益性组织及其活动）等。④ 其三，思想政治教育在公共性环境中面临的现实困境。从受教育者的角度看，公共精神阙如是思想政治教育困境的现实背景。从教育者的角度看，交往原则的缺席是思想政治教育困境的方法论渊源。⑤ 刘保通过反思传统思想政治教育的视角阐述了思想政治教育向公共领域延展的必要性，以单位或行业系统为界限的传统思想政治教育已经严重落后于信息时代社会化的教育模式和全方位的信息获取模式；以一定的时间集中进行的传统思想政治教育模式已不适应人们学习思考、获取信息的全程性和自主性；单向度的灌输模式与受教育者主体意识增强、信息来源多元化、价值观念多样化的特点不相适应。⑥

第二，从历史起源的视界透视思想政治教育的公共性内涵。王永益认为，政治产生于公共利益和差别利益，而思想政治教育则产生于这些利益在观念上的表现；思想政治教育既要服务于社会整体利益，也要服

---

① 罗仲尤、邹德萍：《论思想政治教育的公共属性》，《思想教育研究》2017 年第 9 期。
② 王晓玉、苏国红：《社会转型时期思想政治教育公共性的困境与实践》，《齐鲁师范学院学报》2021 年第 1 期。
③ 孟凡辉、胡晓红：《思想政治教育公共性的内涵及其构建》，《思想政治教育研究》2019 年第 5 期。
④ 戴锐：《思想政治教育的公共化转型》，《马克思主义与现实》2013 年第 1 期。
⑤ 夏庆波：《论公共性视域中的思想政治教育》，《思想教育研究》2009 年第 6 期。
⑥ 刘保：《论思想政治教育在公共领域的拓展》，硕士学位论文，中国青年政治学院，2007 年。

务于统治阶级的利益,任何主体进行的思想政治教育都不能违背社会公共利益。①

第三,挖掘思想政治教育与公共精神培育的内在联系。有的学者从人性视角分析了公共精神的内涵。认为公共精神是人性天然存在成分,始终作为一种无形的精神力量,维持着整个"公共"世界的稳定。培育和壮大公共精神切合于人性发展的必然方向。以人性的发展和完善为目的,实现对公共精神的有效培育,是任何时代和社会的终极关怀。② 有的学者阐述了公共精神培育与社会主义价值观教育的关系。认为公共精神是孕育于社会公民之中的、位于最深的基本道德价值层面的、以公民和社会为依归的价值取向。公共精神的培育就是倡导社会主义核心价值观,掌握我国意识形态领域的主导权、主动权、话语权,实现社会整合能力,最终凝聚社会公共精神。③ 有的学者则从文化公共性的视界阐述了公共精神的建构。指出重建公共价值精神的希望在于建构起一个以马克思主义价值观为核心的健康的文化公共价值领域。它超越了市场交换直接利益目的的社会生活领域,是一个构建公共生活意义和公共生活价值的社会生活领域。④

3. 关于"公共关怀"的研究

对于"公共关怀",专门研究的文章很少,一种是附着在对公共性或公共精神的探讨过程中;另一种则主要是具体研究大学教育或知识分子的公共关怀。

袁祖社在谈到"国民精神的养成"时对公共关怀进行了阐述。该文分析了公共关怀缺失的表现,即人们对于公共制度、公共精神、公共空间、公共言述、公共舆论、公共权力、公共福利、公共意识等诸如此类交叠的公共问题缺乏基本的关注。公共关怀的缺失体现为某种"相关缺

---

① 王永益:《思想政治教育的公共性和差别性考察》,《求实》2012年第11期。
② 李金龙、王昶:《公民公共精神培育的有效建构——基于人性的分析》,《东北大学学报》2013年第2期。
③ 卢勇:《培育"公共精神"——当代大学生思想政治教育现代化及现实性双重维度的统一》,《科技导刊》2012年第3期。
④ 刘秀华:《当代大学生马克思主义价值观教育的文化公共性审视》,《思想教育研究》2008年第6期。

陷"——公共制度、公共精神、公共空间、公共言述、公共舆论、公共权力、公共福利、公共意识等的同时缺失，其中最为紧要的是社会中缺乏讨论政治问题的公共理性。具体体现在三个方面：其一，社会政治精神的涣散。其二，社会制度建构的畸形。其三，社会生活结构的扭曲。该文分析了公共关怀缺失的原因，认为公共关怀的缺失与私密化的社会政治生活状态具有一致性。① 刘鑫淼在《当代中国公共精神的培育研究》中，用一段话阐述了"公共关怀是公共精神的精髓"，认为公共关怀表现为一种对公共事务及公共生活的积极关注、理解和承担的心理倾向，是基于世界的普遍关联性而客观要求的实践活动。② 常楷、丁友文指出，公共关怀是人类存在本质需要的内在要求，公共关怀是以利他的方式关心他人以及关注公共利益的意识、态度和行为方式，是特定历史进程中交往实践的秩序，是自我本质实现的路径。③

于文秀的《大学精神与公共关怀》、杨胜刚的《让有公共关怀的学术登场——中国大学学术讲演录的取向》等均以新闻报道或时评的形式粗略地分析了大学教育和知识分子与公共关怀的联系。主要分析了大学教育和知识分子公共关怀淡化的原因。阐述了人文精神与公共关怀是大学精神与大学文化的一体两翼，二者相辅相成，互为依托，是大学乃至人类自我完善的内驱力和内在支撑。④ 一个人文知识分子对身边的事物视若无睹，其学术存在的合法性就是可疑的。宏博的学术在与人疏离的书斋里是培植不起来的，它源于更广博的公共关怀和人文关怀。⑤

（二）国外研究现状综述

国外虽然没有专门的思想政治教育概念，但对于公共性的哲学和政治学研究成果十分丰硕。此外，近年来，西方伦理学界积极探索和提炼出的关怀伦理学及其相关德育思想，对本书的研究具有重要借鉴价值。

---

① 袁祖社：《市场经济与现代社会的公共理性研究——当代"公共哲学"的理论视角》，人民出版社2011年版，第36页。
② 刘鑫淼：《当代中国公共精神的培育研究》，人民出版社2010年版，第35—36页。
③ 常楷、丁友文：《马克思主义哲学视阈中的公共关怀观》，《浙江学刊》2017年第2期。
④ 于文秀：《大学精神与公共关怀》，《光明日报》2009年2月4日第11版。
⑤ 杨胜刚：《让有公共关怀的学术登场——中国大学学术讲演录的取向》，《光明日报》2002年9月12日。

对国外研究成果主要从以下三个方面做简要梳理：

1. 关于"公共领域"和"公共性"的研究

在国外关于公共哲学的研究中，对公共性的解读更侧重其政治性色彩，因而与公共领域的实践发展和理论探索有着密不可分的关系，在西方学者看来，公共性总体来说就是人在公共领域表现出的政治特性。具有代表性的著作有汉娜·阿伦特的《人的境况》、尤尔根·哈贝马斯的《公共领域的结构转型》、约翰·罗尔斯的《政治自由主义》、查尔斯·泰勒的《公民与国家之间的距离》、迈克尔·桑德尔的《公共哲学：政治中的道德问题》、阿兰·图海纳的《我们何以共同生存——既彼此平等又互有差异》，等等。主要研究成果简要整合如下：

第一，关于公共哲学产生的基础背景——西方社会对个人主义的反思。个人主义虽然在西方文化土壤中根深蒂固，但随着社会的发展，个人主义的弊端也日益凸显，西方学界也日益感受到对个体价值的盲目尊崇和无限张扬冲击了社会公共发展诉求，使个人与公共处于不可调和的矛盾中。美国学者查尔斯·泰勒将"极端个人主义"命名为"原子主义"（atomism），认为其过分强调个人及个人权利对社会的优先性，而把社会只当作是实现个人目的的工具。[1] 荷兰学者哈尔曼认为，个人化意味着人们片面追求个人幸福、自我实现以及立即满足个人要求，而置集体权威于不顾。[2] 英国学者齐格蒙特·鲍曼分析了私人化现象及其对公共生活带来的冲击：在私人化的社会中，目标似乎指向不同的方向，甚至彼此冲突，它们极少累积并凝聚成一个共同事业。[3]

第二，关于公共领域的研究。在国外对公共领域的研究中，最具代表性的是美国学者汉娜·阿伦特、查尔斯·泰勒以及德国学者尤尔根·哈贝马斯。阿伦特立足于对古希腊公共生活的反思来透视现代公共领域

---

[1] Charles Taylor, Atomism, *in Philosophy and Human Sciences*, Cambridge University Press, pp. 187-210.

[2] 中国社会科学杂志社主编：《社会转型：多元文化与多民族观念》，社会科学文献出版社 2000 年版，第 92 页。

[3] ［英］齐格蒙特·鲍曼：《生活在碎片之中——论后现代道德》，郁建兴等译，学林出版社 2002 年版，第 321 页。

的生成。在阿伦特的研究中，公共领域是一个施展个性以实现自身价值的场所，政治之公共领域是人之为人的存在条件，没有政治的公共领域，自由就缺乏实现的空间；公共领域具有最广泛的公开性，公共领域就是世界本身。世界对于所有人来说是共同的，由于公共领域的出现，世界被转变成了一个将人们聚集在一起并将他们互相联系，又防止他们倾倒在彼此身上而导致同化。只有公共领域的存在以及世界的这种转变，才完全依赖于永恒性。① 哈贝马斯鲜明地分析了资产阶级公共领域。在他看来，资产阶级公共领域可以理解为一个由私人集合而成的公众的领域，是公共权力领域与私人领域之间的一块中间地带，它跨越个人和家庭的局限，引导人们留心公共事务。它不受公共权力管辖，又能对这一公共权力进行公开的政治批判和对文化艺术进行公开探讨，具有文学批评和政治批判功能，批判性是公共领域的精髓。公共领域还反映了公共管理与私人自律间的紧张关系，这种紧张关系和由此产生的批判精神是公共领域得以存在的社会心理根据。公共领域由其批判性形成了个人的理性交往过程。② 查尔斯·泰勒认为，社会在公共领域中透过公共媒体交换意见，对问题产生质疑或形成共识。公共领域是政治外的公共活动空间，政治权力在此必须倾听。③

第三，关于公共性的研究。其一，公共性表征着公民对政治正义性建构的公共认同。罗尔斯认为，秩序良好的社会是一个由一种有效的公共正义观念所规导的社会，公平正义中所理解的公共性具有三个层次：第一层次是公民对正义原则和公共知识的普遍承认，即每个有理性的人都认识到社会基本结构的制度是正义的。第二层次是公民能够接受在正义原则基础上所持有关于人类本性的普遍信念。第三层次是公民通过反

---

① [美] 汉娜·阿伦特：《人的境况》，王寅丽译，上海世纪出版集团2009年版。
② [德] 尤尔根·哈贝马斯：《公共领域的结构转型》，曹卫东、王晓珏、刘北成、宋伟杰译，学林出版社1999年版；周菲：《当代欧美公共哲学研究述评》，《上海师范大学学报》2005年第3期。
③ [美] 查尔斯·泰勒：《公民与国家之间的距离》，李保宗译，载汪晖、陈谷燕主编《文化与公共性》，生活·读书·新知三联书店1998年版，第199—220页。

思和再认识达到对公共正义观念的证明。① 其二,公共性本质是公共权力。在康德看来,公共性是全体公民都有资格享受的普遍权利,是社会正义的前提。康德进一步推断出公共性的两个原则:第一个原则是凡是关系到别人权利的行为而其准则与公共性不能一致的,都是不正义的;第二个原则是所有要求公共性的准则,如果在它们所要实现的目的上不想失败,就必须把权利和政治调和起来。②

2. 关于"公共领域中道德教育"的研究

西方公共领域中的道德教育突出表现在后现代主义伦理学中。麦金泰尔提出"道德共同体理论",主张德性首先在于这样一种社会共同体:这个共同体先于个人。这个共同体是个人的人格同一性的背景要素,而不是个人决定这个共同性的特性。要教育人们在公共领域中谋求一种整体性的生活,德性是一种能够给实践活动和个人整体生活提供它们所必需的历史背景的那些传统价值理念。③ 齐格蒙特·鲍曼深刻批判了社会公共道德规范化的规则主义倾向,认为社会公共道德及其教育过于规范化、规则化,但人们真正的公共道德意识的存在不是一种外在规则的存在,不是一种强制性的存在,要引导人们在公共生活中追求道德自我意识,形成一种对他物、陌生人、社区等他者的自觉责任。强调对他者的责任也是一种能力,来自与他人共同生活的成就。这种成就被体验为"我们的体验"、"为他人而在(being for)"优于"与他人共在(being with)",意味着为他者的幸福负责任。④

3. 关于"关怀伦理"的研究

关怀伦理基于对西方正义伦理过分强调抽象的道德推理、抽象个人的反思,强调具体的道德情境,从女性主义的视角出发,以关怀建构人与人之间的和谐关系,使人在关怀中由自我走向他者和社会。具有代表

---

① [美]约翰·罗尔斯:《政治自由主义》(增订版),万俊人译,译林出版社2013年版,第61—62页。
② [德]康德:《历史理性批判文集》,何兆武译,商务印书馆1990年版,第139、142—147页。
③ [美]麦金泰尔:《德性之后》,龚群译,中国社会科学出版社1997年版,第343页。
④ [英]齐格蒙特·鲍曼:《后现代伦理学》,张成刚译,江苏人民出版社2003年版,第219页。

性的著作有卡罗尔·吉利根的《另一种不同的声音》、内尔·诺丁斯的《始于家庭：关怀与社会政策》等。

第一，关怀伦理的基本概念研究。关怀伦理的核心就是"关怀"，在关怀伦理学家看来，首先，关怀是一种关注他人的道德情感。其次，关怀是一种关心他人的关系行为。关怀的本质因素在于关怀方与被关怀方的关系，是一种关系行为。关怀方要把握他人的现实性，通过移情效应，尽可能地满足他人的需要，保护其利益，促进其发展。同时，被关怀方需要对关怀方的关怀做出回应。最后，关于关怀的圈层结构。诺丁斯认为关怀者与被关怀者们构成远近不同的同心圆，越对内圈，越容易做到充分的动机移置。[①]

第二，关怀伦理与正义伦理的比较和融合研究。吉利根从女性主义视角切入，反对科尔伯格提出的相比之下女子道德推理能力的发展处于相对较低层次的论断，指出妇女对道德问题的推理和解决方式与男子是不同的，没有高下之分。男性侧重于理性的、抽象的道德推理，因此希望以一种合理的体制安排维系道德公正，这构成了公正伦理的基本原则；而女性的道德思维更加细腻，更加注重人际关系的重要性和道德关怀的价值，这也就使关怀和责任成为妇女道德思考的首要选择。正如吉利根所阐述的，由责任的冲突而非冲突的权利引起的道德问题，其解决的方式也要求是一种具体的、设身处地的，而不是抽象的、形式的道德思考模式。[②] 具体而言，相比于公正伦理，关怀伦理倾向于联系情境，根据具体情况来讨论道德问题，而不愿把道德作为抽象争论的知识问题；倾向于把世界看成是由关系而不是独立的个人构成，把世界看成通过人们之间的关联，注重人们间的情感、感觉以及他人的需要，而不是单纯的制度设计。因此，有人认为关怀伦理是对公正伦理的超越。但是最近几年，也有学者提出了关怀伦理和公正伦理不存在谁对谁的"超越"，理应相互融合。迈克尔·斯洛特认为以制度安排为核心、侧重于维护社会公共利

---

① N. Noddings, Caring: *A Feminine Approach to Ethics & Moral Education*, California: University of California Press, 1986；侯晶晶：《关怀德育论》，人民教育出版社2005年版。

② Gilligan, C. In a Different Voice: *Psychological Theory and Women Development*, Cambridge: Mass, Harvard University Press, 1982.

益的公正伦理与强调个体感受及相互关系的关怀伦理并不矛盾,因为对法律、制度和社会习俗之正义性的理解,类似于关于个体的关怀伦理学的理解。如果制度、法律以及社会习俗和惯例反映了那些负责制定和维护它们的人具有移情作用的关怀动机,那么它们就是正义的。因此,关怀伦理以自己的方式来探讨社会正义问题。①

(三) 研究现状评析

就目前掌握的资料看,虽然有不少与本课题相关的研究成果,但都仅仅反映了课题的某个侧面,没有对生存论、思想政治教育、公共性三者综合系统研究的成果。尚有以下有待进一步研究的薄弱环节:

其一,国内外学界对公共性的哲学研究已经有了比较丰富的成果,特别是国外公共哲学的理论研究成果丰硕;国内在人的公共生存和公共性的研究上存在尾随国外研究视角和观点的现象,对本国的人的公共生存实践把握上还不到位,公共性研究的中国话语体系还不成熟。

其二,对于公共性与思想政治教育的关系问题,学界虽然近些年来的研究日渐增多,但也只有 10 篇左右的论文,也只是进行了初步的探索。从研究思路上看,开始挖掘思想政治教育自身的公共性,但研究深度有待加强,研究重复度较高;从研究视角看,尚未有文章从马克思主义生存论的维度梳理研究人的公共生存与思想政治教育的内在联系;从研究内容上看,基本上集中在加强公民公共精神的培育和塑造上,没有系统地梳理人的公共生存将对思想政治教育带来的挑战、机遇以及将对思想政治教育的内容、方法、环境、育人目标上带来的创新。

其三,对于公共关怀的研究,国内学界只在公共性研究的附属层面对其进行了初步分析,有的文章只是在零散的新闻报道和时评中提出了公共关怀的理念,尚未从学理层面进行系统的分析和研究。国外学界方面,虽然诺丁斯等关怀伦理学家对公共领域的关怀做了一些有益探索,但因为关怀伦理起源于女性主义视角,对家庭等私人领域的关注仍然相对较多;关怀伦理和公正伦理壁垒分明的情况依旧突出,尚未开展"公

---

① [美]迈克尔·斯洛特:《关怀伦理视域下的社会正义》,黎良华译,赵永刚校,《吉首大学学报》(社会科学版) 2011 年第 4 期。

共关怀"的学理性研究。

上述研究成果既为本课题的研究提供了理论参照和借鉴，又展现了进一步开展综合性、学理性研究的广阔空间。综合评述国内外研究成果，本课题可顺应以下研究趋势：

第一，科学分析和借鉴中西方对公共性研究成果，结合中国的公共实践和社会发展特点，在马克思主义生存论视角下，展开对人的公共生存和思想政治教育进行整合研究，进一步丰富和发展思想政治教育的人学体系，完善思想政治教育对人的公共生存的引领塑造作用。

第二，鉴于人的公共生存实践的深入发展，以及人的公共生存优化对于人与人之间相互关怀的价值诉求，需要借鉴西方关怀伦理，提出和研究"公共关怀"和"思想政治教育公共关怀"的科学概念，并对一系列相关问题进行理论框架搭建和学理探究。

二 本书的逻辑进路与主要观点

基于国内外相关研究现状和本课题的研究趋势，本书主要采取了"理论激活"与"整合创新"两个研究路向。

所谓理论激活，就是要在当代人的公共生存实践基础上激活思想政治教育的公共性特质。作为一种社会教育实践活动，思想政治教育向来内蕴一种公共标准，旨在使个体的思想政治水平、道德素质和行为方式符合社会的公共要求。无论是革命战争年代的思想政治教育还是改革开放初期的思想政治教育，都在引导个体思想政治素质公共化的进程中发挥了重要作用，试图建构思想政治教育的公共表达方式，但也出现了两种相左的倾向：一种是过于强调整齐划一的公共标准，用共性代替了个性，用统一性代替了多元性，疏远了丰富多彩的公共生活世界，忽视了每个个人在公共生活中的主体作用；另一种是过分强调个性的张扬，将公共性淹没在个性之中，影响了人的公共关怀精神的塑造和人的公共关怀价值的实现。思想政治教育的生存论转向为其公共范式的科学建构提供了契机。在马克思主义生存论转向中，思想政治教育要观照人的现实生存过程，其公共性特质的发挥不是单纯诉诸政治属性，而是要顺应人的公共生存的内在逻辑和价值诉求，在塑造人的公共实践中建构人的公共精神世界，描绘人在公共生存中应然的"精神肖像"。因此，人的公共生存转向促发了思想政治教育的公共转向，激活了思想政治教育公共化的表达范式。着眼于当代人的公共生存实践，思想政治教育的公共化表达一方面要变革以往"高""大""全"式的公共目标窠臼；另一方面要在个性与公共性的互养相成中审视思想政治教育的个性塑造目标和方式。在深入挖掘思想政治教育公共生存论意蕴基础上，建构思想政治公共关怀的理论体系，着力处理好人的个体（或私人）生活与公共生活的关系，推动人的个体价值和公共价值的协调与完善，彰显思想政治教育在现代公共生活领域的引导、激励和促进作用，培育符合现代社会公共生活要求的"公共人"。

所谓整合创新，就是实现人的公共生存、思想政治教育、关怀理论的整合研究，提出"思想政治教育公共关怀"这一概念，以回应人的公共生存对思想政治教育提出的新要求。这也是本书的主要创新点之一。本书的整合创新主要包括两个方面：一是对人的公共生存方式与思想政治教育进行了整合研究。在当前对公共领域与思想政治教育关系的研究中，大部分论文局限于具体公共性问题或公共性环境与思想政治教育的研究，偏重于社会学、管理学的视角，而从马克思主义哲学视角对人的公共生存与思想政治教育的关系进行系统探讨不足。即使探讨思想政治教育与公共性的关系，也没有提炼出"人的公共生存"维度，未反映思想政治教育对人的公共生存方式的价值。本书是以马克思主义人学为指导，从哲学生存论的视角提炼人的公共生存方式，审视人的公共生存方式与思想政治教育的相关关系，分析在人的公共生存实践日益凸显的当代，思想政治教育应怎样丰富和创新自己的理论与实践体系，更好地指导和优化人的公共生存。不仅创新了思想政治教育公共关怀的研究视角，还丰富了思想政治教育的人学研究范式。二是将"公共关怀"概念引入思想政治教育领域，试图阐释人的公共生存、公共关怀和思想政治教育间的内在联系，提出了"思想政治教育公共关怀"命题，并阐述了思想政治教育公共关怀从理论到实践的系统框架。在以往的研究中，"公共关怀"一词只是散见于一些报刊、杂志中，作为一个附属性概念出现。本书立足人的公共生存，借鉴西方关怀伦理学的精神要旨，着力从学理层面探讨关怀理论在公共生活领域的实现形式和表达方式，提出了公共关怀的学理性概念和思想政治教育公共关怀的内涵和外延，面向人的公共生存提出和阐释了思想政治教育公共关怀的框架结构。

当前，世界格局正在发生复杂和深刻的变化，人类现代化进程走到了一个新的十字路口上。习近平总书记在中国共产党与世界政党高层对话会上提出"现代化之问"："两极分化还是共同富裕？物质至上还是物质精神协调发展？竭泽而渔还是人与自然和谐共生？零和博弈还是合作共赢？照抄照搬别国模式还是立足自身国情自主发展？我们究竟需要什么样的现代化？怎样才能实现现代化？"[1] 其实，从公共哲学的角度看，这些"现代化之问"的关键就在于"是坚持公共性价值逻辑，还是奉行私人性价值逻辑"，这其实也映射出当代人公共生存实践的复杂性及人类价值选择的复杂性，人类的精神家园建构实际上正在面临"追求公利"还是"追求私欲"急剧性选择的十字路口，思想政治教育作为精神世界的建构活动，将深度影响人的思想和行为取向，平衡公共价值世界和个体价值世界的关系。思想政治教育公共关怀对人的精神肖像的塑造将发挥日益深刻的作用，深刻作用于中国人对当下和未来世界发展方向的价值选择。如何在当代人的公共生存境遇中发挥好思想政治教育的作用，思想政治教育公共关怀将尝试给出相应的回答。

基于上述认识，本书将沿着下述逻辑进路展开：思想政治教育公共关怀的问题缘起→思想政治教育公共关怀的理论导源与历史考略→思想政治教育公共关怀的概念解读与哲学意蕴→思想政治教育公共关怀的时代境遇→思想政治教育公共关怀的内容建构→思想政治教育公共关怀的价值呈现→思想政治教育公共关怀的路径选择，全面论述了思想政治教育公共关怀的核心要素与理论实践逻辑，使思想政治教育公共关怀沿着"生成→建构→实践展开"的方式铺陈开来，尝试建构思想政治教育公共关怀的理论体系。

按照这一逻辑进路，全书共有七章内容，共分为三个部分。第一部

---

[1] 习近平：《携手同行现代化之路：在中国共产党与世界政党高层对话会上的主旨讲话》，《光明日报》2023 年 3 月 16 日第 2 版。

分是思想政治教育公共关怀的立论根据研究；第二部分是思想政治教育公共关怀的实践依据研究；第三部分是思想政治教育公共关怀的核心要素研究。

第一部分：思想政治教育公共关怀的立论根据研究（导论、第一章、第二章）

导论，思想政治教育公共关怀的问题缘起与研究基础。分析了人的公共生存命题对思想政治教育提出的时代使命，阐明了思想政治教育公共关怀的实践基础和理论支撑。对思想政治教育公共关怀研究进行了学术史梳理，在评析学术史的基础上提出本书的主要思路和基本观点，也内蕴着本研究的创新和价值，不仅构成了整个研究的前提性条件，也指明了研究方向和进路。

第一章，思想政治教育公共关怀的理论导源与历史考略。本章致力于阐发思想政治教育公共关怀的理论逻辑和历史逻辑。在理论逻辑方面，本章从实践理性的公共价值意蕴、生活世界的公共价值建构、社会共同体的公共价值旨趣三个方面阐释了思想政治教育公共关怀的马克思主义生存论导源，为本研究提供了上位理论根据；在历史逻辑方面，本章通过选取和简论中国传统文化中蕴含的公共关怀价值和西方公民学说中的贯穿公共关怀观念，旨在挖掘思想政治教育公共关怀的历史源流。中国和西方历史上虽然没有特别提出"公共关怀"这一概念，但都蕴含着公共性的价值意蕴，对人的公共道德的培育和公共人格的形成具有重要作用。

第二章，思想政治教育公共关怀的概念解读与哲学意蕴。本书的研究视角是从马克思主义生存论出发研究思想政治教育公共关怀，选择的是思想政治教育的人学研究范式。由于"思想政治教育公共关怀"是个具有总体性的新生概念，因此本书从生存论变革的公共取向、人的公共生存的哲学表征逐层入手，实现了对"公共关怀"的学理性界定；在此基础上从教育过程、教育对象、基本矛盾、价值关系四个向度对"思想政治教育公共关怀"进行概念阐释；又分别解读思想政治教育公共关怀的本质、内容、基本结构这些核心要素的公共生存论意蕴。

第二部分：思想政治教育公共关怀的实践依据研究（第三章）

第三章，思想政治教育公共关怀的时代境遇。这一章是由理论逻辑分析向现实逻辑分析转化的过渡章节，研究了思想政治教育公共关怀的实践依据。旨在明确当代人在公共生存基础上，分析思想政治教育公共关怀建构面临的挑战和机遇。

首先，分析人的公共生存主要矛盾的时代表征，即对多元价值观念与公共价值共识的矛盾统一、社会公共性发展与人的个性发展的矛盾统一进行探索。

其次，审视在这种人的公共生存矛盾中思想政治教育塑造人的公共关怀素养面临的挑战：思想政治教育公共认同仍有弱化趋势，思想政治教育主体的公共职能存在缺位现象，思想政治教育公共环境呈现复杂态势。

最后，挖掘思想政治教育公共关怀蕴含的时代机遇，即公共生活世界的完善有助于推动思想政治教育公共关怀内容的生活化，社会公共治理的发展有助于推动思想政治教育公共关怀主体的多元化，新媒体的蓬勃发展有助于推动思想政治教育公共关怀载体的现代化。

本章内容将思想政治教育公共关怀与人的公共生存现实紧密结合，既有基于现实的理论提炼，又蕴含着现实世界与思想政治教育公共关怀的关系。

第三部分：思想政治教育公共关怀的核心要素研究（第四章至第六章）

第四章，思想政治教育公共关怀的内容建构。这是本书的核心章节，思想政治教育公共关怀要想充分发挥效用，必须精准选取教育内容。这个内容应当紧扣人的公共生存的各样要素、紧密结合人的公共生存实践的实际状况展开。对于人的公共生存来说，公共生存主体样态、重要关系、核心价值显得尤为重要，它们分别彰显了人的公共生存的主体表征、关系性逻辑和价值诉求，基于这几重要素进行内容建构更有针对性和可塑性，也更易于形成一个基于人的公共生存的思想政治教育公共关怀内容建构系统。其一，基于人的公共生存主体样态的思想政治教育公共关怀内容建构。这部分分两个方面展开，即基于个体主体的公共理想信念教育，基于群体主体的集体主义价值观教育。其二，基于人的公共生存关系的思想政治教育公共关怀内容建构。由于基于人与社会的思想政治教育公共关怀建构同基于群体主体的集体主义价值观有所重合，所以这部分主要考量人与自然和人与人两个维度的公共生存关系，即基于人与自然的公共生存关系开展公共生态观教育，基于人与人的公共生存关系开展公共交往观教育。其三，基于人的公共生存核心价值的思想政治教育公共关怀内容建构。人的公共生存是人的社会生存本质的表现方式，是在价值层面对人的社会生存的确证和深化，人在公共生存中的核心价值主要是指人对社会公共领域建构合理性的公共价值追求。在当代中国，社会主义核心价值观是人的公共价值观建构的根本指针。自由、平等、公正、法治作为社会主义核心价值观在社会层面的价值取向，集中表达了人在社会公共生存层面的价值追求。本书主要基于自由价值展开公共生活中的自由观教育，基于平等价值展开公共生活中的平等观教育，基于公正价值展开公共生活中的公正观教育，基于法治价值展开公共生活中的法治观教育。

  第五章，思想政治教育公共关怀的价值呈现。这部分主要考量思想政治教育公共关怀对人的公共生存的塑造价值，这是思想政治教育公共关怀最大的意义所在。首先，要明确阐释思想政治教育公共关怀是一种价值实践活动，标明思想政治教育公共关怀这个教育活动的价值关系与实践意义，探索其价值生成基点、价值评价尺度、价值目标追求。其次，研究思想政治教育公共关怀对人的公共生存品格的培育价值。思想政治教育公共关怀对个体的塑造着重体现在其对个人公共生存品格塑造的意义上，即完善人的公共认知、优化人的公共情感、强化人的公共意志、塑造人的公共行为，形成"从知到行"的公共品格结构形塑。再次，研究思想政治教育公共关怀对人的公共生存秩序的优化价值。这主要体现了思想政治教育公共关怀在社会层面的调控价值。主要表现为传播主流意识形态中的思想塑造，调处公共矛盾中的实践创新，遵行社会公共规范中的价值范导。最后，研究思想政治教育公共关怀对人的公共生存质量的提升价值。即从公共物质生活、公共政治生活、公共精神生活三重维度研究思想政治教育公共关怀何以提升人在公共生存中的物质获得感、政治使命感和精神富足感。

第六章，思想政治教育公共关怀实现的路径选择。这部分论述的是思想政治教育公共关怀以何种方式实现的问题。本书从环境优化、实现方法、对象价值塑造三个维度选择了思想政治教育公共关怀的实现路径。第一，从公共制度环境、公共交往环境、公共舆论环境三个方面探寻思想政治教育公共关怀的环境优化；第二，选取典型教育法、民主讨论法、主题活动法研究思想政治教育公共关怀的实现方法；第三，重点研究思想政治教育公共关怀的公共人塑造。这既是思想政治教育公共关怀的实现路径，也体现了思想政治教育公共关怀在对象塑造上的价值目标，本书将从政治公共人塑造、经济公共人塑造、文化公共人塑造、生态公共人塑造四个向度探索思想政治教育公共关怀如何推动"公共人"的生成，实现思想政治教育公共关怀的育人价值归宿。

第一章
思想政治教育公共关怀的理论导源与历史考略

探寻一个命题存在的合法性与合理性，需要把握好两重逻辑：一是理论逻辑。即这个命题存续发展的理论根据是什么，这个理论根据何以导引出这一命题。二是历史逻辑。即这个命题在历史实践中是否能找到根源，有无历史延续的思想轨迹和文化发展脉络。基于马克思主义生存论视角的思想政治教育公共关怀虽然是个具有综合性与前沿性的理论命题，但具有深厚的理论导源和历史印记。

作为以公共性追求为主导价值的生存论范型，马克思主义生存论的公共价值意蕴构成了思想政治教育公共关怀的理论基础。正是马克思主义生存论所体现出的公共关怀精神决定了思想政治教育要彰显的公共关怀价值，思想政治教育公共关怀也成为马克思主义政党公共价值优势的展现。因此，我们应当从对马克思主义生存论公共价值的挖掘中探索思想政治教育公共关怀的理论导源。

"公共性"这个概念虽然成熟于现代社会的国家、市场和社会互动当中，但其价值表征却在几千年的中外思想文化史中绵延不绝。虽然历史上并无"思想政治教育公共关怀"概念，但公共关怀的理念和精神却深深熔铸于中西思想文化，成为中西思想文化中具有共通价值的文化滥觞。因此，我们应当在对中西思想文化史公共关怀观念考略中探寻思想政治教育公共关怀的历史底蕴。

第一节 思想政治教育公共关怀的马克思主义生存论导源

公共性是人类社会共同的文化理想,也是思想政治教育重要的价值追求。在公共性的视域中,思想政治教育的目的就在于在合理调配个体与公共世界关系基础上,使人的思想和行为符合社会公共性要求。在人的公共生存中,公共关怀教育是思想政治教育的必然选择,亦是思想政治教育公共价值实现的内在诉求。因此,思想政治教育公共关怀过程既是人的公共关怀品格的培育过程,也是思想政治教育公共价值的实现过程。

思想政治教育是马克思主义政党用以教化群众、塑造人民精神家园、引领人民进行公共实践创造的强大思想武器。作为利用公共资源传播公共思想观念、公共政治观点、公共道德规范以塑造公共人的社会实践活动,思想政治教育理应面向人的公共生存实践,化解人的公共生存课题,激励人们关怀公共世界、培育公共精神和发展公共道义,公共关怀成为思想政治教育存在和发展的内在价值诉求。因此,我们既需要从政治高度认识思想政治教育公共关怀,又需要从学理深度理解思想政治教育公共关怀。作为社会主义的公共教化活动,思想政治教育公共关怀的基本精神说到底导源于马克思主义生存论的公共价值意蕴。应当从详细分析马克思主义生存论的公共价值意蕴中探索思想政治教育公共关怀的生存论导源,探讨思想政治教育公共关怀存在的学理合法性和价值合理性根由。

认识马克思主义生存论的公共价值意蕴,首先应把握马克思主义生存论实现了哲学生存论史上的重要变革。

第一,从理论范式上看,马克思主义生存论以科学实践观为基础实现了经验世界与超验世界的统一。形而上学存在论将世界看成是经验的感性世界与超验的本体世界的二元分立。在感性世界之外设置了关于存在本质的先验逻辑规定性,本体成为感性世界之上的存在论悬设。马克思主义生存论本质是人的实践生存论,实践是人改造客观物质世界的感性对象化活动,表征着人的现实的生活过程,它超越了形而上学的本体论悬设,把人的存在还给人本身。从人与自然的关系看,人作为主体将自身的本质力量对象化于自然界,形成人的对象化和自然的非对象化的双向互动和有机统一;从人与社会的关系看,人在积极改造自然的过程中也创造着人的社会联系,自然界与人的关系在社会中并通过一定的社会形式得到确认。马克思实践生存论把人的生存放在"人的社会"和"人的关系"中具体考察,不但追问自然存在的终极本质,而且更注重对人类社会理想化生存样态的价值追求。将哲学关注的焦点从追问无法感知的本体世界转向人的现实的生活世界,将对存在论悬设的执着转化为对人的生活世界的关切。

第二,从理论思维方式上看,马克思主义生存论的实践性思维超越了传统哲学的形而上学思维。其一,以生成性思维超越预成性思维。实践既是自然界对人而言的生成过程,也是社会关系的开启过程。人不是预成性的本体存在,而是在批判现有社会关系和建构新的社会关系的实践中生成的价值主体。其二,以关系性思维超越实体性思维。马克思主义哲学中的"实践"概念不是实体观念,而是表征着人的关系性的生存方式。马克思主义哲学有两个相互关联的关于"人的本质"的理论阐述:在《1844年经济学哲学手稿》中,马克思指出:"一个种的整体特性、种的类特性就在于生命活动的性质,而自由的有意识的活动恰恰就是人的类特性。"[1] 这里的"类特性"指称的是人的对象化的实践本质,是专属于人的劳动类特性。在《关于费尔巴哈的提纲》中,马克思又明确提出:"人的本质不是单个人所固有的抽象物,在其现实性上,它是一切社会关系的总和。"[2] 将人的"自由自觉的劳动特性"置于不断变化发展的"现实的人的社会关系"中加以考察。人的存在本质与社会的本质具有内

---

[1] 《马克思恩格斯文集》第1卷,人民出版社2009年版,第162页。
[2] 《马克思恩格斯文集》第1卷,人民出版社2009年版,第501页。

在统一性。"全部社会生活在本质上是实践的"①。实践作为人的社会存在方式，不拘泥于固定不变的现成性模式，而是开辟出一条贯通历史、现实和未来的生成性逻辑脉络；也从不局限于单一化的实体性结构，而是着眼于将自然、社会、人紧密连接的关系性网络，勾勒出人的生存的立体化关系图景。

第三，从理论价值旨趣看，马克思主义生存论实现了由"解释世界"向"改变世界"的飞跃。马克思说："哲学家们只是用不同的方式解释世界，问题在于改变世界。"② 形而上学存在论追求理论的逻辑自洽性，然而哲学的目的不仅仅是为获得关于世界"是什么"的事实性理解，更在于获得关于世界"怎样是"和"如何塑造"的价值性实践。在自然领域，人总是把自己的目的、意志对象化于自然，使"自在之物"转化为"为我之物"；在社会历史领域，实践表征着一个指向未来的批判性的价值维度，人以历史性的实践活动批判现存社会存在而追寻理想的社会存在状态。马克思主义生存论是关于人的生存的历史价值论，希望在"人类社会或社会的人类"③ 中找到以实践为基础的类群公共指向，实现对人的生存的异化扬弃和真正属人的公共世界的开启。共产主义运动就是这一理想化的类生存的实现过程。共产主义"是人和自然界之间、人和人之间的矛盾的真正解决，是存在和本质、对象化和自我确证、自由和必然、个体和类之间斗争的真正解决"④。西方启蒙精神宣告了人本世界对神本世界的回归，但西方现代性却使人类社会陷入以"个人主义"为价值指向的生存斗争中，马克思主义生存论旨在把人的世界和人的关系还给人本身，在扬弃异化生存中实现人的文化公共性的重塑，在对类群生存价值的追求中实现"改变世界"的理论旨趣。

马克思主义生存论实现了生存论的变革，将"人"从机械的直观和理性思辨中解放出来，成为从事感性对象化活动实践活动的"现实的人"，实现了人学实践观的变革，"现实的人"也就成为践行马克思主义

---

① 《马克思恩格斯文集》第1卷，人民出版社2009年版，第501页。
② 《马克思恩格斯文集》第1卷，人民出版社2009年版，第501页。
③ 《马克思恩格斯文集》第1卷，人民出版社2009年版，第102页。
④ 《马克思恩格斯文集》第1卷，人民出版社2009年版，第185页。

生存论"改变世界"的价值承诺的现实主体。马克思主义生存论倡导类群价值本位，旨在克服以私有制为基础的异化生存状态，建立一个由人们共同控制全部生产和生活资料的公有制社会，表达了对人类生存境遇的公共关怀，公共关怀是马克思主义生存论的价值立场和哲学特质。从实然的生存样态上看，马克思主义生存论在人与自然、人与社会、人与人的对象化和非对象化双向互动中寻找人的公共生存的基点；从应然的生存价值上看，马克思主义哲学以深入分析批判私有制为基础，力图实现每个人自由全面发展的共产主义社会，体现了超越不合理的私人生存逻辑而追求公共生存合理性的价值追求。

马克思主义生存论的公共性价值意蕴具体表现在以下三个层面：

一 马克思主义实践理性的公共价值意蕴

交往实践理论诞生于人类大交往时代的宏大历史叙事，反映了交往对于人类生存实践的公共诉求，体现了实践理性的公共关怀。

（一）马克思主义交往实践理论确立了一种全新的公共实践理性观

哲学发展史是一部追求生存实践理性和人类生存方式合理性的历史。无论是对实体、本质竞相追逐的"本体论狂热"，还是对人类思维如何认识存在的"认识论痴迷"，都将主体和客体生硬地割裂开来，马克思揭示了人的本质，将人当作关系性的实践存在物，这决定了人只有在相互交往中才能实现自身。所谓交往实践，就是主体在改造自然客体的基础上，主体和主体间相互联系、相互促进，形成并发展社会关系的活动过程。人在自我与他者之间寻觅着既符合自身发展又符合公众利益的活动方式，谋求个体实践理性和公共实践理性的有机统一。个体实践理性观一直是西方观念史上的主导价值，而马克思的交往实践理论展现出奠定在物质生产基础上的"社会—历史"的宏大视野，表达了对人类公共价值的深切关怀。在马克思看来，人类的生存发展是在交往中展开的。特别是从传统社会转向现代社会、农业文明转向工业文明以来，公共交往成为人类现代性塑造的基本逻辑，这就意味着人要突破私人性藩篱，改变个体独立存在而又相互疏离的异化生存样态，将人的实践活动的力量置于公共理性的共同控制之下，在主体与主体的和谐融合中实现对自然客体的公共改造，确立一种全新的公共实践理性观。这种实践意义上的公共性转向势必导致价值层面的公共性追求。公共性表征着马克思主义生存论理解、掌握、评价、认同世界的一种价值方式，即以公共价值的取舍评量人类实践的公共合理性，以期最大限度地实现实践的公共意义。

（二）马克思主义交往实践的时空总体性彰显了人类活动的公共性诉求

从空间维度看，各个交往主体间的共同活动与多维组合促进了"公共关系场"的形成和发展。由于个体实践非自足性诉求和个体间共通性的基础，人们为了维持生存和发展不得不相互联系、相互补充，共同应对风险和挑战。马克思指出："为了进行生产，人们相互之间便发生一定的联系和关系；只有在这些社会联系和社会关系的范围内，才会有他们对自然界的影响，才会有生产。"[1] 人与人之间形成的各种社会关系开辟了一个"交往生存场"，"人对自身的任何关系，只有通过人对他人的关系才得到实现和表现"[2]。交往实践使人的存在成为现实的人的世界和人的关系不断生成的过程。随着人改造自然能力的不断增强，人们交往实践范围不断扩大，程度日益加深，效率明显提高，突破了家庭、部族等私人活动领域，在公共交往中形成了"公共关系场"，生成了许多人共同活动，交往的主体间性成为公共性诞生的始因。不同主体间相互交换其活动，寻求恰当的力量整合方式，个体生命的发展成为个体关系的发展和类本质的确证过程。马克思说："各个人……是分散的和彼此对立的……这些力量只有在这些个人的交往和相互联系中才是真正的力量。"[3] 每个个体都能在公共生存中激发自身的主体潜能和放大整体的公共力量。

从时间维度看，交往实践的历史发展凸显了公共性的价值旨趣。纵观人类历史，无论从范围上还是从价值追求上，交往实践都体现为由私

---

[1]《马克思恩格斯选集》第1卷，人民出版社2012年版，第340页。
[2]《马克思恩格斯选集》第1卷，人民出版社2012年版，第58页。
[3]《马克思恩格斯选集》第1卷，人民出版社2012年版，第208页。

人性迈向公共性的演进逻辑。如果将交往实践历史公共性脉络纳入马克思的"人类历史三阶段论"中进行融合分析，则更能彰显交往实践的历史底蕴和人学价值。人类历史从"人的依赖关系"开始，"在这种形式下，人的生产能力只是在狭小的范围内和孤立的地点上发展着"①。人的交往受制于地域的局限，尽管最初尚能保存共同劳动和平均分配的原始公共性萌芽，但随着私有制的兴起，在不平等的劳动关系中生成的交往实践逐步异化为人压迫人的工具。"以物的依赖性为基础的人的独立性，是第二大形式，在这种形式下，才形成普遍的社会物质变换、全面的关系、多方面的需要以及全面的能力的体系"②。虽然交往实践所形成的公共领域不断扩大，但人与人的关系异化为人与资本的关系，历史的交往成果愈益集中于少数人手中，交往实践的公共范围扩张与公共价值失落的二律背反日益突出。对这一二律背反的超越，只有在共产主义社会中才能实现，共产主义建立在生产力的普遍发展与人们的普遍交往基础之上，交往的地域性界限被彻底打破，交往的私利性旨趣被全面克服，"个人全面发展和他们共同的、社会的生产能力成为从属于他们的社会财富这一基础上的自由个性"③，人类生产和交往的方式真正体现出公共性理念，交往的成果真正为每个人所共享，交往实践的历史公共性目标得以达成。也正因为如此，马克思主义哲学生存论以极大的理论热忱分析和把握人类普遍交往的发展态势，就是希望逐步积累迈向共产主义这个平等交往实践共同体、追求理想化公共生存的条件。

（三）马克思主义交往实践的类群价值共享性彰显了价值追求上的公共性

交往实践是多主体的实践与价值双向整合的过程，遵循公共性规则和公共价值理念。在人类交往实践不断扩大的趋势下，异质性主体不断显现出来，多元主体交往活动敞开了一个面向世界、具有无限可能性的价值维度，主体利益诉求上的多元化，使多维整合成为必要，并在整合

---

① 《马克思恩格斯全集》第30卷，中文2版，人民出版社1995年版，第107页。
② 《马克思恩格斯全集》第30卷，中文2版，人民出版社1995年版，第107页。
③ 《马克思恩格斯全集》第30卷，中文2版，人民出版社1995年版，第107—108页。

中求同存异，在沟通中实现价值认同。为了达成这个局面，就需要公共性在交往活动中发挥调控和定向作用，在人类交往实践的过程中逐步按照这种理念催生出彼此都能接受的各种公共规则，规范各交往主体的行为，使个体间的交往活动找到明确的价值定向。交往实践倡导平等的公共理念。马克思主义的宗旨在于推翻不平等的生活秩序而建立一个人人平等的公共性社会，真正的平等只有在共产主义制度下才可能实现。平等包括经济平等、政治平等、人格平等，每个人都有机会和能力释放自身的本质力量，推翻资本主义社会人压迫人的"占有性交往关系"，建立一种每个人都能自我设计、自我管理、自我创造的"拥有性交往关系"，使人们都能在平等的公共交往活动中有人的尊严和价值。

马克思主义生存论追求的公共性规则建构旨在重构人的类群价值本位。原始社会时期，人为了自我保存的需要而共同生活，凸显出萌芽性但不自知的类群生存景观。随着私有制的发展和日臻成熟，尤其是启蒙理性走向自我分裂和自我逆转，西方现代性日益成为以资本为基础的私人生存价值的维系者，整个社会追求一种"自我中心性"的价值导向，"资本逻辑"与"私人价值本位"的互释性逐步吞噬着整个社会的文化公共性价值空间。马克思主义生存论旨在推进交往实践社会结构的平等价值复权和共享分配重生，消弭个体与自我、自我与公共世界在资本逻辑趋势下生成的异化状态，推进人们在公共实践理性中以类群需要作为价值尺度、以生存共同体的共享分配作为价值归宿，追求社会主义和共产主义关于类群价值的合理性制度设计，彰显马克思主义生存论实践理性真正的公共关怀价值。

二 马克思主义生活世界的公共价值建构

马克思主义生存论不但使人的生存从彼岸的宗教世界回归到现实的生活世界，更在批判各种异化现实的基础上不断塑造现实生活世界的公共合理性。生活世界是马克思主义生存论的隐形话语，马克思主义生存论以科学的实践观为基础建构起了一个现实的生活世界。马克思曾说："个人怎样表现自己的生命，他们自己就是怎样。因此，他们是什么样的，这同他们的生产是一致的——既和他们生产什么一致，又和他们怎样生产一致。"① 马克思的生活世界是人的对象化活动创造出的感性的、现实的世界,马克思一再强调"我们的出发点是从事实际活动的人","人的生存之所以不同于动物的自在生存而可以名之为属人的'生活',之所以不能归结为外在的客观物质性存在或内在的观念性精神性存在,就在于人的生存是人自觉展开的感性对象性活动……是人对对象世界即属人的生活世界的建构"②。生活世界是在人的活动中不断生成的实践生存系统,它不同于任何自然主义和精神哲学的实体论预设,而是在现实的人的实践中,构成了一个涵摄人与自然、人与社会、人与自身的总体性现实生活过程。

在资本统治世界的时代,现实生活世界出现了各种"非现实性"的异化状态,本应由人来支配而确证人自身本质的东西,反过来成为压制人和阻碍人的本质发展的力量。发达的市民社会带来了一个"以物的依赖性"为基础的生活世界,但这个生活世界的"生活"却充斥着人与自然、人与人甚至人与自身的对立,生活世界的功能与价值的总体性统一被异化的实践所割裂,生产实践和交往实践背离了人的类本质的公共诉求,这让马克思不得不在深入批判异化的生活世界过程中,实现对生活世界的公共性塑造。

(一) 宗教异化批判:引导人们回归生活世界

在马克思看来,宗教异化是现实生活世界异化的反映,对生活世界公共合理性的追求,必须打破宗教的虚幻映象,让人们从对宗教本质的认知中理解现实世界。马克思指出:"人创造了宗教,而不是宗教创造人。就是说,宗教是还没有获得自身或已经再度丧失自身的人的自我意识和自我感觉。"③ 在宗教世界中,人的本质不具有真正的现实性,对宗教的盲目信奉只能愈益使人们远离现实生活世界,忽视对现实生活世界的实际改造。现实生活世界的不完满性和非自足性为宗教提供了滋生发展的土壤。应引导人们回归到孕育宗教的生活世界本身,剖析和批判生

---

① 《马克思恩格斯选集》第 1 卷,人民出版社 2012 年版,第 147 页。
② 张曙光:《生存哲学——走向本真的存在》,云南人民出版社 2002 年版,第 104 页。
③ 《马克思恩格斯选集》第 1 卷,人民出版社 2012 年版,第 1 页。

活世界内部的分裂和异化现实，找到重建生活世界公共性的道路。

资本主义时代，现实生活世界表现为市民社会自利性的发展，"资本逻辑"的力量构筑了一种虚假的"市场繁荣"，人的公共生活世界实际上遭到了严重的侵害。政治解放本身形成的所谓"自由国家"表面上剔除了神权桎梏，但并未消除宗教存在的世俗基础，宗教一度成为支配市民社会的力量，对宗教的批判，使市民社会的生活世界异化实质真正开显出来，为深入到市民社会内部探寻公共生活世界的合理性提供了历史性前提。

（二）交往异化批判：揭示市民社会中人与人交往公共本性的丧失

在马克思生活的时代，现实生活世界的核心内容就是现实的市民社会。在《政治经济学批判序言》中，马克思将"市民社会"理解为"物质的生活关系的总和"。这个物质生产和社会交往的领域，在人类社会任何历史时期都存在，特别是在资本主义社会中，随着生产力和私有制的高度发展，国家和市民社会分离为不同的领域，市民社会的特征展露得最为充分。在资本主义市民社会中，私利成为一切事务的主导价值，人与人的交往成为以利益为纽带、以牟利为最终目的的利益交往，维护私有财富和剥削制度成为奴役人的新的异己性力量，人的类生活和类本质始终不能得到有效确证。马克思从犹太人的商业活动入手阐释了金钱关系所造成的人与人之间关系的疏离。犹太教的世俗基础就是自私自利，在犹太人从犹太教中走到现实世界时，他们又面对着"世俗的神"，那就是金钱。"钱是以色列人（犹太人的一部分）的嫉妒之神；在它面前，一切神都要退位。钱蔑视人所崇拜的一切神并把一切神都变成商品。钱是一切事物的普遍价值，是一种独立的东西。因此它剥夺了整个世界——人类世界和自然界——本身的价值。钱是从人异化出来的人的劳动和存在的本质；这个外在本质却统治了人，人却向它膜拜"①。此生活世界的私人本质演化为"市民社会新宗教"，人的公共性同时在这种"新宗教"中日益沦落。

人的本质是人在积极实现自己本质的过程创造和确证人的"类"公

---

① 《马克思恩格斯全集》第 1 卷，人民出版社 1956 年版，第 448 页。

共属性,但货币却割裂了人与人之间本来的社会关系,它使人不是按照人的样子来组织世界,而是臣服于货币的力量来组织世界,这种社会联系就以异化形式表现出来。任何一种社会联系都不能超出利己的属性,沉迷于货币交往的人们忘却了人之为人的"为他"属性,不知道如何成就他人,货币成为人与人之间交往的真正权力,仿佛没有货币就没有"人权",就会失去"交往的自由",采用各类假冒伪劣、以次充好、虚抬物价等方式,只要能够牟利就无所不用其极,完全成为"封闭于自身、私人利益、私人任性、同时脱离社会整体的个人的人"①,人的公共性本质则被无情地遮蔽起来。

马克思主义生存论发掘了这种以"金钱"和"私利"为核心的世界带来的文化公共性的丧失和理想的沦落,能从根本上医治这个社会现实的只有共产主义运动,砸碎一切滋生交往异化的物质基础,通过共产主义的制度设计恢复人的全面能力和全方位的社会关系的发展,打破这种不平等的社会交往关系,正如马克思所说:"无产阶级,现今社会的最下层,如果不炸毁构成官方社会的整个上层,就不能抬起头来,挺起胸来。"②

(三) 劳动异化批判:探寻人类生活世界的公共合理性

劳动是人类本质的表达,是人类生活世界生成和发展的源泉,劳动的异化则是人的对象性活动在生活世界的根本性异化。人是对象化的存在物,只有在对象性活动中才能确证自己的本质。从生产力的角度看,人能够认识自然和改造自然,把自身的本质力量对象化于自然界,展现自然界对人的生成过程。人作为自然界的一个"公共器官",通过彼此间的合作实现着"自然的人化"与"人的自然化"之间的双向互动。而"异化"则从生产关系的角度说明人在改造自然的对象化过程中,对象化的成果反而成为抑制人的力量。马克思深入到生活世界的内在机理,全面分析了劳动异化过程及实质,指出了克服异化的私人性而重建生活世界公共合理性的路向。

---

① 《马克思恩格斯全集》第1卷,人民出版社1956年版,第439页。
② 《马克思恩格斯文集》第2卷,人民出版社2009年版,第42页。

异化劳动是生活世界全面异化的根由。劳动是人自由自觉的活动，但工人在劳动中越发失去自身的本质：其一，工人同其劳动产品相异化。"工人生产的财富越多，他的产品力量和数量越大，他就越贫穷。工人创造的产品越多，他就变成廉价的商品"①。其二，工人同人的类本质——劳动活动本身相异化。在异化劳动的境遇下，工人劳动的"自由自觉性"被剥夺："他在自己的劳动中不是肯定自己，而是否定自己，不是感到幸福，而是感到不幸……"② 人在劳动中面临"自我异化"的窘境。其三，人同人相异化。劳动这种生命活动造成了人与自身的对立的同时，也造成了人同他人的对立，由于受制于一种不合理的社会分工，人的生命活动在社会交往中无法确证和发展自身的本质。私有制是异化劳动生成的基础，异化劳动成为私有财产和整个资本主义生活世界的外显形态，私有财产和私有制互构造成了生活世界公共性的全面缺失。正如马克思所说："私有财产一方面是外化劳动的产物，另一方面又是劳动借以外化的手段，是这一外化的实现。"③ 私有财产和异化劳动互为表里，对公共生活世界的价值合理性构成了严峻挑战。在马克思看来，只有扬弃异化和异化产生的私人生存条件，才能重建公共世界的合理性。

生活世界的各类异化都反映出类公共性的丧失。宗教起源于人对理想化的生存状态的追求，而现实生活世界的不完满和"公有现实"的缺失才使人不得不在虚幻中谋求"完满"，但这种虚幻的公共价值追求反而使人在幻影中越发认同非公共化的生活世界，找不到通往现实公共生活世界的道路。交往异化表征着资本主义社会以"金钱至上"为核心的"法权关系"，它使人与人之间"人性的交往"成为"金钱的交易"。劳动异化则让工人在改造自然的"自我肯定"中不断进行着对人本身的"自我抛弃"。

在人类公共生活的构建中，应当高扬共产主义的旗帜。共产主义是扬弃异化和构建公共生活世界合理性的根本途径。资本主义社会的一切

---

① 《马克思恩格斯全集》第42卷，人民出版社1979年版，第90—91页。
② 《马克思恩格斯全集》第42卷，人民出版社1979年版，第93页。
③ 《马克思恩格斯全集》第42卷，人民出版社1979年版，第100页。

异化现实的根源在于私有制,人的生产和交往的"私人性"破坏了人的总体性存在的公共逻辑,将绝大部分人变为为少数人服务的"工具性存在",其创造的价值抑制了"人的价值"。共产主义就在于克服私人生存实践和私有制,以人的公共生存实践恢复生活世界的公共价值。马克思的共产主义有着深远的人类学视野和类群价值追求,共产主义理想和实践可以概括为"公共实践的类存在论"。实现共产主义的过程是在公共实践基础上实现公共生活世界总体性价值的创造过程。

从人与自然的关系看,共产主义社会克服了人对自然的"占有性"掠夺关系,在人与自然和谐的"拥有性"共生关系的基础上确证人的对象性本质和主体性地位。共产主义旨在实现真正的生态和解,促进自然主义与人道主义的统一。这种统一并不取消人支配自然的能力和地位,既肯定人性与物性有本质的区别,又承认人类能够在与自然统一的视野中支配自然,并在支配自然的过程中控制自身的行为,通过科学实践进一步激发自然内在的生命活力,推动人与自然的和谐发展。人与自然的辩证关系,既确证了人对自然的对象性本质,又塑造了人的主体地位,明确了人在自然中的价值定位,实现了生态生活世界的价值回归。

从人与社会的关系看,共产主义社会中,劳动成为人的第一需要,在自由自觉劳动的基础上,人们共同占有生产资料和劳动成果,个体的类群本质得以确证。在异化劳动中,人处于劳动的"非自有"状态,即其劳动成果和劳动本身都只能作为一种异己的力量与人对立。因此,马克思提出"共产主义革命则针对活动迄今具有的性质,消灭劳动,并消灭任何阶级的统治以及这些阶级本身"①。这里的"消灭劳动"包含两重意思:一层是从否定意义上消灭建立在私有制基础上的压制人的生命本质的异化劳动;另一层则是从肯定意义上完善建基于共同所有制基础上的自由自觉的劳动。在共产主义社会,实现人与社会和解的源头在于劳动,劳动改变了私人占有性质,成为人与人平等的公共性活动,人以"人的方式"存在于社会,在劳动中确证了自己的类群价值,使生活世界真正成为每个人创造价值和实现价值的场所。

---

① 《马克思恩格斯文集》第1卷,人民出版社2009年版,第543页。

从人与自身的关系看，人找到自由个性实现的途径，使自身的公共性内涵充实和完善。资本主义社会中，人的个性被钳制于机器大生产中，工人是资本家的奴隶，人是资本的奴隶。由于不合理的社会分工，人只能占有生活世界中狭小的一部分，生活世界的总体性结构和人的存在的总体性方式被割裂。"在共产主义社会里，任何人都没有特殊的活动范围，而是都可以在任何部门内发展，社会调节着整个生产，因而使我有可能随自己的兴趣今天干这事，明天干那事"①。人在公共实践中实现对自然、社会和人自身的共同占有。个人的活动能力和活动领域不断生成和扩展，成为劳动的主人和社会公共关系的创造者，自主地支配着整个生活世界，个人的公共性提升与公共生活世界个性化拓展相生相成。

三 马克思主义社会共同体的公共价值旨趣

共同体反映了马克思主义生存论对人的公共生存价值的自觉追求，突出了对人的全面发展的公共关怀，体现了马克思主义生存论对类本位的终极观照。人的生存和发展自始至终离不开共同体，个体要在交往实践中弥补个体的不足，这就使人们在求同存异中形成推动各方发展的有机体成为可能。共同体是人的公共性的价值表达方式，体现了人类孜孜以求的共在生存智慧，反映了人类对社会力量的公共整合方式。马克思毕生的理想就是寻求一个联合起来的个人组成的公共共同体，组成共同体的个人都是自主自由的个人，而组成的共同体又真实地代表着个人的公共诉求。

（一）对国家共同体的批判性扬弃是马克思主义社会共同体思想的逻辑前提

国家是阶级社会发展的必然产物。在国家产生之前，人们生活在以血缘为纽带的原始共同体中，人对共同体的依附性很强，共同参与生产劳动，平均分配劳动成果，维持着原始的和低水平的公共性。随着私有财产的出现，一部分人占有更多的生产资料，生产更多的劳动产品，不是供给共同体而是自己享用，形成了分配不公。私人的特殊利益从公共

---

① 《马克思恩格斯文集》第 1 卷，人民出版社 2009 年版，第 537 页。

利益中分离出来,公共利益再也无法涵摄所有的私人利益,"正是由于特殊利益和共同利益之间的这种矛盾,共同利益才采取国家这种与实际的单个利益和全体利益相脱离的独立形式,同时采取虚幻的共同体的形式"①。国家共同体是共同体发展的必然选择,也是公共关怀的实现方式。恩格斯揭示了国家的本质:"国家是社会在一定发展阶段上的产物;国家是承认:这个社会陷入了不可解决的自我矛盾,分裂为不可调和的对立面而又无力摆脱这些对立面。而为了使这些对立面,这些经济利益互相冲突的阶级,不致在无谓的斗争中把自己和社会消灭,就需要有一种表面上凌驾于社会之上的力量,这种力量应当缓和冲突,把冲突保持在'秩序'的范围以内;这种从社会中产生但又自居于社会之上并且日益同社会相异化的力量,就是国家。"② 每一个国家诞生之初,都能在一定程度上代表整个社会被统治阶级的利益,并在发展社会生产力、维护社会秩序和促进公共利益方面发挥一定的作用,把冲突保持在"秩序"的范围内,在一定程度上实现阶级性和公共性的统一。但在阶级分立的社会中,国家所代表的普遍的公共利益本质上掌控国家政权的阶级利益,个人都是作为阶级的成员而不是作为"个人"生存在共同体中,国家共同体既掌握着本阶级的生存条件,又掌握着与之对立的其他阶级的生存条件,私有制条件下的国家关怀只是对少数人的"私人关怀",而不是对大多数人的"公共关怀",国家的阶级性抑制着公共性的发展。奴隶制国家使多数奴隶沦为可任意交换的商品;封建制国家把农民牢牢地束缚在土地上,使农民成为被剥削者和土地的附庸;资产阶级国家表面上恢复了人活动的自主性,实现了人的政治解放,但"在政治国家真正发达的地方……人作为私人进行活动,把别人看作工具,把自己也降为工具,成为外力随意摆布的玩物"③。人被市民社会所操控,实际上沦为商品和资本的附庸,人的全面发展被遏制于"资本全面发展"的藩篱中。总之,阶级分立基础之上的国家,意味着一部分人的发展以另一部分人发展能

---

① 《马克思恩格斯选集》第 1 卷,人民出版社 2012 年版,第 164 页。
② 《马克思恩格斯选集》第 4 卷,人民出版社 2012 年版,第 186—187 页。
③ 《马克思恩格斯全集》第 1 卷,人民出版社 1956 年版,第 428 页。

力和机会的丧失为代价，少数人依靠国家强制力实现"占有式发展"，但终将换来大多数人对他们的反抗，共同体因人与人之间的敌对而逐步失去其公共存在的基础。

在无产阶级夺取政权之后，由于受到生产力和社会关系发展的局限，依然要在相当长的历史周期内保存国家共同体，在资本主义社会和共产主义社会之间，有一个从前者变为后者的革命转变时期，但这一时期的国家共同体代表了无产阶级和广大人民群众的根本利益，实行无产阶级专政。无产阶级没有自己的特殊利益，只有解放全人类才能最终解放自己，其阶级性本身就是对人民的民主和对反人民的极少数人的专政，公共性和阶级性在这个意义上达致统一，最大限度地实现了与历史发展水平相适应的公共关怀，为全面建立公共共同体、实现人自由全面发展创造了条件。

（二）"自由人的联合体"是马克思理想的公共共同体形态

马克思说："人的本质是人真正的共同体。"① 真正的共同体是人的"社会关系本质"的价值升华，反映了人在社会交往中相互认肯与合作的有机联系，彰显了人对于类群价值的公共性追求。人的个体自由和类群自由唯有在共产主义社会中，"作为个人联合"而成的"自由人的联合体"中才能得到公共确认。《共产党宣言》中写道："代替那存在着阶级和阶级对立的资产阶级旧社会的，将是这样一个联合体，在那里，每个人的自由发展是一切人的自由发展的条件。"② 这表明，自由人的联合体中"个人自由发展"和"一切人自由发展"的价值一致性，自由人的联合体既立足个人价值本位，又指向对人的全面自由发展的公共关怀。

其一，"自由人的联合体"以消除不合理的分工为公共任务。生产力的高度发展意味着对生产专业化要求的提高，也意味着对人的全面综合生产能力要求的提高，这就必然需要进行社会分工，使人实现专业化发展和全面发展的统一。分工有合理分工和不合理分工之分，合理分工就

---

① 《马克思恩格斯全集》第3卷，中文2版，人民出版社2002年版，第394页。
② 《马克思恩格斯文集》第2卷，人民出版社2009年版，第53页。

是人在全面发展自身能力的基础上根据社会需要而着重参与社会生产的一个或几个实践环节;不合理分工是指在私有制基础上把人限制在某个特定领域,抑制其能力自主发展的分工。它必然使生产与劳动相分离,使人的能力服从于物的力量,自由人的联合体是个人全面占有自身的本质基础上的自由联合,因此,对于"个人力量(关系)由于分工而转化为物的力量这一现象……只能靠个人重新驾驭这些物的力量,靠消灭分工的办法来消灭。没有共同体,这是不可能实现的。只有在共同体中,个人才能获得全面发展其才能的手段,也就是说,只有在共同体中才可能有个人自由"①。消灭不合理的分工,就是消灭以物的力量压制大多数人类本质实现的私有制形式,实现个人对生产资料的公共占有和对劳动产品的公正分配,确立公有制的基本制度和实现方式,使人的力量真正驾驭物的力量,恢复人的全面的公共发展能力,这是建构"自由人联合体"不可回避的公共任务。

其二,"自由人的联合体"以个人的自由联合为公共基础。在以往的共同体中,个人总是隶属于阶级而存在的,个人是"阶级人"而非"自由人",个人所谓的自由也只是一种"统治阶级的阶级自由",而这种自由对于被统治阶级来说则是发展的桎梏。马克思指出:"只是由于他们还处在本阶级的生存条件下才隶属于这种共同体;他们不是作为个人而是作为阶级的成员处于这种共同关系中的。"② 而在自由人的联合体中,"各个人都是作为个人参加的。它是各个人的这样一种联合(自然是以当时发达的生产力为前提的),这种联合把个人自由发展和运动的条件置于他们的控制之下"③,"在真正的共同体的条件下,各个人在自己的联合中并通过这种联合获得自己的自由"④。共产主义所追求的公共共同体就是要使一切不属于个人的东西不可能发生,使个人不受任何外在力量的支配而自主地开展实践活动。它建立在财产公有制的基础之上,同时又不是把个人财产抽象地划归公共所有,反而

---

① 《马克思恩格斯选集》第 1 卷,人民出版社 2012 年版,第 199 页。
② 《马克思恩格斯选集》第 1 卷,人民出版社 2012 年版,第 201—202 页。
③ 《马克思恩格斯选集》第 1 卷,人民出版社 2012 年版,第 202 页。
④ 《马克思恩格斯选集》第 1 卷,人民出版社 2012 年版,第 199 页。

成为个人合理私人财产和价值的公共确认形式。"真正的共同体并不意味着完全否定私有财产,而是对私有财产即人的自我异化的积极的扬弃……是在协作和对土地及靠劳动本身生产的生产资料的共同占有的基础上,重新建立个人所有制"①。因此,共产主义的自由人联合体是个人自我价值实现的最高形式,彰显了马克思主义生存论的公共关怀与个体关怀的内在统一。

其三,"自由人的联合体"以实现"地域性个人"向"世界历史性个人"、"片面发展的个人"向"自由全面发展的个人"的跃迁为公共理想。分工使人在固定的范围内片面地发展着自身的能力,但随着生产力的普遍发展,驱使着个人走出地域性空间,在公共空间中展开普遍交往,加强了各地区的普遍联系,形成打破分工、促进人由"地域性存在"向"世界历史性存在"跨越的现实力量。马克思认为,共产主义是一种最普遍和最公正的公共性运动,不可能作为一种地域性的东西而存在,马克思强调:"共产主义——它的事业——只有作为'世界历史性的'存在才有可能实现一样。"② 无产阶级肩负着实现共产主义的历史重担,无产阶级必须消灭过往的一切陈腐的关系和制度,消灭一切"地域性的个人"和"片面发展的个人"的生存发展条件。马克思主义生存论的公共价值旨趣就在于,在世界历史意义上实现共产主义,使整个社会调节着人的全面生产和普遍交往,让个人全面占有和确证自身的类本质,成为社会的支配力量,把人从"地域性个人"和"片面发展的个人"中解放出来,全面构筑起"世界历史意义的公共共同体",推动个人生存方式的公共性飞跃,彰显马克思主义生存论最深切的公共关怀,增进个人的自由联合,实现个人的全面自由发展。

马克思主义生存论的公共价值意蕴彰显了马克思主义生存论公共性的本源意义,凸显其面向人的公共生存的理论自觉,构成了思想政治教育公共关怀的理论导源和学理合法性基础,对于我们立足于人的公共生存实践审视思想政治教育公共关怀具有重要意义。

---

① 《马克思恩格斯全集》第 44 卷,人民出版社 2001 年版,第 874 页。
② 《马克思恩格斯选集》第 1 卷,人民出版社 2012 年版,第 166—167 页。

第二节　思想政治教育公共关怀观念的中西历史考略

自古以来,虽然中国和西方的思想文化中都没有明确提出"公共关怀"这个概念,但公共性的价值和理想都在这两个不同的思想文化系统中闪烁着耀眼的光芒。我们既不能用西方关于"公共性"的文化价值标准去衡量中国传统文化中的公共性价值,也不能以中国传统文化中的公共性价值去套用西方公民学说中的公共关怀理想。中西方公共关怀的思想和精神脱胎于各自的文化价值系统,但都标示着人类公共性文明的发展历程和对公共性价值的不懈追求,对人的公共道德的培育和公共人格的形成具有重要作用。当前,我们研究基于马克思主义生存论的思想政治教育公共关怀,理应考察中西思想文化中的公共关怀价值滥觞,希图找寻本课题研究的历史根基,吸收中西传统文化当中关于公共关怀的价值营养。

一　中国传统文化中蕴含的公共关怀价值

关于中国传统文化中的公共关怀问题,一些学者以西方公共领域和私人领域的发展标准衡量中国社会,认为传统文化中的公共关怀在"差序格局"的社会结构中受制于私人文化的观照而未能走向成熟。(中国人)"以'己'为中心,像石子一般投入水中……像水波纹一般,一圈圈推出去,愈推愈远,也愈推愈薄"[1],传统社会关系仅仅是一根根私人联系所构成的网络,缺乏公共关怀发展的土壤。甚至有的学者以西方现代性品评中国传统文化时指出:"在这样的历史框架下,出现了种种对中国积弱的诊断,并开出了种种药方。在众多诊断中,几乎没有例外的,都以'私'是中国积弱的原因,而在众多的药方中,'公'则被视为中国最

---

[1] 费孝通:《乡土中国》,上海世纪出版集团2007年版,第26页。

缺少，而又是中国现代化所必须建立的道德因素。"① 这个评价现在看来无疑是不完备的，也是不公平的。习近平总书记指出："要深入挖掘和阐发中华优秀传统文化中讲仁爱、重民本、守诚信、崇正义、尚和合、求大同的时代价值。"② 从总书记对中华优秀传统文化核心价值理念的概括中，我们可以看出每个词都彰显着中华优秀传统文化的公共关怀价值。我们不能完全按照西方现代性关于"公共关怀"的生长逻辑去审视和评判中国传统文化的公共性价值。

事实上，中西文化对公共关怀问题有着不同的阐释维度：西方文化注重领域维度，认为只有在国家、市场、社会三者分立基础上才能发育出成熟的公共领域，从政治维度上塑造人的公共理性和政治交往机制，进而成就公共关怀；中国文化则注重价值维度，将公共关怀视为对公共价值的塑造和对公共精神的追求。中国传统社会结构和文化机理决定了中国传统文化中公共关怀有其自身特征，主要表现为内在心性修养对公共精神的追寻。"修身、齐家、治国、平天下"素来是中国传统知识分子的价值追求。虽然个人修身是现实起点，但治国、平天下才是中国人更高尚的精神追求。"内圣外王"一直是中国人理想的人格取向，"内圣"要求人们在自我修炼中培育圣人才德，进而在"外王"的经世致用中彰显其本真价值。内在修身本身激励个人在自我完善基础上关注公共事务，实现人与人之间的相互成就，为国家和民族的公共事业而奋斗。虽然"家国同构"的社会结构没有形成西方意义上的公共领域，但这也并不能将中国传统社会完全归结为"一姓帝王"的"独角戏"，甚至否定中国传统文化的公共关怀精神。中国古代知识分子在忠君的过程中同样肩负着心怀天下的价值寄寓，"以民为本"始终是中国传统文化的价值支撑，"先天下之忧而忧，后天下之乐而乐""天下兴亡，匹夫有责"的天下情怀一直是传统文化的内在基因，凸显出超越私人利益、关注国计民生的公共责任担当，也彰显了中国传统文化特有的公共价值底蕴。

---

① 金耀基：《中国人的"公"、"私"观念——兼谈中国人对隐私权的理解》，《中国社会科学丛刊》1994年第6期。

② 《习近平著作选读》第二卷，人民出版社2023年版，第199页。

中国传统文化中处处闪耀着公共关怀的光芒，特别是儒家的仁爱、墨家的兼爱、佛家的慈爱绵延几千年，对后世产生了很大影响，更是彰显了深厚的公共情怀。

（一）儒家的公共关怀：仁爱

追求"以公求仁"的修养观。"颜渊问仁，子曰：克己复礼为仁。"[①] 宋儒朱熹认为："所谓'克己复礼'者，去其私而已矣。能去其私，则天理便自流行。"[②] 又进一步解释为："若能公，仁便流行。"[③] 在这里，"公"是儒家修养工夫论的重要内容，用以克服私欲，发掘内在的仁之性体。在宋儒那里，"公以人体之，故为仁。只为公，则物我兼照，故仁。"[④] 人们在对"公"的价值体认中实现"仁爱"的内在修养，达到"以公体仁"的目的。"仁"是个体性和公共性内在统一的道德哲学范畴。"仁"的个体性表现为，"仁"是个体私德的核心，"仁"的获得是主体凭借道德修炼而自我塑造的结果，正所谓"为仁由己，而由人乎哉？"[⑤] 仁的公共性表现为，"仁"作为旨在调控人与人关系的道德原则，具有对群体价值和类价值的公共关怀，也属于社会公德的范畴。"樊迟问仁，子曰：'爱人'"[⑥]，董仲舒则说："仁之法在爱人，不在爱我。"[⑦] 韩愈更是把"仁"定义为"公共"。由此可见，"仁"不仅局限于内在修养的私人领域，也是在公共领域中以平等和爱对待他者、践行社会公德的表现。孔子认为，求仁的途径在于"忠恕之道"。从一个维度讲为"己欲立而立人，己欲达而达人"[⑧]，从另一个维度讲为"己所不欲，勿施于人"[⑨]。在理学家程颐看来，孔子的"为仁"主张最能彰显公平公正的价值内涵——"忠恕所以公平，造德则自忠恕，其致则公平。"[⑩] 张载提倡"民

---

① 朱熹：《四书章句集注》，中华书局1983年版，第131页。
② 黎靖德编：《朱子语类》，中华书局1986年版，第2453页。
③ 黎靖德编：《朱子语类》，中华书局1986年版，第2453页。
④ 程颢、程颐：《二程集》，中华书局2004年版，第153页。
⑤ 朱熹：《四书章句集注》，中华书局1983年版，第131页。
⑥ 何晏：《论语集注校释》，辽海出版社2007年版，第241页。
⑦ 转引自俞樾《春秋繁露一》，中华书局1954年版，第505页。
⑧ 皇侃：《论语义疏》，中华书局2013年版，第150页。
⑨ 朱熹：《四书章句集注》，中华书局1983年版，第133页。
⑩ 程颢、程颐：《二程集》，中华书局2004年版，第153页。

胞物与"的价值观,把天地万物视如己出;王阳明将"仁者"界定为"以万物为体"之人,"不能一体,只是己私未忘"①,凸显出"仁爱"的公共追求,实现了个体修养的超越性表达。

追求"天下为公"的利益观。"大道之行也,天下为公……故人不独亲其亲,不独子其子,使老有所终,壮有所用,幼有所长,矜寡、孤独、废疾者,皆有所养。"②儒家最重要的公共关怀就在于谋求天下公利,让每个人各得其所。实现公共利益的主要途径就是推行"仁政",这是儒家仁爱最鲜明的政治实践。其一,仁政就是对生命的尊重。儒家遵循"仁者,人也"的价值理念,把人当人看,反对刑治和战争,提倡德治和王道。正如孟子斥责梁惠王发动战争时说:"仁者以其所爱及其所不爱,不仁者以其所不爱及其所爱。"③其二,仁政就是对民生的公共关怀。儒家推崇以安民和富民的方式巩固统治基础,主张"藏富于民",予民以恒产,使百姓"仰足以事父母,俯足以畜妻子"④,实现"养生丧死无憾"⑤"黎民不饥不寒"⑥。其三,仁政就是实现个体利益和公共利益的有机结合。儒家尊重人以正当途径谋求个人利益,特别是明清时期的儒者在反思理学家对于"私欲"的盲目打压基础上,开始为"私"正名,强调"人必有私而后其心乃见"⑦,但是对个体之"私"的肯定中依旧寄托着美好的公共愿景。黄宗羲认为:"有生之初,人各自私也,人各自利也……有人者出,不以一己之利为利,而使天下人受其利;不以一己之害为害,而使天下释其害。"⑧体现了黄宗羲希求出现可以实现万民公利的贤主明君。顾炎武则认为:"合天下之私以成天下之公,此所以为王政也。"⑨即通过尊重每个人私人利益的实现

---

① 王阳明:《王阳明全集》(新编本),浙江古籍出版社2010年版,第121页。
② 陈浩注:《礼记集说》,凤凰出版社2015年版,第169页。
③ 方勇译注:《孟子》,中华书局2018年版,第284页。
④ 方勇译注:《孟子》,中华书局2018年版,第14页。
⑤ 方勇译注:《孟子》,中华书局2018年版,第5页。
⑥ 方勇译注:《孟子》,中华书局2018年版,第14页。
⑦ 李贽:《德业儒臣后论》,《儒臣传》(卷三十二),中华书局1959年版,第544页。
⑧ 黄宗羲:《明夷待访录》,凤凰出版社2017年版,第4页。
⑨ 顾炎武:《日知录集释》,黄汝成集释,中华书局2020年版,第140页。

而客观上促进公共利益的实现。尽管这种思想的合理性有待于推敲，但同样体现了明清儒家知识分子探索私人利益实现和公共利益关怀相结合的逻辑进路。

追求"公私分明"的价值观。儒家强调"爱有等差"，即对待亲疏远近时各有分别，这常常被认为儒家缺乏公共性的依据。的确，在以血缘为纽带的宗法社会中，对私情的顾忌容易导致公法执行中的"打折"，但儒家也并非完全混淆公私，而是分析了公私领域的不同处置方式，归结为一句经典表述："门内之治，恩掩义；门外之治，义断恩"①。儒家在公法与私情的抉择上存在诸多复杂性：其一，当事情发端于私人领域时，儒家提倡"恩掩义"。儒家倡导私域自治，主张在诸如家庭的私人空间实现亲亲互隐。在"父攘羊"的典故中，孔子认为儿子看到父亲偷了别人的羊，应替父亲隐瞒，然后再劝说父亲悄悄把羊还回。其二，当事情发生于国家公域，儒家提倡"义断恩"。晋国代理法官叔鱼收受贿赂替人隐罪，最终被处斩，其兄叔向表示支持，孔子赞叔向为"古之遗直"，因为其"治国制刑，不隐于亲"。其三，儒家的"公私分明"价值观在"恩义并重"上存在双重标准。舜之父杀人，法官皋陶欲惩处，舜没有责令皋陶，但为了保护其父亲辞去"天子"之位偷偷携父逃走。在私情和公义的抉择面前，舜希求二者兼顾。孔子对叔向的大义灭亲持赞同态度，对舜没有以权压法责难皋陶表示肯定，这体现了儒家的公共关怀；但同时又对舜以牺牲公权保护私情的举动表示支持，这又表现了其在公法与私情面前尺度不一。儒家的确欲遵循公私分明的价值取向，却往往因对私情的关照阻碍了公法的执行。肯定舜没有以权压法并引咎辞职的公共行为是对的，但支持舜徇情枉法、为护私情而不顾天下大义的行为就完全错误了。舜之父杀人无疑是对公共法典和良知的重大损害，舜没有惩处反而带其逃走，用私情冲击了公法，为私情放弃"天子"职位弃民众公共利益于不顾，无疑为后世开了个坏头。在家庭私域中，儒家主张的"父子互隐"，也对公共道德和法律构成了冲击。儒家把家庭私恩看得至高无上，"父母有过，下气怡色，柔声以谏。谏若不入，起敬起孝，说则

---

① 王夫之：《礼记章句》，岳麓书社2011年版，第1559页。

复谏；不说，与其得罪于乡党州闾，宁孰谏"①。强调如果父母不接受子女劝谏而改过，子女就只能使公法让位于私人孝道，这着实不利于公共关怀的切实履行。我们应批判借鉴儒家"公私分明"的价值信念，深化"仁爱"精神的内涵，探寻公共关怀和私情关照的对立统一规律，努力做到在大是大非问题上立场坚定，旗帜鲜明。

(二) 墨家的公共关怀：兼爱

倡导"爱无等差"的兼爱情怀。许慎在《说文解字》中谈到："兼为并也，又从持秝，兼持二禾。"② 引申为同时拥有几种事物，并将其捏合成整体。首先，墨家"兼爱"的公共关怀体现为施予所有人以平等之爱。相比于儒家的"爱有等差"，墨家倡导"爱无等差"，即给予人类整体平等之爱，这反映了兼爱的公共性特质。"爱众世与爱寡世相若，兼爱之有相若；爱尚世与爱后世，一若今世之人也"③。"人无幼长贵贱，皆天之臣也"④。即不论时间远近、空间大小、长幼尊卑，所有人皆应得到平等的爱，爱不应有任何偏私。每个人都要将对方视如己出，形成相互关爱的生动局面，最大限度地避免私欲而达成公共和谐。正如墨子所言："视人之国，若视其国；视人之家，若视其家；视人之身，若视其身。是故诸侯相爱，则不野战；家主相爱，则不相篡；人与人相爱，则不相贼；君臣相爱，则惠忠；父子相爱，则慈孝；兄弟相爱，则和调。"⑤ 其次，墨家"兼爱"的公共关怀体现在追求人人互利基础上的公共利益。墨家提倡"兼相爱，交相利"，以功利主义的思维和实践逻辑将"爱"与"利"紧密结合起来，但其"功利主义"绝不在于个人私利，而是谋求人人互利基础上天下公利。"夫爱人者，人必从而爱之；利人者，人必从而利之"⑥。在这种人人投桃报李的过程中凝聚实现天下利益的公共力量。墨子极力反对统治者横征暴敛损害民利的行为，告诫君主不要做"诸加

---

① 转引自魏源《古微堂四书》，岳麓书社2004年版，第433页。
② 许慎：《说文解字》，中华书局1963年版，第46页。
③ 转引自谭戒甫《墨辩发微》，中华书局1964年版，第364页。
④ 吴毓江：《墨子校注》，中华书局2006年版，第30页。
⑤ 吴毓江：《墨子校注》，中华书局2006年版，第159页。
⑥ 吴毓江：《墨子校注》，中华书局2006年版，第159页。

费不加于民利"①的事，追求"使饥者得食，寒者得衣，劳者得息"②的公共理想。最后，墨家兼爱的公共关怀还体现在为公利和大义的自我牺牲精神。故人问墨子："今天下莫为义，子独自苦而为义，自若不已。"③墨子答道："今有人于此，有子十人，一人耕而九人处，则耕者不可以不益急矣。何故？则食者众而耕者寡也。"④这充分体现出墨家牺牲私利而成就公利和大义的高尚情怀。墨家的兼爱情怀固然博大，但正如荀子所说："有见于齐，无见于畸。"⑤墨家的公共视野中缺乏对人类差别的认识，使兼爱归于抽象化和无序化，值得人们深入反思。

倡导"非攻"的和平理想。在诸侯割据的春秋时代，"强之劫弱，众之暴寡"⑥已经成为一种常态。墨家主张"天下无大小国，皆天之邑也"⑦，任何大国都没有权利欺侮小国。墨子追求的公共利益不是某一国的利益，而是天下之利，"攻异国以利其国"⑧的举动最令墨子所不齿，墨子劝诫楚王不要攻打宋国时说："今有人于此，舍其文轩，邻有敝舆而欲窃之；舍其锦绣，邻有短褐而欲窃之；舍其粱肉，邻有糠糟而欲窃之——此为何若人？"王曰："必为有窃疾矣。"墨子便比喻道："臣以王吏之攻宋也，为与此同类。"⑨墨子将楚国的侵略行为比喻为"窃国者"，因为侵略行为体现的"非此即彼"的兼并思想，是对公共价值最强烈的破坏，与"大公无私"的兼爱精神根本相悖。墨子认为，只有宣扬和平，"视人之国，若视其国"，使"强不执弱，众不劫寡，富不侮贫，贵不傲贱，诈不欺愚"⑩，才能真正保障人权，改善民生，实现"天下之人相爱"的公共关怀。

倡导"唯公义是举"的政治信念。墨家对为政者的核心要求就是

---

① 吴毓江：《墨子校注》，中华书局2006年版，第255页。
② 吴毓江：《墨子校注》，中华书局2006年版，第424页。
③ 吴毓江：《墨子校注》，中华书局2006年版，第685页。
④ 吴毓江：《墨子校注》，中华书局2006年版，第685页。
⑤ 荀况：《荀子简释》，中华书局1983年版，第6页。
⑥ 吴毓江：《墨子校注》，中华书局2006年版，第175页。
⑦ 方勇译注：《墨子》，中华书局2015年版，第23页。
⑧ 吴毓江：《墨子校注》，中华书局2006年版，第154页。
⑨ 吴毓江：《墨子校注》，中华书局2006年版，第764页。
⑩ 吴毓江：《墨子校注》，中华书局2006年版，第159页。

"唯公义是举",即通过对政治治理主体的公共性要求达到公共关怀的目的。一是为政者要树立公正无私的"天道观"。中国传统文化的"敬天"思想根深蒂固,从儒家的"天无私覆,地无私载,日月无私照"① 到道家的"知常容,容乃公,公乃王,王乃天,天乃道,道乃久"②,昭昭天道就是最完全的"公道"。古代统治者追求"以德配天"来完善自身统治,黎民百姓也希望为政者能效法天道,完善德性,塑造贤德政治。在墨家看来,人性向来都是存在偏私的,"天下之为父母者众,而仁者寡,若皆法其父母,此法不仁也……天下之为学者众,而仁者寡,若皆法其学,此法不仁也……天下之为君者众,而仁者寡,若皆法其君,此法不仁也……天之行广而无私,其仁厚而不德,其明久而不衰,故圣王法之"③。相比之下,只有天道无私,可以令为政者所效法。二是为政者要任人唯贤。尚贤举能方能使政治清明、民心安定。然而,"今王公夫人,其所富,其所贵,皆王公大人骨肉之亲、无故富贵、面目美好者也,焉故必知哉?若不知,使治其国家,则其国家之乱可得而知也"④。墨子认为,为政者用人多以"骨肉之亲、无故富贵者、面目美好者"为用人标准,任人唯私,冲击了贤能的公共标准,无疑将导致国家的混乱。墨子强调,为政者必须戒除私心,唯公义是举,使贤能之人"上可而利天,中可而利鬼,下可而利人"⑤,让为善之人受到勉励,行暴之人受到阻止,使真正贤能之人为社会公共利益尽心竭力。这是墨家公共关怀最鲜明的政治表达。

(三) 佛家的公共关怀:慈爱

奉行"众生平等"的公共价值。宋代高僧清远说:"若论平等,无过佛法,唯佛法最平等。"⑥ 个人或私人群体为了私欲的满足,造成了人压迫人的现象,导致了人世间的不平等,冲击了人类生存发展的公共底线,

---

① 阮元校刻:《十三经注疏》,中华书局 2009 年版,第 3509 页。
② 彭裕商、吴毅强:《郭店楚简老子集释》,巴蜀书舍 2011 年版,第 263 页。
③ 吴毓江:《墨子校注》,中华书局 2006 年版,第 30 页。
④ 方勇译注:《墨子》,中华书局 2015 年版,第 80 页。
⑤ 方勇译注:《墨子》,中华书局 2015 年版,第 77 页。
⑥ 赜藏主编集:《古尊宿语录》(卷三十三),中华书局 1994 年版,第 620 页。

佛教就是基于对人间苦难的同情和对人类不平等的反思而创立和发展起来的。"平等观"是佛家公共关怀的理论前提。佛家平等是全面的平等，不仅涵摄人与人之间的平等，而且还包括佛与佛、人与佛、人与其他一切生物、人与神鬼之间的平等。佛教传入中国后，与儒、道等传统文化相融合，凸显出更为鲜明的本体论特质。首先，万事万物均可通过圆融达到平等境界。万事万物是千差万别但又相互联系的有机整体，之所以能够相互融合，是因为事物之间、事物与佛之间都是彼此平等的。众生与佛就心体而言是圆融平等的，"以本具染性故，说名众生法身；以本具净性故，说名诸佛法身，以此义故，有凡圣法身之异名，若废二性之能以论心体者，即非染非净，非凡非圣，非一非异，非静非乱，圆融平等，不可名目"①。就像华严宗所主张的，万事万物皆有"六相"（总、别、同、异、成、坏），因为"六相"相通，万物通过平等互摄而相互融通，达到内在和谐的理想境界。其次，万事万物的圆融平等可通过佛性平等得以实现。佛家认为，每个人内心本初时都是清净的，都有成佛成圣的潜能，人人皆可修习成佛。正所谓"不悟即是众生，一念若悟，即众生是佛"，"自性迷，佛即众生，自性悟，众生即是佛"②。"佛性平等"看起来只停留在内在心灵修习的本体层面，实际上对人们追求"世俗平等"产生了重要的促进作用，增强了社会底层大众的"价值存在感"，给予他们超越现世苦难的精神信念和理想寄托，体现了佛家对芸芸众生的公共关怀。

秉承"慈悲为怀"的公共情感。"慈悲"是佛教教义的核心。《大智度论》有云："一切诸佛法中慈悲为大。"③ 佛家一方面引导人们以"出世"情怀摆脱现实欲望羁绊；另一方面又怀着普渡众生的使命感激励人们积极"入世"，给世界带来和平、安宁与关怀。因此，佛家绝不仅仅是消极"出世"的个体修身学，从一定意义上讲也是努力"入世"的公共价值学，只不过是以"出世"的方式达到"入世"的目的。佛家与世俗

---

① 蕅益智旭：《大程止观法门释要》，巴蜀书社2014年版，第63页。
② 慧能：《坛经校释》，中华书局1983年版，第66页。
③ 鸠摩罗叶译著：《大智度论》，中华书局2012年版，第557页。

勾连的纽带就在于"慈悲心"。大乘佛教认为:"大慈与一切众生乐,大悲拔一切众生苦。大慈以喜乐因缘与众生,大悲以离苦因缘与众生。"①慈悲之心就是对众生"予乐拔苦"的"公共心",它突破了个体私人感受,自觉体认众生苦乐。佛家讲:无缘大慈,同体大悲。② 所谓无缘,就是指佛家平等地看待众生,不以所谓"有缘""无缘"等私人情感作为"慈悲"的依据。所谓同体,就是指佛、菩萨和众生之间彼此本性如一,可以相互融合,构成"同呼吸共命运"的生命共同体,众生即我,我即众生,对于众生遭受的任何苦难,佛都能产生相同的情感体认,就仿佛是自己遭受苦难一样,解救众生的过程也就是自我拯救的过程。中国佛教把内在修为与公共追求相结合,发展了"同体大悲"的观点。其一,发展了"众生同体"的观念。《华严经》有云:"一切众生而为树根,诸佛菩萨而为华果"③,将众生与诸佛菩萨视为根果相连的生命整体。其二,阐发了"慈悲"的公共关怀属性。隋代三论宗吉藏从"利他"视角阐述了"慈悲":"利他行体为慈,利他用为悲。"④ 慈悲感是利他行为的情感基础,只有心怀慈悲的人,才能将实现他人的需要和利益作为"慈悲"的现实旨归。其三,在慈悲心与惭愧心的结合中激发人的公共责任。蕅益大师在《灵峰宗论》中说道:"惭愧自严,方能断恶修善。慈悲利物,乃是接世度生","有惭愧者,方有慈悲,无慈悲者,即无惭愧"。⑤ 惭愧与慈悲的对接反映了中国传统文化"内圣外王"的哲学特质。心怀惭愧,就是对他人和社会抱有歉疚感,对自己的德性修养提出更高的要求,更加发愤图强;心怀慈悲,就是在"惭愧感"的基础上,要求自己更多地付出而不是索取,更多地利人而不是利己,以博大的慈爱精神建设美好的公共世界。

重视"普渡众生"的公共关怀。普渡众生是佛家"众生平等"的公共价值和"慈悲为怀"的公共情感在现实社会的具体实践。在佛家看来,

---

① 玄奘、辩机:《大唐西域记校注》,中华书局2000年版,第693页。
② 转引自濮一乘编纂《天宁寺石刻五百大阿罗汉记》,凤凰出版社2017年版,第726页。
③ 石峻等编:《中国佛教思想资料选编》(宋元明清卷)2014年版,第138页。
④ 吉藏造:《维摩经义疏》,中华书局2021年版,第310页。
⑤ 蕅益智旭:《净信堂初集》,巴蜀书社2014年版,第69页。

每个人生来皆苦,"苦"是人生在世的一种基本情态,正所谓"苦海无边",佛的使命不仅在于使自己摆脱苦海,更在于帮助众生渡过苦海。在人与人的关系上,佛家普渡众生的公共实践表现为"布施"。布施的前提在于人与人之间财富分配不均。佛家主张节制物欲,把过多的财富施予更为需要的人,在利他的同时获得精神上的满足与超越,这是佛家公共关怀的鲜明表现。佛家布施分为法布施和财布施两种。法布施是开启心智、建构精神世界的布施行为;财布施则是分享财物以帮助穷苦人渡过困境的布施行为。中国古代的佛舍、粥厂、普济堂都是佛家布施的重要场所,承担着食宿、赈灾、医疗、丧葬等社会公共事务,是中国传统慈善组织的重要代表。佛家布施行为的关键在于心诚,即布施行为是否完全以造福众生、增进公益为宗旨,将布施看作一种施恩,要求施惠于他人而不期望任何回报,使布施成为一种纯粹利他的价值活动,不含有任何私人欲求。如果布施行为怀有"客观为他人、主观为自己"的思想倾向,就不是"真布施",这彰显了佛家布施文化的公共性本质。在人与生态的关系上,佛家普渡众生的公共实践表现为"放生"。放生文化是指看到异类众生被擒被抓被关被杀、惊慌失措或生命垂危时,发慈悲心和实行救赎的行为。这种朴素的"万物有灵"主张体现了佛家对生态大生命的尊重,表现了佛家对自然生命体的公共关怀。人类与生态大生命息息相关,保护生态大生命的和谐运转,维护它们生存发展的公共权利,自觉肩负生态责任,才能真正普渡众生,使人类和自然都能获得健康、持续的发展。

二 西方公民学说中彰显的公共关怀滥觞

西方社会素来拥有自然主义、人文主义和理性主义的传统,对民主政治、公共理性和社会正义的建构产生了诸多的文化理解和实践尝试。在西方哲学和政治学的发展历程中,逐步凝练出了问题意识鲜明、历史链条清晰、传承关系明显的公民学说,西方公民学说表达了西方关于民主政治的理解和良序社会运行方式的认知,其中彰显着建构在西方文化土壤之上的公共关怀滥觞,对我们如今理解马克思主义生存论视域中的公共关怀和思想政治教育公共关怀,具有一定的启发意义。下面本书选取三个西方公民学说发展的重要阶段:古希腊古罗马时期公民学说、近代西方公民学说、现代西方公民学说,分别挖掘这三个时期公民学说中彰显的公共关怀思想。

(一)古希腊古罗马公民学说中的公共关怀思想

古希腊海洋文化开放、包容、活跃的价值特质催生了古希腊人对民主政治的追求,使雅典人在奴隶社会时期就通过四百人议事会、五百人议事会等机制建构起了民主政治的雏形,对公民公共品格的塑造发挥了重要作用,也助推了公共关怀思想的孕育和生长。古罗马注重公民权利的培养,把公民的公权和私权分割开来,尤其是深受古希腊文化影响的思想家西塞罗更是把罗马帝国的政治生活和古希腊的政治伦理结合起来,发展了古希腊公民学说中的公共关怀思想。

第一,以整体主义的思维建构个人与城邦间不可分离的公共关系。在古希腊人眼中,城邦和个人是相互联系的有机整体,城邦是第一位的,其整体利益神圣不可侵犯,个人唯有融入国家和为国家献身,才能实现自己的价值。因此,雅典法律规定,公民只要到了青年时期就要参加社会公共事务,成为参与城邦管理的公民。因此,雅典执政官伯利克里在阵亡将士国葬典礼的演说中强调:"在我们这里,每一个人所关心的,不仅是他自己的事务,而且也关心国家的事务:就是那些最忙于他们自己的事务的人,对于一般政治也是很熟悉的——这是我们的特点:一个不关心政治的人,我们不说他是一个注意自己事务的人,而说他根本没有事务。"① 苏格拉底告诫公民们:"不要轻乎城邦的事务,只要力所能及,总要尽力对它们加以改善;因为如果把城邦的事务弄好了,不仅对于别的公民,至少对你的朋友和你自己也有很大的好处。"② 城邦对于希腊人的肉体、灵魂、荣誉、利益都极其重要,公民需要为城邦做无条件的牺牲。这种公共关怀情结已然印刻在古希腊人的血脉中。

---

① [古希腊]修昔底德:《伯罗奔尼撒战争史》(上),谢德风译,商务印书馆1985年版,第132页。
② 转引自(古希腊)色诺芬《回忆苏格拉底》,吴永泉译,商务印书馆1984年版,第112页。

第二，以公共关怀为基点追求政治建构的合理性。从领导人选择上，希腊先哲们以公共关怀为标准选择领导人。在柏拉图看来，只有真正的哲学王才是理想的统治者，因为哲学王不仅有哲学家的天赋、掌握正义和善本身的知识，而且尤其照顾城邦的公共利益，而不是拘泥于私人利益。"我们建立这个国家的目标并不是为了某一阶级的单独突出的幸福，而是为了全体公民的最大幸福"①。也只有哲学王才能不追求自己的一己私利，除了绝对的必需品以外，他们不会谋求任何私产，他们追求的不是世俗的金银，而是追求心灵深处的财富。② 在政体选择上，以关注公共利益的政体为优良的政体。亚里士多德认为，君主政体、僭主政体、贵族政体、寡头政体都不能维护公民平等的政治权利和促进城邦的正义。在他看来，"凡照顾到公利的各种政体就是正当或正宗的政体；而那些只照顾到统治者们利益的政体就都是错误的政体或正宗政体的变态（偏离）"③。因此，评判一个城邦政体的好坏，要看它是否以公共利益和全体人民的共同幸福为依归。

第三，强调美德是塑造公民公共关怀品格的基础。无论是古希腊还是古罗马的哲学家都十分重视美德的作用。苏格拉底提出"一切美德都是智慧"，柏拉图认为："一切知识如果离开了正义和美德，都可以看做是一种欺诈而不是一种智慧。"④ 古罗马哲学家西塞罗把美德看作是履行责任的基础。在他们看来，对城邦、对国家的公共关怀需要美德的培育和滋养，公共关怀本身也是一种美德，但这种美德更高级，需要其他美德的支撑。苏格拉底指出："不要只关心自己的身体和财产，轻视自己的灵魂，我跟你们说，美德并非来自钱财，相反，钱财和一切公私福利却都来自于美德"⑤，"雅典人是最爱好荣誉、最慷慨大度的人，这些美德肯定会使他们为着荣誉和祖国甘冒一切危险而不辞"⑥。因此他主张公民在

---

① [古希腊]柏拉图：《理想国》，郭斌和、张竹明译，商务印书馆1986年版，第133页。
② [古希腊]柏拉图：《理想国》，郭斌和、张竹明译，商务印书馆1986年版，第130—131页。
③ [古希腊]亚里士多德：《政治学》，吴寿彭译，商务印书馆1965年版，第132页。
④ [古希腊]柏拉图：《柏拉图全集》第1卷，王晓朝译，人民出版社2002年版，第247页。
⑤ 转引自[古希腊]柏拉图《柏拉图对话集》，王太庆译，商务印书馆2004年版，第41页。
⑥ 转引自[古希腊]色诺芬《回忆苏格拉底》，吴永泉译，商务印书馆1984年版，第110页。

习得美德的基础上为共同的利益而通力合作。西塞罗是古罗马哲学家，但他承袭了古希腊哲学传统和伦理精神，不仅用拉丁文把希腊公民学说介绍给罗马人，还继承古希腊哲学强调公共关怀的思想和精神，首创"责任公民"理论，主张公民应当发自内心地自愿承担责任和义务。西塞罗指出："在选择相互冲突的责任时，应把人类社会的利益所需要的那份责任放在首位。"[①] 他倡导为国家而献身的精神，强调在美德教育的基础上肩负公共责任，"首先是为国家和父母；为他们服务乃是我们所负有的最重大的责任"，（如果需要）"我们会毫无保留地献身于国家，不在乎自己的影响和权利，心目中只有整个国家和全体人民的利益"[②]。从这个意义上说，古希腊和古罗马都将公共关怀视为一种高阶美德和成为优秀公民的前提条件。

（二）近代西方公民学说的公共关怀蕴涵

西方文化中的公共关怀经历了一个以群体本位为基础追求"普遍善"向以个体本位为基础追求"公共利益"的过程，即由"common good"向"public interest"转化的过程。在奴隶社会时期和封建社会时期，common good 作为奴隶制城邦和封建王朝的象征，旨在促进人类福祉——比如和平、正义、繁荣与共同体，它被视为国家的最高目的。[③] common good 是一个与奴隶社会和封建社会的政治治理方式紧密联系在一起的词汇，由于人身依附关系，人们只有在封建共同体中寻求"普世善"的依托。随着西方工业文明的兴起和现代化的推进，个体走向独立化。个体在获得个性解放和人格独立的同时，又在寻求 public interest，public interest 以个体利益为出发点，"根据个体公民的私人福祉来定义政府的目的，他们尤其关心物质上的幸福，也就是财产和财产权……他们则宣扬 public interest 的首要的和最重要的含义是指通过培育私人财产而带来的繁荣"[④]。在从

---

① [古罗马] 西塞罗：《西塞罗三论》，徐奕春译，商务印书馆1998年版，第164页。

② [古罗马] 西塞罗：《西塞罗三论》，徐奕春译，商务印书馆1998年版，第114页。

③ Bruce Douglass, "The common Good and the Public Interest", Political Theory, No. 1, June 1980, pp. 103–117.

④ Bruce Douglass, "The common Good and the Public Interest", Political Theory, No. 1, June 1980, pp. 103–117.

以古希腊城邦政治为代表的"common good"走向近代民主政治的"public interest"的过程中,经历了中世纪的曲折。教皇的统治垄断了全部政治生活,基督教教义成为人们唯一的理论选择,西方的公共关怀自然只能被嵌入教义中获得"畸形化"发展。文艺复兴后,人从宗教世界中解放而重新走向世俗世界,个体主体性得以充分彰显,西方社会在发现"个人"的同时也发现了"公共世界",西方社会公共关怀伦理的发展再次实现了与西方政治文明实践的有机对接。近代西方公民学说的公共关怀蕴涵可以从以下三个方面加以审视。

第一,以订立契约形成国家的政治建构方式促进公共理性实现和公共关怀的彰显。在文艺复兴和启蒙思想的影响下,近代以来的思想家都沿袭着"以自然法为根据、以个人自利为基点、以订立契约为基本方式、以形成国家公共共同体为最终归宿"的政治建构方式。在他们看来,近代西方哲学家纷纷做出了"人皆自利"的人性假设,在自然状态下,人都在为了谋求自身利益的最大化而努力。法国启蒙思想家们也承认人的自爱本性,但这些思想家同样承认,人不仅要有自利的自我关怀,也要有利他和爱他人的公共关怀。培根指出:"人性之中有一种隐秘的爱他人的倾向和趋势。"[1] 把利他也当作人性内在的组成部分。伏尔泰主张从相互联系中把握人,指出:"正是对我们自己的爱,助长了对他人的爱。"[2] 为了不致使人因自利而在争夺稀缺的公共资源中共同毁灭,人们决定订立契约。在霍布斯看来,人的理性分为私人理性和公共理性,私人理性诉诸私人利益的获取,公共理性则表征着人公共关怀的潜能。如果个体基于个人自利而不断放大私人理性,整个社会就会出现"人对人是狼"的境遇。因此,人们愿意把私人理性让渡给共同体。"当一群人确实达成协议,并且每一个人都与每一个其他人订立信约,不论大多数人把代表全体的人格的权利授予任何个人或一群人组成的集体时……这时国家就称为按约建立了"[3]。

---

[1] [英] 培根:《培根论说文集》,水天同译,商务印书馆1958年版,第31页。
[2] [法] 伏尔泰:《哲学通信》,高达观等译,上海人民出版社1961年版,第126页。
[3] [英] 霍布斯:《利维坦》,黎思复、黎廷弼译,商务印书馆1985年版,第133页。

卢梭则指出，我们"要寻找一种结合的方式，使他能以全部的力量来卫护和保障每个结合者的人身和财富，并且由这一结合而使每一个与全体相联系的个人又只不过是在服从自己本人……这个结合行为就产生了一个道德的与集体的共同体……而共同体就以这同一个行为获得了它的统一性、它的公共的大我、它的生命及其意志。这一由全体个人的结合所形成的公共人格，以前称为城邦，现在称为共和国或政治体"①。由此可见，因订立契约而形成的国家就是公共理性的外化表现，就是聚合了个体意志的公共人格。国家虽基于人们自我保全的自利要求，但其实质上代表着人民的主权，其代表的"公意"彰显了最大范围的公共意志。卢梭的"公意"思想是人民主权的核心，彰显了对人民的公共关怀。"主权既然不外是公意的运用，所以就永远不可转让"②，"我们每个人都以其自身及其全部的力量共同置于公意的最高指导之下，并且我们在共同体中接纳每一个成员作为全体之下不可分割的一部分"③。公意的本质源于人民意志和权利的让渡，旨在谋求全体人民的公共幸福。

第二，以法律的制定和遵行保障自由的公共价值。自由是现代西方政治进步的标志，反映了对西方封建社会人身依附关系的超越。尽管在资本逻辑的作用下，西方社会真实的自由难以实现，但自由本身折射出西方思想家对公民公共关怀的价值初衷。自由的实现需要法治的保障，三者共同体现着人类理性的进步。斯宾诺莎指出，国家的目的是保障人民的自由，但自由必须建筑在法律基础之上。人民的自由以公共理性为前提，而法律本身就彰显了人的公共理性。孟德斯鸠进一步指出："自由就是做法律所许可的一切事情的权利。"④法治表面上是限制消极自由而保障积极自由，在个体积极自由实现中推动公共自由的实现，展现自由之于个体和公共世界的公共关怀。

第三，以自由的关怀矫治个人主义的滋生和蔓延。近代民主思想的

---

① [法] 卢梭：《社会契约论》，何兆武译，商务印书馆2002年版，第12—14页。
② [法] 卢梭：《社会契约论》，何兆武译，商务印书馆2002年版，第58页。
③ [法] 卢梭：《社会契约论》，何兆武译，商务印书馆2002年版，第35页。
④ [法] 孟德斯鸠：《论法的精神》，许明龙译，商务印书馆2009年版，第165页。

兴起，意味着西方世界由古希腊、古罗马的社群本位转向个体本位，伴随着民主自由思潮的不断扩大和资产阶级政权的日渐巩固，个体本位成为西方政治和文化世界的主导逻辑，个人主义在19世纪的西方甚嚣尘上。民主社会的身份平等原则催生了个人对自身生存价值的笃信不疑，"他们习惯独立思考，认为自己的整个命运只操于自己手里"①。基于这种认识，公民往往只专注于个人生活和自己的小家庭，而不关心公共事务。"民主不但使每个人忘记了祖先，而且使每个人不顾后代，并与同时代人疏远。它使每个人遇事总是只想到自己，而最后完全陷入内心的孤寂。"② 托克维尔看到了根植于西方文化传统中的个人主义倾向，也警觉到了启蒙理性的自我逆转和自我分裂带来的价值积弊和整个社会信仰虚无。托克维尔试图矫治这种个人主义带来的公共冷漠，重塑公民的公共关怀精神。其价值路向是在民主制度下促进公民间的相互联合，在相互联合中收获自由价值。托克维尔指出："唯有自由才能使公民摆脱孤立，促使他们彼此接近，因为公民地位的独立性使他们生活在孤立状态中。只有自由才能使他们感到温暖，并一天天联合起来，因为在公共事务中，必须相互理解，说服对方，与人为善。只有自由才能使他们摆脱金钱崇拜，摆脱日常琐事的烦恼，使他们每时每刻意识到、感觉到祖国高于一切，祖国近在咫尺。"③ 因此，托克维尔注重以自由践行和塑造公共关怀，在对公共事务的贯彻中追求自由，展现了自由和公共关怀间的同构互塑。

（三）现代西方公民学说中的公共关怀价值

现代西方公民学说建基于西方民主政体的发展完善阶段，是对国家和社会二分的政治发展取向的一种回应，重点考量在社会公共领域公民如何施展公共价值和自我实现问题；在民主政体下如何保障弱势群体的利益、促进社会福利的权利回归问题。可以从场域层面和价值层面来认识和理解。

---

① ［法］托克维尔：《论美国的民主》（下），董果良译，商务印书馆1988年版，第627页。
② ［法］托克维尔：《论美国的民主》（下），董果良译，商务印书馆1988年版，第625页。
③ ［法］托克维尔：《论美国的民主》（上），董果良译，商务印书馆1988年版，第36页。

第一章 思想政治教育公共关怀的理论导源与历史考略

从场域层面看，公共领域是对公民施展公共观照和促进公民自我实现的场所。汉娜·阿伦特基于对古希腊城邦公共性的理论分析，以现代性视野审视公共领域的作用。哈贝马斯的公共领域是基于国家、市场和社会的三者分立逻辑，是在市场中从事商品交换的私人因为对公共政治权力及其运行方式的关切而聚合而成的领域。这两位思想家关于"公共领域"的界定呈现出深切的公共价值观照。其一，只有公共领域具有实在性，公民的权利唯有在公共领域才能实现。汉娜·阿伦特认为："一个人过一种纯粹的私人生活，像奴隶一样不被允许进入公共领域……就不是完整意义上的人。"[1] 因为只有他人看到或者听到，才能彰显出人之为人的实在性。"在现代处境下，这种丧失了与他人的'客观'关系、丧失了由于他人而得以确保的实在性的状况，已经演变成了大众孤独的现象"[2]。因此，公民的权利唯有在公共领域中才能真正获得承认。其二，公共领域是施展个性和确证自我的领域。汉娜·阿伦特把公共领域视为"只为个性保留着，它是人们唯一能够显示他们真正是谁、不可替代的地方"[3]。哈贝马斯则将公共领域视为交往公共性生成和思想启蒙的领域，在这里公民可以自由表达对社会和政府的意见，展现对公共权力的批判，在确认自我中表达一定的公共关切。

从价值层面看，基于正义的社会建构方式能够展现公共关怀。现代新自由主义的代表人物罗尔斯的公民学说始终围绕着"建构一个什么样的社会"而展开，在他看来"正义"是建构良序社会的基本伦理诉求，而正义社会建构的前提在于每个人都是自由平等的人。因此，他创立了正义论的两个基本准则，凸显了正义论的公共关怀价值。在罗尔斯看来，正义的"第一个原则：每个人对与所有人所拥有的最广泛平等的基本自由体系相容的类似自由体系都应有一种平等的权利；第二个原则：社会和经济的不平等应这样安排，使它们：①在与正义的储存原则一致的情况下，适合于最少受惠者的最大利益；并且，②

---

[1] [美] 汉娜·阿伦特：《人的境况》，王寅丽译，上海世纪出版集团2009年版，第24页。
[2] [美] 汉娜·阿伦特：《人的境况》，王寅丽译，上海世纪出版集团2009年版，第39页。
[3] [美] 汉娜·阿伦特：《人的境况》，王寅丽译，上海世纪出版集团2009年版，第27页。

依系于在机会公平平等的条件下职务和地位向所有人开放"①。罗尔斯的正义论关注最少受惠者的最大利益,体现对能力局限者和在社会分配体系中居于弱势的阶层的正义补偿,彰显了正义的公共关怀价值,展现了正义与关怀的有机融通。

---

① [美]约翰·罗尔斯:《正义论》(修订版),何怀宏、和包钢、廖申白译,中国社会科学出版社2019年版,第237页。

第二章
思想政治教育公共关怀的概念解读与哲学意蕴

"思想政治教育公共关怀"是一个充满问题意识的中国化概念，必须通过学理支撑和中国话语予以界定和澄明。马克思主义生存论的公共价值意蕴构成了思想政治教育公共关怀的理论导源，正因为马克思主义生存论的公共关怀精神，才为思想政治教育公共关怀提供了理论合法性；中西历史考略展现了中国和西方文化中关于公共关怀的精神价值，构成了思想政治教育公共关怀的历史底蕴；人的公共生存要求思想政治教育在新的历史条件下发展其公共关怀价值，为思想政治教育公共关怀的实践生成提供必要性和可能性。

因此，建构思想政治教育公共关怀理论，不仅是马克思主义生存论对思想政治教育提出的理论诉求，也是人的公共生存实践对思想政治教育提出的现实诉求，具有鲜明的直接现实性和历史传承性。我们需要在科学把握当代公共哲学生存论取向的基础上，从马克思主义生存论视角理解人的公共生存和界定公共关怀的学理性内涵，进而全面深入阐释思想政治教育公共关怀的内涵和外延，深度挖掘思想政治教育公共关怀背后的公共生存论意蕴，进一步探明思想政治教育公共关怀存续和发展的学理基础。

第一节 公共关怀的哲学阐释

一 当代公共哲学的生存论取向

在哲学的发展进程中,"公共哲学"这个名词是由现代哲学家李普曼提出的,但哲学的公共性渊源是从哲学诞生之日起就存在着的。在哲学发展的视域下,"公共性"这个概念实现了由本体论追求到价值论承诺的意义跃迁。哲学作为人类把握世界的一种思维方式,总是试图回答世界和人类生存发展的终极命题。自古希腊时期,哲学就产生了对世界本体追问的思维传统,试图对世界"公有现实"的把握中探求自然界和人类社会的终极意义。对世界本源探讨的本体论追求寄寓了哲学对公共性的追求,它通过那些现象的、有限的、变化不居的经验中探寻无限的、确定的、普遍的本体以及人类社会的终极指向。因此,它总是力图概括公有现实存在的合法性前提,提供其各领域间得以对话、解释和沟通的基础,并以概念系统的形式表现为一种自洽的统一性原理。[①]

从泰勒斯的"水"到阿那克西曼德的"无限"、赫拉克利特的"燃烧的活火"再到德谟克利特的"原子",哲学家们都力图在感性世界中找寻世界的公共始基;从巴门尼德的"存在"到柏拉图的"逻格斯"再到亚里士多德对"一般和个别"的思索,哲学家们开始从经验世界之外的超验世界寻求世界万物存在的理由。在漫长的中世纪,上帝存在证明成为人类在感性世界之外唯一的意义与价值寄托,也成为人类对自身存在根由的唯一解释方式。进入近代以来,在"认识论"和"唯理论"的思维博弈中,人类把观察世界的重心放到了"知识的普遍有效性",即知识的公共性层面,无论是盘踞在感性杂多背后的"物自体"还是人类思维极限的"绝对精神",都是人类追求思维至上性的产物。人类总是在某种对认识的先验律令的把握中,证成知识的普遍性和追求世界的公共性,

---

① 贺来:《走向公共性的丧失——论后现代主义哲学的根本理论旨趣》,《吉林大学学报》(社会科学版)1995 年第 6 期。

这不仅渐次疏离了公共性的价值论色彩,也给"公共"蒙上了一层神秘主义的色彩。

伴随着现代哲学向"生活世界"的回归,哲学关注的焦点从对世界的本体论追求转向价值论承诺,从追问知识的普遍必然性和人类思维极限转向对人类生存样态和美好生存愿景的期许。也正是在这样一个背景下,旨在回答全球化背景下差异性多元主体如何探寻共在生存逻辑以及化解文化公共性危机的哲学形态——"公共哲学"应运而生。这时的"公共性"不再是指称象征着世界本源的"公共始基",而是展开了对"人类如何共同生存"的终极命题的价值哲思。公共性的思维路径也从之前的先验律令转向对全球化时代美好生活治道理想的追求。

公共哲学之所以转向对人类共同生存境遇的价值论观照,是因为自启蒙运动以来开显的现代性逻辑正在走向自我分裂和自我逆转,西方现代文明所创构的以个体本位为核心的启蒙神话正在资本逻辑的促动下疏离公共性文化信念和价值理想,制造个体理性和公共理性难以弥合的价值鸿沟,人类的精神世界的"无根性"和文化价值的"商业化"意味着我们需要公共性价值逻辑的重建,需要以公共性的执着重新审视人类现代性的应然价值逻辑。随着人类理性的进步和全球化大公共格局的生成,多样价值观念在带来公共生活无限丰富的同时,也逐步丧失对客观世界"公度性"的控制,正如李普曼所说:"正是这种进一步多元化的不断裂变的社会,比以往任何时代更需要一种带有共同的约束性准则的公共哲学。"[①]"公共哲学研究表明,现代公共哲学在一开始就立足于……人类生存现实,力图揭示其本质,预测其未来,把握其时代精神"[②]。

公共哲学对人类生存境遇的观照和对理想生存价值的探求标示着公共哲学的生存论取向,即公共哲学力图通过对西方现代性遗存下来的个体异化生存逻辑的深度矫治,回应人类面临的公共性生存困境,探寻人类公共生活的合理性根基,展现关怀人类未来的共在生存智慧。从生存

---

① 转引自刘军宁等编《市场逻辑与国家观念》,生活·读书·新知三联书店1996年版,第37页。

② 袁祖社:《全球化与市场社会"公共生活"合理性的理性审视与价值呼求——现代"公共哲学"的理论背景、实践旨趣及其含义识辨》,《哲学动态》2004年第3期。

界域层面看,公共哲学旨在调和个体私域生活和社会公共生活的关系。资本逻辑驱使下的市场繁荣塑造了现代性文化品性,那就是把自启蒙运动以来形成的对个人价值和尊严的重视弘扬到极致的程度,个体理性本位成为西方现代性的基础性精神,个体理性在彰显个体或私域价值的同时异化为与公共生活和公共精神相对立的存在。就像哈尔曼所说:"崇尚个人主义的人只关心个人发财致富,毕生实行高消费,令人炫目。他们愈来愈要求凡有要求便立即满足,一味追求个人幸福、成功和成就,对公共生活则兴趣下降。"① 这也使人模糊了私人领域和公共领域的生存界域,执着于私域层面的追求而忽视了公共领域的建构,抑或把私人化的追求带入公共领域,造成公共领域的异化和整个生活世界的殖民化。公共哲学就是以哲学之思观照人的公共领域和私人领域,确立公域和私域的生存规则,尝试打通公共领域和私人领域间互通的渠道,促进人们在这两个领域的良性互促中推动个体私人生命和社会公共生命的整体性发展。从生存价值层面看,公共哲学旨在平衡私人利益和共同利益过程中实现人的生存意义的价值澄明。受西方现代性影响,建立市场经济的国家都不可避免地陷入对市场的迷茫。"市场经济体制的确立,一方面导致了经济的繁荣,而另一方面又鼓励了平庸的价值取向","自由、平等、公平曾经被知识分子赋予精神激情的口号,现在被填注了'私利'的含义……对私利的追逐复活了最原始的拜金主义,各个人因为利益而重新扭结在一起,并无情地拆除着政治、道德、伦理、情感等传统关系。社会成为一切人反对一切人的战场。……私利造成了私人与公共间的矛盾和分离"②。这也使得个体理性和公共理性间形成了一道鸿沟,既阻滞了人从个体生存走向公共生存和挖掘共同存在潜能的机会,也承受着公共精神追求迷茫而导致社会文化公共性的流失。公共哲学的生存论取向,就是着眼于经济全球化场景下多元文化与多极价值主体"共在"的生存景观,矫治市场经济下人们盲目的逐利行为,在人的多样化生存追求中

---

① [荷兰]勒克·哈尔曼:《道德观念是否正在衰落?对当代社会道德面貌的国际调查》,《中国社会科学》杂志社主编:《社会转型:多元文化与多民族观念》,社科文献出版社 2000 年版,第 91 页。

② 蔡翔:《日常生活的诗情消解》,学林出版社 1994 年版,第 215 页。

寻觅普遍性的公共意义，实现个体之间交往共存和差异互认，以现代"社群"为本位的全新的生存文化与价值理念，构筑一套追求公共价值和促进人的公共生存合理性的意义阐释系统。

当代中国以马克思主义生存论的公共性精神承接和发展了公共哲学的生存论转向，形成了从马克思主义生存论视角观照和解读人的公共生存的致思理路。与西方在启蒙理性与反思自由主义下形成的公共哲学不同，当代中国的公共哲学是在继承和深化马克思主义哲学精神中发展起来的，是在对马克思主义生存论的公共价值意蕴的提炼中生成的面向公共生存实践的哲学范式。马克思主义生存论以批判资本主义私有制为基础，旨在建立一个由人民共同控制生产和生活资料的公有制社会，实现人类共和与天下大同的公共生存境界。在实践理性上阐释、确认和发展全球化多元共生的生存逻辑，在生活世界上着眼于对私有制基础上异化生存逻辑的批判而重建公共生存合理性，在公有制基础上建构人与人共存共荣、全面发展的"自由人的联合体"。马克思主义生存论回归现实生活世界，在确认和发展现实生活公共性方面作出了不可磨灭的贡献，马克思主义生存论的现实逻辑展现了人的公共生存进路，它推动、顺应和承接了公共哲学发展的生存论转向，既为人类实际生活开辟了一条通往理想化公共生存的现实道路，重塑了公共生活的合理性根基；又为在当代中国语境下审思公共哲学的生存论取向、探讨人的公共生存、发展人的公共生存与思想政治教育的内在关联开辟了一条理论通路，证成了哲学对公共性价值的理解，树立起生存论公共追求的文化界标。

二　人的公共生存的哲学表征

公共哲学的生存论转向和马克思主义生存论的公共关怀深蕴，要求我们在马克思主义生存实践中关切人的公共生存问题，彰显马克思主义生存论对社会公共性问题的理论自觉。这一理论自觉是以人类社会日益凸显的公共生存实践为基础的。当今社会，经济全球化、政治多极化、文化多样化不断发展，公共领域不断拓展，公共生活日益丰富，公众参与成为经济、政治、文化、社会发展的重要渠道，在合作中共建共赢也成为人类追求的价值理念，人的公共生存实践不断得到确证和深化。人的公共生存实践的发展确证和深化了马克思主义生存论的公共性追求,公共关怀也成为人的公共生存的内在价值诉求。这就要求我们不断探寻人类的公共生活智慧,激励人们在公共生存中确证自身的本质力量,为公共关怀价值的不断彰显奠定坚实的生存基础。

(一)人的公共生存的哲学内涵

人的公共生存表征着人对共同生活的自我觉解和对自身社会性本质的深刻认同,是在历史性公共实践基础上形成和发展起来、以确证和表达自我同一性为前提的尊重他人、塑造他人、成就他人、实现与他人共建共享的生存方式。一方面,它蕴含着个体深刻的自我认同和社会认同,体现了个体自觉融入社会公共生活并试图在共同生存中实现自我超越的价值信念和文化理想;另一方面,它表达了社会对个体的价值期待,彰显了人作为类存在物对如何建构与优化自身的社会关系体系、实现良序化共同生活的自觉追求,反映了一种深层次的政治共识和文化合理性期许。

具体而言,可以从以下几个层面解读人的公共生存的哲学内涵:

第一,人的公共生存是人的社会存在本质的表现方式。"人的本质不是单个人所固有的抽象物,在其现实性上,它是一切社会关系的总和。"[①]社会性是人的本质属性,马克思主义哲学正是将人放到现实的"社会—历史"视野揭示人的生存本质的。人自身的有限性决定了个体不能孤立应对自然和社会的挑战,只能在与他人的相互交往和彼此塑造中谋求共同生存和发展;人的合群性要求个体或群体只有在同他者的价值互动中才能找到自身的价值方位和发展趋向。没有"现实的人"就没有"现实的社会",没有"现实的社会"也就无所谓"现实的人",人和社会在某种意义上是同一范畴的两重表达方式,有人的地方就有人的社会性。"甚至当我从事科学之类的活动,即从事一种我只是在很少情况下才能同别人进行直接联系的活动的时候,我也是社会的,因为我是作为人活动的……他的生命表现,即使不采取共同的、同他人一起完成的生命表现

[①] 《马克思恩格斯文集》第 1 卷,人民出版社 2009 年版,第 501 页。

这种直接形式,也是社会生活的表现和确证"①。在私人活动领域同样不能否认人的社会性,因为从事各种私人活动的人本身是社会化了的人,他们都深谙社会的规则和意义。与社会性相区别和联系的是,公共性与私人性相对,同时又是人的社会性在社会公共领域的现实表征,没有公共性,就无法形成人的真正的组织结构和社会联系。公共生存反映了人的社会本质的合理化建构,旨在调和个体性和社会性之间的关系。人具有构建各类共同体的诉求,共同体作为个人间有机联系的整体,赋予个人一种公共力量,增多或扩大人的个人性。并不是所有的人群聚合都能塑造出共同体,如果没有公共性的正向力量加以规导,单纯由人的社会性的无序组合而形成的聚合体就会貌合神离、一盘散沙,人的社会性也可能走向异化甚至肢解。从这个意义上讲,公共性是个人性和社会性之间的一种调和机制,只有在人的公共生存中,人才能形成系统化的意志,激发每个个体的内在潜能,在不断创生社会关系的过程中逐步超越个体生存区间或私人生存场域,在类群的生存实践中实现人的类特性,在确证自身公共性基础上更好地确证自身的社会性本质。

第二,人的公共生存体现了人的一种价值表达方式。公共性是人的公共生存的本质属性。从实然义上讲,公共性是相对于个体性而言的,指称的是人的"群体存在"的事实属性;从价值义上说,公共性是人自我超越中利他属性的价值表达,提出了人与人共存的价值规范和伦理要求。一是人的公共生存对社会具有规约性。公共性构成了对人的社会存在的内在反思性条件,即人如何处理个人与群体、私人与公共之间的价值关系,实现对个体生存和公共生存的价值塑造。如果没有公共性,人的社会性就将遵从动物的"丛林法则"而没有属人的规则,社会就将成为松散个体的堆积而缺乏有机地整合,就会缺乏人类超越于动物界的特有的组织方式和行为特质。二是人的公共生存对社会和个体具有价值塑造功能。公共性的核心在于利他性,即促使个体冲破自我或私人的狭隘利益,追求和维护他人和社会的共同利益,实现个体的自我超越。人是公共价值存在物,只有在塑造和成就他人时才能为他人和社会所塑造,

---

① 《马克思恩格斯文集》第1卷,人民出版社2009年版,第188页。

并在自我塑造中更好地成就他人，在成就他人的过程中实现个人真正的自我确证。人不能缺乏对于公共性生存逻辑的价值建构，否则人类社会就将陷入自我沉浸或者彼此恶性博弈的窘境中而越发缺失人之为人的本性。因此，个人的自我约束是人的公共生存的内在前提，个人与群体的相互约束反映了公共性对人的存在过程的客观规制，个人与群体的相互成就是人的利他价值属性的集中展现，蕴含着人对自身生存发展应然的公共性诉求。

第三，人的公共生存表征着人的一种政治建构方式。政治生活是人类公共生活的特殊表现形态。公共性成为衡量政治建构合理性的重要标尺。在奴隶社会，人的公共生存与人的政治生活密切相连，形成了以政治公共领域和家庭私人领域的等级划分，公共政治表达成为奴隶主阶级的专利，而奴隶、女人和外乡人则被隐蔽在私人领域中接受政治统治。但是这种所谓的城邦公共性并不是人的公共生存的理想样态，它是基于不平等社会结构之上的政治公共性，实质是一种奴隶主阶级对奴隶的统治方式，在表面公共性的背后蕴藏着"反公共性"的底层政治逻辑。在封建社会，"朕即国家"的信条使公共权力和君主的私人权力融为一体，君主扮演的公共角色和国家履行的公共职能更多地体现于维护私人政治统治的工具性价值。在资本主义社会，随着市民社会内部的分化，由私人集合起来的公众构成了相对于私人经济活动的公共领域。国家公共权力和社会公共领域是作为对立面出现的，社会公共领域要求摆脱公共权力的管束而反过来批判公共权力。在自由资本主义过渡到垄断资本主义后，政府垄断权力加剧了国家公共权力与社会公共领域的对立与冲突，造成了政治公共性本身的"自反性"，国家共同体愈发成为一种凌驾于社会公共领域之上的统御力量，社会公共领域仅有的政治监督和文学批判功能也消融在国家的政治建构和舆论控制当中。在社会主义国家中，国家真正成为公共利益的代表，公共性成为社会主义国家政治建构的本质属性。由此可见，人类政治发展史就是一种人政治公共生存的建构史，人的政治建构史的基本发展趋势就是政治公共性日益释放，越发符合人的政治公共生存的理想样态，作为统御公共生存的政治权力日益符合公共性要求，公共权力和公共权利渐次走向深度融合。因此，衡量政治公共性运行的合理性的标准在于,判断其是否符合广大人民的公共意志,是否维护广大人民的公共利益。因此,必须着力完善人民意志的实现机制和公共利益的保障机制,在政治领域追求人类生存的公平与正义。

第四,人的公共生存蕴含了人的一种历史传承方式。一是公共世界本身具有历史深蕴。公共世界就是所有符合条件的个体共同享有的世界,这个世界既具有空间上的共存性,又具有时间上的连续性。汉娜·阿伦特认为:"共同世界是一个我们出生时进入、死亡时离开的地方,它超出我们的生命时间,同时向过去和未来开放。"① 公共世界的公共性为我们提供了超越个体有限性而达到永恒性的条件,人的公共性只有在更大的历史视野中才能得以放大和保全;历史的变迁也是对公共性的选择和发展的过程,历史本身蕴含着对人的公共生活的评价和筛选功能。因此,公共性品质是蕴藏在人类历史发展中的基本特质。二是历史文明的传承需要在公共领域中依靠人的公共交往才能真正实现。马克思也强调:"某一地域创造出来的生产力,特别是发明,在往后的发展中是否会失传,完全取决于交往扩展的情况。"② 这种交往本质上是文明成果跨越地域和私人界限而实现的公共交往,公共交往创造了一个人们共在共享的公共领域,公共领域的公开性推动了思想的交流和文明的互鉴,无形中延长了个体存在的宽度和文化传承的厚度,公共领域的空间维度和历史发展的时间维度形成良性互补,增强了历史成果的公共延展性,为公共成果的历史传承奠定了基础。三是历史发展的过程公正性和结果共享性的统一。历史成果是人通过社会文化遗传机制而形成的共同财富,它对每个个人或群体而言都是公正的,任何私人集团和个人都无权独占,必须坚决捍卫人类发展历史的公共性,公正书写历史和共同分享历史。

第五,人的公共生存表达了人的一种文化认同方式。人作为文化存在物,其公共生存和交往的核心在于实现文化认同。从公共生存的向度看,人的文化认同就是共同生活的主体在自我文化价值认同的基础上,通过交往形成一系列多方主体认同的价值文化系统,共同建构为各个群

---

① [美]汉娜·阿伦特:《人的境况》,王寅丽译,上海世纪出版集团2009年版,第36页。
② 《马克思恩格斯选集》第1卷,人民出版社2012年版,第187—188页。

体所共享的公共价值信念和文化理想,用以塑造个体的精神世界和全社会的公共精神家园。首先,人的公共生存呼求文化公共性。在这个文化多样化的时代,不同主体能否共同生存的基本前提就是文化理念上的契合与包容,在一定公共交往中形成一致性的信念和相吻合的价值追求,获得关于文化公共性的整合方式。其次,在追求文化公共性的过程中形成共同认同的核心价值观念。不同价值主体间的公共生存,需要各类公共意识和价值观念间通过交锋走向交融,为了大家的公共利益,让渡各自的利益和价值持守,提炼出不同文化群落都遵循并恪守的文化价值准则,也就是人民在公共实践中形成的共同价值观念。最后,各个价值主体以公共价值观为遵循和统领引导整个社会意识形态和价值观念的培养,公共价值观成为审视和评价社会多样价值观的依据。但凡与公共价值观精神相契合的,就属于应继续遵循的价值观念,甚至可以整合和丰富公共价值观;但凡与公共价值观相抵牾的,就应该坚决修正甚至抵制。各交往主体在这个过程中进一步加深文化认同程度,敦化人的公共生存的精神价值基质。

(二) 人的公共生存的主要特征

有机共在性。有机共在性是指人们在公共活动领域共同存在、和睦共处的内在属性。阿伦特认为:"'公共'一词表示世界本身,就世界对我们所有人来说是共同的。"① 海德格尔也说:"世界向来已经是我和他人共同分有这个世界。此在的世界是共同世界。'在之中'就是与他人共同存在。"② 共同性是人类公共生存的客观基础和内在品性。因此,公共性也彰显了人类生存和发展的基础性品质。它不同于原始社会时期为生存所迫而产生的"人的依赖关系",集体只是个体间的简单加总;也不是每个个体完全的同质化。"作为共同世界的公共领域既把我们聚拢在一起,又防止我们倾倒在彼此身上"③。共在是一种建立在个体独立自我意识基础上的有机共同存在,是为了进一步确证自我,增强个人活动的主体性,

---

① [美] 汉娜·阿伦特:《人的境况》,王寅丽译,上海世纪出版集团 2009 年版,第 34 页。
② [德] 马丁·海德格尔:《存在与时间》,陈嘉映等译,生活·读书·新知三联书店 1987 年版,第 146 页。
③ [美] 汉娜·阿伦特:《人的境况》,王寅丽译,上海世纪出版集团 2009 年版,第 34 页。

促进每个个体之间形成良性的互动关系。人们必须在坚持自我的前提下，认真思考在公共空间中"我们如何能在一起"，即人与人如何相处的问题。"共处性"就成为人的公共生存的内在诉求，个体要想在公共空间谋求生存和发展，需要与他人寻求一种理性的"共在"方式。一方面超越"对抗性"存在形态；另一方面也力求超越西方现代性带来的人与人之间彼此冷漠的"原子化"存在形态。既能谋求交往主体在公共场域中和平共存，又能强化个人对于他人和社会的公共关怀。

共识性。没有无共同性的差异性，也没有无差异性的共同性。"公共世界是一个所有人共同的聚会场所，每个出场的人在里面有不同的位置……每个人都是从不同角度来看和听的。这就是公共生活的意义"[①]。人的公共生存的生命力也正在于多样异质主体的共在，每个生存主体都能在各自位置上释放自身的活力。尊重差异性、肯定多样性是人的公共生存持续健康发展的不竭动力。多样差异性通过各主体的相互沟通而达成公共意志，人是共通的存在物，尽管不同个体、地域和民族间在思维方式、价值观念、行为习惯等方面存在诸多差异，但共同的"类属性"为人与人之间的共通提供了条件和可能。"人作为自我意识到自身的个体，本身就是向一个共通的世界敞开并重塑了自身的存在。"[②] 人在公共生活的相互沟通中体悟到人的"类存在"，实现深刻地自我觉解，在自我认同基础上谋求价值共识，从这个意义上说，无论是"向内看"的自我认同，还是"向外看"的相互融通，都是一个面向公共世界和反思公共世界的敞开的向度。人的共通性不会止于状态层面的沟通理解，更体现为人在结果层面的事实或价值判断，人凭借互通有无而展开合作，对公共问题进行集体谋划，彼此让渡差异而形成凝聚多样主体智慧结晶的价值共识。共识性反映了建立在主体自我觉解和他者认同基础上的公共理性，有助于深化人们对公共生活的理解和把握。

公开性。汉娜·阿伦特说："任何在公共场合出现的东西能被所有人

---

① [美] 汉娜·阿伦特：《人的境况》，王寅丽译，上海世纪出版集团2009年版，第38页。
② 李景林：《共通性与共同性——从中国哲学看人的超越性存在》，《齐鲁学刊》2006年第2期。

看到和听到,有最大程度的公开性。"① 私人领域的信息沟通局限于特定的群体,而公共领域的信息和价值则必须是由众人共享,不能有任何避讳和掩盖的成分,否则就意味着人的公共生存的蜕化甚至变异。其一,公开性及其程度是衡量人的生存公共性的重要指标。公开性是公共领域区别于私人领域的本质特征,公共领域之所以为"公共",就在于其各种信息和资源并非局限于私密化的闭合空间,而是公之于众。从人们彼此回应的程度来说,满足"应当人人皆知"的条件即"弱"公共性;满足所有发言者都可有效参与,"都可期待其他人回应他们"的条件即"强"公共性。② 从公开性的范围和程度来说,公共性并非意味着动辄"普天下之众",所谓的"普天下之众"只是表示着人类的一种人的公共生存理想,表明了人是从"类本位"的高度和意义上来审视生存问题的。在绝大多数情况下,人的公共生存的公开性是具体的,是基于特定群体或组织范围内的公开性,所以在考察公开性程度时,应当从具体的、历史的视角透视人的类群价值。其二,公开性是人类社会发展的内在需要。人类面临的共同问题需要共同智慧,只有公之于众,才能保证每个公共领域成员的知情权和参与权,使每个人各尽其能。其三,公开是推进政治民主化的重要途径。在各种公共生存中,政府公共性对社会公共生活具有主导性作用,其公共权力来源于公众对自身权利的让渡,其价值追求应是保证各种信息和活动的公开性,自觉接受公众监督,打造公信政府,让权力在阳光下运行。其四,公开性是保证个体在公共活动中自我确证的条件。"他人的在场向我们保证了世界和我们自己的实在性,因为他们看见了我所见的,听见了我所听的"③。人的公共生存的公开性渗透着人在生存实践中的"他者情结",即通过公开的活动谋求与他人和谐共存,这有利于促进个人在为人处世中以公为先、光明磊落、豁达开放,在公共交往中以真诚和坦荡赢得他人的信任,为个体实现自身价值和公共价值创造条件。

---

① [美] 汉娜·阿伦特:《人的境况》,王寅丽译,上海世纪出版集团2009年版,第32页。
② 郭湛主编:《社会公共性研究》,人民出版社2009年版,第91页。
③ [美] 汉娜·阿伦特:《人的境况》,王寅丽译,上海世纪出版集团2009年版,第33页。

公正性。公正性是人的公共生存核心的价值理性表达，体现了马克思主义生存论类群生存理想的本真精神。公正表征着人的公共实践活动成效与人的合理价值诉求相均衡的哲学范畴。人在对私人性的追逐中产生了利益分化，导致公共实践表达机制被私人或私人团体所掌控。人的公共生存本身就蕴含着对人类良好生存秩序建构的正向期待，就是要克服不合理的利益分配格局，促进人们在贡献与回报、权利和义务之间实现均衡配比，体现了对人的公共实践合理性的追求。公正性具体包括三方面：权利公正。凡是符合一定的公共空间准入条件的人都有权利参与公共生活，平等享受各种公共生存权利，理性表达公共诉求。机会公正。罗尔斯在正义原则中指出："依系于在机会公平平等的条件下职务和地位向所有人开放。"① 由于主体初始能力和条件上的差异，在把握机遇和发展能力方面依然会出现明显差异，这就需要通过必要的调控，建立强势群体和弱势群体的平衡机制，保证各主体尽可能享有公平生存和发展的机遇。规则公正。人的公共生存的公正性离不开公正规则和制度的保障。公共规则不属于任何个人和私人集团，不能异化为一部分人压迫另一部分人的工具，而应彰显人类公共交往的共同价值理性诉求，着力满足的是每个人的公共生存利益。

公利性。公利性反映了人们在公共生存中以满足社会公共利益为旨归的生存指向性。马克思精辟地阐发了无产阶级革命对以往一切革命的超越性："过去的一切运动都是少数人的，或者为少数人谋利益的运动。无产阶级的运动是绝大多数人的，为绝大多数人谋利益的独立的运动。"② 无产阶级没有自己的私人利益，只有在实现人类解放的公共利益中才能真正解放自己。马克思主义在批判和超越人类私有制的基础上，旨在建立以公有制为基础的公利性社会。在现代社会，人的公共生存应体现马克思主义哲学公利性的精神实质。作为实现社会公共利益的核心组织者，政府应合理运用公共权力，利用公共资源，开展公共服务，切实维护好、

---

① ［美］约翰·罗尔斯：《正义论》（修订版），何怀宏、何包钢、廖申白译，中国社会科学出版社2009年版，第237页。
② 《马克思恩格斯文集》第2卷，人民出版社2009年版，第42页。

实现好、发展好最广大人民的公共利益，面向人民对美好生活的向往，促进每个个人的自由全面发展；社会组织和个人应积极致力于公共利益的维护和实现，促进公共利益和个人利益在良性互动中相生相长，稳固人们公共生存的共同价值基础。

（三）人的公共生存与私人生存的关系

人的私人生存是与人的公共生存相对应的一种生存方式，对人的公共生存内涵与特征的理解，需要与把握人的公共生存和私人生存的关系结合起来，在理解人的私人生存中透视关于人的公共生存的含义。

人的私人生存有两层含义：一是现实的个体及其从事的一切非公开的个体性活动的总和；二是由一定纽带联结起来的私人或具有私人关系的群体之间的私人化实践活动的总和。相比于人的公共生存，人的私人生存的显著特征表现为：一是实践活动的隐私性。人的私人生存过程在一个非公开化的空间中进行。就个体性活动而言，即个人从事不愿让其他人知晓的私密性活动；就人的私人交往活动而言，交往实践对象是在具有私人关系的熟人之间进行的，交往的内容和信息限于特定的群体，私人群体中的个人彼此信守私人交往约定，谁也不对外公布相关信息。二是伦理关系的特定性。人的交往实践活动都是在伦理关系中进行的。公共交往实践反映了一种"普遍主义"的价值理念，每个陌生人之间的关系都是无差别的，"这种无差别性使一个具体的交往对象失去个别性而显现为无差别的对象整体，即一般的、复数的他者"[①]。人的私人交往则诉诸"特殊主义"的价值理念，这种"特殊主义"是建立于特定情感纽带基础之上的。在私人关系中，每种关系都与其他关系不同：父子关系同母子关系不同，同兄弟/姐妹关系更不同；每种关系中这一方同另一方的关系也与另一方同这一方的关系不同，每一方可以向另一方要求的也相互不同。[②] 对于每种个别性的关系和在这个关系中扮演的不同角色，都有特定的评价尺度。例如，有的人可能是一个好父亲，但未必是一个好丈夫；有的人可能是一个好孩子，但未必是一个好兄弟；等等。三是利

[①] 廖申白：《私人交往与公共交往》，《北京师范大学学报》（社会科学版）2005年第4期。
[②] 廖申白、孙春晨主编：《伦理新视点》，中国社会科学出版社1997年版，第82—83页。

益取向的私人性。人的私人生存过程往往是为了谋划私人或私人群体的特殊利益。这就需要正确处理私人利益和公共利益的关系，完善私人利益合理性的评价机制，私人利益的实现不能以损害公共利益为前提。

　　人的公共生存和私人生存各自有其明显的特征，但彼此之间又是相互联结和相互作用的。人的私人生存和公共生存表征着人的生存世界的内部界分和主体身份转换，彼此之间相互交叠和贯通，人的有些活动很难界定为完全意义上的私人生存或公共生存。比如，同事间的关系有时属于公共关系，有时又属于私人关系。私人生存和公共生存之间还可以互相转化。人与人之间都是从陌生变为熟悉甚至成为知己，这种伦理关系的转变过程实际上就是从人的公共生存过程向私人生存过程转化的过程。同理，人的私人生存过程也可以向公共生存过程转化，每一个个人都是社会中的一员，其言行都会在一定程度上作用于社会。

　　人的私人生存与公共生存之间的辩证关系，既反映了人的自我觉解能力的发展，也反映了人类政治实践的基本路向。在古希腊时期，强调人的公共生存对于私人生存的优先性地位。古希腊人把家庭私人领域和政治公共领域对立起来，"过一种彻底的私人生活首先意味着被剥夺了对真正的人的生活具有本质意义的东西；被剥夺了来自于被他人看见和听见的现实性……私人生活之所以具有一种被剥夺的性质，原因在于他人的缺席"①。一个人如果被羁绊于私人领域，就失去了成为一种整全的人的可能性。古希腊的所谓城邦公共性完全割裂了人的公共生存和私人生存，把人在公共生存中成就民主与塑造个性的机会完全留给了奴隶主，却把从事物质生产活动的私人生存完全归于奴隶和女人，形成了人的公共生存和私人生存的等级分类叙事。私人生存是被排斥于政治生活之外的生活状态，由于历史发展的局限性，人们只能从对立性的视角审视人的私人生存和公共生存的关系，人的自我觉解程度也随之受到遏制。随着历史的发展，人的私人利益不断受到尊重，私人价值得以充分弘扬，人的私人生存成为与公共生存相对而又互补的存在状态。汉娜·阿伦特

---

① [美]汉娜·阿伦特：《公共领域与私人领域》，刘峰译，载王晖、陈谷燕主编《文化与公共性》，生活·读书·新知三联书店2005年版，第57—124页。

指出:"时至今日,当我们使用'私人性'一词时,我们不再主要地想到剥夺,之所以如此,是因为私人领域已经通过近代个人主义得到极大的丰富。"① 虽然这里的"个人主义"仍需放到人的公共实践合理性的层面上予以再反思,但个体的凸显的确表征着人的自我觉解能力的提升,具有独立意识的私人构成了公共领域,通过平等对话参与并影响着社会公共生活和政治建构,人的私人生存和公共生存具备的互构互建的可能。

人的公共生存必须尊重和优化人的合理的私人生存,反对和制约不合理的私人生存。人的私人生存不能独立自生,而是与人的公共生存相互衔接、相互结合的,因此人的私人生存合理性的重要评判标准就在于是否符合人类普遍通约和公共规则。个人的生存和发展是人类历史的生命力所在,每个个体既需要在公共领域的交往中呈现和发展自身的公共本质,也需要保持专属于个体或私人群体的私密化发展空间。人的合理的隐私权应该得到保障和认同,合理的个体性或私人性活动不仅不与人的公共生存相抵触,相反,会在一定程度上增进个体的自我认同,增强私人群体合理的凝聚力,为融入社会公共生活奠定坚实的基础。对于这样一种与人的公共生存密切联结的合理私人生存,人的公共生存负有保护和引领私人生存的责任,要努力推动人的私人生存界域内个体私生活的规范,促进个体私德的塑造,完善私德和公德的有机对接,使个人既可以独善其身,又能在公共生活中扮演正能量的公共角色。人的公共生存还应当反对和抵制不合理的人的私人生存过程。不合理的私人生存过程主要包括两种:一种是对公共生活态度冷漠的私人性生存。这种人认为人的公共生存是造成个性丧失之大敌,强调"个体只有在自己和他人的世界之间保持距离,才能够挽救和保存自己的'自我'"②。另一种是为谋求私人利益而损害社会公共利益的私人性活动。比如"家族式腐败""山头主义""本位主义""文化中心主义"等,这种私人生存把小团体的利益当作终极价值,不惜牺牲公共利益,甚至造成公共利益的重大损

---

① [美]汉娜·阿伦特:《公共领域与私人领域》,刘峰译,载王晖、陈谷燕主编《文化与公共性》,生活·读书·新知三联书店2005年版,第57—124页。
② [苏联]科恩:《自我论》,佟景韩等译,生活·读书·新知三联书店1986年版,第188—189页。

失。这两种私人生存实践把私人与公共、个人与社会抽象地对立起来，违背了人的私人活动应当遵循的基本原则，是对个体和公共的双重摧残。马克思主义之所以反对私有制，就是因为私有制基础上人的私人生存容易异化为不合理的私人生存，对人的公共生存构成威胁，背离了人的公共本性，使社会处于伦理和正义的失衡状态。马克思主义立足于"现实的个人"，就是因为在私有制下人的私人性是抽象的、反人性的私人性。因此，应在维护个体合理私人空间的前提下，运用公共规则着力引导和规范人的私人生存，既保证人的私人生存不危害人的公共生存，又追求良性的私人生存对公共生存的贡献，使每个人都能在公共生存和私人生存的内在张力中有序发展。

三 公共关怀的逻辑生成与内涵界定

公共关怀是人的公共生存的价值诉求。长期以来，学界对"公共关怀"的理解只是"公共生活"与"关怀"的简单加总，疏于对"公共关怀"的学理性阐释和价值澄明。本书试图按照"关怀内涵"→人的公共生存中的关怀蕴涵→关怀伦理和公正伦理的融通与公共关怀的生成的进路阐述"公共关怀"学理层面的生成逻辑，界定"公共关怀"的学理性内涵，为界定"思想政治教育公共关怀"做好理论准备。

（一）关怀的内涵

在《现代汉语词典》中，关怀与关心同义，表示"（对人或事物）放在心上，重视和爱护"。在英语中对应的单词是"care"和"concern"。20世纪70年代兴起了一个伦理学的重要分支"关怀伦理学"，通过对公正伦理学过分注重男性化道德普遍原则和道德推理能力的反思，肯定女性独特的道德体验，强调人与人之间的情感关系和相互关怀[①]。关怀伦理学代表人物内尔·诺丁斯指出：关怀是一种"投注或全身心投入（engrossment）"的状态，即在精神上有某种责任感，对某事或某人抱有担心和牵挂感。因此，关怀首先是一种关注他人的道德情感。如果一个人

[①] 肖巍：《当代女性主义伦理学景观》，《清华大学学报》（哲学社会科学版）2001年第1期。

操心某事或感到自己应该为之做点什么，她就是在关怀这件事；如果一个人对某人有所期望或关注，她就是在关注这个人。关怀意味着对某事或某人负责，保护其利益，促进其发展。① 蒂里希指出："关怀是我们卷入这事之中，我们自己的一部分就在其中，我们以我们的心参与其中。"② 因此，关怀就是主体基于人的关系本性，以牵挂、担忧和观照为基础而形成的关心他人和为他人负责的思想、情感和行为。

第一，关怀表征着一种关系。与以往伦理学"原子化的自我观"不同，关怀伦理学以"关系化的个人"为存在论基础，从关系论的视角审视和表达人的存在，体现了对人的本质的科学阐释。关怀伦理确认了人的关系本质，注重关怀关系的构建，倡导关怀者的关怀行为与被关怀者对关怀的回应而形成的良性互动。人与人之间的关怀表征着一种理想的价值生存方式，即人与人之间应在关怀中形成一种责任互动与价值共享。关怀最基本的表现形式是关怀者和被关怀者之间的接触，一方付出关怀，另一方接受关怀。当且仅当 A 关怀 B，A 做出符合 B 的需要，而且 B 做出回应即接受 A 的关怀时，A 与 B 的关怀关系成立。③ "关怀的关系性"表明，关怀是两个平等主体之间的交往过程，确证了关怀者与被关怀者之间的价值平等性。在公共关怀中，由于公共世界的复杂性，对人的关怀的回应往往具有滞后性，回应方式也多种多样，但终会以另外一种形态反馈给关怀者，比如，给予关怀生态环境的人们物质奖励或精神激励，给予维护正义者正向舆论宣传，可以借鉴但不能完全套用女性主义伦理学的关怀意蕴。

第二，关怀体现为一种情感。情感是联系关怀者与被关怀者的纽带。《美国传统词典》和《牛津大词典》都把"关怀"（caring）理解为"移

---

① N. Noddings, *Caring: A Feminine Approach to Ethics & Moral Education*, California: University of California Press, 1986, pp. 23-24；侯晶晶：《关怀德育论》，人民教育出版社 2005 年版，第 65 页。

② 转引自何光沪选编《蒂里希选集》（下卷），生活·读书·新知三联书店 1999 年版，第 814—815 页。

③ ［美］内尔·诺丁斯：《学会关心——教育的另一种模式》，于天龙译，教育科学出版社 2011 年版，第 30 页；［美］内尔·诺丁斯：《始于家庭：关怀与社会政策》，侯晶晶译，教育科学出版社 2011 年版，第 17 页。

情"（empathy），其英文释义为"Feeling and exhibiting concern and empathy for other"。但诺丁斯认为移情就是把自己的情感和意志强加给对方，移情表示"一个人将自己的个性投射到他人身上时，将自己的感情赋予他者时，这个过程便又是一个控制的过程"①。诺丁斯反对"推己及人"的投射式关怀而推崇"融人入己"的接受式关怀。其实，完全接受式的关怀是一种理想化样态，"感同身受"只能在极其有限的程度上实现，完全体悟对方的所需、所念、所感，再准确地基于对方状态而施加关怀是很难做到的。从关系论的视角看，关怀是移情和接受的内在统一。一个人对他人或群体施以关怀，必然是在对受关怀者有一定认知的基础上产生了情感，进而把自己的情感投射到受关怀者身上去（移情），这种关怀肯定会在一定程度上符合受关怀者的现实需要，部分甚至是全部被受关怀者所接受。对于那些不太符合受关怀者意愿的关怀情感和行为，关怀者和被关怀者能在关怀过程中通过自觉交往来进行相互调适，形成关怀情感的互递，推动关怀行为的实现。当然，强调关怀的情感性，也绝不能否认理性在关怀中的作用，关怀上的"移情"是以关怀者对被关怀者的认知和理解为前提的，关怀的情感互动应在理性的指导调控下才能顺利进行。应从认识与情感有机统一的视角去理解"关怀"。在移情和接受的良性互动中，关怀者与被关怀者能不断认识对方，加深彼此的理解、包容、体谅，以理性认知推动情感交流的不断完善，增强双方的关怀情愫和凝聚向善的推动力，促进关怀关系的不断完善。

第三，关怀蕴含着一种责任。责任是主体的自由意志选择，反映了道德主体的利他属性，个人或组织欲对其他个人或群体负责，就意味着对这个人或群体的理性认知、情感投注和行为照料，这在一定程度上反映了关怀的要义。"关怀者把自己看作是要为那些依靠其关心的人们负主要责任的人"②。从某种程度上讲，关怀就是关怀双方的责任互动，关怀方要承担帮助被关怀方发展的责任；被关怀方也要以自身的健康发展回

---

① ［美］内尔·诺丁斯：《始于家庭：关怀与社会政策》，侯晶晶译，教育科学出版社 2011 年版，第 17 页。

② Almond, B. *Exploring Ethics: A Traveller's Tale*, 载《探索伦理学——通向善恶王国的旅行》，刘余莉、杨宗元译，中国社会科学出版社 2002 年版，第 120 页。

报关怀方,甚至也对关怀方负责,实现关怀主体的置换和关怀行为的相互转化,营造人人互相关怀、人人互相负责、人人相互牵挂的良好局面。

(二)人的公共生存的关怀蕴涵

"公共关怀"概念的学理合法性就在于人的公共生存中本身就包含着关怀意蕴,它是现代公共生存实践对于人的关怀价值的诉求。从词源学上看,"公共"一词在英语中为 public 与 common,直接起源于希腊语中的 pubes 与 koinon。① 有两重含义:一重含义来自 public 的词源 pubes,表征着公民在认知、情感等各方面的成熟程度。希腊文 pubes 与英文的 maturity 同义,反映城邦公民的成熟度,这里的"城邦公民的成熟"主要指城邦公民心理和政治智慧的成熟,具备了参与城邦公共事务的能力,具备能够超越自我利益而追求社会公共利益,以及正确处理自我与他人关系的能力。另一重含义来自 common 的词源 koinon,表征着公民在公共交往中的关怀程度。希腊文中的 koinon 自身又来源于希腊语中的另外一个词语"kom-ois",意思是"关心",英语中的 com-mon 也是来源于这个词,表示"共同""关心"之意。意指多元主体在公共交往中的互相关心和照顾的一种状态,反映了个人与其他主体之间应具有的主观感受性关系。因为"关怀的核心确实集中于人们共同生活,集中于人们共同创造、维系和提升积极的人际关系"②。在公共世界中,个人只有时刻体悟到他者的存在,关怀他人的需要和利益,帮助他人实现利益和价值,才能真正获得自身生存发展的空间,在和谐关系的构建中实现自我超越。关怀是人的公共生存的"连接器"和公共关系的"调控仪",是人的公共生存的应有之义,反映了人的公共生存的人文意蕴。

(三)关怀伦理和公正伦理的融通与公共关怀的生成

在西方伦理学界,公正伦理与关怀伦理始终在相互分立与相互融合中共同发展。公正伦理以"原子化的个体"为基础,从抽象的道德原则出发处理问题,倡导道德的逻辑推理和分析,人们依照道德律令和契约

---

① David Mathews: *The Public in Practice and Theory*, Public Administration Review, Vol. 44, Special Issue: Citizenship and Public Administration, 1984, pp. 120–125.

② [美]内尔·诺丁斯:《学会关心——教育的另一种模式》(第2版),于天龙译,教育科学出版社2011年版,第36页。

原则处理各种社会公共问题。关怀伦理在反思公正伦理的基础上,以"关系自我"为哲学基础,强调情感和情境的作用,因其兴起于家庭领域,尤其最初以女性的思维方式和行为特点为主要特征,被冠以"女性主义伦理学",因而给人们一个错觉:关怀伦理适合于解决私人领域的道德问题,公正伦理适用于解决公共领域的道德问题。这就形成了"关怀伦理是私域伦理"与"公正伦理是公域伦理"这般截然二分的认识,从而忽视了人的公共生存中的关怀蕴涵,也使公共关怀的学理性蕴涵难以开掘。

应在公正伦理和关怀伦理相互融通的视角下准确把握公共关怀。公正和关怀都是人类生存发展的重要价值诉求,无论是在私人领域还是在公共领域,只要有人的存在,就离不开公正伦理和关怀伦理。关怀伦理表面上看发端于家庭,但却成熟于社会公共领域,只有社会按照关怀的情感希冀去制定公共政策、按照关怀价值去处理人与人之间的关系时,社会才能真正成为人性化的、公正化的社会,"终极的正义是要给全人类带来福祉……正义的最终目的有赖关怀伦理作最后的仲裁"[1]。许多关怀论者也都试图走出私人空间和性别局限而将"关怀"带入公共领域,以关怀来整合公正,以正义来确证关怀。"正义和关怀在公共领域常常具有难分彼此特性,走向关怀就是走向正义,远离可能的最大关怀就是远离正义的实现"[2]。蒂里希说:"爱(关怀)是公正的终极原则。"[3] 这充分表明了关怀和公正的密不可分性。随着公正社会对关怀的需要和关怀思想对公正的诉求日益加深,关怀伦理和公正伦理更是逐步走向融通。长期以来,学界以公正伦理来说明一种规范化的制度体系的公共价值规定性,将关怀伦理从这一制度体系中剥离出来,是不符合公共生活实践的。关怀伦理和公正伦理始终共同存在于公共生活的各个领域当中,在公共世界中,如果只有公正而没有关怀,所谓的公正仅仅是一种冷冰冰的制度框架,而不能与公共生活中的具体的人发生作用,公正也就成了空谈;

---

[1] 侯晶晶:《关怀德育论》,人民教育出版社2005年版,第171页。
[2] 侯晶晶:《关怀德育论》,人民教育出版社2005年版,第174页。
[3] 转引自何光沪选编《蒂里希选集》(上卷),生活·读书·新知三联书店1999年版,第339、347页。

如果只有关怀而没有公正，公共生活就会被情感所冲击而丧失应有的正义标准。一方面，公正蕴含着公共关怀。正如伦理学家弗莱切所说："公正就是被分配了的爱。"① 公正本身就是一种公共关怀，这一点也符合马克思主义生存论公共关怀的基本精神，马克思主义就是旨在通过建立一个促进人自由全面发展的公正化的社会制度，以实现对全人类的公共关怀。在马克思那里，公正与关怀自始至终融为一体，体现了人们对公共世界的共同价值追求。另一方面，公共关怀也蕴含着公正。只有符合公正要求的关怀才能反映人的公共诉求，真正彰显公共价值。人是制定制度、执行制度和评估制度的主体，在公共制度体系运行的过程中，必然要融入人的关怀元素。制定、执行和评估制度的人有没有关怀情感，或者在多大程度上实施了关怀，施展的是带有偏私性的关怀还是公共性的关怀，将直接影响制度的正义性。"社会的法律、制度与习惯就如同该社会的行为或态度，如果它们反映或表达了那些负责制定和维持它们之人的具有移情的关怀动机的话，那么它们就是正义的"②。也就是说，公共制度的公正性正在于其反映了制定者的公共关怀要求，也必将需要人带着公共关怀情感予以实现，这不但不会损害制度的公正性，反而会增进公正的"人情味"，促使公正得以实现。比如，精准扶贫制度本质上是为建构社会正义而制定的，但实际是最大的公共关怀举措，它关心最贫困者的实际生存状态的改善，更需要制度执行者以最大的关怀价值和公共责任予以落实。如果没有对贫困群众的深厚感情和公共关怀，精准扶贫制度就不可能转化为中国共产党实现全面小康的壮举，更不可能为人类减贫事业做出历史性贡献。

正义论"是一种道德框架，其基点为对他人和对自己具有平等的关切。正义论的核心内容是对他人的移情及关怀"③。因此，"正义"之所以能称得上"正义"，就因为其公共关怀性，正义的彰显程度与其在多大程度上彰显公共关怀价值密切相关。作为强调关系和境遇的伦

---

① [美] 弗莱切：《境遇伦理学》，程立显译，中国社会科学出版社 1989 年版，第 80 页。
② [美] 迈克尔·斯洛特著，黎良华译，赵永刚校：《关怀伦理视域下的社会正义》，《吉首大学学报》（社会科学版）2011 年第 4 期。
③ Theodore Zeldin, *An Intemate History of Humanity*, New York: Harper Collins, 1994.

理学范式，关怀伦理虽起源于家庭，但不能局限于家庭。公共世界更是一个充满了多重社会关系和多种伦理境遇的场域，人们只有超越私人情感而对公共世界赋予忧虑、牵挂和关爱，把基于私情的关怀发展为公共关怀，充分发掘人的利他情怀和公共情操，形成良好的公共人际关系，才能在广阔的社会中谋求更大更好的生存发展空间，确证自身人之为人的本质。

（四）公共关怀的内涵解读

"公共关怀"的界定是本书的关键问题。在思想政治教育公共关怀的马克思主义生存论导源中，对马克思主义生存论公共价值意蕴的剖析是界定"公共关怀"的理论指导；对人的公共生存的哲学表征、对"关怀"的内涵解读、人的公共生存中的关怀内蕴构成了解读"公共关怀"的学理根据；对中国和西方"公共关怀"思想的历史考察标注着"公共关怀"的历史源流；关怀伦理与公正伦理的融通为理解公共关怀提供了理论借鉴。因此，我们需要从马克思主义生存论的维度思索"公共关怀"的内涵。

从马克思主义生存论的视域看，人的公共关怀意味着主体对公共生存中自身、他人和公共世界及其相互关系的一种深刻觉解和行为价值指向，指主体力图把关怀他人和公共世界当作人的公共生存的价值表征，将他人和公共世界的需要和价值融汇于己，进而超越私人利益和关系，出于公共道义而履行公共责任的关怀思想、情感和行为的总和。具体可以从四个维度进行解读：

第一，就外在发生领域和内在触发动机来看，公共关怀一般是发生在社会公共领域、出于公共道义而产生的思想和行为。公共关怀的公共性可以从两个向度来理解：一是从发生场域而言，公共关怀一般是发生在公共领域，具有公开化的关怀思想和行为。公共关怀是基于人的公共生存而形成的关怀思想和行为，其关怀对象是与自身没有私情关系的公共组织或个人，因而一般情况下发生于社会公共领域，其思想和行为接受社会公共标准的评价和监督，具有鲜明的公开性。当然，这种发生场域公共性不能机械地以空间来界定，而应以人与人之间的社会关系来规定。比如，如果一个家庭失火，许多人冲到其家中救助，本属于私人领域的家庭就因为社会关系的改变而被赋予了公开性,人们对这家的帮助属于名副其实的公共关怀。二是从动机而言,公共关怀是出于公心而履行公共责任的行为。决定一种思想和行为是否为公共关怀的标准,不能仅看外在的场域,更应该看行为内在的触发点。即只要这个行为是出于公心而非私情,即使它发生和发展于私人领域,但却因为关怀的动机而具有公共性意涵。比如,志愿者到老人家中照料老人,很多时候甚至还会处于非公开状态,但因为这是出于公义和公道的关怀,因而也属于公共关怀。因此,我们应从外在领域和内在动机两个层面综合衡量关怀的公共性。

第二,就价值追求而言,公共关怀旨在平衡自利性与利他性矛盾的基础上激励人们对社会和他人负责。利己性和利他性是人性的内在矛盾,近代西方思想家们从人的自利自爱的本性出发,推导出人与人之间发生公共关怀的可能性,虽然这在一定程度上揭示了这一人性矛盾的对立统一性,但因为他们阐发人的公共关怀的价值原点是"个人主义",只能从抽象意义上理解人的利己性与利他性,人的公共关怀终究还是会异化为对私人的价值关切,不足以带来真正的公共关怀。马克思主义生存论之所以称得上实现了哲学史上的变革,很重要的是他实现了对"人"的阐释方式的变革,即从类群价值本位考量人的生存和发展,把人看作是在公共实践基础上不断生成发展的"社会关系的总和"。个人的生存和发展离不开社会公共环境和公共关系,个人利益的满足有赖于社会公共利益的实现。人的价值的实现不仅在于其自我需要的满足与确证,更取决于其能够以及在多大程度上实现对于社会的公共价值。因此,在马克思主义生存论视野下,必然要求以类群价值为指导审视人的利己性与利他性的人性矛盾。一方面,人的自利性必须接受社会公共价值标准的约制和评判。公共关怀肯定人的自利性需求,而且是以满足人的合理自利性需求为前提的,但要求人的自利性需求必须符合公共世界的价值标准。如果人的自利性符合社会公共价值标准的要求,有利于促进人的合理私人需要的满足,就应当得到尊重;反之,如果人的自利性不符合社会公共价值标准,损害社会公共利益和公共价值,就应当予以戒除。另一方面,应激发人的利他性,填平自利性和利他性间的鸿沟。公共关怀主张公共利益高于私人利益，公共价值高于个体价值，是建立在科学尊重和保护私人利益和个体价值基础之上的。人的公共生存是"与他人共在"的存在方式，只有把他人需要和公共利益与个体利益有机结合起来，个体利益和价值才有实现的可能性。公共关怀所追求的是要对他人和整个社会负责，谁越能对他人和社会负责，谁的公共关怀就越纯粹越彻底，也就越能够得到在社会生活中的自我确证。要启发人们自觉在尊重个体利益的基础上，认识社会公共利益对于私人利益的价值优先性，教育人克服单极化的自利倾向和自私情结，关怀社会，关怀他人，激励人们对社会公共利益和公共价值承担责任，推动个人利益和公共利益、个人价值和公共价值在良性互动中实现共同发展。

第三，就政治诉求而言，公共关怀孕育和实现着公共理性。人的公共生存中的关怀内蕴发端于古希腊城邦政治，表征着公民参与城邦政治生活和确证自身作为"政治动物"的内在属性。近代以来，政治民主化成为不可逆转的历史趋势，民主政治的本质就是人民参与的政治，迫切需要人民关怀社会公共事务，参与社会政治建构过程。这就需要建构人民关怀公共政治活动的渠道，这个渠道绝不止于人民聚集在公共领域言说政治，而是需要建构完备的制度通路，需要政治公共理性的建构。公共理性的建构遵从自上而下和自下而上的双重互构逻辑：从自上而下的维度说，公共理性就是要以完善的制度建构和法律规范体系保障人民的权利和自由，尊重人民的平等的政治地位和发言的权利，使之感受到政府对人民的公共关怀。这是人民关怀社会政治生活的基础和前提。从这个意义上说，政府的公共理性就是以国家根本政治制度和以宪法为核心的制度和法律体系，即为人民共同认可的公共规则。特别是在社会主义国家中，政府公共理性不只是言说和交往自由，而是建筑在社会公有制基础上的一系列制度精神。从自下而上的角度看，公共理性就是指人民在关怀国家公共事务中表现出来的认知、情感和行为的成熟状态。即具备鲜明的政治判断力、政治领悟力和政治执行力，能够理性冷静地审视政治局势和评价政治事务，给出合乎政治建构要求的见解，而不是以愤世嫉俗或人云亦云的方式参与或关怀政治事务。在资本主义国家中，由于政治被社会利益集团和代表利益集团利益的政党所操控，公民长期生活在不平等的社会经济结构中,其公共理性对政治生活的建设作用微乎其微。在社会主义国家中,政党、国家、人民的政治利益和意志在本质上具有一致性,在以公共政治理性关怀公共世界的过程中,人民自觉认识自身在国家政治结构中的地位和作用,努力承担应有的政治和社会责任,自觉维护公共利益,倡导与主流政治要求相一致的公共价值观,在施展关怀公共政治生活中实现对自身政治本性的积极确证。思想政治教育是一种政治社会化的实践过程,这与公共关怀的政治诉求具有属性和价值的同一性。公共关怀的政治诉求也从另一向度确认了思想政治教育公共关怀的学理合法性。

第四,就伦理属性而言,公共关怀是一种公共美德。关怀伦理学家诺丁斯肯定了关怀是一种关系,却否认了关怀是一种美德。"过分强调关怀作为一种个人美德是不正确的,如果我们将关怀置于一种不平等的关系之中,其中一个人是关怀者,长期默默地奉献关怀,而另一个是被关怀者,坐享其成地接受关怀,那么,在这种情况下,关怀者确实需要一种美德来支持他的关怀行动。将关怀者置于关怀的关系之中更为重要。不管一个人声称他多么乐于关怀,重要的是看他是否创造了一种能够被感知到的关怀关系"[①]。这实际上是混淆了关怀的表现形式和精神实质。关系只是关怀的表现形式,关怀中所渗透的伦理价值才是关怀的精神实质。任何关怀都是具有伦理意义的,它关涉到人与人之间应然性的价值关系建构,体现了人与人之间相互负责的内在要义,需要按照人们在公共实践中形成的普遍认同的伦理标准进行道德评价。从关怀出发点上来说,关怀分为两种情况:一种是基于私情的关怀,另一种是基于公心的关怀。在基于私情的关怀中,又分为两种状况:一种是正当的、不违背社会公共利益的关怀,譬如,父母子女之间、兄弟姐妹之间、朋友之间的关怀体现为良好的私人伦理道德,是维系美好人际关系的纽带。另一种情况是不正当的、有违社会公共利益关怀,譬如,用私情冲击公义,用私利践踏公义,对私情关怀得

[①] [美]内尔·诺丁斯:《学会关心——教育的另一种模式》(第2版),于天龙译,教育科学出版社2011年版,第33页。

越多就离公义越远。基于私情的关怀需要受到社会的伦理评价，所谓的"正当"与"不正当"就是社会伦理评价的结果。对于基于私情的正当关怀（如亲属之爱等）属于家庭美德的范畴，对于基于私情的不正当的关怀就应当坚决打击。基于私情的关怀来源于亲缘依存关系，属于自然关怀的范畴，不需要过多的伦理努力；而基于公心的关怀则源于人们对公共事务的深切责任和对公共道义的高度觉解，需要人们超越私人情感而对社会共同课题施展价值关切，有赖于关怀主体道德理想的确立和道德意志的支撑，因而公共关怀从伦理属性而言属于一种公共美德，体现了对人在公共生存中道德理想的持守和道德责任的践履。公共关怀的美德属性可以从三个方面予以阐发：一是公共关怀中施予与回应只是追求"质"上的对等，而不追求"量"上的等同。公共关怀是一种利他行为，出于主体对他人和社会的使命感，被关怀者给予关怀者一定的回应也是基于自身内在的道德责任。公共关怀不应过多地希求得到某些回报。二是公共关怀良性互动的非一一对应性要求公共关怀主体具有价值超越性。公共关怀中，关怀者与被关怀者之间的良性互动未必是一一对应的关系。比如，政府制定和实施公共政策施展对公众或个人的公共关怀，这种关怀不一定得到被关怀者的直接回应，但却营造了一种公共关怀的氛围；再比如，个人关怀公共事务，关怀的可能是具体的个体或群体，也可能是具体的事物，被关怀者可能具有回应能力，也可能不具有回应能力，有的可能马上作出回应，有的可能过些时候才能作出回应甚至始终没有回应。这就需要关怀者秉承价值超越的品格，不能希图得到过多的回报，只要自己的公共关怀行为能够对被关怀者和社会产生积极影响，就要坚定不移地加以实施。三是公共关怀标示着人在公共生存中处理人与人之间关系时的一种价值生存理想，体现了人在公共生存中的价值追求。海德格尔曾从生存论的视角理解和把握"关怀"，将关怀界定为人的一种独有的关系性的生存方式。海德格尔曾用德文"Sorge"（中文译文为"操心"）一词形容此在的生存状态，其意义相当于"关心"，此外又用"Besorge"（和世界打交道时表现出的关心，中文译文为"操持"）、"Füsorge"（和他人打交道时表现出的关心，中文译文为"操劳"）两词进一步拓展了关怀的生存意蕴。① 公共关怀需要人付出强烈的道德意志，克服一己私欲而成就社会公益，把公共关怀这种公共美德渗透于人的自觉生存实践和生存意识当中，成为人的公共生存中必不可少的价值遵循，甚至成为人在公共生活中的一种特定的生存方式，达至人的公共生存所追求的理想境界。

第二节 思想政治教育公共关怀的概念解读

思想政治教育公共关怀以思想政治教育公共性为基础。作为一种传播公共政治观点、思想观念和价值规范的公共实践活动，公共性是思想政治教育的内源属性。从领域维度看，思想政治教育需要面向公共世界。思想政治教育不是私人化的活动，而是处于社会总体结构中对政治、经济、文化发挥重要反作用的思想与政治教化活动，其本身就根源于社会公共空间、面向社会公共问题、作用于社会公共领域。我们虽然不能在完全西方意义的话语体系中去审视和界定"公共领域的生成"，但随着市场经济的成熟以及国家与社会的分离，我国的公共领域也逐渐开显出来，成为公民可以自主表达以及同政府实现良性互动的领域，构成社会主义民主的实现场域。思想政治教育必然要面向这个领域，审视人的公共生存实践，利用社会公共资源，塑造社会公共环境，发挥自身在社会公共空间中的思想引领和价值范导作用。从价值维度看，思想政治教育肩负传播公共价值和塑造公共人的使命。在传统到现代的深刻转型中，公共精神的塑造和人的公共性潜能的开发滞后于人的公共生存对于人的发展要求，这就需要思想政治教育以塑造人的公共品格为目标、以凸显公共价值为内容、以优选公共资源为方法、以良好公共环境为载体，推动思想政治教育全方位的公共性建构，彰显思想政治教育的公共价值品性和文化公共性优势，致力于把人塑造成遵守公共规则、坚守公共理念、维

---

① ［德］马丁·海德格尔：《存在与时间》，陈嘉映等译，生活·读书·新知三联书店2006年版，第221—231页。

护公共利益、热心公共奉献、追求公共价值的"公共人"。

思想政治教育公共关怀内生于思想政治教育公共性，立足于人的公共生存的现实逻辑，承接思想政治教育对公共关怀的价值诉求，即思想政治教育需要面向公共领域，触发人的公共动机，平衡自利性和利他性的关系，着力塑造人的公共美德，满足人的公共生存对政治社会化的公共性要求，这需要与"公共关怀"实现学理对接和实践衔接，追求在人的公共生存中实现基于公心而相互关怀的价值逻辑。因此，思想政治教育公共关怀实质是人的公共生存实践下思想政治教育的创新性实践样态。这一实践样态旨在回答"人的公共生存下进行什么样的思想政治教育""怎样推进人的公共生存中的思想政治教育创新"等一系列课题，"公共关怀"作为人的公共生存与思想政治教育间的重要衔接点，促进了思想政治教育在人的公共生存中理论和实践形态的价值创新。

思想政治教育公共关怀是"基于公共关怀的思想政治教育"，它是以人的公共生存为基础，以塑造人在公共生存中的关怀精神为目的，以"教育引导受教育者认同、遵行和实践公共关怀思想和精神"为主旨，以推动人与人之间、个人与公共世界之间相互关怀的良性互动为落脚点的价值实践活动。作为人的公共生存中思想政治教育的重要形态，思想政治教育公共关怀通过传授社会公共思想观念、公共政治观点和公共道德规范，增强人的公共认同，完善人的公共理性，优化人的公共情感，强化人的公共意志，进而涵养人的总体性公共精神，教育和引导人们认识、评价、移情公共世界和施展公共关怀，使人的思想和行为日益公共化，在公共生活中建设公共，在关怀他人中尽享关怀。

思想政治教育公共关怀是一个广义的概念，正如学者袁祖社教授所讲："'公共关怀'的缺失是指人们对于公共制度、公共精神、公共空间、公共言述、公共舆论、公共权力、公共福利、公共意识如此诸类交叠的公共问题缺乏基本的关注。"[①] 相应地，思想政治教育公共关怀也是一个综合性范畴，绝不仅止于态度表达或情感渗透，而是以公共关怀为着眼

---

① 袁祖社：《市场经济与现代社会的公共理性研究——当代"公共哲学"的理论视角》，人民出版社2011年版，第36页。

点，从思想政治教育层面对于受教育者与公共世界关系的系统建构，包括受教育者对于公共世界的理性认知、情感表达、道德评价和行为实现。从人的思想子系统来说，思想政治教育公共关怀表征着对人的世界观、人生观、价值观塑造的公共取向；从人的心理子系统来说，思想政治教育公共关怀着力培育人的公共认知、公共情感、公共意志；从人的行为子系统来说，思想政治教育公共关怀旨在激发个体对公共世界的关怀行为，促进个体公共价值和思想政治教育本身公共价值的实现。

一 思想政治教育公共关怀的教育过程

从过程维度看，思想政治教育公共关怀的实现分为两个环节。第一个环节是思想政治教育发挥工具性价值，通过人文性的教育手段，在尊重每个个体合理需要和价值选择的前提下引导人们理解公共政治观点、公共思想观念和公共价值规范，提高个体对公共世界的理解力和认同度，塑造个体对自身与公共世界的正确认识和正向情感，激发个体内在的公共价值发展需要，引导个体自觉关怀公共世界。第二个环节是作为思想政治教育对象的人自觉将公共思想观念、政治观点和道德规范内化于心，生成自己的公共关怀认识和情感，以关怀意志外化为自觉的公共关怀行为，成为弘扬公共关怀价值和进行公共关怀实践的价值主体。在这一人的公共思想和公共行为相统一的实践活动中，公共思想观念、政治观点和道德规范改造着受教育者的主观世界，通过受教育者的公共关怀行为又实现对客观世界的改造，促进着人的公共生存的优化。只有受教育者真正接受公共关怀的思想并将其外化为公共关怀实践时，这一过程才真正完成。因此，思想政治教育公共关怀过程表现为：

思想政治教育公共关怀主体 →思想政治教育→ 思想政治教育公共关怀客体（公共关怀主体） →行为实践→ 关怀公共世界

这是一个基于公共关怀的循环往复的教育实践活动，在这一教育实践活动中，教育对象既是接受公共关怀思想和行为的教育客体，又是内化教育内容、激活公共关怀需要的受教主体，更是施展公共关怀行为、实现公共关怀思想和精神外化的实践主体。思想政治教育公共关怀就是要通过不断进行关于公共价值的精神生产，塑造越来越多拥有公共精神的价值主体，将公共关怀思想和行为不断传递下去。在这个过程中，人的思想和行为都是相互影响的，人们在接受、内化和行为实践中实现思想政治教育传播的公共关怀精神，完成一个又一个思想政治教育公共关怀的基本流程。思想政治教育就是要将公共关怀思想和精神传递给每个人，引导越来越多的人进行公共关怀，与关怀对象形成良性互动，营造思想政治教育公共关怀的良好氛围。从这个意义上讲，思想政治教育公共关怀过程具有无限循环性，这种无限循环旨在形成"人人接受教育、人人关怀公共世界、人人享受公共关怀"的生动局面。

二 思想政治教育公共关怀的教育对象

思想政治教育公共关怀教育和引导的对象是作为社会公共成员的所有人。每个人都处于一定的社会公共关系中，扮演着一定的公共角色，承担着一定的公共义务，受到公共价值评判和公共规范的约制。人们通过吸收、接纳和认同思想政治教育传播的公共思想观念、政治观点和价值规范，增强自身的公共素质，将思想政治教育公共关怀的思想转化为行动，将有利于人们公共生存的公共关怀真正落到实处。从关怀者与关怀对象的关系看，思想政治教育公共关怀主要包括四种情况：一是引导个体关怀公共世界；二是引导公共组织关怀公共世界；三是引导公共组织关怀与之没有私人关系的个人；四是引导公共世界中的没有私人关系的个体之间的相互关怀。

第一种情况是思想政治教育公共关怀最典型的表现。通过引导、塑造和完善个人的公共政治素养和公共道德素质实现对公共世界中的人或物的关怀。第二种情况中，思想政治教育的教育对象是公共组织中的公职人员，目的在于引导这些公职人员认同组织的公共属性和自身的公共身份，培育自身的公共意识和公共情感，使其更好地肩负公共责任。第三种情况中，公共组织对个人的关怀中的"个人"是超越私人关系的"个人"，即公共组织为了履行组织的公共性和建构良序的公共世界而对具体的个人进行关怀。第四种情况中，没有私人关系的个人之间的相互关怀，这种关怀出于利他为人的公义。例如，看到老人摔倒将其扶起，看到孩子走失帮助寻找父母，看到残障人士给予力所能及的帮助，人们通过关怀公共世界中的个人而实现对公共世界的关怀和公共价值的追求，实现人与人之间的情感互动与和谐共建，旨在建构公共世界中良好的人际关系，促进了公共道德建设和公共风尚养成，推动人们之间的相互关怀和共享关怀。

三 思想政治教育公共关怀的基本矛盾

从基本矛盾看，思想政治教育公共关怀重在处理好个体与公共世界的关系。个人与社会是思想政治教育的基本范畴，在思想政治教育公共关怀的视域下，正确处理个体与公共世界的关系问题就成为思想政治教育公共关怀的基本主题。

其一，思想政治教育公共关怀的基本矛盾是思想政治教育基本矛盾的确认和延伸。当前学界对思想政治教育基本矛盾的论述主要有三种观点：一是基于"社会思想品德塑造论"，这是学界认同最广泛的观点，即"一定社会（阶级）对人们思想品德的要求与人们现有实际的思想品德水准的矛盾"[1]。二是基于"人的内在思想品德需要论"，即考量思想政治教育的基本矛盾，要看一定社会的思想品德要求与教育对象需要的差距上，即教育对象是否需要和能否内化思想政治教育。[2] 三是把思想政治教育理解为一种意识形态，把思想政治教育的基本矛盾理解为"个人思想品德与社会的意识形态的矛盾"[3]。我们这里研究的思想政治教育公共关怀，是基于马克思主义生存论的思想政治教育公共关怀，公共关怀本身就是人的公共生存提出的价值要求，即思想政治教育承担着塑造公共生存中人的精神世界和促进人的全面发展的价值任务，因此我们不能单纯考量思想政治教育的"社会需要论"维度，也应该深刻把握"人的内在思想品德需要论"。同样地，我们也应该考虑思想政治教育内蕴的意识形态性因素及其对基本矛盾的影响。因此，我们在界定思

---

[1] 张耀灿、郑永廷、吴潜涛、骆郁廷等：《思想政治教育学》，人民教育出版社2006年版，第6页。

[2] 卢景昆：《关于思想政治教育本质的再思考——基于对思想政治教育基本矛盾的反思》，《探索》2012年第2期。

[3] 褚凤英：《思想政治教育本质再认识》，《探索》2010年第3期。

想政治教育公共关怀的基本矛盾时，既要看到"社会需要论"视角，也要看到"意识形态论"视角，还应该认识到"人的内在思想品德需要论"。

因此，思想政治教育公共关怀所要解决的基本问题就是个体思想观念、政治观点、道德规范公共化的问题，把个人与社会的矛盾具体化为两个方面：一是从外在论视角看，个体公共思想政治素质及关怀水平的实然性状态与公共世界对个体思想政治素质和关怀水平的应然性要求的矛盾；二是从内在论视角看，个体公共思想政治素质及关怀水平激发的内在需要与思想政治教育能否满足这一需要的矛盾。这两个矛盾具有内在统一性。即思想政治教育为促进受教个体满足公共思想政治素质及关怀水平的应然性要求，不断激发个体对公共素养提升的内在需要，在满足这一需要的过程中提升受教个体的思想政治素质和关怀水平，使思想政治教育公共关怀在塑造社会所需的"公共人"的同时满足个体公共精神世界和全面发展的要求。按照马克思关于人的本质的理论，人作为公共存在物，本身就应该在互养相成中实现与其他个体和公共世界的共存，而公共关怀是个体实现这种共存的创造性方式。在这个意义上，思想政治教育公共关怀在"社会需要论"和"人的内在思想品德需要论"上达成了统一。这种界定在公共关怀实践中确认了思想政治教育的基本矛盾，同时又表现出对思想政治教育基本矛盾的延展。思想政治教育公共关怀不仅关注思想政治教育中的教化活动，而且关注受教育者在多大程度上自觉内化社会公共要求，关注思想政治教育能够在多大程度上转化为人的公共关怀行为。

其二，思想政治教育公共关怀引导个体和公共世界在相互关怀中实现良性互动。个体对公共世界的关怀和公共世界对个体的关怀是内在统一的有机整体。一方面，应引导公共世界自觉关怀个体，这是教育引导个体关怀公共世界的前提。个体是处在各种公共关系和社会结构中的"现实的个人"，要充分考虑个体特定的背景，帮助个体确定其在公共世界中的价值方位，满足个体对于公共世界的合理需要，关心个体的现实发展诉求，使个体产生对于公共世界的信任感、归属感，进而肩负起建设公共世界的使命感和责任感。这样才能激发个体的公共潜能，触发个体对关怀公共世界的内在需要。如果个体长期得不到公共世界的关怀，或者其关怀和奉献公共世界的行为长期得不到公共世界的回应，就会动摇个体对公共世界的信心，挫伤个体贡献公共世界的积极性。另一方面，教育个体不能停留在私人世界，应走向人人共同享有的公共世界，在公共世界中确认自身的存在本质，在公共关怀中实现自身需要的满足、价值的实现和公共世界的发展。"人不是抽象的蛰居于世界之外的存在物。人就是人的世界，就是国家，社会"①。人不仅是个体存在物，更是公共存在物，如果"过一种完全私人的生活，首先意味着被剥夺了对一种真正人的生活来说本质重要的东西"②。个体需要应在公共世界中得到满足，个体价值应在公共世界中得到展现，个体的生命活力需要在公共世界中释放。要引导个体用公共关怀的思想和行为把个体与公共世界紧密勾连起来，在关怀公共世界中谋求个体的全面发展，形成个体与公共世界之间相互关怀的良好局面，实现个体与公共世界基于关怀的双向建构。

其三，思想政治教育公共关怀旨在实现个体自我认同和公共价值认同的内在统一。自我认同就是将自我放到公共世界的各种关系中，在自我与他者的双向审视中实现对自我身份感、价值感的肯定。"当代认同其实是用'主我'（I）的眼光去审视'他者'（others）……'主我'与其审视对象——他者之间的关系可以分为两个向度：就纵向而言，涉及'主我'（I）与'客我'（me）的关系；就横向而言，涉及主我与非我的关系。前者是一种自我的深度感和向内感；而后者则是自我与他人、自我与社会之间的社会关系，更多的是自我与他者、自我与社会之间相互影响和相互造就的关系，而自我认同就是在这些关系中'我'的位置感和归属感。"③ 思想政治教育公共关怀的内在前提是引导个体首先实现自我认同，帮助个体找寻自我的向内感，实现个体私德的培育和自我精神世界的建构。所谓个体私德，一方面指主体基于社会价值评

---

① 《马克思恩格斯选集》第1卷，人民出版社2012年版，第1页。
② ［美］汉娜·阿伦特：《人的境况》，王寅丽译，上海世纪出版集团2009年版，第39页。
③ 王成兵：《当代认同危机的人学解读》，中国社会科学出版社2004年版，第9页。

价标准在内心深处所坚守的道德,即个体的自我修炼;另一方面指个体在私人活动领域所坚持的道德遵循,如与家人、朋友相处过程中的道德思想和行为。梁启超曰:"私德者,人人之粮食,而不可须臾离者也。"① 见,私德是做人的起码准绳。个体私德是培育社会公德的前提,如果一个连自我修养和私德都有所缺失的人,是难以真正担当公共责任和实现公共关怀的。思想政治教育公共关怀能在引领个体进入公共世界的过程中,帮助人们更加明确自己"该如何做人"和"做怎样的人",培育良好的私德情操,认准自我道德的建构方位,增强自我身份自觉和身份自信。自我认同是公共价值认同的基础,而公共价值观是公共世界建构的精神基础。思想政治教育公共关怀的关键在于完善个体对公共价值观的认同,只有认同了公共价值观,才能产生公共关怀的思想、情感和行为。个体的自我认同过程是个人价值观的自我肯定过程,对公共价值的认同过程是对公共价值观的认知和塑造过程。两者的发展存在三种情况:一是自我认同过程和公共价值认同过程均符合个人和公共世界发展规律和价值评价标准,并且认同的速度和效度基本一致,能够实现深度融合,这时的公共价值观认同和实践行为能够确证和优化人的自我认同;二是自我认同过程和公共价值认同过程虽然符合个人和公共世界发展规律和价值评价标准,但在速度和效度上不一致,要么自我认同过于强烈,要么过于臣服于社会公共价值标准;三是自我认同过程和公共价值认同过程均不符合个人和公共世界发展规律和价值评价标准,这就会导致个体和公共世界的对抗性矛盾。思想政治教育公共关怀就是要通过对社会成员的教育,帮助个体找准自我认同和公共价值认同的方向,使个体在科学自我认同的基础上自觉学习、认同和遵行社会公共价值规范,找准自身在公共世界中的定位,认清自己能做什么、不能做什么,需要做什么、不需要做什么,在自我认同基础上认同和践行公共价值观,在对公共价值观的认同中确认自我认同,实现个体自我认同过程和公共价值认同过程的融合与统一。

---

① 转引自葛懋、蒋俊编《梁启超哲学思想论文选》,北京大学出版社1984年版,第193页。

四 思想政治教育公共关怀的价值关系

思想政治教育公共关怀着重引导个人在公共世界中正确处理索取和奉献的关系,促进人在个体价值与公共价值的有机统一中塑造健全人格。索取和奉献是人在公共世界中必须要面临的价值关系,它关系到个人在公共世界的价值定位、价值选择和价值实现。索取和奉献也是思想政治教育公共关怀必须要面对和着力处理好的价值矛盾,是个人与社会矛盾在价值层面上的现实表现。人作为价值存在物,与公共世界的沟通本质上讲是一种价值互动,思想政治教育公共关怀引导人关怀公共世界,强调个人对公共世界的奉献,本身就蕴含着个人在公共世界的价值选择。能否正确对待索取与奉献的矛盾,直接关系到个体健全人格的培育,这也是思想政治教育公共关怀的应有之义。

正确处理索取与奉献的矛盾,需要准确认识索取的内涵及其性质。从一定意义上讲,索取是维持个体生存发展的一种方式,人的实践过程就是向自然和社会的索取过程,人继承前人的物质和精神成果,与他人展开分工合作,共同致力于改造世界的价值性活动,获取相应的利益和满足合理的需要,并且向社会和他人贡献价值,实现索取与奉献的统一,这种索取是值得肯定的。思想政治教育公共关怀所要批判的是一种"索取型人格":从人与自然的关系看,为了自身的私利,不顾自然规律对自然盲目开采;从人与社会的关系看,把自我需求作为衡量社会实践活动的根本标准,将他人和社会的赐予与关怀视为理所当然,心安理得地接纳一切却不思报答,一旦不能遂其所愿,就会对社会和他人产生埋怨及抵触情绪。"索取型人格"形成了一种"重占有"的文化发展观,"在重占有的生存方式中,与世界的关系是一种据为己有的占有关系……我要把所有的人和物,其中包括我自己都变为我的占有物"[①]。也正是这种"重占有"的"索取型人格",抑制人潜在的公共性需要,暴露出人的自私、贪婪等不良属性。当前,我们之所以极力纠偏这种"索取型人格",

---

① [德] 弗洛姆:《占有还是生存》,关山译,生活·读书·新知三联书店1989年版,第29页。

是因为资本主义现代化三百多年的历史留下了唯利是图、自私自利、竭泽而渔的现代性文化,在资本主义与社会主义长期共存的历史过程中,这种不良的现代性文化也冲击着我们特别是青少年的价值观念和思维方式,是造成"索取型人格"的底层逻辑。

思想政治教育公共关怀意在完善个体在公共世界中的价值评价尺度,在索取和奉献的平衡中实现个人价值和公共价值的内在统一。个体在公共世界中的价值评价尺度包含两个方面:个人价值尺度和社会公共价值尺度。个人价值尺度是以个体通过向社会的索取而满足自身需要,以确证自我需要满足和价值实现为衡量准则;社会公共价值尺度是以个人的生存实践对于增进社会公共利益和满足社会公共价值为衡量准则。如果单向度地注重个人价值尺度,就必然无限度地向公共世界索取,非但不能确证自我的存在,还会造成个人价值的异化,甚至滑向"个人主义"。"个人主义的阴暗面是把自我放在中心位置,这挫平和限制了我们的生活,使之缺少意义,并对他人和社会漠不关心"[1]。事实上,个体是公共世界中的个体,维系个体与公共世界价值关系的不应当仅仅是索取,更重要的应当是个体对公共世界的奉献。唯有把个体的实践成果奉献给公共世界,把自身的发展融入公共世界的发展中去,时刻关怀公共世界的发展和进步,才能在实现个体的公共价值时切实确证个体的存在。因此,思想政治教育公共关怀要激发个人对公共世界的感恩之情。感恩是人基于道德准则报答外界馈赠的思想、情感和行为的总和,是对他人关怀良性的回应方式,也是促动个体关怀他人和承担公共责任的重要动力。唯有心怀感恩,才能始终意识到"他者"的存在,才能在感恩中自觉肩负起奉献公共世界的责任,把实现个体公共价值作为价值实践的重要标准,改变"我向性"的"索取型人格",建构"利他性"的"奉献型人格"。"奉献型人格"是一种真正的公共人格,表征着公共世界对个体的合理满足和个体对公共世界的自觉奉献的有机统一。思想政治教育公共关怀促进个体与公共世界付出与回馈间的良性互动,让个体生命在对公共世界的感恩、奉献与责任担当中实现个人价值

---

[1] Charles Taylor, *The Ethics of Authenticity*, Cambridge: Harvard University Press, 1991, p. 4.

和公共价值的双丰收。

第三节　思想政治教育公共关怀核心要素的生存论意蕴

思想政治教育公共关怀是人的公共生存实践向思想政治教育提出的内在要求，反映了马克思主义人学范式下思想政治教育的生存论转向。思想政治教育向来强调公共性，但传统思想政治教育之所以出现对"公共性"的误读，是因为学界在"知识论思想政治教育"框架下催生了"抽象公共性"。所谓知识论思想政治教育，是生存论思想政治教育诞生之前的一种思想政治教育发展形态，它根源于抽象的社会学思想政治教育研究范式，教条化地对待思想政治教育，对思想政治教育的目标、对象、过程等要素都预设一个确定的知识标准。在知识论思想政治教育中，人们习惯于从外部设定一个"高大全"且不食人间烟火的价值目标，把共同性曲解为单一同质性，杜绝个体差异和个性表达，用平均主义裁剪公平性，以个体对公共世界的盲从取代个体与公共世界的同构互塑，因而造成了人们对思想政治教育"公共性"的望而生畏甚至渐行渐远。

思想政治教育公共关怀就是立足于马克思主义生存论的理论导源，以人的现实的公共生存实践为基础，在人的公共实践中创新思想政治教育人学转向，实现生存论思想政治教育在公共生存中的价值建构。因此，思想政治教育公共关怀是以人的公共生活世界为立足点、以提升人的公共思想政治素质和关怀水平为发力点、以建构人的公共精神世界和塑造现实公共人为落脚点的教育实践活动，它从属于生存论思想政治教育的范畴，是对知识论思想政治教育"公共性误读"的超越。人的公共生存是思想政治教育公共关怀生成发展的基础，尤其是思想政治教育公共关怀的本质、内容、结构这三个核心要素都受到人的公共生存影响和制约，具有鲜明的公共生存论意蕴。

一 思想政治教育公共关怀本质的生存论意蕴

本质是一事物区别于其他事物的质的规定性，是事物生成、发展、变化的基本根据，它取决于事物内所包含的特殊矛盾。毛泽东同志指出："任何运动形式，其内部都包含着本身特殊的矛盾。这种特殊的矛盾，就构成一事物区别于他事物的特殊的本质。"[1] 思想政治教育公共关怀所蕴含的特殊矛盾，一是从外在论视角看，个体公共思想政治素质及关怀水平的实然性状态与公共世界对个体思想政治素质和关怀水平的应然性要求的矛盾；二是从内在论视角看，个体公共思想政治素质及关怀水平激发的内在需要与思想政治教育能否满足这一需要的矛盾。因此，思想政治教育公共关怀本质就是以公共关怀为基本指向，通过政治引领、思想教化、道德塑造、心理疏导，促进个体思想政治素质公共化，不断激发个体对公共素养提升的内在需要，在满足这一需要的过程中提升受教个体的思想政治素质和关怀水平，推进人的思想和行为在公共关怀中相统一的实践活动。思想政治教育公共关怀本质上是一种以具有公共性质的精神生产和精神交往为基本样态的实践活动，但这种精神生产和交往实践以现实公共生活实践为基础，并在公共生活中以受教者的公共关怀活动表现出来。因此，我们必须从人的公共生活实践起点挖掘思想政治教育公共关怀本质的公共生存论意蕴。

（一）人的公共生产和交往实践是思想政治教育公共关怀发生发展的根据

马克思说："全部社会生活在本质上是实践的。"[2] 正是人的公共生存实践对思想政治教育提出了现实的发展诉求，才使得思想政治教育形成自身的理论与实践自觉，以公共关怀为着眼点构成符合人的公共实践需要的思想政治教育样态。人的公共实践，既包括公共物质生产和交往实践，也包括社会公共政治实践，其中公共生产和交往实践是思想政治教育生成和发展的物质基础。"人们在生产中不仅仅影响着自然界，而且也

---

[1] 《毛泽东选集》第一卷，人民出版社1991年版，第308—309页。
[2] 《马克思恩格斯文集》第1卷，人民出版社2009年版，第501页。

互相影响。他们只有以一定方式共同活动和互相交换其活动,才能进行生产。为了进行生产,人们相互之间便发生一定的联系和关系;只有在这些社会联系和社会关系范围内,才会有他们对自然界的影响,才会有生产"①。公共生产不仅生产着人与自然的关系,也生产着人与人之间的关系,人们按照一定的目的和共同活动方式,在相互交往中形成了对共同规则和观念的诉求,孕育着思想政治教育的诞生。原始社会,人们为了抵御自然风险而共同生活、共同劳动,平均分配劳动产品,形成了原始的公共实践范型和朴素的集体意识,产生了非自觉的公共关怀活动。在阶级社会中,为了促进公共生产和交往实践的发展,统治者都很重视用自己的政治主张和思想观点将各个实践主体分散的个体意志加以规范,凝聚共同活动的思想共识和行动目的。当前,全球化的公共实践迅速发展,丰富的公共生产和交往实践赋予了思想政治教育公共关怀崭新的内涵。

从实践的范围看,人的公共生产和交往实践是建立在生产力的普遍发展和与之相联系的普遍交往基础上的生产和交往活动。在全球化浪潮中,人的实践活动由个体或私人活动向全方位、多层次、宽领域的公共世界不断拓展延伸,人类历史由"地域性历史"向"全球性历史"转变,由"民族史"向"世界历史"转变,人的公共实践日益形成复杂的实践系统。随着生产的专业化和规范化,社会分工日益精细,公共实践的全方位和系统化决定了各个实践主体的相互依存性,任何实践主体需要的满足必须依赖于其他主体实践目的的达成,需要不同实践主体形成密切配合、协调发展的公共交往联动机制,需要不同主体在合作中找到利益平衡机制,培育生产协同合作的公共理念,融通和凝聚多元的思想、规则、利益和文化,寻求公共价值交汇点,培育公共价值共识,这为思想政治教育公共关怀生成和发展提供了肥沃土壤。

从实践的价值诉求看,人的公共生产和交往实践追求实践过程的平等性和实践成果的社会共享性。资本主义生产是建立在私有制基础上的生产实践活动,生产资料归资本家私人所有,劳动过程被资本家私人所

---

① 《马克思恩格斯选集》第 1 卷,人民出版社 2012 年版,第 340 页。

控制，工人仅仅为了满足其生存需要而劳动，但"对于通过劳动而占有自然界的工人来说，占有表现为异化，自主活动表现为替他人活动和表现为他人的活动，生命的活跃表现为生命的牺牲，对象的生产表现为对象的丧失，即对象转归异己力量、异己的人所有"①。以私有制为基础的生产实践又形成了以"私利最大化"为核心的交往实践，人的世界变成了互相隔绝的敌对的世界。马克思的生产和交往实践建立在生产资料公有制基础之上，克服异化劳动中人的生产实践的"不自有"的剥夺状态，消除私有财产这一异化劳动的根源，使人全面占有自身的生存条件，在劳动过程中真正占有自身的"类本质"。这种公共生产以公正、公平、公利为基本价值原则，在人与人的相互合作中逐步趋向一种公共共同体，"它是各个人的这样一种联合……这种联合把个人的自由发展和运动置于他们的控制之下"②。这种公共生产和交往实践为思想政治教育公共关怀的产生和发展创造了物质条件和人际交往条件，塑造了思想政治教育公共关怀的公共价值指向，构成了思想政治教育公共关怀本质的生存论基础。正因为有了公共实践的现实土壤，人们意识到公共精神在实践活动中的重要地位，逐渐在实践中走出私人利益的藩篱，培育为人们广泛认同的公共价值信念，在人的公共生存中优化、提升和发展。

人的公共实践对思想政治教育公共关怀提出了日趋迫切的需要。公共生产和交往实践是社会实践理性发展的必然趋势，但是人的思想水平、政治觉悟、道德素质、心理状态还有诸多与公共实践发展要求不相适应的状况，社会的个体意识缺乏有机整合，个体实践理性和公共实践理性尚未完全找到契合点，社会发展各要素之间还缺乏统一方向，造成了公共实践活动效能的降低。这就需要思想政治教育发展人的系统理念和共和思维，不仅要关心个体发展轨迹，也要学会与他人共同合作，关怀公共事务的运行趋势，探寻公共实践的发展规律，以公共价值作为理解、掌握和评判事物发展的重要尺度，凝聚普遍交往过程中的公共合力，将对抗性博弈转化为合作性共赢，正确处理私人实践自主性与公共实践合

---

① 《马克思恩格斯文集》第 1 卷，人民出版社 2009 年版，第 168 页。
② 《马克思恩格斯选集》第 1 卷，人民出版社 2012 年版，第 202 页。

作性的关系，积极寻求价值共通和利益共享。

社会公共政治实践呼唤思想政治教育公共关怀的发展。政治性是思想政治教育公共关怀的重要价值属性，培育人的公共政治素质是实现思想政治素质公共化的重要抓手。思想政治教育也一直扮演着向社会公众传播统治阶级的政治思想、政治主张和政治价值观的使命，在维护政治统治中发挥着重要的政治方向引领作用。人类社会始终致力于政治民主化的进程，谋求政治治理的公共性，扩大政治治理的公共参与度。政治民主化的进程就是公共政治实践生成和发展的过程，即政治主张日益体现人民的意志，政治活动在公众的有序参与中进行。这种政治民主化的进程呼唤着思想政治教育公共关怀的产生，促进思想政治教育公共关怀的发展。一方面，政治民主化的公共性实践需要思想政治教育公共关怀不断增进公众的政治认同，建构个体的公共政治信念，从思想上对现有的政治理念、政治文化、政治制度、政治运作模式产生深度的信任与肯定，并在自身的政治参与过程中使之不断发展和完善。另一方面，政治民主化的公共性实践为思想政治教育公共关怀提升公众的政治热忱和政治素质提供了保障。政治民主化实践使政治的公共性理念不断彰显，政治参与渠道不断拓展，公众的政治表达权利得到尊重，有利于激发公众的政治参与热忱，切实地关怀公共政治事务，并在关怀政治的实践中增强自身的政治领悟力和判断力，进一步增强公共政治责任感和公共政治认同度。

（二）人的公共性是思想政治教育公共关怀的人性基础

人性是考量思想政治教育本质的逻辑起点。探析思想政治教育公共关怀本质，必须深入挖掘思想政治教育公共关怀的人性基础，追问思想政治教育公共关怀在理论和实践上的合法性与合理性。思想政治教育公共关怀是一种育人的活动，其价值着力点就是培育人的公共关怀素养，激发人的公共价值潜能，促进个体思想政治素质和道德水平的公共化。之所以能够实现对人的公共关怀素养的培育、激发人的公共价值潜能，根本原因在于人是具有公共性的主体，本身就有发展和实现自身公共性的需要。人的公共性指称的是个体在自我确证中的利他和为他属性，体现着个体在利他中自我确证性与自我确证基础上的利他性的有机统一。

所谓利他中的自我确证性，是指承认和成就他者是人的自我确证的内在要求，人只有在与他人共同存在和相互塑造中才能真正认识和确证自我。所谓自我确证中的利他性，是指人的主体性唯有在同他人交往、与他人共同造就中才能生成和发展，人的真实的主体性本身就包含着对他人的认肯和利他的诉求。人的公共性构成了思想政治教育公共关怀深层的人性基础。

其一，人体内的利他基因既是人的公共性生成发展的生理前提，也是思想政治教育公共关怀生成发展的自然性根据。古往今来，思想家们认为出于自我保存的利己性是人的本性。但近年来的自然科学研究成果表明，人类不仅具有利己的基因，还具有利他的基因。在生物进化过程中，"人类本身就有着一种和非伤害性利他行为混合的、积极正面的帮助非亲族的倾向，这是由于一整套特殊的大脑子系统在进化中得到发展"[①]。正如牛津大学教授道金斯所说："人类可能还有一个非凡的特征——表现真诚无私的利他行为的能力……能够防止我们纵容盲目的复制基因而干出那些最坏的、过分的自私行为。"[②] 人的利他自然基因说明了人的公共性潜能，同时也说明思想政治教育公共关怀的自然可能性，表明可以以公共关怀为价值基点开展教育实践活动，在这种教育活动中，这种利他的自然基因可以转化为社会道德要素，促进人的思想政治素质和道德水平的公共化，推动人的心理素质符合社会公共要求，形成人的思想和行为的公共价值指向。

其二，人在处理社会关系中表现出的自利性和利他性的矛盾统一构成了思想政治教育公共关怀生成发展的社会性根据。从本体论层面讲，公共性旨在推动人在自我确证与利他的价值实践中寻求一种平衡，即自我确证与关怀他者的统一性。从价值论层面讲，人的公共性是人们正确处理社会利益关系的人性根据，有其深刻的社会价值意蕴。人的利己性和利他性的矛盾统一，就是人的个体性与公共性内在张力在利益问题上

[①] 韩昌跃：《利己利他双重人性论》，《山东行政学院．山东省经济管理干部学院学报》2009 年第 2 期。

[②] [英]道金斯：《自私的基因》，卢允中、张岱云、陈复加、罗小舟译，科学出版社 1981 年版，第 280—281 页。

的具体展现，构成了思想政治教育公共关怀的社会性根据。

一方面，人的利己性扩张的趋势阐明了思想政治教育公共关怀必要性的社会性根据。西方的自然法理论的理论前提就是"人皆自私"的人性假设，霍尔巴赫也指出："人从本质上就是爱自己，愿意保存自己，设法使自己的生存幸福。"①马克思对"资本"的经典表述也是对"理性经济人"自利性的最佳诠释："如果有10%的利润，它（资本）就会保证到处被使用；有20%的利润，它就能活跃起来；有50%的利润，它就能铤而走险；为了100%的利润，资本就敢践踏一切人间法律；有300%以上的利润，资本就敢犯任何罪行，甚至去冒绞首的危险。"②当前，世界之所以又处于新的动荡变革期，正是因为在世界百年未有之大变局的历史趋势下，美西方逆历史潮流而动，以自私性的"资本逻辑"试图重塑美国霸权地位，控制全球经济、政治和文化市场，不断演绎着"资本逐利性"的新剧本。人皆有私，任何生物都有自我保存的本能，人作为社会性的高级动物，不但继承了这一物性本能，还可能将其在社会利益关系中无限放大。然而，人的社会性本质决定了人与人必须在相互成就的利益共同体中才能生存和发展，正如马克思指出："私人利益本身已经是社会所决定的利益，而且只有在社会所设定的条件下并使用社会所提供的手段，才能达到。"③如果个体或群体为了追求私利而完全置他人和社会公共利益于不顾，不仅最终会为利益共同体所抛弃，而且会导致人与人、人与共同体之间的相互疏离和对立状态。我国提倡的"人类命运共同体"理念和"一带一路"倡议，得到140多个国家和30多个国际组织的积极响应，其缘由也正在于此。人的利己性的扩张反映了个体关怀公共世界能力和水平的不足，造成了个体与公共世界相互关怀的缺失，迫切需要思想政治教育公共关怀传递具有公共指向性的价值理念改造人的精神世界，引导人们走出自我狭隘的利益空间和在这个空间内"抽象自我确证"，走向人人分有的社会公共空间，在与他人相互成就中实现个体

---

① 《十八世纪法国哲学》，商务印书馆1963年版，第512页。
② 《马克思恩格斯全集》第23卷，人民出版社1972年版，第829页。
③ 《马克思恩格斯全集》第30卷，中文2版，人民出版社1995年版，第106页。

利益、他人利益和公共利益的有机统一，实现对利己性的规约和对利他性的追求。

另一方面，人在社会中的利他性阐明了思想政治教育公共关怀可能性的社会性根据。马克思指出："（1）每个人只有作为另一个人的手段才能达到自己的目的；（2）每个人只有作为自我目的（自为的存在）才能成为另一个人的手段（为他的存在）；（3）每个人是手段同时又是目的，而且只有成为手段才能达到自己的目的，只有把自己当作自我目的才能成为手段。"① 这表明人只有在利他中才能真正实现自己的目的性存在。作为类群的存在物，任何人都是目的与手段、为我和我为的统一，人们只能在为他、利他和寻求"共我""他者"的过程中实现自我确证。率先提出"理性经济人"假设的亚当·斯密也承认了人具有利他的属性和潜能："无论人们会认为某人怎样自私，这个人的天赋中总是明显地存在着这样一些本性，这些本性使他关心别人的命运，把别人的幸福看成是自己的事情，虽然他除了看到别人幸福而感到高兴以外，一无所得。"② 人的利他性为思想政治教育公共关怀存在和发展的可能性提供了社会性根据。人的利他性的凸显说明人具有关怀他人的本性和与他人共在的需要，这不但为以公共关怀为价值基点开展思想政治教育活动提供了现实可能性，如何激发这种需要也成为思想政治教育公共关怀必须重点审视的课题。思想政治教育公共关怀顺应人的利他属性，教育人正确认识目的性存在和手段性存在的关系；结合个体实际需要识别和发展人的利他属性，激发个体的公共关怀热忱，推动个体公共利他行为的实现。

其三，人的公共价值定向是思想政治教育公共关怀生成发展的精神性根据。人是价值存在物，人对事物的认识不只停留于事实性的理解，还深入到价值性的反思，并根据一定的价值评价标准改造客观世界，创造、选择和传承精神文化。在进行文化选择、文化创造和文化传承的过程中，公共性是其遵循的重要价值标准。公共性不仅表征着人的活动功能性规范，而且在长期的实践活动中凝聚成一种深层的文化价值追求，

---

① 《马克思恩格斯全集》第 30 卷，中文 2 版，人民出版社 1995 年版，第 198 页。
② ［英］亚当·斯密：《道德情操论》，商务印书馆 1997 年版，第 5 页。

"社会的公共性总是具有某种文化的特征,总是将特定文化手段和文化追求凸显出来,而自觉或不自觉地将另一些文化内容压制下去,甚至成为文化潜意识"①。人们之所以能够形成这种公共性的文化潜意识,就在于在人的精神家园建构中,存在一种公共价值定向,它导引着人们对公共性价值信念和文化理想的自觉追求。人的精神属性中鲜明的公共价值定向为这个本质的实现提供了坚实的人性支撑,为思想政治教育公共关怀满足人的公共文化需要和塑造公共性的价值文化机理奠定了人学基础。

(三)马克思主义意识形态的公共性蕴涵是思想政治教育公共关怀本质的政治表征

意识形态是建立在一定社会的物质生活方式基础上的,占统治地位的阶级或集团为维护和发展其统治而建构的社会认知体系、价值观念体系和行为规范体系的总和。② 从认识论意义上讲,意识形态是反映人类对社会生活本质、规律以及发展走向的认知体系。从本体论意义上讲,意识形态是对各种社会意识形式的总体性提炼和概括,属于观念上层建筑,受社会生产力水平和社会经济基础的决定和制约。马克思说:"人们在自己生活的社会生产中发生的、必然的、不以他们的意志为转移的关系,即同他们的物质生产力的一定发展阶段相适应的生产关系。这些生产关系的总和构成社会的经济结构,即有法律的和政治的上层建筑竖立其上并有一定的社会意识形式与之相适应的现实基础。物质生活的生产方式制约着整个社会生活、政治生活和精神生活的过程。"③ 从价值论意义上讲,意识形态是占有物质生产资料的统治阶级意识的集中反映,是统治阶级从思想上维护其阶级统治的工具。"一个阶级是社会上占统治地位的物质力量,同时也是社会上占统治地位的精神力量。支配着物质生产资料的阶级,同时也支配着精神生产资料"④。因而,意识形态具有鲜明的政治性和阶级性,统治者利用意识形态调节着社会思想的生产和

---

① 郭湛主编:《社会公共性研究》,人民出版社 2009 年版,第 76 页。
② 陈秉公:《马克思主义意识形态理论与社会主义核心价值体系建构》,《马克思主义研究》2008 年第 3 期。
③ 《马克思恩格斯选集》第 2 卷,人民出版社 2012 年版,第 2 页。
④ 《马克思恩格斯选集》第 1 卷,人民出版社 2012 年版,第 178 页。

分配。

马克思主义通常从意识形态批判中实现对以私有制为基础的意识形态的超越，意识形态公共性就是马克思主义实现这一意识形态超越的维度。思想政治教育公共关怀之所以能够兼容公共性和阶级性，正在于马克思主义意识形态建基于社会主义公有制基础上，本身就具有公共性价值。马克思主义意识形态的公共性蕴涵主要表现在：

从基本功能上看，马克思主义意识形态具有公共整合功能，指引着社会思潮发展的公共方向。意识形态表征着一定社会共同体的群体价值理想和共同的生活诉求。任何一种意识形态都具有整合社会价值观念、文化传统和生活信念的功能。作为代表无产阶级和人民群众总体利益的意识形态，马克思主义意识形态建立在公有制的所有制结构或发展愿景之上，有着更加广泛的公共利益基础，表达了人类社会发展深层的公共价值追求和文化理想，能够以公共性标准对社会各类文化价值系统进行批判、改造、聚结、融合，整合各方面的力量，形成社会合理的公共文化价值系统，对各类文化产生更强烈的吸引力。

从实践基础上看，马克思主义意识形态建立在以公有制为基础的公共实践基础之上，表达了公共实践的价值方位与利益旨趣。马克思主义倡导公共实践，以生产资料公有制为基础，劳动过程在人与人之间的平等分工合作基础上完成，劳动成果依据付出劳动的多少按劳分配，生产和交往都以公平公正为价值遵循，以实现公共利益和个人利益的统一为价值目标，摆脱了意识形态只为某一私人集团服务的封闭性和狭隘性，能够充分发挥实践批判与自我反思功能，表达对公共实践合理性的价值追求和人类公共利益的价值关切。

从价值主体上看，马克思主义意识形态的传播者和实践者是具有公共性品质的无产阶级。列宁说："任何时候也不能有非阶级或超阶级的意识形态。"[①] 马克思主义的意识形态理论属于"破中带立"的理论，马克思主义批判的作为"虚假意识"的意识形态，既是对其他剥削阶级意识形态的泛指，更是对资本主义意识形态的特指，主要是指资本主义意识形态总是将

---

① 《列宁选集》第1卷，人民出版社1960年版，第256页。

自己作为特殊阶级和群体的利益说成是共同利益,"赋予自己的思想以普遍性的形式,把它们描绘成唯一合理的、有普遍意义的思想"①。把资本主义意识形态视作"最后的意识形态"或"意识形态的终结"。马克思主义自诞生之日起,就光明正大地承认自己的阶级性,承认其为无产阶级服务的阶级属性,无产阶级是传播和践行马克思主义意识形态的价值主体。无产阶级是一个特殊的阶级,其特殊性就表现为这是"一个被戴上彻底的锁链的阶级……形成一个由于自己遭受普遍苦难而具有普遍性质的领域,这个领域不要求享有任何特殊的权利,因为威胁着这个领域的不是特殊的不公正,而是普遍的不公正,它不能再求助于历史的权利,而只能求助于人的权利"②。因此,无产阶级是一个只有解放全人类才能最终解放自身的阶级,其阶级性本身就代表着全人类的公共利益,马克思主义意识形态的公共性在无产阶级的传播和实践中愈益彰显。

从价值目标上看,马克思主义意识形态始终指向共产主义这一人类公共价值目标。从一定意义上讲,意识形态是"一种负有使命的拯救人类和为人类服务的、使人类摆脱过去的种种偏见的科学"③。马克思主义意识形态公开宣称要破除以往一切意识形态的虚幻外观,为实现人类解放和人的自由全面发展的公共价值提供精神支撑。正如麦克里兰所指出的:"世俗化的意识形态领域关心的则是此岸世界转变中的公共方案。"④共产主义既体现了马克思主义意识形态的理想公设,也彰显了一种制度上的公共安排,显示了马克思主义意识形态对全人类解放价值目标的自觉追求。这种价值目标首先在社会主义制度下得以践行,既展现了意识形态所指向的共产主义前途,又在现实中兑现意识形态的公共性品性,彰显着对以私有制为基础的意识形态的价值超越。

思想政治教育是一种特殊的教育实践活动,其"特殊性"就在于,它的一个重要功能就是传播社会主流意识形态,以教育的方式生产和分

---

① 《马克思恩格斯全集》第3卷,人民出版社1960年版,第54页。
② 《马克思恩格斯选集》第1卷,人民出版社2012年版,第15页。
③ 郑永廷、叶启绩、郭文亮:《社会主义意识形态研究》,中山大学出版社1999年版。
④ [美]大卫·麦克里兰:《意识形态》第二版,孔兆政、蒋龙翔译,吉林人民出版社2005年版,第4页。

配统治阶级的思想。思想政治教育公共关怀立足于人的公共生存实践，向人们传授社会要求的公共思想观念、公共政治观点和公共道德规范，具有思想教化、政治引领、道德塑造、心理疏导的四重功能，其中政治引领是方向和龙头，思想教育、道德教育、心理教育都是在正确政治方向的引领下进行的。思想政治教育公共关怀促进个体思想政治素质和关怀水平的公共化，实际上是马克思主义意识形态所蕴含的公共关怀价值在公众中的传播、内化和践履过程。马克思主义意识形态的公共性蕴涵是思想政治教育公共关怀本质的政治表征，应当对其进行有效传播，使人们从思想上和政治上认同意识形态的公共性，自觉投入到公共关怀的实践中。

马克思主义意识形态的公共性蕴涵在思想政治教育公共关怀的理论和实践中不断得到确认、弘扬和升华。

其一，马克思主义意识形态的公共性蕴涵推动思想政治教育公共关怀凝聚政治共识。作为一种传递社会主导意识形态的教育实践活动，思想政治教育公共关怀的重要内容，就是通过思想引领和政治教育促使人们关怀公共政治事务，认同公共政治观点，拥护公共政治权力的建构方式和政治文化的基本内核；教育人们正确认识马克思主义意识形态的公共合理性，发展马克思主义意识形态对于社会历史发展正确方向的引领和规范价值，在公共政治共同体中最大程度地凝聚价值公约数。

其二，马克思主义意识形态的公共性蕴涵塑造着思想政治教育公共关怀的基本精神。马克思主义意识形态的公共性始终将类群价值放在首位，追求每个人全面自由发展的公共价值，在此指导下，思想政治教育公共关怀发掘人的公共性潜能，倡导公共精神，教育人们走出私人利益的藩篱而关怀公共世界，最终实现人的公共价值。

其三，马克思主义意识形态的公共性蕴涵为增强思想政治教育公共关怀的感召力提供了现实基础。马克思指出："理论一经掌握群众，也会变成物质力量。理论只要说服人，就能掌握群众；而理论只要彻底，就能说服人。所谓彻底，就是抓住事物的根本。"[1] 马克思主义意识形态的

---

[1]《马克思恩格斯选集》第 1 卷，人民出版社 2009 年版，第 11 页。

公共性代表了最广大人民的利益,从人民群众的思想需要、政治愿望和道德诉求出发,抓住了事物的根本和社会发展的决定性力量,有利于从思想上掌握广大群众,引导群众深入认识、理解和践行思想政治教育公共关怀的基本精神,在实践中增强思想政治教育公共关怀的感召力。

二 思想政治教育公共关怀内容的生存论意蕴

加强思想素质、政治素质、道德素质和心理素质培养,既反映了社会对个人良好思想政治素质和品德水平的基本要求,也反映了个体健康发展的需要。思想政治教育公共关怀的思想教育、政治教育、道德教育、心理教育的公共性亦具有深厚的公共生存论意蕴,构成思想政治教育公共价值实现的内在根据。

(一) 人的公共生存是思想政治教育公共关怀思想教育公共性的基础

思想教育公共性,就是要引领人们正确辨识各种多元化的思想观念,在包容差异的基础上寻求思想共识。人的公共生存本质上是一种多元共在,允许各类利益、文化和价值观的相互交流和交锋,并在交流和交锋的过程中形成符合公共空间各主体共同需要的共通利益和价值。如果"用普遍的共同的东西去瓦解这个世界的各种文化特征"[1],反而会造成公共性的丧失。多元性是公共性活力之源,没有多元性的公共性就将成为同质化的共在,失去应有的生机;公共性对多元性具有引导和规范作用,没有公共性的引导和规范,多元性就会陷入无序化的盲目发展。

第一,人的公共生存中需要和利益的多样性要求思想教育公共性的有序引领。人的需要即人的本性,正因为个体唯有在与外界相互作用中才能生存和发展,所以人的需要及其满足确证了人的共同生存的属性。基于自身的需要和外部事物满足需要的程度,每个人都会形成自己的利益取向。人的公共生存是既拥有相同需要和利益,又拥有独特需要和利益的人相互联系而形成的共同生活方式。人的需要和利益决定了人的思

---

[1] 汪晖、陈燕谷主编:《文化与公共性》,生活·读书·新知三联书店1998年版,第1—56页。

想观念，正如马克思所说："思想一旦离开利益，就一定会使自己出丑。"① 相同的需要和利益决定了思想观念的相通性，不同的需要和利益决定了思想观念的多元化。特别是在当代中国社会大变革大转型的历史时期，随着社会经济成分和经济利益日益多样化，形成了独特的公共生存景观。多元思想观念相互交织碰撞，激发了思想公共领域的活力，也容易造成多元思想观念冲淡主流指导思想的现象，各类思想观念相互碰撞甚至对立而难以找到融通的渠道，这就形成了多元思想观念产生的离散效应实然性状况与思想观念公共性的应然性要求之间的矛盾，决定了思想政治教育的思想教育必须坚持公共性立场，考量多元思想观念在符合个体需要的前提下是否与公共性的思想观念相一致，对于符合马克思主义的思想观念要旗帜鲜明地支持；对于不符合马克思主义的思想观念应自觉抵制和克服；对于不违背马克思主义但需要规范引导的思想观念，要及时进行完善和提升，坚决捍卫指导思想一元化。进而帮助人们在关怀公共世界中找到正确思想的引领。

第二，全球化的公共交往拓展了思想教育公共性的空间。在经济和社会日新月异的现代社会，人们从相对封闭或独立的私人空间走向人人分有的公共领域，生产生活的分工日趋专业化，彼此的依存度大大提高。全球化的大公共交往格局增强了人与人之间交往的广度、深度、速度和效度，人们在不同的交往中形成了不同的社会组织形式，产生了不同的价值诉求。与此同时，人们在公共交往中视野更加开阔，思想更加开放，对社会各层面问题的认知更加深透，这有利于促进多元思想观念与公共思想观念的有机对接，并在多元思想观念的交流碰撞中吸纳百家之长，促进思想观念多元化日益符合公共合理性，为思想教育公共性的发展提供了广阔空间。

第三，人在公共生存中自我意识的增强加剧了思想教育公共性发展的复杂性和长期性。人的自我意识的形成过程是指个体在公共空间中自我认知、自我评价、自我完善的过程，个体在社会公共交往中不但认知了社会，更通过利他和为他确证了自我的存在价值，充实了主体的公共

---

① 《马克思恩格斯全集》第 2 卷，人民出版社 1995 年版，第 103 页。

选择空间，形成了多样化的生活样态，既有优良的生活方式，又有拜金主义、自由主义、享乐主义、个人主义等不良表现。人的自我意识的增强使每个个体都拥有一套关于自我及自我与社会关系的意义阐释系统，这就决定了公共思想教育的复杂性和长期性。思想教育的公共性旨在通过对多元个体思想的有机整合，提炼出代表社会发展方向和人的发展方向的公共价值系统，在尊重多元的基础上理直气壮地坚持指导思想的一元化，巩固马克思主义在思想观念领域的指导地位，既维护思想观念多元化存在的权利，防止思想价值上的"公共宰制"；又坚持正确公共导向，促进个体自我意识在思想教育公共性的引导下健康发展。

（二）人的公共生存是思想政治教育公共关怀政治教育公共性的基础

政治教育的公共性是坚持马克思主义意识形态的公共性旨趣的必然要求，也蕴含着引领人们关怀社会和他人的政治要求。要坚持以政治教育的公共性引领人公共生存，教育人们在多重政治思潮相互交织中去粗取精、去伪存真，坚定政治教育的公共性方向和人民性原则。

第一，人在公共生存中凸显的政治性是政治教育公共性的人性前提。政治性是人的内在属性，是人的社会性在政治生活中的表现方式。亚里士多德曾在《政治学》一书中强调"人类自然是趋向于城邦生活的动物（人类在本性上，也正是一个政治动物）"①。在亚里士多德看来，城邦就是人们经过自觉选择而形成的政治组织形式，构成了城邦公共领域的原始范型。人的公共生存为其政治性的彰显搭建了生存舞台。人的公共生存表征着人的群体共生关系，面临个体利益与共同利益的矛盾，这就产生了对公共政治治理的诉求，人的政治性就是在这种接受治理与参与治理的过程中不断得到确证和发展。人的公共生存是一种价值生存方式，蕴含着不同主体政治公共性的价值诉求，人们总是希望自身的政治性能以一种合乎正义和公理的方式表现出来，寄托了一种政治民主化的公共理想。在现代意义的公共生存中凸显的政治性是包含着民主、平等、自由等公共价值意蕴，这种公共生活中的人的政治性诉求构成了政治教育公共性的人性基础，为政治教育公共性提供了可能性。人的政治本性说

---

① ［古希腊］亚里士多德：《政治学》，吴寿彭译，商务印书馆1965年版，第7页。

明人具有政治可塑性,即人可以并有能力接受政治文化、政治思想、政治规范等政治教育,形成相应的政治理想、政治态度和政治信念,由自然人转化为政治人,决定了思想政治教育公共关怀中的政治教育要关怀广大人民的公共利益、凸显为人民服务的政治品性和争取人类解放的公共政治信念。

第二,中国特色社会主义公有制是政治教育的公共性物质基础。作为当代中国社会核心的物质生活生产方式,中国特色社会主义公有制从根本上改变私有制下社会财富归少数人占有的局面,生产资料由广大社会主义劳动者占有和支配,以最大限度地追求社会公平正义,构成了中国基本的公共生存样态。经济基础决定上层建筑,政治教育本质上反映了一种政治思想关系,被中国特色社会主义公有制的经济基础所决定。正如马克思所言:"占统治地位的思想不过是占统治地位的物质关系在观念上的表现,不过是以思想的形式表现出来的占统治地位的物质关系。"[1] 在私有制为基础的社会中,统治阶级为了反对被统治阶级,总是将统治阶级的意志冠冕堂皇粉饰为公众的"普遍意志",但由于受制于生产资料私有制,其政治教育终究难以表达社会所需要的公共价值旨趣,因而所体现的公共性终究带有一定的"虚假外观"。中国特色社会主义公有制不仅决定了社会主义民主政治发展的公共性方向,反映了政治文明建设的人民性诉求,而且决定了在进行政治立场、政治信念、政治文化教育时应当坚持的公共性方向,决定了政治教育应着力促进人们认同马克思主义意识形态的公共性品质,理解党的基本路线、基本纲领、基本政策的公共性意涵,促进人们以关怀公共世界的取向投身社会主义现代化建设。

第三,全球化公共交往中的利益与意识形态博弈,迫切要求推进政治教育公共性。从人的活动状态来说,人的公共生存是一种交往性生存,即不同主体之间在公共领域为实现公共目标而产生的物质和精神的双向或多向互动。全球化的大公共交往是当代人最突出的公共生存景观,人们试图在全球交往中实现融合与发展,在这个过程中必然要面对由于各种利益分歧带来的思想观念、政治观点特别是意识形态博弈。意识形态

---

[1] 《马克思恩格斯选集》第1卷,人民出版社2012年版,第178页。

博弈的根源在于错综复杂的利益博弈与世界利益格局的深度调整，不同政治集团为实现其利益诉求炮制出各种社会思潮。例如，作为美国经济的重要支柱，军工企业在美国经济生活和政治生活中扮演着重要的角色，美国五大军工企业背后都代表着各自的经济财团和政治财团，它们一再抛出"中国威胁论"，表面上是关心国家的安全与发展，实质上五大军工企业以此为借口要求国会增拨经费，这个事例形象地说明了利益纷争对于政治思潮的重要影响，也客观上说明全球化意识形态博弈对政治教育公共性的迫切需求。

从全球化的视野来看，目前的全球公共交往从价值论意义上并不具有公共属性，其本质上是由发达国家主导的、旨在实现发达国家利益以及传播其意识形态的公共交往活动。从某种意义上讲，全球化中西方意识形态的"价值强制"是以美国为主导的西方世界"冷战思维"的延续。美国学者斯坦米茨指出："如果一个政府是共产主义的，亲苏的或亲华的，美国的影响就会被预计遭到损失，美国的利益就会被假定受到危害。"[1] 以美国为首的西方世界之所以会以"冷战思维"看待世界，就是因为在人类社会由传统向现代转型的过程中，西方国家凭借军事暴力、资本输出、文化同化等手段占据了历史先机，不但获得了现代化的主导权，还拥有了人类现代性精神的界定权。自人类历史进入近代以来，西方世界不仅凭借其现代化先发优势在经济、科技、军事等硬实力上领先于世界，还总是试图溶解和消化各民族文化，使各民族在向往"西式文化"中遵循"文化均质化"的实践范式，以西式文明的所谓"普遍性"裁剪人类各民族文明的"特殊性"。当今世界正处于百年未有之大变局，这是工业革命以来人类社会格局重塑迎来的一个重大转机，这个大变局的核心就是世界格局由"西方压倒东方"向"东方与西方相对平衡"转化，对西方主导的不平衡的现代性秩序形成强大冲击。随着以中国为代表的东方势力的崛起，西方现代性的压倒性优势逐渐被稀释，世界权力结构趋于东西方平衡，中国对世界现代化的贡献率和现代性建构的影响

---

[1] Sara Steinmetz, *Democratic Transition and Human Rights: Perspectives on U. S. Foreign Policy*, State University of New York Press, Albany, 1994, p. 4.

力越来越大。随着世界权力的重组,中国故事、中国价值、中国模式越来越多地得到世界认可。这同时也使得中国成为以美国为首的西方国家在意识形态领域主要针对的对象,在世界百年未有之大变局加速演进的历史关口,以美国为首的西方国家正利用科技垄断、贸易战、政治诋毁、文化输出等各种手段对中国进行打压,意识形态博弈达到前所未有的激烈程度。这对思想政治教育中政治教育的公共性提出了新要求,迫切需要思想政治教育在政治教育中"正本清源",帮助中国人特别是青少年理解中华民族伟大复兴的公共性指向,引导人们理解中国共产党何以站在历史正确一边和站在人类文明进步一边,自觉认识各类政治思潮背后的利益基础与价值取向,坚决抵制恶意诋毁和蓄意破坏中国形象、试图阻挠中华民族伟大复兴的各类政治意识和政治行动,进一步突出马克思主义意识形态的人民性本质,以马克思主义意识形态的公共意涵自觉抵制不良政治思潮的侵扰,凸显政治教育的公共性价值。

(三) 人的公共生存是思想政治教育公共关怀道德教育公共性的基础

其一,人在公共实践中对社会关系公共合理性的价值诉求是道德教育公共性的内在根据。关系性存在是人基本的生存方式,"动物不对什么东西发生'关系',而且根本没有'关系';对于动物来说,它对他物的关系不是作为关系存在的"[1]。公共生存把人投入一个广阔的公共关系网中,使人处于一种深层次的共在结构中,促进了人的意识和自我意识的深度发展,产生对自我和他者及其相互关系的深度思考。在对这种共在结构及关系的深度思考中,人不仅要适应社会关系的实然性规定,还会产生对社会关系建构的应然性诉求。在现实生存中,利益诱惑,各种损人利己、巧取豪夺的人性劣根性时有展示,社会关系公共合理性遭到冲击和破坏,人们为了能够更好地在一起,就需要一种社会道德的规制,这就为道德及道德教育公共性的生成发展提供了内在根据。作为人们在实践生活中共同约定的规范调节方式,道德就是一种固化了社会关系应然性的建构模式,本身就具有广泛的公共认同性,它指称着个体的向善本质,代表着一种理想化的生存价值取向。维护和发展人与人之间社会

---

[1] 《马克思恩格斯选集》第1卷,人民出版社2012年版,第161页。

关系公共合理性的现实诉求要求道德教育要凸显公共性。人的公共生存是人的类生活的价值展示，表征着个体在利他和为人的过程中自我确证逻辑。道德教育要凸显"共生道德"的价值蕴涵，引导人走出弱肉强食的"丛林法则"，整合个体与群体、群体与群体、群体与类之间的关系，在共同的"类生活"中实现自我价值确证。道德教育应承认人性中存在的个体性与公共性的双重维度，以他者透现自我，将自我融入他者，通过公共道德教育引导和规制人的个体性和公共性的关系，在个体性与公共性的有序联结中促进人性整全性的建构，以人性整全性的完善实现社会关系建构的公共合理性。

其二，解决公共利益与私人利益的矛盾为道德教育公共性提供了利益基础。道德教育之所以具有公共性，是因为道德本身表征着人的整体性生存价值取向。道德起源于人们对社会关系的应然性要求。在调节社会利益关系时，道德以社会整体利益的原则和规范为善恶评价标准，旨在促进个体利益和整体利益的有机统一。人的公共生存是一种求同存异的生存方式，"求同"的含义就是人们基于共同需要、由共同体成员共同分享的公共利益，"存异"的含义就是多元主体彼此尊重多样化的利益诉求。公共利益反映了不同主体的共同需要，人们在相互交往和价值实践中形成共同和共通的道德价值取向，为道德教育的公共性提供了可能性前提；公共利益与私人利益的矛盾决定了道德教育公共性产生的必要性，即必须在实践中形成一种内在价值规范和调节机制，保障各类利益的有序分配，对各种利益进行规范性的价值评价，并以公共利益为价值取向，判断各种私人利益存在的根源及其合理性基础，对与公共利益相悖或与人性塑造的公共要求相左的私人利益，应当予以克服；对顺应公共利益的私人利益，应根据共同体和个人发展的需要予以正确引导。在这个过程中，人们以公共利益的发展依归为道德发展方向，自觉遵守社会公德，维护公共秩序，深化了道德教育的公共性内涵。

其三，人的公共生存中道德评价标准的模糊性为道德教育公共性提出了迫切要求。在多元化时代，人的公共生存中的公共性有弱化趋势，而其中的多元性和异质性却被无限放大，在这一背景下催生了道德相对主义。道德相对主义认为，道德总是在不同的社会风俗和历史条件中生成和发展起来的，必然与各自不同社会风俗和历史条件相联系，任何一种道德都有自己专属的一套善恶评价系统，每个善恶评价系统各自独立、互不相通，因而道德判断必定是相对的。置身道德相对主义的文化旋涡中，以至于搞不清"什么是对""什么是错"，陷入了"怎么都行"的盲目宽容与文化遐想当中。任何一种道德话语，的确依赖于特定的文化，在不同的文化传统中，人们信守的道德原则也确实有差异，这是我们应当承认的道德的相对性；但不能因为道德的相对性就倒向道德相对主义，造成道德评价标准的模糊性。社会越来越需要形成一套公共认同的善恶评判标准。"这种道德教育的有效性……源自人们基于公共理性对话商谈而达成的共识"①。唯有不断完善道德教育的公共性，才能形成科学完整的公共善恶评判标准，纠正人的公共生存中道德评价标准的模糊性，匡正人们的道德认知和道德实践，对于人们形成道德公共认同具有重要意义。

（四）人的公共生存是思想政治教育公共关怀心理教育公共性的基础

在人的精神世界中，心理和思想是相互作用、相互影响、相互反映的复杂矛盾体。心理是通过认知、情感、意志等要素对客观世界的把握，思想是指人对客观世界本质和规律的理性认识和价值认识系统，包括世界观、人生观、价值观等表现形态。心理是思想的基础，人的思想品德的发展变化受心理发展变化的制约；思想是心理的高级表现形态，是以系统化的样态对心理活动诸因素的提炼与反映，支配着心理活动的方向。正确的思想观念和良好的道德品质的形成往往建立在健康的心理之上，一些表面上的思想问题和道德问题背后有着深刻的心理根源，一些表面上的心理问题在很大程度上受人的思想观念和道德品质的影响，精神世界中的诸多矛盾往往是心理和思想共同作用的结果。当今社会，各类矛盾和风险丛生，人的心理面临前所未有的诱惑与考验，心理状态对思想观念和道德素质的影响日益明显，心理教育日益成为思想政治教育的一个重要内容。特别是在人的公共生存环境中，具有不同需要、利益和价值取向的个体或群体既存在个性化的追求，又要寻求公共的合作契合点，

---

① 张言亮、卢风：《道德相对主义的界标》，《道德与文明》2009年第1期。

这个过程也是人的心理不断发展变化、相互融合的过程，个体的心理活动在社会公共实践中生成和发展，在公共交往关系中接受塑造和评判，具有公共性的功能和价值取向。如何从心理上摆脱私人化取向，形成符合公共生活要求的公共价值观，就成为思想政治教育公共关怀面临的课题。

其一，人与人的共生关系是思想政治教育公共关怀心理教育公共性的人学根据。人是共同生活的关系存在物，人的公共生存又确认并凸显了人与人之间的共生关系。马克思说："人是最名副其实的政治动物，不仅是一种合群的动物，而且是只有在社会中才能独立的动物。"[①] 许多动物也具有合群性，但动物的合群是建立在维护生存的协同觅食关系和性关系基础上的本能合群性，而人的合群则是在社会共同体中的有机合群性。人们基于共同的需要和利益结成群体共同体，表征着人在整体性生存中类本质实现和类意识的生成过程，人在交往中形成的共同的情感、意志的表达方式，成为人们共同的心理表达机制。从表面上看，人的心理是个性化的独特领域，但任何个性心理都是"关系心理"，是人们社会交往过程、规则和价值的主观反映模式，不仅具有个体性，而且具有公共性，其心理的个体性或个性化只有在公共性的关系心理中才能得以透现。公共关怀本身就蕴含着一种关系性的共在逻辑，这种关系共在就是依靠人们之间的关怀情感联系在一起的。人的心理的公共性不仅是实然的范围层面，也是应然的价值层面。个体的社会交往都有明确目的和取向，任何共同生活都是个体生活取向的整合，人的心理活动也必然带有不同个体在公共通约基础上的价值指向性，这就决定了心理教育的公共性。心理教育可以积极弘扬人们共同约定的公共取向，引领人的心理朝着顺应人的共同生活的方向发展，促进人际关系的和谐，以心理教育的公共性实现心理层面的公共关怀。

其二，人在公共生存中主体心理因素的发展变化及其对思想政治教育公共关怀的影响是心理教育公共性的重要根据。人是主体结构和主体功能相统一的主体性存在。在人的主体结构中，主体心理因素——知、

[①]《马克思恩格斯选集》第 2 卷，人民出版社 2012 年版，第 684 页。

情、意构成了人的思想品德生成发展的心理子系统,"人的思想品德结构是一个以世界观为核心,由心理、思想和行为三个子系统及其多种要素按一定方式联结起来、具有稳定倾向性的多维立体结构"①。人的思想品德都是在一定的主体心理因素基础上形成的,思想政治教育通过影响个体知、情、意的发展变化作用于个体思想层面的世界观、人生观、价值观。由此可知,个体的知、情、意有明晰的价值指向,是人在精神世界中处理与公共世界关系的基础性环节。知即认知,个体在公共交往中发展起来的自我认知和他者认知。自我认知是个体对于自身的认识、反思、评价,他者认知是个体在实践过程中形成的对于他人及其外部世界的认识和评价。自我和他者是相互联结、共生共存的价值统一体,正确的自我认知和他者认知及其统一是心理公共性的重要表征。如果想获得自我认同或确证自身价值,必须以充分的他者认知以获得他者的承认。"我们的认同部分地是由他人的承认构成的;同样地,如果得不到他人的承认,或者只得到他人扭曲的承认,也会对我们的认同构成显著的影响"②。人的公共生存是一个追求自我认同和他者认同相统一的存在方式,主张个体承认和认识他者,并为他者认识和承认,这构成了心理教育公共性的重要依据。情即情感,作为主体心理因素中的核心成分,与个体的需要和目的紧密相连,在心理世界中起着调节和定向作用。情感是否具有公共性直接决定着心理教育的公共性价值。据科学实验表明,"心理学中再也没有比这更一致的发现了:快乐的人更容易帮助别人"③。由此可见,快乐等积极的情感体验本身就具有公共性,而焦虑、失望、嫉妒等情绪则对人际交往有着极其不利的影响。思想政治教育公共关怀关键的作用就是培育一种积极的关怀情感,以积极情感培育促进良好品德的塑造,通过心理教育的公共性导引个体实现公共关怀。意即意志,它以知、情

---

① 陈万柏、张耀灿主编:《思想政治教育学原理》(第二版),高等教育出版社2007年版,第117页。

② [加]查尔斯·泰勒:《承认的政治》,董之林、陈燕谷译,载王晖、陈燕谷主编《文化与公共性》,生活·读书·新知三联书店1998年版,第290页。

③ [美]戴维·迈尔斯:《社会心理学》(第8版),张智勇、乐国安、侯玉波译,人民邮电出版社2006年版,第353页。

为前提、动力,又促进认知的不断深化,并控制情感的发展方向。意志之于认知和情感,犹如汽车之方向盘、制动器。① 如果能够引导人们树立坚实的公共关怀意志,就能够使人们在面临各种道德选择和心理冲突时,自觉地、坚定地站在关怀公共世界一边。人的公共生存中主体的知、情、意相互作用、相互影响,在心理教育内容内化为主体自觉行为的过程中发挥着重要作用。

其三,人在公共生存中的共同需要为心理教育的公共性提供了必要性和可能性。在马克思主义人学中,人的需要是个体为了维持生存发展而与外部世界进行物质和精神交换中表现的一种摄取状态,这种摄取状态是在实践中形成的、具有自然依赖性和社会历史性的客观状态,具有客观实在性。心理学中讲的需要是个体在生活中感到某种欠缺而力求获得满足而在心理上表现出的紧张状态②,这种从"心理上表现出的紧张状态"就是人学中所讲的"意识到了需要"或"观念化了的需要",以愿望、需求、目的、动机等意识形式表现出来,体现了人学和心理学在"人的需要"问题上的契合之处。人的公共生存反映的是众多个体基于共同客观需要而相互联系、相互交往的整合状态和过程。每个个体对这种共同需要具有共同的心理认识和心理感受,有着共同的行为动机,这为思想政治教育公共关怀强化心理教育公共性提供了可能。当然,由于个体心理差异以及个体需要与共同需要之间的不同关系,不同个体对共同需要的反映会存在差别,从而产生不同的心理需求和动机,不利于人们按照公共目标一致努力,这就要求心理教育要在尊重不同个体心理需求和动机的基础上,引导个体准确反映共同需要,完善既符合个性规律又符合公共要求的需求机制,从心理层面凝聚不同个体形成公共合力。

三 思想政治教育公共关怀基本结构的生存论意蕴

思想政治教育公共关怀由思想政治教育公共关怀主体、客体和介体三要素组成。在这个基本结构中,思想政治教育公共关怀主体是思想政

---

① 袁贵仁主编:《人的哲学》,工人出版社1988年版,第201页。
② 李红:《现代心理学》,四川教育出版社2009年版,第195页。

治教育公共关怀活动的发起者和主导者,他们深谙思想政治教育公共关怀的内容、精神和方法,能深刻把握社会对于个体在认知公共关怀思想、培育公共关怀精神、实施公共关怀行为上的应然性要求,在具体教育活动中发挥引领、示范和主导作用。思想政治教育公共关怀客体是思想政治教育的接受者,是思想政治教育公共关怀的教育对象,他们虽然在认同、理解公共世界和施展公共关怀水平方面距离社会要求尚有一定距离,但具有接受思想政治教育公共关怀价值的意愿,能够内化公共关怀价值并外化公共关怀实践,在具体的教育活动中扮演着主动接纳、自我体认和自觉实践的角色。思想政治教育公共关怀介体是联结思想政治教育公共关怀主体和客体的中间环节,是被纳入思想政治教育结构系统、能承载教育目的和信息的实体,具体指思想政治教育公共关怀的内容、方法、载体等中介手段。主体、客体和介体三者相互联结、相互作用,共同构成了思想政治教育公共关怀的基本结构。

(一)人的公共生存是思想政治教育公共关怀主体自觉性提升的基础

人在公共生存对主体意识的强化效应提升了思想政治教育公共关怀主体的自觉程度。人是一种主体性存在,人的主体意识包括关于对象的意识、他人的意识、自我的意识,以及主体与对象、他人和自我之间关系的意识,这些意识共同决定了主体的自觉程度。由此可以看出,人的主体意识及其自觉不是独立自生的,而是在人的公共生存中确证、生成和发展的,只有在成就"他我""共我"的公共生存中才能实现,人的公共生存既有利于主体在交往实践中观照自我而实现价值确证,也为主体提供了反思性条件。正如马克思所说:"一个人的发展取决于和他直接或间接进行交往的其他一切人的发展。"[①] 人的主体意识在公共生产和交往中愈加清晰和成熟起来。思想政治教育公共关怀反映了人的公共生存对思想政治教育的价值诉求,在这一教育活动中,虽然人们共同分享教育信息,但由于人的理性、情感和觉悟发展的不平衡,每个人扮演的社会角色和承担的社会职责是不同的,那些在具体思想政治教育公共关怀过程中承担思想政治教育责任,且深入掌握公共关怀思想和精神的人就成

---

① 《马克思恩格斯全集》第3卷,人民出版社1960年版,第515页。

为了思想政治教育公共关怀的主体。在人的长期公共生存实践中，思想政治教育公共关怀主体不断体认思想政治教育对于优化人的公共生活的意义，提高教育主体的自觉程度，增强传播公共关怀思想和促进公共关怀实践的责任担当，通过制定明确的教育目标、科学的教育内容、完善的教育方案，创设平等的教育情境和运用有效的教育方法，加之身体力行的公共关怀实践示范，深化对公共关怀思想和精神的理解，以主体的高度自觉增进思想政治教育公共关怀的效果。

人在公共生存中主体的价值定向性决定了思想政治教育公共关怀主体的主导性。人的公共实践是具有鲜明价值指向的实践，从事公共实践活动的人是具有明确目的性的个体或群体，总是根据外部世界的规律和自身的需要开展实践活动。正如恩格斯所说："在社会历史领域内进行活动的，是具有意识的、经过思虑或凭激情行动的、追求某种目的的人。"[①]目的本身包含着价值尺度，人的公共生存蕴含着共同生活的美好价值理想。人的这种价值定向性决定了思想政治教育公共关怀主体能够以公共关怀思想和精神优化个体与公共世界、公共世界中不同个体或群体之间的关系，对人的公共生存方向产生发挥引领作用。

首先，优化教育信息选择。教育主体在进行主导活动时必须要选择恰当的教育信息，既要立足于教育客体的实际需要，又着眼于社会发展应然性的公共方向，使个体和社会在公共实践的价值定向中找到契合点，帮助教育客体在人的公共生存中找到恰当的价值定位。其次，引领教育活动方向。人在公共生存中的主体价值定向性决定了教育主体理应具有代表正确公共实践方向的政治素质、思想素质、道德素质和心理素质，应具有代表公共利益的政治立场和政治行为，保证思想政治教育的正确方向，保证个体思想观念与社会主流思想观念的有机统一，并在道德修养和心理调适方面发挥引领示范作用。最后，注重教育效果评价。人在公共生存中价值定向的实现，是思想政治教育公共关怀教育效果的重要评价标准。教育主体要适时考量自身主导功能的现实化程度，科学审视教育客体是否接纳了公共关怀的思想和精神，评估教育客体施展公共关

---

① 《马克思恩格斯选集》第 4 卷，人民出版社 2012 年版，第 253 页。

怀行为的效度。

人在公共生存中的平等交往意味着教育主体的自觉性和主导性受教育客体能动性影响。"从交往实践的视角看，所谓公共性就是指超越私人性个体存在的一种交往关系，它的基本前提就是多元交往主体的'共在'"①。人的公共生存表征着异质个人或群体之间的平等共生关系，平等交往是人的公共生存的应有之义，也是思想政治教育建立和谐主客体关系的价值诉求。思想政治教育公共关怀承认教育主体的自觉性和主导作用，但并不意味着主张教育主体的"一言堂"。教育客体不是被动地接受教育，而是主动地融入同教育主体的平等交往中，在教育信息传递的准确程度、教育者言行的示范效度等方面审视教育主体，向教育主体反馈对于公共关怀思想和精神的理解，反馈具体公共关怀实践中存在的问题，启发教育主体的自我完善，促进教育主体对教育目的、教育内容、教育手段等方面进行调整，引发教育主体对自身教育实践进行自检和内省，促使教育主体在理论上进行反思，在实践上进一步增强工作的自觉性和主导性，在平等交往的双向互动中提升思想政治教育公共关怀的质量与效果。

（二）人的公共生存证成着思想政治教育公共关怀客体的可塑性和能动性

思想政治教育公共关怀客体是具有能动性的人。虽然从复杂的思想政治教育实践活动系统来说，任何人都具有成为思想政治教育公共关怀主体的可能性，思想政治教育公共关怀客体在内化公共关怀的思想精神、实践公共关怀行为后，可以在下一个思想政治教育公共关怀活动参照系内转化为教育主体，但从具体的教育活动和特定参照系来说，思想政治教育公共关怀确实存在主体和客体之分。作为思想政治教育的接受者，思想政治教育公共关怀客体是受教育的对象，他们虽然与主体对公共生活的价值理解能力相比尚有一定距离，但具有接受公共关怀思想和精神的意愿，能够内化公共关怀思想和精神并外化公共关怀实践，在教育活

---

① 任平：《交往实践中的哲学——全球化语境中的哲学视域》，云南人民出版社2003年版，第175页。

动中扮演着主动接纳或被动接纳、自我体认或被动体认、自觉实践或被动实践的角色。

人们接受教育的需要程度决定了思想政治教育公共关怀客体的可塑性程度。人是可塑性存在物,人脑的可塑性是思想政治教育公共关怀客体可塑性的生理前提。人脑的可塑性,是指受学习、训练以及各种经验等因素的影响,大脑皮层会出现结构的变化和功能出现动态的修复或重组。[①] 思想政治教育公共关怀客体的可塑性是指教育客体作为未完成的存在物,在教育主体的教育和影响下,具有吸收公共关怀思想和产生公共关怀行为的属性。这种属性决定了教育客体具有接受公共思想观念、道德规范、政治观点的需要,这种需要是在人的公共生存实践中生成和发展的。人的公共生存是一个多元共在的场域,在这个场域中,多元的思想观念、生活方式、文化价值、道德规范相互交织,个体要想在公共生存环境中获得良好的生活,就必须深刻把握人的公共生存规范和法则,找准公共行为的价值指向,学会如何与他人共处,进而产生了接受思想政治教育公共关怀思想和培育公共精神的需要,这种需要成为人们接受教育活动的内在动力。受教对象需要的层次越高、强度越高、合理性越强,接受的效果就越好,其可塑性就越强;反之,如果受教对象接受需要较弱,缺乏接受教育的动机,其可塑性就越弱。

人在公共生存中的自我意识的完善是思想政治教育公共关怀客体能动性的人学基础。自我意识是指个体立足于社会公共实践,在进行社会交往和处理社会公共关系中形成和发展的对于自身的认识和评价。作为一种外在驱动力,教育主体十分期待教育客体自我意识的全面觉醒,实现对公共关怀思想和精神的内在价值自觉。"没有自我教育就没有真正的教育,一切教育都包含着自我教育的过程"[②]。这种自我意识生成和发展的基础是社会公共实践。人在公共生存实践中,时常面临着个体与公共世界间的等多维矛盾,时常要面临"我们如何能在一起"的价值考问,

---

① 万光侠、雷骥:《思想政治教育基本规律的人性基础探析》,《思想教育研究》2007年第6期。

② 骆郁廷、丁雪琴:《思想政治教育客体主体化探析》,《学校党建与思想教育》2002年第11期。

每个人都会做出各自的权衡与选择。自我意识的正确与否，直接关系到人们能否正确处理个体与公共世界的关系。一方面，如果自我意识出现偏颇，个体的实践轨迹就会与人的公共生存合理性背道而驰。另一方面，"自我意识开辟了人类自我控制、自我教育和自我完善的可能性"①。只有参与公共世界、融入公共交往时，才能真正反观自我，准确理解公共世界与个体的关系，把公共关怀的思想和精神纳入自我的认知结构，以此衡量自身的思想、观点和行为，认清实然自我与应然自我的差距，形成新的自我意识和进行新的自我教育，通过"实践—接受教育—认识—自我教育—再实践……"这一周而复始的自我教育循环，发挥思想政治教育公共关怀客体的能动性。公共关怀的实践具有鲜明的价值超越性，尤其需要个体对于公共世界高度的认知自觉、情感自觉、意志自觉和行为自觉，只有通过自我意识完善提升自我教育的自觉性，思想政治教育公共关怀的目的才能真正在教育客体身上得以实现。

人的公共生存为思想政治教育公共关怀客体的公共关怀行为提供了实践土壤。思想政治教育公共关怀客体不仅有接受教育和自我教育的能动性，更具有把接受的公共关怀思想转化为公共关怀行为的能动性。完整的思想政治教育过程并不止于教育客体对教育内容的接受、内化和自我教育，还必须实现教育客体对教育价值的实际践履，"教育对象的实践活动同时也是在更深刻意义上使得教育内容、目的成为教育对象'为我之物'的必经渠道。在自己的意识活动过程中，教育对象已经以知识的形态、观念的形态掌握了教育内容、目的，实现了教育内容、目的由'外我态'向'为我态'、'属我态'的转化。但是这种'为我态'、'属我态'尚需由知识型掌握的层面上升到信念、信仰型掌握的层面。对教育内容的信念、信仰型掌握，只有通过教育对象具体的实践才能实现"②。受教育者既是思想政治教育公共关怀的客体，又是将公共关怀思想和精神转化为行为的主体，可以能动地创设公共关怀情境，开展公共关怀实

---

① 袁贵仁主编：《人的哲学》，工人出版社1988年版，第59页。
② 沈壮海：《论思想政治教育过程的内在构成》，《中国青年政治学院学报》2001年第1期。

践。人的公共生存为思想政治教育公共关怀客体的关怀行为提供了肥沃的实践土壤，正是人的公共生存对于公共关怀的诉求，才更需要教育客体在公共实践中转化为公共关怀实践主体，履行建构和优化社会公共关系的职责。

（三）人的公共生存的发展决定了思想政治教育公共关怀介体的多样性

思想政治教育公共关怀介体是联结思想政治教育公共关怀主体和客体的中间环节，是被纳入思想政治教育结构系统、能够承载教育目的和信息的实体，具体指思想政治教育公共关怀的内容、方法、载体等中介手段。随着时代的发展，思想政治教育介体呈现出多样化和现代化趋势，为思想政治教育信息的传播提供了重要条件。

人的公共生存的系统化要求思想政治教育公共关怀介体的系统整合。人的公共生存是一种系统化的生存方式，它追求各个子系统、子系统内各层次、层次中各要素之间的协调、整合与共存。一是人的公共生存的系统化要求思想政治教育公共关怀介体所反映的教育目标的一致性。思想政治教育公共关怀的目标需要多种介体共同完成，每个教育介体所承载的任务既相互联系又互有区别。比如，课程介体要求受教育者学习和内化公德课程，管理介体要求受教育者遵守公共秩序，等等。这就需要整合教育介体任务，使教育介体围绕教育目标形成合力。二是人的公共生存的系统化要求思想政治教育公共关怀各个介体功能有机衔接。教育者要准确把握各个介体的功能特点，既要达到各个介体效能发挥的最大化，又要避免相互发生功能冲突，推进整体性思想政治教育公共关怀的有序发展。

人的公共生存促进了思想政治教育公共关怀介体的多样化创新。随着人的公共生存的多样化发展，各种公共设施、公共文化、公共活动都以一种艺术化的形式展现出来，不仅在形式上构成了思想政治教育的公共存在方式，而且承载着思想政治教育公共关怀的目的和精神，拓展了公共政治观点、公共道德取向和公共价值立场传播的公共空间，使显性教育的"刻意性"逐步减退，隐性教育的"渗透性"不断凸显，公共关怀的理念、内容、精神融汇于人的公共生存环境之中。现代社会人的公共生存的新样态推动了思想政治教育公共关怀介体的创新。在社会信息化时代，人的公共生存主要在两重空间内发生和发展，一个是实体公共空间，另一个是虚拟公共空间。这两大公共空间都是由现实的人的公共实践活动所形成的，虚拟公共空间是实体公共空间的拓展和延伸。虚拟化公共实践对现实公共实践进行大容量、多维度的展现，既说明虚拟化公共实践以现实公共实践为基础，又展示了虚拟化公共实践对现实公共实践的超越性。虚拟公共生存及其网络公共平台为思想政治教育公共关怀介体带来了一系列创新。从形式介体看，虚拟公共空间促进了人与人的虚拟公共交往，人类进入视觉文化时代，许多新型传播媒介成为传播思想政治教育公共关怀信息的重要公共平台。从内容介体看，虚拟公共生存催生了网络德育、舆论价值、大数据伦理等新型的教育内容，"网络空间命运共同体"的时代诉求对人的公共关怀素质提出了更高的要求。面对网络空间中鱼龙混杂、参差不齐的信息，需要人们增强辨识能力和科学利用介体的能力，坚持用社会主旋律开展教育，自觉抵制各类不良信息，尤其要警惕西方国家借助互联网平台兜售其价值观念和生活方式，确保教育内容的正能量。从语言介体看，人们已经逐步形成了相对独立的网络话语系统，当这些网络话语承载思想政治教育公共关怀信息时，一方面提高了教育语言的灵活性和生活化，另一方面网络话语系统的非规范化也冲击着现实语言话语系统。要辩证对待虚拟公共空间中教育介体的创新，以公共关怀思想和精神为契合点，不断增强思想政治教育的活力。

第三章
思想政治教育公共关怀的时代境遇

自工业革命以来，人类社会就开始围绕两个主轴运转，一个是现代化，另一个是全球化。同时，现代化又是促动全球化的根源，全球化推动了现代化在世界范围内展开。与现代化相伴而生的，是现代公共领域的发育和公共生活的生成，这种公共生活在全球化的作用下延展开来，形成了具有内在有机化和高度组织化的全球化公共生存境遇。现时代的思想政治教育公共关怀命题必须也必然在这种全球化公共生存境遇中考量和展开。全球化公共生存是一个充满矛盾和张力的有机体，一方面，人类的普遍交往和生产生活的深度合作使得生存问题多以公共性的样态呈现出来，人的公共性和社会公共性的价值追求得以不断彰显，人与人之间的共生关系及由此创构的公共价值信念和文化理想成为我们的共同向往；另一方面，资本主义现代性倡导的理性至上和个人主义价值逻辑不断吞噬着社会的公共空间和人的公共性价值。资本主义将人从封建神权中解放出来，但资本的逐利性又使得人在个性追求中走向自我迷失。全球化公共生存的复调式实践使其呈现出前所未有的复杂性，也成为思想政治教育公共关怀实践建构应该分析和面对的时代境遇。我们应当深刻分析当下人的公共生存主要矛盾的时代表征，求索在这一公共生存主要矛盾时代表征下思想政治教育公共关怀面临的挑战和机遇，在深刻认识时代境遇的基础上推动思想政治教育公共关怀的价值建构。

第一节　人的公共生存主要矛盾的时代表征

　　人是公共存在物，但人的公共生存是具体的、历史的，任何公共生存境遇都有其时代内涵。随着人类现代化进程的不断加快，人类实现了从传统社会向现代社会的转型。西方社会作为现代化的先发国，率先对人类现代性进行描画和界定。自文艺复兴和启蒙运动以来，随着理性为世界去魅，世界以宗教为依托的信仰公共性遭到瓦解，理性至上的本体论承诺和个人主义的价值论追求占据了人类社会的主导地位，这也塑造了西方现代性基本的理论价值取向。作为西方启蒙理性的派生物，经济市场化、政治民主化、社会价值取向个人主义化构成了西方现代性的基本景观，遵行理性至上的核心理论原则，按照西方现代性理性化的表现样态实现现代社会的文明构序。在这种个人主义思潮的推动下，不同利益主体在社会中自由地找寻自身存在与发展的合理性，价值多元和个性自由成为宣示公共生活合理性的当然选择。然而，西方现代性三百年的发展非但没有带来自由和民主的跃迁，当初推翻封建王权时许下的理性承诺伴随着资本的无序生长日益走向自身的反面，整个社会为了追寻个人私利陷入了难以调和的价值断裂中，工具理性绑架了曾经的价值理想，大众理性向精英理性蜕变。当人们试图以个体为原点重构公共性时，却发现作为公共性内在阐释逻辑的公共价值离这个社会渐行渐远，一度代表着自由平等的多元主义也不得不陷入价值相对主义的窠臼。

　　西方现代性陷入的文化公共性真空需要新现代性建构方能弥补。近百年来，影响世界现代性建构和公共性文化塑造的力量就是中国的崛起，中国的现代化进程特别是40余年的飞速发展逐渐使世界看到了新现代性的文明图景，让人们看到超越西方现代性价值断裂和文化公共性迷茫的曙光。中国在高速发展的进程中始终秉承对社会主义的独特理解和现代化的民族实践，在传统文化的历史价值和社会主义的时代价值间践行集体主义的文化逻辑，保持着对民族文化公共性的价值信念和操守。但是，随着中国日益融入全球化进程和国内市场文明的生长，西方现代性的价值取向对中国也产生了深度影响,中国社会的公共生存境遇与文化公共性的价值塑造也必然在全球化公共生存的宏大叙事中完成。

当前,人的公共生存主要矛盾的时代表征可以从思想文化层面的价值叙事和社会实践层面的内在基质两个向度来审视。可以说,人的生存方式无外乎决定于影响其思想和实践的深层逻辑,而思想文化层面的价值叙事和实践层面的内在基质便是决定人的公共生存核心指向和发展走向的关键所在。从思想文化的价值叙事而言,现代人的公共生存矛盾突出表现为多元价值观念与公共价值的矛盾。随着人与人之间公共交往的频度、深度、广度、效度的日益加深,多元价值观念之间的交流交融交锋愈加频繁,而人类共同生活的夙愿又要求不同主体在差异性的基础上谋求不同层次的公共价值共识。从社会实践层面的内在基质看,现代人公共生存的矛盾突出表现为社会公共性与人的个性间的矛盾。全球化进程既加深了不同主体间的相互依存,给公共交往提供了崭新平台,推动社会公共性发展的同时,又促进了个体的主体意识的增强,如何平衡社会公共性与人的个性将成为人的公共生存的重大课题。

一 多元价值观念与公共价值共识的矛盾

人的公共生存的多元共在性是多元价值观念与公共价值共识矛盾生成和发展的客观基础。在公共世界中,不同主体既有各自的利益诉求、思想观念和行为方式,同时又在相互交往中互联互通,试图在利益联合与思想交流中谋求实现共同生存的公共价值共识。正如杜维明先生所说:"人们在一起共同生活,分享一种共同价值和实实在在的公民道德,并通过致力于实现公德而联合为一体。然而,这样一种统一体允许生活方式的多样性和信仰的差异,只要这种多样性和差异不致侵害他者的基本自由和权利。"[①] 多元价值观念与公共价值共识的矛盾是人的公共生存实践在价值观念层面上的反映,其本质就是多元价值主体的相互认同问题,是对人类社会差异性与共通性内在统一的生存论表达。"价值多元是'现代性文化'历史合理性建构和实践的产物,其背后是丰富多彩的文化个

---

① 杜维明:《对话与创新》,广西师范大学出版社2005年版,第57页。

性的展示与话语宣示"①。同时,全球化带来不同主体间的价值依存状态,一方面,每个主体价值的实现都必须依赖于同其他主体的公共合作;另一方面,随着现代化的全球延展,资源短缺、生态恶化、公共疫情、恐怖袭击、难民问题等一系列现代性公共问题日益凸显,人类只有共同面对才具有克服困难的可能性,谋求公共价值共识也成为人类的必然选择。

(一) 多元价值观念的实践生成

在现代性的冲击下,人类社会的民主化进程和主体性意识不断增强,在公共空间内的各个价值主体(个体或群体)都希望实现自身价值,形成了公共世界多样化利益需要和价值选择,多元价值观念生成成为公共世界的必然趋势。

利益取向的多样性是多元价值观念生成的基础。从全球化的视野看,世界各国各地区的利益多种多样,经济、政治、文化、生态、军事各种类型的利益相互交织,特别是经济利益和政治利益直接决定着价值主体的价值判断和价值选择,多样的利益诉求反映了客体对不同主体需要满足而形成的多样化价值关系,这些多样化价值关系在思想观念上的反映就是价值观念的多样性。诸种利益之间的交往和博弈导致各类价值观念林立,甚至每个价值观念都有一个逻辑自洽的价值系统,如果各个价值观念固守在自身的价值判断和选择中,还会形成价值自恋主义而影响各国各民族间的文化互通,甚至引发价值冲突。从中国国内层面看,40余年经济的高速发展诱发了许多新的社会阶层,各个社会阶层在公共生存中都有各自的生存需要和利益诉求,形成发端于其阶层需要的利益归属,以及对同一事务不同的价值判断和选择。

多个民族文化在共时性时空中交流冲撞是多元价值观念生成发展的直接动因。在人类由传统到现代急剧转型的发展时期,各个民族文化价值都在短时间内经历着由独立发展到普遍交往、从坚守传统到与现代相融合的发展进程,经历着共时性交流和历时性蜕变。由于各民族文化价值系统的多样性和中西文化交流的不对等性,民族文化间的交往融合就

---

① 袁祖社:《价值多元的实践超越与"公共性真实"的生存信念》,《南开学报》(哲学社会科学版) 2015年第2期。

显得更为复杂。从文化发展的族性差异看，在由地域性民族走向世界历史性民族的过程中，由于各民族语言文字、思维方式、行为特点、价值评价标准、风俗习惯、发展阶段的差异性甚至对立性，不可避免地形成文化理解难题。如果有的民族仅从自身民族的立场和观点出发考虑问题，势必会陷入对本民族族属认同和对其他民族族际认异的矛盾中，致使各民族的文化交流走向文化隔阂甚至文化价值对峙，给各民族的文化价值融合带来深刻挑战。从文化演进的时序结构看，全球化不仅是共时性意义上各民族在同一历史界面交流碰撞的过程，而且是历时性意义上各民族实现由传统文明向现代文明转型的过程。在同一时空中，世界各个民族尤其是后发现代化民族会同时承受传统文化与现代文化的交融对撞、民族文化与世界文化的价值互通。从文化交融的平等程度看，在传统向现代的转型中，西方文化始终占据主导权，推动着全球化向着西方文化普世化的方向前进，"西方文化＝现代化＝全球化"的文化逻辑不断挑战后发现代化民族的价值承受力，迫使这些民族在文化转型中反思自身传统文化存在的合法性基础。西方文化与各民族文化的接触从来就不具有平等的公共性意义，它们从一开始就凭借其率先开启现代化的先发优势将自身自诩为现代文明的顶端，用"自我—异己""文明—野蛮"的价值审辩方式衡量其他民族文化，试图通过推行西方文化的普世化，理所当然地成为现代文化合理性的评价标准，永远代表现代文化的价值叙事方式，从而持久性地领跑世界。非西方文化在坚守自身民族文化系统和融入全球公共价值体系时，不可避免地形成"价值自我保护"，民族文化价值融合的不对等性也使得公共世界呈现价值多元化不平衡的发展态势。

社会制度差异与博弈是多元价值观念存在的意识形态根由。当今世界公共生存依然处于社会主义和资本主义的长期共存与深度博弈当中。不同社会制度的国家从自身的制度属性、历史传统、现实利益、价值追求等各个方面提出自身对人类社会的理解，探寻各自公共性的价值信念与文化理想，有些价值主张差异巨大甚至彼此相悖，导致对同一事物的价值评价标准千差万别。西方自由主义价值观奉行双重标准。一方面，炮制出价值相对主义思潮。坚持每种特定的人群及其所形成的价值观念都有其自身的一套独特的意义阐释系统和是非善恶评价标准,任何价值系统都不能以自身的标准对其他价值系统进行评价。在论证自由主义价值观正确性的同时又陷入了"怎么都行"的"价值唯我论"。另一方面,西方社会力图凭借现代化的先发优势炮制"普世价值",对社会主义价值观和非西方价值观进行意识形态打压和同化。以中国为代表的社会主义国家和非西方国家为了捍卫自己的价值尊严,坚持自身民族文化价值系统和意识形态博弈,使多元价值共存呈现曲折复杂的发展态势。

(二) 公共价值共识的迫切需求

所谓公共价值共识,就是不同价值主体基于人的公共生存中共同的需要和利益,在平等沟通的基础上形成的关于价值问题的一致看法。

公共价值共识是破解多元价值观念对文化公共性冲击的关键。多元价值促进了不同个体和群体主体性的张扬,但也导致思想观念的差异性、行为方式的变动性和实践活动的多向性,影响了不同群体、不同国家乃至整个人类难以形成积极有效的集体行动,难以在精神层面建构起关于公共世界的价值信念和文化理想。这就要求人类重新审视彼此利益的对接点,找准彼此文化价值的融通点,形成建构关于破解公共性问题、聚焦共通性价值的价值共识,以优化人类对文化公共性的理解。

公共价值共识是破解不同层次主体公共性问题的关键。现代性的私人性逻辑导致人的公共生存的自反性。一方面,随着社会分工的精细化和普遍交往的深度延展,各个价值主体之间的相互依存程度前所未有地加深,各民族、各国家之间已然形成了一荣俱荣、一损俱损的命运共同体,共存共荣的公共生存格局已经形成。另一方面,人们在对多样利益和个性的理解中不断放大多元价值观念的差异性,迫使不同层次主体之间为了迁就差异性而放缓合作共赢的步伐。我们必须看到,全球化将世界连接成一个有机整体,不同国家、不同民族之间相互依存,具有深厚的共同利益基础,形成了共建共享的人类命运共同体,任何一个国家和地区利益的满足都必须依赖于其他国家和地区利益的实现。人们的共同生活实践之所以可能,就在于不同价值主体具有共同需要,而这种共同需要只有依赖于人们相互协作的公共力量才能满足,并在满足共同需要的过程中产生人们普遍追求的公共价值,为不同主体带来公共福祉。只有在公共利益和公共价值实现的过程中，个人利益和个体价值才能真正得以实现。为了实现公共价值和享受公共福祉，人们应当聚同化异，在相互交往中谋求公共价值共识，以实现彼此间的普遍认同和相互合作，促进实践的公共合理性。

公共价值共识是对多元价值观念极端化的深度矫治。多元价值观念本质上是一个如何平等对待异质性他者的问题，是人类价值观念持守上的民主化问题。一方面，价值观念的多元性标示着对不同主体价值追求的尊重，彰显了人的公共生存的开放性品格。另一方面，多元价值观念的极端化也会带来不同价值观念上的激烈冲突。自从理性为世界去魅之后，传统的价值权威被流放，人类社会进入"价值多神"时代，在追求自我利益最大化的过程中，人们都把自身的价值观念当作颠扑不破的真理，拒绝与其他价值观念进行对话交流。当异质性主体价值观念不可避免地相遇时，就会表现为激烈的价值观念冲突，致使人们在多元价值标准间出现行为选择的困境，极易导致从"什么都不行"的固化到"怎么都行"的自我放任，失去公共价值准则的规制，长此下去就会造成社会的无序化甚至混乱。要结束这种无序化局面，就必须自觉走出对自我利益的过分追求和对自身价值观念的过分固守，形成公共价值共识，导引公共利益的达成，巩固人的公共生存基础。

价值观念的可通约性为多元价值观念达成公共价值共识提供了可能性。公共价值共识的可能性实质上是多重价值观念是否具有彼此通约性问题，也就是人类多元价值认同的可能性问题。价值相对主义和价值多元主义都对公共价值共识的达成持否定性态度。价值相对主义片面强调了价值的相对性，认为任何价值只有在特定的文化背景下才有效力。价值多元主义虽然肯定多元价值观念的可沟通性，但同样仅强调多元价值观念的差异性而否认其共同性或可公度性。"基本的人类价值是不可还原的、多元的和'不可公度的'，它们会而且常常会彼此冲突，使我们面临艰难的选择"[①]。这两种观点都片面强调了价值观念的差异性而忽视了共

---

① [英]乔治·克劳德：《自由主义与价值多元论》，应奇等译，江苏人民出版社2006年版，第2页。

同性和共通性。其实，公共价值共识并不反对价值观念的多元差异，相反是以此为前提的，是包容基础上的求同存异。价值共识是多元的差异性价值观念的相互融通，公共价值共识必然是存在于平等且具有差异性价值观念的不同主体间的共同性。公共价值共识不是一个现成性的状态，而是需要不同主体在相互沟通中寻求共通性价值而努力达成的，达成的可能性在于人类对共同性的寻求和认同。多元价值观念之间的共通性的主要根据在于：其一，人类作为一个"类存在"，本身就具有一定的种属相似性和思想相通性。其二，人类在长期的公共实践和文明创造中，形成了关于善恶、是非、美丑共同的基本判断。不论各自的习俗、道德、制度、法律有怎样的独特性，都必须要蕴含这些基本的价值判断，方能得到群体的价值认同和维护社会的公共秩序。其三，全球化的发展趋势促进了多元价值在交流对话中实现价值融合，人们在相互融合中寻求共同的价值目标，在合作中实现互利共赢。因此，在人的公共生存中，多元价值观念不仅需要共通，而且能够在共通中达成公共价值共识，推动不同主体在价值凝聚中实现共同发展。

（三）人类共同价值：破解价值多元与价值共识的中国智慧

西方现代性打破了"价值一神论"的旋涡，在人性解放中推动了多元价值的发展，却又陷入了文化公共性解构的迷思。中国社会在经历了现代性反思与民族建构之后，开始探索一条在多样价值共生的公共生存环境中重塑公共价值共识的出路。在国内层面，中国不仅利用社会主义核心价值观的强大价值引领力和精神聚合力判别和整合多样价值资源，激发起国人对集体行动逻辑的认同；更为重要的是，在国际层面我们立足于人类全球化公共生存的大格局，提出了人类共同价值，这一关于人类在多元价值共生环境下公共价值共识塑造的新路向，贡献了破解价值多元和价值共识的中国智慧，越来越得到国际社会的广泛认同，成为中国式现代化破解人类公共生存价值困惑的新范式。

21世纪是国际秩序深刻变革的世纪，也是人类全球化公共生存主导价值置换的世纪。随着百年未有之大变局的加速演进，东升西降成为不可逆转的历史趋势，以美西方为代表的现代性文明价值观正在走向没落，以中国为代表的新型文明形态正在形成并得到世界广泛认同。

但是，在这种世界权力重构和世界话语重塑的历史拐点，守成大国不愿意放弃它对人类文明的主导权，保护主义、霸权主义、单边主义、逆全球化思潮在不断侵蚀着人类公共生存肌体，导致人类和平赤字、发展赤字、信任赤字、生态赤字呈现指数型增长。习近平主席指出："百年变局和世纪疫情交织叠加，世界进入动荡变革期……我们所处的是一个充满挑战的时代，也是一个充满希望的时代。人类社会应该向何处去？我们应该为子孙后代创造一个什么样的未来？对这一重大命题，我们要从人类共同利益出发，以负责任态度作出明智选择。"① 因此，中国从人类重大公共利益出发向世界提出倡议："我们真诚呼吁，世界各国弘扬和平、发展、公平、正义、民主、自由的全人类共同价值，促进各国人民相知相亲，尊重世界文明多样性，以文明交流超越文明隔阂、文明互鉴超越冲突、文明共存超越文明优越，共同应对各种全球性挑战。"②

人类共同价值是中国基于全人类共同利益，以自身现代化历史经验和对人类历史发展方向的把握而提出的公共价值体系。这个价值具有人类整全性层面的公共性，彰显了破解价值多元与价值共识矛盾的中国智慧。

其一，价值出发点的公共性。人类共同价值的生成基础是人类共同利益。从生存价值层面看，和平、发展反映了人类对世界和平普遍性、经济发展普惠性的共同利益需要。和平是人类最基本的生存性需要，人类共同价值倡导优先保障人类和平环境，主张以协商对话解决国际争端，反对动辄使用武力或以武力相威胁，反对任何形式的热战和新冷战，遵循以"坚持共同、综合、合作、可持续的安全观""坚持尊重各国主权、领土完整""坚持遵守联合国宪章宗旨和原则""坚持重视各国合理安全关切""坚持通过对话协商以和平方式解决国家间的分歧和争端""坚持统筹维护传统领域和非传统领域安全"为主要内容的全球

---

① 《习近平在博鳌亚洲论坛 2021 年年会开幕式上发表主旨演讲》，《光明日报》2021 年 4 月 21 日第 1 版。

② 《习近平著作选读》第一卷，人民出版社 2023 年版，第 51—52 页。

安全倡议，促进世界普遍安全和持久和平。发展是和平基础上进一步的重大利益关切。共同繁荣、过上富足幸福的生活是全世界人民的普遍愿望，而不是某一个或几个西方国家的专利。人类共同价值遵循了以"坚持发展优先""坚持以人民为中心""坚持普惠包容""坚持创新驱动""坚持人与自然和谐共生""坚持行动导向"为主要内容的"全球发展倡议"，符合世界各国人民的共同发展愿景。从伦理道德层面看，公平、正义反映了人类对利益享有公平性、全球治理正义性的共同利益诉求。西方国家引领的现代化是一段资本逻辑裹挟人民利益的历史，其蕴含的资本扩张、政治颠覆、殖民掠夺和文化渗透加剧世界发展的不平衡，造就了以"中心—边缘"结构为特质的不公正不合理的国际秩序。追求公平正义始终是大多数国家的共同愿望，世界各国都渴望在不受先发国家欺诈、颠覆、干预和同化的基础上探索本国现代化的民族出路，都渴望尊重各国主权、安全和发展利益，坚持国家不分大小、强弱、贫富一律平等，反对干涉别国内政，反对中心国家对边缘国家的资本输出、武力侵略和政治颠覆。从秩序建构层面看，民主、自由反映了人类对国际关系民主化、人类文明多样性的共同利益要求。这里的"民主、自由"不是西方式的民主自由，它不是站在"资本至上"的立场而是建基于"人民至上"的立场上的真正的民主和自由。人类共同价值所倡导的"民主、自由"的利益追求是国际社会应遵循真正的民主原则，"世界命运应该由各国共同掌握，国际规则应该由各国共同书写，全球事务应该由各国共同治理，发展成果应该由各国共同分享"[①]。在此基础上尊重世界文化的多样性，尊重各国文化主权和核心文化利益，尊重世界各国按照本民族传统和国情自主选择的社会制度和发展道路，遵循人类文明倡议。

其二，价值支撑点的包容性。人类共同价值与普世价值的重要区别在于价值支撑点的内在属性。普世价值的价值支撑点是西方中心主义，在"抽象人性论"的指针下，普世价值希望全人类认同西方价值就是超越一切民族文化、一切历史和地域的唯一价值共识，是指引人类走向

[①] 《习近平谈治国理政》第二卷，外文出版社2017年版，第540页。

现代化的唯一精神支撑，也是衡量其他一切价值的唯一标准。由于普世价值支撑点试图取缔非西方国家和民族的历史文化传统，成为凌驾于其他民族国家价值之上的抽象的、虚假的、非正义的精神范式，以表面的"普世性"阉割了多元价值的生命力，从而背离了公共性。全人类共同价值之所以具有公共性，是因为其价值支撑点是尊重世界一切民族的多元性。试图淹没多样性的所谓"公共性"只是披着公共性外衣的"抽象同质性"。人类共同价值是以这种各民族文化价值多元性为前提的。正如习近平主席所说："推动构建人类命运共同体，不是以一种制度代替另一种制度，不是以一种文明代替另一种文明，而是不同社会制度、不同意识形态、不同历史文化、不同发展水平的国家在国际事务中利益共生、权利共享、责任共担，形成共建美好世界的最大公约数。"① 只有追求这个最大公约数，人类共同价值才能成为具有包容一切民族文明和价值公共范式；唯有反映各民族价值层面多元共在的事实，使各民族都能在全人类共同价值中找到价值归属，人类共同价值方能真正彰显公共性，实现对普世价值的超越，实现人类在多元价值观念中凝聚价值共识的跃迁。

其三，价值落脚点的人民性。人类共同价值是中国基于人类公共利益和前途命运的深度思考提出的价值哲思，必然彰显了中国价值的核心底蕴，是以人民为中心的价值立场在世界范围内的延展。中国价值以马克思主义文化精神为根本指引，具有推动人类解放的公共旨趣。人类共同价值反映了人类发展这个历史阶段中国对世界人民利益诉求的关切。人类共同价值的共识性在于，它超越了西方现代化三百年来奉行的"资本逻辑"的文化基因，首次在世界范围内承认一切国家、一切民族、一切人民存在和发展的合理性，探寻全世界人民"如何共同生存"的最优解，具有世界历史意义上的"人民性逻辑"。它尊重保障一切弱小、贫穷国家和民族的生存发展权利，倡导世界各民族文明的平等性，奉行公正义利观，以文明平等超越文明优越，以互利共赢超越零和博弈，以价值共享超越价值霸凌，旨在将世界人民应有的权利归还给世界

---

① 《习近平著作选读》第二卷，人民出版社2023年版，第543页。

人民。正因为人类共同价值的人民性，它具有整合多元价值和聚合价值共识的无穷力量。

基于上述三点，人类共同价值在多元价值林立、纷争和冲突间求同存异、聚同化异，凝聚全人类最大的公共价值共识，破解价值多元和价值共识间的内在矛盾，实现对人的公共生存的价值创构。

多元价值观念和公共价值共识的矛盾既是思想政治教育公共关怀的建构根据，又为思想政治教育公共关怀实践提出了新要求。一方面，思想政治教育公共关怀要承认多元价值观念共生的精神成长环境，促进多元价值观念的沟通互鉴，交流互认，在这个过程中提炼公共价值元素，帮助多元价值主体寻求共同利益对接点。另一方面，思想政治教育公共关怀应以主流价值导向凝聚公共价值共识，引导各价值主体求同存异，并以价值共识促进多元价值主体的精神和解。还应站在人类公共生存的高度，宣扬人类共同价值的公共关怀意蕴，倡导各国人民不断塑造世界公共价值合理性，实现大公共生存格局的价值优化。

二 社会公共性发展与人的个性发展的矛盾

任何社会实践运行都有内蕴于其中的价值基质，这个价值基质决定了社会的运行范式和发展走向。西方现代化孕育了市场经济，把人从封建宗教神化中解放出来实现了人性的重新书写，消解了传统社会机械团结的共同体纽带，引导社会实现了传统向现代的转型，在这个过程中也重新塑造着整个社会的内在价值基质。市场经济极大地提升了人的主体意识和主体能力，促进了不同价值主体需要、利益、实践方式、思维方式的多样化，改变了以封建皇权为依托的"代表型公共性"，促进了公共领域的现代转型，也为人的个性发展创造了广阔空间。但是，资本逻辑作为西方现代性的底层逻辑，它对人的个性发展的引领深受资本逐利性的影响。马克思指出："资产阶级在它已经取得了统治的地方把一切封建的、宗法的和田园诗般的关系都破坏了。它无情地斩断了把人们束缚于天然尊长的形形色色的封建羁绊，它使人和人之间除了赤裸裸的利害关系，除了冷酷无情的'现金交易'，就再也没有任何别的联系了。它把宗教虔诚、骑士热忱、小市民伤感这些情感的神圣发作，掩埋在利己主义打算的冰水之中。"① 在市场经济下，对私利的追求被冠以"理性"的外衣，人们在对个体私利的追求中日益对公共世界漠不关心。从这个意义上讲，资本主义市场经济创构了现代公共世界，使人的公共生存在现代生产方式下得以呈现；但由于资本逐利性助长了个性的野蛮生长，导致人们在"冷酷无情的现金交易"面前难以找到个体理性和公共理性的张力空间，致使个性发展异化而失去社会公共性的价值规制，如何在人的公共生存中平衡社会公共性与人的个性的关系，实现社会公共性发展和人的个性发展的有机统一，是现代人的公共生存面临的重要课题。

在改革开放的40多年的经济发展中，中国不是照抄照搬西方市场运行机制，而是在社会主义公有制基础上创造了社会主义市场经济的新形态。社会主义市场经济在世界现代化浪潮中曲折发展。一方面，中国社会市场经济在创造物质财富的同时，也产生对私人主体性的盲目追求和个性的野蛮生长，个人主义、拜金主义、享乐主义在中国社会同样有所滋长，我们在世界资本主义包围中同样面临巨大精神挑战，努力寻求公共理性的价值回归，亦是中国对现代社会内在价值基质建构的关键诉求。另一方面，社会主义公有制为平衡市场经济下个性的野蛮生长和社会公共性的建构创造了条件。社会主义市场现代性同样尊重效率、提倡竞争，鼓励以最小成本收获最大效益。但我们将"最大效益"的享有者由私人资本家转变为全体劳动者，坚持对"资本逻辑"的有效管控，着力消解资本主义市场经济中"资本"与"劳动"的二元对立，在人类文明发展史上首次让多数人成为驾驭市场与财富的力量，为促进社会公共性和人的个性的平衡发展、建构适合人的生命整全性成长的公共存在内在基质创造了条件。

人的公共性是社会公共性生成和发展的人性前提。人是社会存在物，社会性是人的本质属性。在全球化的时代境遇下，人与人之间的共同活动走出了狭隘的私人空间，在公共空间中得以确证和升华，人的公共性作为其社会性在社会公共领域的价值属性日益凸显。众多具有公共性诉求的个体在公共活动中相互沟通和配合，找寻各自的利益对接点和价值

---

① 《马克思恩格斯文集》第2卷，人民出版社2009年版，第33—34页。

契合处，个人的公共性诉求为人们从事公共实践、进行公共交往、建构公共空间、实现公共利益和塑造公共价值提供了现实可能性。社会公共性就是指以公共实践为基础，以人的公共性为前提，不同价值主体在相互对接各自发展需要过程中形成的、由公共空间内所有成员普遍认同的、能够推动社会公共利益实现和促进公共世界整体发展的社会公共通约性的总和。人既是公共存在物，又是个体存在物，人的公共性是相对于个体性而言的。众多具有公共性诉求的价值主体在公共实践中形成了社会成员普遍认同的社会公共性，社会公共性对公共世界具有普遍的规范性价值，是公共世界生成、发展和演变的内在规定性。

在人类追求全面发展的历史进程中，社会公共性发展与人的个性发展之间总是相互影响、相互制约、相互促进的。人是共同生活的实践主体，在不同发展阶段总是具有相应的社会公共性表征；人又是具有个性的实践主体，追求个性独立和发展是其不变的价值追求。与社会公共性相对的就是公共世界中各个主体在实践活动中表现出来的个体独特性，即人的个性。马克思说："我在劳动中肯定了自己的个人生命，从而也就肯定了我的个性的特点。"① 从哲学视角看，人的个性是在人的实践活动中表现出来的区别于其他主体的独特的、不可替代的个体主体性，是主体性和独特性的有机统一。马克思关于人类发展的三阶段理论向我们昭示了社会公共性发展与人的个性发展这对矛盾的历史演进逻辑。在"人的依赖性"阶段，个体为了生存需要而从属于特定的共同体，原始社会中人们总是以共同体的形式共同面对自然和社会的风险；在奴隶社会和封建社会，血缘纽带赋予了共同体以稳定的神圣气质，个体消融于共同体中，既没有现代意义上的社会公共性，也几乎没有个性发展的空间。在"以物的依赖性为基础的人的独立性阶段"，随着市场经济的繁荣，形成了"普遍的社会物质变换、全面的关系、多方面的需要以及全面的能力的体系"②，人的个性和社会公共性都获得了长足发展，但也存在由于物化而导致的个性异化及其与社会公共性的对立，这种对立性正在世界

---

① 《马克思恩格斯全集》第 42 卷，人民出版社 1979 年版，第 38 页。
② 《马克思恩格斯全集》第 30 卷，中文 2 版，人民出版社 1995 年版，第 107 页。

普遍交往和人们对公共价值的追求中逐步弥合。在个人全面发展的自由个性阶段，各个人实现了这样一种联合，"这种联合把个人的自由发展和运动的条件置于他们的控制之下"①，人的个性和社会公共性实现完全意义上的全面、协调发展。在当前全球化的时代境遇下，社会公共性与人的个性之间的矛盾处于人的发展的第二阶段，科学审视社会公共性发展和人的个性发展的历史定位，对于科学把握现代社会的内在价值基质具有重要意义。

在实践诉求层面，现代人公共存在的内在价值基质突出表现为社会公共性发展与人的个性发展的矛盾。两者的对立性主要表现为：

其一，立足点不同。社会公共性发展的立足点是公共世界，依据社会公共需要，着力抓住符合多元价值主体间的共同性和相通性，并促进这种共同性和相通性随着社会的进步而不断发展；人的个性发展的立足点是个人主体性发展基础上独特性的彰显，使个体具有不同于其他主体的独特气质。

其二，价值追求不同。社会公共性发展旨在为公共世界寻求一个稳定的发展机制，引领公共生存中的成员对公共世界产生正确的公共认同，从而形成具有普遍约束力的公共标准，保障公共生活的确定性和可控性，引导人们据此标准从事公共实践、实现公共利益、塑造公共价值，促进公共生活的不断完善；人的个性发展旨在充分调动个体的自主性、能动性和创造性，引导个体在认识和改造世界的主体实践中形成自身身体、心理和社会适应系统的独特气质及其内在平衡，使个体在公共生存中不是"泯然众人"，而要"异军突起"，开掘主体潜能，实现主体价值，在公共生活中实现个人的自我超越。

其三，任何一方的异化发展都会对另一方造成危害。社会公共性的异化发展表现为片面追求社会发展和人的发展的绝对统一性，使不同价值主体失去平等协商和公共通约的机会，自上而下推行统一的意志、标准和价值，把社会公共性设定为标准化的"生产线"和"刻录机"，一旦人们违背了这一统一化的标准，就会被当成异类。在具有强制性的社会

---

① 《马克思恩格斯选集》第 1 卷，人民出版社 2012 年版，第 202 页。

公共性要求下，个体成为实现社会公共性的工具，完全失去了独立的判断和选择能力，放弃了个性发展的诉求，成为被公共世界同化的"同质人"，正如海德格尔所说，以"庸庸碌碌，平均状态，平整作用都是常人的存在方式，这几种方式组建着我们认之为'公众意见'的东西"①。人的个性的异化发展表现为，在全球化公共生存的背景下，把利益至上作为不变的人生信条，把无边界的个性张扬作为鲜活的生命释放，无视他人的利益和价值，形成了自由主义和极端个人主义的价值倾向，这种倾向蔓延到公共生活中，有的人把穿着奇装异服、散播谣言、寻找噱头和感官刺激当作寻求个性解放的标识；有的人把拼阔气讲排场，穿梭于各类赌场、酒吧、高档会所当作个性张扬的渠道；有的人以否定光荣历史和英雄人物当作独树一帜，甚至在抗日战争死难者纪念馆这种神圣的公共场所前，抱着庄严的石塑做出各类稀奇古怪的动作。异化个性的自我放逐冲击了社会公共标准和公共价值底线，把个性发展和社会公共性发展尖锐对立起来，给社会公共性带来严重破坏。在中国社会现代化实践发展中，我们经历了对过分注重抽象公共性而压抑个性的价值反拨，但又在20世纪末迎来了个性的野蛮发展诉求和社会公共性的渐次丧失。在西方现代性的冲击下，市场经济浪潮唤醒了对工具理性的追求但同样导致了价值理性的衰落，富有中国特色的公共价值重塑直至当下依旧是一个问题。我们提出激活优秀传统文化、重温红色革命文化、打造社会主义先进文化就是为了重建文化公共性，并以此矫治正在自我流放的个性，塑造个体理性和社会公共理性的互养相成。

社会公共性发展与人的个性发展呈现出统一性，主要表现为：

其一，社会公共性发展与个性发展相互包含。社会公共性发展内在地包含着人的个性发展。真正的社会公共性不排斥更不消弭人的个性发展，两者互为表里，相得益彰。"公共领域只为个性保留着，它是人们唯一能够显示他们真正是谁、不可替代的地方"②。作为对多元主体共同存

---

① ［德］马丁·海德格尔：《存在与时间》（修订译本），陈嘉映、王庆节合译，生活·读书·新知三联书店2006年版，第148页。

② ［美］汉娜·阿伦特：《人的境况》，王寅丽译，上海世纪出版集团2009年版，第27页。

在的价值确认，社会公共性具有特殊的包容性，社会公共性发展本身就寓于人的个性发展当中，并在人的个性发展中予以表现，而人的个性发展则确认和充实了社会公共性的价值内涵。人的个性发展也包含着社会公共性发展。人的个性不可能独立自存，总是在一定社会关系中生成并受社会关系制约，社会公共性是人的个性的实现方式，因此人的个性发展必须顺应社会公共性发展的要求，一旦超越这一要求，就会导致个性发展的异化。因此，我们要抑制的不是个性发展，而是个性的野蛮生长，中国式现代化社会价值基质从来不排除人的个性的发展，反而是以此为前提，我们要在社会公共性的价值规制下最大限度地调度人的个性的有序发展，不断满足马克思恩格斯所畅想的人的自由全面发展的要求。

其二，社会公共性发展和人的个性发展相互印证。从一定意义上说，社会公共性发展和人的个性发展矛盾运动的过程，就是二者彼此对对方进行价值评价的过程，双方互为衡量彼此发展的价值尺度。当二者的一致性占主流时，就说明彼此对对方的价值评价是积极的、正向的；当二者的不一致性占主流时，就说明彼此对对方的价值评价是消极的、逆向的。当然，这种评价具有复杂性，涉及当前评价和长远评价、部分评价和整体评价的问题，需要结合具体实践进行具体分析。总的来说，在人的个性发展对社会公共性发展进行价值评价的过程中，凡是能够推动人的个性正向发展的社会公共性发展就是积极的、正向的；凡是阻碍人的个性正向发展的社会公共性发展就是消极的、逆向的。在社会公共性发展对人的个性发展进行价值评价的过程中，凡是有利于推动社会公共性正向发展的人的个性发展就是积极的、正向的；凡是不利于甚至背离社会公共性正向发展的人的个性发展就是消极的、逆向的。

其三，社会公共性发展与人的个性发展相互促进。一方面，人的个性发展为社会公共性发展注入了活力。人的个性发展意味着不同主体能动价值和创造活力的竞相迸发和不断涌现，在这个过程中，一些符合人的公共生存要求的新思想、新价值、新举措层出不穷，多元化的个性碰撞会为人的公共生存不断注入新鲜血液和新的活力，从而推动社会公共性不断向前发展。另一方面，社会公共性发展为人的个性发展提供了保障。当社会公共性能够健康发展时，就意味着人的公共生存中不同价值主体处于一个能够和谐共生的秩序状态。这种和谐共生的秩序状态是人的个性发展的坚实后盾，人们可以在这种和谐环境中开掘自身的自主性、能动性和创造性，形成和发展健康、和谐的个性。在一定历史时期内，社会公共性会表现出相对的稳定性，这为人的个性发展提供了相对稳定的价值参照，能够保障和促进人的个性的健康发展。当社会公共性需要根据社会公共实践的发展而做出相应调整时，人的个性发展也要顺应其发展变化而做出调整，重新获得一个相对稳定的公共价值保障，确保人的个性发展既能够符合社会公共性的要求，又不断保持鲜活的生命力。中国式现代化进程需要社会价值基质的重塑，努力保障社会公共性和人的个性发展的双向协调，促进二者在动态平衡中建构中国社会公共生存的价值合理性。

社会公共性发展和人的个性发展的矛盾为思想政治教育处理好个人与社会的矛盾提出了新要求。一方面，思想政治教育公共关怀要教育人们自觉追求、努力维护和科学评判社会公共性的发展，以社会公共性作为自身思想和行为的价值评价尺度，在关怀公共世界中不断实现对社会公共性的价值塑造；另一方面，思想政治教育公共关怀还应在引导人们关怀和融入公共世界时，尊重和发展主体个性，使每个人都能在人的公共生存中找到个性展示的舞台，使人的个性在社会公共性的有效规制下焕发出更加绚丽的光彩。

第二节　思想政治教育公共关怀面临的挑战

人的公共生存主要矛盾的时代表征既构成了思想政治教育公共关怀生成和发展的实践基础，也对思想政治教育公共关怀提出了新的挑战。全球化公共生存的背景下，各种思想观念相互交织，各类价值主体利益诉求日趋复杂，传统社会的旧的社会价值基质已经解体，但新的社会价值基质并未完全建立。全球范围内政治多极化、经济全球化在曲折中发展，世界进入新的动荡变革期，新的时代环境造就新的公共生存课题，也给思想政治教育公共关怀提出了新的要求，思想政治教育面临诸多挑战。主要包括：思想政治教育的公共认同有弱化趋势、思想政治教育主体的公共职能存在缺位现象、思想政治教育公共环境呈现复杂态势。

一 思想政治教育的公共认同有弱化趋势

在全球化公共生存的时代浪潮中，价值观念的多元化、易变性甚至冲突性使人们的价值判断和价值选择更加困难，西方现代性的价值干扰仍然长期存在，新的时代背景下中国社会公共性价值基质尚未完全建立，人们对个性追逐的狂热造成了社会公共性的不断流失，这在思想认识层面的突出表现就是，人们对以传播社会主流价值为主要功能的思想政治教育的公共认同产生了弱化趋势。

认同（identity）在英语中的含义是"同一性""一致性"，从字面意思讲就是"认可与赞同"。从哲学视角看，其一，认同是一个关系性范畴，旨在解决人与人在交往中形成的自我与他者及社会的关系问题。其二，认同总是以自我需要为基点，具有"为我性"特征。对于符合自我需要的事物、思想和行为，就认可、赞同甚至遵行；反之，就会不认同甚至排斥。其三，认同具有正向化意义，旨在实现自我与他者间在尊重差异基础上的平等沟通和协调，体现了公共生存中的人们对于共同性的追求，反映了人们希望通过平等沟通搁置分歧，在尊重差异基础上实现对共同性和共通性的价值确认。其四，认同并不等于同化，它尊重并保护主体思想与行为个性和独立性。对一事物、思想或行为的认同，指示的是人们在求同存异的基础上的自主选择。

公共认同就是处在公共生存关系中的个体或群体对具有社会公共性的价值规范采取的认可、赞同和遵行过程。从实践基础来看，公共认同基于具有公开性的公共实践，这保证了公共认同的开放性。从认同主体来看，公共认同的主体是处在公共交往关系中的人，既具有独立的个性追求，同时又深谙社会公共性的价值规则。从认同对象来看，公共认同既包括对公共生存中其他人或事物的认可和赞同，也包括对具有普遍化的社会公共性要求的认可和赞同。

思想政治教育公共认同是指主体对思想政治教育活动这一客体所表达的思想观念、政治观点和道德规范的认可和赞同，即处于公共世界中的人对思想政治教育产生的自觉认可和价值归属，具体表现为自觉以社会公共性要求规范和约束自身，遵行社会主义公共价值观及其衍生的价值规范系统，并以此修炼自身的公共关怀思想和行为。

公共认同是思想政治教育公共关怀的前提和基础。只有思想上的认同才有可能产生行为上的公共关怀，如果缺乏对思想政治教育活动本身的同意和信服，就不可能根据思想政治教育所传播的公共思想观念、公共政治观点和公共道德规范而产生对公共世界的正确理解，就不可能自觉产生对公共世界的关怀。思想政治教育公共关怀既蕴含着受教主体对其公共关怀思想和精神的理解，又蕴含着价值主体在公共世界中的自觉践行。这就需要受教主体对思想政治教育本身产生深刻的公共认同。因此，对思想政治教育公共认同弱化构成了思想政治教育公共关怀的挑战。相比于革命战争年代和新中国成立后的一定历史时期，人们对于思想政治教育主题、功能、内容、方法及其公共性价值等诸要素的认可、赞同和接受程度日渐衰落，思想政治教育对于人们总体的公共影响力出现下降态势，对于思想政治教育所宣扬的关怀公共世界的价值取向存在认可度和实践力不足的倾向。具体表现在以下几个方面：

（一）对思想政治教育主题的公共性要求理解不深

在任何一个历史时期，思想政治教育都肩负着传播社会公共思想观念、公共政治观点、公共道德规范的责任，旨在谋求和扩大社会的公共价值共识，公共性要求是其鲜明的理论和实践主题，公共关怀是基于思想政治教育公共性要求所提出的价值追求。

在我国思想政治教育发展历史上，对思想政治教育主题公共性的表达存在着两种不完善的倾向：第一种倾向是在改革开放以前的传统思想政治教育中，人们过分强调抽象的社会公共性主题而忽视了个体合理的个性发展诉求，造成了对思想政治教育公共性的误读：把共同性误读为人与人单一同质性，忽视了人的个体差异性；把公利性误读为个人对社会的单向工具性，忽视了人与社会的共赢性和共享性；把公平性误读为绝对平均主义，忽视了人的能力、贡献和社会发展的多元性。在一定历史时期内，出于对建设社会主义新国家的热忱和对当家作主的激情，人民对思想政治教育的公共认同并未因此消减，但长期匮乏的物质生活水平和无法调动人民积极性的机制，特别是随着大锅饭、铁饭碗、铁交椅的形成，人们实施公共关怀的积极性逐渐下降。第二种倾向是改革开放后，人们对传统思想政治教育及其公共性主题进行了反思，加之受西方自由主义思潮的影响，把谋求人的个性发展提升到至高无上的地位，把思想政治教育单纯理解成为个性解放的教育，疏于社会公共性教育和对人公共关怀思想和行为的培育。这种对个性的盲目崇尚和过分发展，如果引导不力，就会使人们在追求个性的过程中，自觉或不自觉地与社会公共性对立起来，产生诸如拜金主义、享乐主义、极端个人主义的野蛮生长，从而出现了对思想政治教育公共性主题认同度低，甚至试图以不正当的个性化主题取代思想政治教育的公共性主题。这深刻反映了人们对思想政治教育主题的公共性要求和价值的认识不足。

无论是压抑人的个性发展的"抽象公共性"和盲目尊崇个性的做法，都没能科学处置社会公共性和人的个性的关系。特别是在思想政治教育面临现代性转型的时代，以"抽象个性"抑制了人自身的公共性潜能，使人们在多元价值观念下对思想政治教育主题的公共性主题认识不足，从而降低了人们对思想政治教育的公共认同。

(二) 对思想政治教育功能的公共有效度认识失当

在人的公共生存视域中，思想政治教育功能的公共有效度是指思想政治教育所传播的公共思想观念、公共政治观点和公共道德观念对于塑造教育对象的思想政治素质产生积极影响的程度。人们对思想政治教育功能公共有效度的认识，直接影响着人们对于思想政治教育的公共认同程度。

市场经济所形塑的物质崇拜思潮，改变了人们对事物价值的评价尺度。人们习惯于以能否促进经济利益和物欲满足为评价标准来衡量事物的功能和效用大小。由此社会上对思想政治教育功能的公共有效性出现了"全盘否定"和"部分否定"两种倾向：(1) "全盘否定"倾向。对于思想政治教育公共关怀来说，其功能着重体现在能够培育人在公共生活中的思想政治素质和关怀素养，使人的思想和行为日益符合公共生活的规范和要求，在关怀他人和公共世界中实现价值超越。如果完全以对社会经济利益的作用来衡量之，那么就会得出"思想政治教育无用论"。

(2)"部分否定"倾向。从"社会需要论"的视角肯定思想政治教育的有用性，认为思想政治教育作为社会大系统中的一个子系统，其存在和发展具有围绕中心、服务大局的功能。但没有看到思想政治教育面向人的公共生存过程的效用，没有看到它对主体公共素质的涵养价值。单纯从"社会需要论"的观点出发，就容易在具体实践中强迫主体无条件关怀公共世界，降低个体关怀公共世界的价值自觉，进而影响人们对思想政治教育功能公共有效性的价值认同，不利于思想政治教育公共关怀的实现。

(三) 对思想政治教育内容的公共信服度有待提高

在人的公共生存中，教育者只有真正接受、内化思想政治教育内容并将其付诸公共生活实践，才有可能内化公共精神和实施对公共世界的关怀。人们对思想政治教育内容的接受、内化乃至践行的效果，取决于人们对思想政治教育内容本身的信服程度。思想政治教育公共认同的落脚点在于推动受教育者实施对公共世界的价值关怀，这就需要受教育者在对教育内容真诚信服的基础上，实现思想上的全面提升和行为上的高度自觉，进而产生对思想政治教育的公共认同和实践转化。然而，这种信服度在现实实践中并不理想，主要表现在：

因思想政治教育出现了理论与实践相脱节的现象而降低了对思想政治教育内容的公共信服度。思想政治教育要想获得公共认同，关键在于立足现代人的公共生存实践和解决现代人的公共实践课题。然而现实中却存在两种理论与实践相脱节的现象：一是思想政治教育内容与理论的"发展滞后"，难以满足实践发展的新要求，在解决人的公共生存实践中的新课题上捉襟见肘，特别是没有认识到人的公共生存对于公共关怀发展的要求，不但影响了思想政治教育对于人的公共素质的培养，而且降低了人们对思想政治教育的公共认同。二是思想政治教育内容的"过度发展"。思想政治教育的价值高度与生活世界的实践刻度之间差距过大，过于追求抽象化、经院化的体系建构和宏大叙事的价值拔高，远离人的公共生活世界，不能适应现代人公共生活世界日益丰富的新境况，特别是让人们无法在接受理论的基础上投身公共实践，造成了理论与实践要求"两张皮"的窘境，制约了人们对思想政治教育内容的信服。

思想政治教育内容提出的应然性要求与社会现实实然性境况差距过大而使人们对思想政治教育内容的公共信服度不足。现实公共生活中不少人的思想和行为失范，例如，政府官员的腐败奢靡行为屡禁不止，社会公共规则被潜规则随意践踏，甚至连老人摔倒扶不扶都成了社会问题，人际间的公共冷漠和不信任越发突出，经济爬坡与道德滑坡悖论更加明显。这些负面现象让人们对思想政治教育内容所弘扬的公共关怀正能量的适合性产生了怀疑。加之一些典型人物或典型事迹不时被放大，思想政治教育对"完人"形象的追求和现实公共生活中"躲避崇高"的心态形成鲜明反差，特别是当典型人物被平民化或不完美时，就更加影响人们对思想政治教育内容的公共信服度，进而影响人们对于实施公共关怀的信心和力量。

西方国家在意识形态和价值观念上的西化、分化降低了人们对思想政治教育内容的公共信服度。一方面，西方发达国家对我国的思想政治教育内容不断进行攻击，放大我们现实公共生活中的负面因素，甚至进行妖魔化诬陷；另一方面，又以其强大的经济实力和先进的科技水平为后盾，利用现代传媒手段、丰富的文化商品和巧妙的话语包装，对我国进行意识形态和价值观念的渗透，其宣传极具蛊惑力和欺骗性，造成了人们的思想混乱，降低了人们对思想政治教育内容的公共信服度。

（四）对思想政治教育方法的公共合理性存在质疑

当前，人们之所以存在对思想政治教育公共认同的弱化，很大程度上就在于对思想政治教育方法的公共合理性提出了质疑。主要表现为：

对思想政治教育方法中缺乏针对性需求诱导提出公共合理性质疑。思想政治教育方法的选取既应该服从并服务于社会公共发展的需要，也应该适应教育对象的思想实际，二者不可偏废。然而，在一些思想政治教育活动中，教育者在选择教育方法时只考虑了前者而忽视了后者，不注重研究教育对象本身的认知、情感、意志、行为等方面的矛盾转化规律，习惯于"填鸭式"的普遍化灌输手段，不善于调动教育对象的主体性。既不能因材施教，缺乏具体的针对性；又不能循循善诱，常常采用强制高压手段。正如恩格斯所说："我们不知道有任何一种力量能够强制处在健康清醒状态的每一个人接受某种思想。"① 思想政治教育需要深度激发人对公共世界的关怀自觉,要想使人关怀公共世界,最起码应使人在教育活动中体验到关怀,特别在今天这个人本意识日益浓郁的时代,这种方法不可避免地削弱对思想政治教育的公共认同,也不利于调动人们关怀公共世界的自觉性。

对思想政治教育方法中缺乏话语体系创新提出公共合理性质疑。话语是思想和意识的外壳,话语体系的创新必须与公共生活的发展相吻合,与思想和意识的发展相适应。当前,人们的思想意识和创新精神空前活跃,伴随着公共生活的丰富性,越来越多新鲜的语言进入人们的视野,但是一些教育者不善于结合实际对思想政治教育话语体系进行创新,难以与教育对象形成思想共鸣,降低了思想政治教育的公共吸引力。

对思想政治教育方法中缺乏综合性配合提出公共合理性质疑。人是具有复杂思想、丰富情感和多重需要的生命体,思想政治教育作为改造人的精神世界的教育实践活动,需要多种教育方法的有效配合。然而,现实的思想政治教育活动中方式方法比较单一,不善于方法创新,更不善于实现多种教育方法的优势互补。由于思想政治教育活动缺乏有效的载体、新鲜的方法、生动的语言,影响了思想政治教育的效果,引发了教育对象对思想政治教育方法公共合理性的质疑,降低了对思想政治教育的公共认同。

二 思想政治教育主体的公共职能存在缺位现象

在人的公共生存中,价值观念的多元性、信息流通的快捷性、知识更新的迅猛性、思想问题和现实需要的复杂性都给思想政治教育公共主体提出了新要求,而当思想政治教育公共主体的素质与这些新要求不相适应时,就会出现思想政治教育主体公共职能的缺位现象。

思想政治教育主体是按照一定社会的公共性要求,发起、主导、实施和调控思想政治教育活动的国家、公共组织和个人。思想政治教育主体的公共职能是主体根据教育目标,凭借主体自身的素质在思想政治教

---

① 《马克思恩格斯选集》第 3 卷,人民出版社 2009 年版,第 463 页。

育活动中应当扮演的角色、发挥的作用和承担的公共责任,主要包括对受教育者的公共教育职能、对思想政治教育活动的公共管理职能、解决与思想政治教育活动相关实际问题的公共协调职能。如果思想政治教育主体的这些公共职能出现缺位现象,就不利于公共关怀思想和精神的传播。

(一) 履行教育职能上存在缺位现象

在公共生活中的政治引领职能落实不到位。主流意识形态的传播功能是思想政治教育活动尤为突出的一项功能。思想政治教育主体实际是国家意志的代言人,不能随心所欲地表达自己的政治观点,不仅需要思想上和行动上与党和国家保持高度一致,而且要对国家的最新政治观点、价值观念和道德规范具有深切的理解力、畅通的表达力、生动的解释力。现实生活中,一些思想政治工作者对马克思主义的立场、观点、方法理解不深,对中国特色社会主义理论、道路、制度、文化把握不准,对党史、新中国史、改革开放史、社会主义发展史、中华文明发展史认识不足,对新时代十年的历史性成就和历史性变革掌握不透,特别是对马克思主义及其中国化成果体现的公共关怀价值参悟不够,难以用主流政治理论所体现的公共关怀深蕴培育现代人的公共关怀素质。由于对马克思主义这一看家本领掌握不到位,致使一些思想政治工作者自身政治素养不高,政治敏锐性不强,对复杂政治思潮的鉴别力不足,不仅不能迅速正本清源,甚至还容易受一些歪理邪说影响;不仅难以为复杂的公共生存局面正本清源,反而还动摇自己的公共政治立场。如果这一职能缺位严重的话,思想政治教育主体本身就丧失了成为主体的资格。

在公共生活中的思想教化职能落实不到位。思想教化职能是指教育者向受教育者传播社会要求的思想观点、价值观念和道德规范,推动人的思想水平提升、价值观念完善、道德觉悟增强的职责和能力。主体思想教化职能不到位表现为:自身对公共生活中要求的正确思想观念和道德规范把握不到位,公共思想道德素质有待提高。有些思想政治教育者不善于通过持续学习不断掌握公共生活中千变万化的新思想、新观念、新信息、新知识,更不善于将其充实进教育活动中,难以适应和应对受教育者思想活跃多变、知识更新迅速、观念多元新颖的现实。有些思想政治教育者思想敏锐性不强，未能深刻认识和领悟人的公共生存的日益凸显对于公共关怀的新要求，不能根据公共生活的新期待选择思想教化的重点，没有把握思想政治教育公共关怀的内在运行机制。本来，思想政治教育主体应在思想政治教育内容和信息上占据主导地位，但由于素质提升不足，在某种意义上被受教育者占据了话语主动权，弱化了思想政治教育主体的公共主导力。在教育实践中，对不同受教育者的具体思想实际和道德水平缺乏足够了解，难以按社会道德要求进行整合、转换和创新，教育方法陈旧单一，不善于将思想教化和组织公共实践活动结合起来，没办法与受教育者形成共鸣。

在公共生活中的行为示范职能落实不到位。思想政治教育主体不仅要言传，还要身教，在实际生活中身体力行，发挥行为示范效能。然而有些思想政治教育主体不仅不能做到行为示范，反而因为行为失范而突破了公共生活的底线。有的人惯于言行不一，嘴上一套，行动上一套，当面一套，背后一套，公众形象不好，群众威信不高；有的人大力倡导别人公共关怀，可在现实中却表现为出奇的公共冷漠，只管扫自家门前雪，不管他人瓦上霜；放任个性发展而无视社会公共性要求，国家公职人员代表国家形象，本应利用公共权力履行公共关怀职能，但个别却不作为、乱作为、怠政懒政、贪污腐败，等等，背离了为人民服务的宗旨。虽然这种现象的比例不大，但因其所处的公众示范位置，其对党的形象和政府公信力的损伤极大，使公众对思想政治教育及其公共关怀精神失去了信心。

（二）履行管理职能上存在缺位现象

作为思想政治教育的发起者、组织者和实施者，不仅需要履行教育职能实现对受教育者的教育，而且需要运用相应的管理手段对思想政治教育实践进行科学调控，以完成教育任务和实现育人目标。思想政治教育主体的管理职能主要包括目标管理、计划管理、制度管理和组织管理。这四个方面的缺位现象主要表现在：

目标管理方面。在思想政治教育目标的制定依据上，需要综合考虑社会公共性要求与受教育者具体的思想道德实际水平。有的人却把二者割裂开来，要么只追求社会公共性要求满足而不顾受教育者具体思想道德实际水平，使受教育者难以达成教育目标；要么只注重受教育者思想道德实际水平，而降低了思想政治教育育人的社会公共标准。在思想政治教育目标的层次上，出现了眼前目标和长远目标、局部目标和整体目标、整体性目标和层次性目标在不同程度上的脱节现象，影响了思想政治教育的整体效果。

计划管理方面。在思想政治教育计划的制订上，出现内容不够具体、步骤不够清晰、阶段不够明确的现象。在思想政治教育计划的实施过程中，计划与思想政治教育多重目标结合不够紧密，也不能根据新形势新任务的变化尽快调整教育计划，计划的及时性、适应性和灵活性不够，在计划的实施过程中又缺乏科学的考核监督，降低了思想政治教育计划执行的效度。

制度管理方面。然而，有些思想政治教育主体往往满足于具体的思想政治教育活动，并不重视整体性思想政治教育制度的构建，对相关层级的思想政治教育制度落实不利。在进行教育活动时，有执行制度不严格现象，不能按照思想政治教育的规律办事，难以确保思想政治教育具有稳定的公共实效。

组织管理方面。思想政治教育主体不仅要发挥自身能力做好教育工作，还要善于调动其他个人或组织积极配合思想政治教育工作。有些思想政治教育主体协调各类公共组织形成教育合力的能力有限，不善于把社会公共领域中思想政治教育和家庭私人领域的思想政治教育有机结合起来，无法形成两者之间的互促效应；不善于把学校和单位特定公共领域的思想政治教育与社会公共领域的思想政治教育有机结合起来，疏于挖掘思想政治教育蕴含的公共关怀效能；不善于充分调动人的公共生存中的人、财、物，整合各种教育资源，难以形成公共生活中的思想政治教育共同体，制约了思想政治教育公共关怀正能量的释放。

(三) 解决思想问题和实际问题相结合的职能上存在缺位现象

任何思想问题都是与实际问题紧密相连的，只有真正解决了实际问题，才能从源头上梳理思想问题。早在革命战争年代，毛泽东同志就指出："我们应该深刻地注意群众生活的问题，从土地、劳动问题，到柴米油盐问题。……要使他们从这些事情出发，了解我们提出来的更高的任务，革命战争的任务，拥护革命，把革命推到全国去，接受我们的政治号召，为革命的胜利斗争到底。"① 把解决思想问题和解决实际问题结合起来，是唯物主义思想政治教育主体必须肩负的职责和应当具备的能力。

然而，在这个结合上，不少思想政治教育主体出现了缺位现象：

一是不重视实际问题的解决，只停留于空洞的理论说教，只做空想家，不做实干家，充当"口头革命派"，降低了自身的威信。

二是思想政治教育主体解决实际问题的能力不足。目前，各级组织都在要求"一岗双责"，"一岗双责"已经由行业管理方式固化为一种治国理政的制度，这也反映了人的公共生存对管理综合性、系统性提出的新要求。就思想政治教育来说，"一岗双责"的内涵应当是：业务人员在履行自身业务职责的同时，也应承担一定的思想政治教育工作，履行一定的思想政治教育公共职能，成为适应专属领域的思想政治教育主体；政工人员依旧是思想政治教育的专职骨干，在履行专门的思想政治教育公共职能基础上，也要了解相关的业务知识和锻炼解决实际问题的能力。抓业务从思想入手，抓思想从业务着眼。在现实生活中，许多公职人员特别是领导干部出现了"一岗双责"上的"本领恐慌"，政工人员由于对实际业务工作不熟悉，不知如何通过解决实际问题来化解相应的思想问题；一些业务人员虽然能解决一些实际问题，但思想政治教育能力薄弱，难以妥善化解人们出现的思想问题，出现了教育主体职能上的缺位。

三 思想政治教育公共环境呈现复杂态势

在全球化公共生存境遇中，尽管不同意识形态、社会制度和价值观念的国家民族之间加强了交流融合，在一定程度和范围内通过互利合作实现着共存共荣，但这并没有消弭资本主义和社会主义两种社会制度和意识形态之间的对抗和冲突，意识形态之间的激烈交锋愈演愈烈，呈现常态性、隐蔽性、渗透性、颠覆性的特点。随着百年未有之大变局的加速演进，以"东升西降"为基本趋势的世界权力重组、世界价值重塑、世界话语重建的步伐日益加快，中华民族伟大复兴进入关键时期，与百

---

① 《毛泽东选集》第一卷，人民出版社1991年版，第138页。

年未有之大变局呈现同轨并进的态势。西方守成大国不愿意放弃它在先发现代化300多年积累的政治、经济、文化优势,加紧了针对中国的意识形态和价值观念的输出,试图影响中国人特别是干扰中国青少年的思想意识和价值追求,干扰中华民族伟大复兴的步伐,我国思想政治教育公共环境面临前所未有的复杂态势。

思想政治教育公共环境是指在公共世界中影响思想政治教育活动、影响人的思想政治素质形成发展的一切外部因素的总和。随着我国社会主义市场经济的日趋成熟、社会主义民主法治的不断完善、社会主义核心价值观的深入践行,为实现思想政治教育的公共价值、提升人的公共关怀水平营造了良好的公共环境。然而,西方新自由主义、宪政民主、普世价值等思潮纷纷涌入,渗透进我国的经济、政治、思想文化等领域,干扰我们对社会主义市场经济、社会主义民主法治、社会主义核心价值观等重大问题的认识和实践,直接影响了人们对中国特色社会主义的"四个自信",加剧了人们在思想和实践上的不确定性。

(一)社会主义市场经济日趋成熟与新自由主义的冲击同在

改革开放以来,我们创造性地实现了"社会主义"与"市场经济"的结合,以社会主义公有制为基础,将利益享有者由私人资本家转变为全体劳动者,把渐进性实现全体人民共同富裕作为中国式现代化实现的显著特征和重要标志,在人类文明发展史上首次使多数人成为驾驭市场与财富的力量,社会主义市场经济的日趋成熟,社会主义市场现代性逐步形成。社会物质生活水平的提高有利于人们更好地认同社会公共价值观念和行为规范,社会主义市场经济的公共性取向有助于推动人民更好地内化公共关怀的思想和精神。党的十八届三中全会作出了"使市场在资源配置中起决定性作用和更好发挥政府作用"①的重大理论和实践创新,有助于进一步厘清政府与市场的关系,在进一步扩大市场自主权和激发市场活力的同时,不断提高政府宏观调控的精准度和有效性,为思想政治教育公共关怀创造更好的社会环境。面对我国社会主义市场经济的健康发展,西方社会加紧了误读、错解和虚假宣传,增强了对我国经

---

① 《中共中央关于全面深化改革若干重大问题的决定》,人民出版社2013年版,第5页。

济领域的渗透，试图把我国市场经济引向西方新自由主义的发展轨道，给群众认识和笃信社会主义市场经济及其公共性价值造成了干扰。

新自由主义把自由视为经济发展的核心价值，把个人利益视为经济发展的终极目标，主张实行自由放任的经济政策，最大限度地减小甚至取消政府对国家经济的干预。新自由主义继承了古典自由主义的基本精神，其基本主张是完全意义上的"三化"，即完全私有化、全面自由化、绝对市场化。所谓完全私有化，就是国家全部的经济所有权，包括银行、交通运输、基础设施、能源、教育、医疗等各个领域全部出售给私人，鼓励私人主体参与完全意义上的市场竞争，认为公有制和任何形式的国家干预都会破坏这种市场竞争；所谓全面自由化，就是在私有制基础上，市场主体可以完全按照自己的意愿从事生产经营活动；所谓绝对市场化，就是让市场在资源配置中发挥绝对意义上的决定性作用，把政府干预因素从市场中全部清除，因为政府干预和决策往往会导致"公共失灵"，不利于资源配置质量和效率。新自由主义产生于资本主义社会发展到国家垄断甚至国际垄断资本主义时期，旨在为国际垄断资本代言，企图借助世界经济高度一体化，通过新自由主义经济政策达到对新兴民族国家的控制，实现对社会主义国家政权的渗透乃至颠覆。新自由主义经济政策的政治化取向，对我国政治经济生态造成了干扰，成为我国思想政治教育公共环境更加复杂的重要原因。

西方新自由主义对我国思想政治教育经济公共环境的干扰主要表现为：

一是把中国从计划经济向市场经济的转变说成是向资本主义的蜕变。邓小平同志曾指出："计划多一点还是市场多一点，不是社会主义与资本主义的本质区别。计划经济不等于社会主义，资本主义也有计划；市场经济不等于资本主义，社会主义也有市场。计划和市场都是经济手段。"[1]但新自由主义故意模糊"计划"和"市场"的"手段论"，特别强调"计划"和"市场"的"社会性质论"，认为市场经济是资本主义独有的，宣扬中国走上市场经济是马克思主义经济学的失败，这种对中国市

---

[1] 《邓小平文选》第三卷，人民出版社1993年版，第373页。

场经济的攻击长久以来冲击着人们的思想，影响了人们对思想政治教育有关内容的价值判断。

二是对中国经济体制改革中"非公有制经济也是市场经济的重要组成部分"的表述刻意进行片面误读，进一步混淆其和完全私有化的关系。新自由主义把这一表述说成是中国推行完全私有化的"前兆"，闭口不谈中国始终在强调的公有制的主体地位和国有经济的主导作用，试图取消中国市场经济的社会主义性质，煽动中国社会对公有制的不满。西方新自由主义的频繁蛊惑，在一定程度上已经收到了一些"效果"，国内个别人甚至言称"私有制是经济发展的灵丹妙药"等，这给思想政治教育中的国情教育、基本路线教育带来了严峻挑战，不利于人们深刻理解公有制在经济社会发展中的地位及其表现出的公共关怀价值。更有甚者，借误读中国经济体制改革炒作和污蔑中国国有经济，习近平总书记在全国国有企业党的建设工作会议上的讲话中指出："一段时间以来，社会上一些人制造了不少针对国有企业的奇谈怪论，大谈'国有企业垄断论'，宣扬'国有企业与民争利'、'国企是不堪的存在'，鼓吹'私有化'、'去国有化'、'去主导化'，操弄所谓'国进民退'、'民进国退'的话题。特别是各种敌对势力和一些别有用心的人重点拿国有企业说事，恶意攻击、抹黑国有企业，宣扬'国企不破、中国不立'，声称'肢解'是国有企业改革的最佳方式。醉翁之意不在酒！这些人很清楚国有企业对我们党执政、对我国社会主义制度的重要性，想搞乱人心、釜底抽薪。"[1] 这些挑战加大了思想政治教育公共关怀传播的难度，给群众对中国经济公共性的理解造成了疑虑和困惑。

三是对中国经济体制改革中"市场在资源配置中起决定性作用"的表述刻意进行片面误读，进一步宣扬绝对市场化和全面自由化。新自由主义把中国"发展社会主义市场经济"的这一重大理论和实践创新片面化、污秽化，把中国提出的"市场在资源配置中起决定性作用"和"更好发挥政府作用"故意割裂开来，罔顾社会主义公有制这一前提，曲解"市场在资源配置中起决定性作用"的核心精神。我国所倡导的"市场在

---

[1] 《习近平著作选读》第一卷，人民出版社2023年版，第512—513页。

资源配置中起决定性作用"的内涵是指"让价值规律、竞争和供求规律在资源配置中起决定性作用",而"更好发挥政府作用"则是强调政府的职责和作用主要是保持宏观经济稳定,加强和优化公共服务,保障公平竞争,加强市场监管,维护市场秩序,推动可持续发展,促进共同富裕,弥补市场失灵。特别是随着社会主义市场经济体制改革的全面深化,有效的政府治理不仅不能削弱,还要进一步加强。这是由社会主义市场经济体制决定的。一些惑乱人心者刻意将中国所说的"市场在资源配置中起决定性作用"说成模仿新自由主义的核心理念,把"更好发挥政府作用"解读为"当好守夜人",让经济自由放任发展。在全球化的背景下,各种声音鱼龙混杂,在如此复杂的公共环境下如何做好形势与政策教育,让人们准确把握"中国特色"和"西方话语"的本质区别,正确理解社会主义市场经济在基本性质、价值追求,认识社会主义市场经济的公共性价值,是思想政治教育面临的重要课题。

(二) 社会主义民主法治的完善与西方宪政民主政治蛊惑同在

在长期的实践探索中,我们已经形成了党的领导、人民当家作主和依法治国有机统一的中国特色政治发展道路,民主法治建设不断完善。党的领导是实现人民当家作主和依法治国的根本保证。中国共产党坚持为人民服务的宗旨,支持人民当家作主,引导人民制定和遵守法律;依法治国是党领导人民治理国家的基本方略,旨在把党的主张转化为人民的意志,为党的领导和人民当家作主提供法律保障;人民当家作主则反映了党的领导和依法治国的本质要求,既体现了党的领导要实现的公共价值目标,又反映了依法治国的人民属性。三者相辅相成,共同构成了中国特色社会主义政治发展道路的鲜明特色,为推进全过程人民民主提供制度遵循,展现了中国式现代化的政治图景,为思想政治教育创造了稳定的公共政治环境。然而,面对中国长期稳定的政治发展大局,美西方国家始终没有放弃对中国政治污蔑和颠覆的战略,他们依然妄图通过西方宪政民主的渗透重演肢解苏联的迷梦,这种冲击加剧了思想政治教育公共政治环境的复杂性。

西方宪政民主本质上是资产阶级宪政,是以资本主义私有制为基础,通过制定宪法和法律,以立法、行政、司法三权分立的机制,保护资产阶级民主权利和政权运行的政治制度。宪政民主的基本要素有三点：一是多党制。实行两党或多党轮流执政，以党团背后的资本实力保证选举获胜。二是三权分立。实行立法权、司法权、行政权相互制约和平衡，在一定程度上对权力有制约作用，但由于其分别代表不同的利益集团，不但分解国家主权，各利益集团还会出于自身利益而罔顾公共利益，互相推诿扯皮，运作效率低。三是资产阶级专政。宪政民主实际上不过是资产阶级内部的权力和利益平衡机制，其民主具有阶级性和虚伪性。

宪政民主对我国思想政治教育政治公共环境的干扰主要表现为：

其一，试图以多党制质疑中国共产党的执政合法性。西方宪政民主认为多党制才是确保民主的前提条件，曲解中国的一党执政与民主的关系，在西方政治框架下产生对共产党的抵触情绪，误导人民质疑中国共产党的执政合法性。他们完全割裂了中国现存政治制度与中国历史的关系，通过虚无中国革命历史、否定中国领导人、污秽中华民族英雄人物等卑劣手段，诱导人民忽略党的宗旨和人民公共利益的一致性，遗忘中国共产党的执政地位是历史和人民的正确选择，利用党执政中的不足煽动人民对党的不良情绪。这些不良的鼓动，从思想深处动摇了人们对思想政治教育的正确看法，给思想政治教育提出了挑战。要求我们不仅要进行正面的政治宣传教育，引导人们从历史选择和现实国情上认同党的执政地位、维护党的执政权威；也要坚决进行反面揭批，引导人们认清西方多党制的政治本质。从世界历史和中国历史、世界现实和中国现实的双重维度，引导人们认清中国社会不能实行西方多党制的原因，坚定人民对中国共产党和中国政党制度的公共政治信念。

其二，以三权分立动摇党的领导、人民当家作主和依法治国的有机统一，以资产阶级专政混淆人们对人民民主专政的价值判断。西方宪政以三权分立和相互制衡为根据，宣扬党的领导应与司法分离，炮制"党大还是法大"的伪命题，诱导一些不谙世事的青年人产生困惑，给人们制造思想混乱，动摇思想政治教育赖以存在的政治基础，给思想政治教育的民主观教育增加了难度。

面对严峻的国际形势，新时代思想政治教育需要引导人们把思想和行动统一到中国特色社会主义政治发展的价值叙事上来，从学理和政治双重层面揭批这一"伪命题",引导人民重新理解中国特色社会主义政治发展道路的历史逻辑、实践逻辑和理论逻辑,明确党的领导、人民当家作主和依法治国的一致性旨趣和公共性意涵。中国共产党带领中国人民在不到百年的时间里走出了一条比西方更接近人类社会发展前景的政治道路,创造了中国特色的政治文化底蕴。人民之所以选择这种政治文化,是因为共产党首先选择了人民,代表了历史发展的潮流和趋势,这种对人民主体政治文化的笃信是西方无可比拟的政治优势。当前,中国政治与社会的长期稳定同西方国家的周期性民主混乱形成了鲜明对比,中国政治文化不断确认和发展着中国政治理论的自信,我们不但要破除西方宪政民主的干扰,还要揭露西方宪政民主资本化、私人化和反人民化的本质,树立全过程人民民主的价值理念,从公共关怀视角彰显社会主义民主政治的优越性。

(三)社会主义核心价值观的深入践行与普世价值观的思想鼓动同在

社会主义核心价值观是中国人民在中国特色社会主义实践中做出的公共价值判断和价值选择,最大限度地体现了全国人民的公共价值共识,反映了中华民族生存和发展的价值追求。社会主义核心价值观立足中国国情,每一个价值范畴都摆脱了西方话语纠缠,体现了中国特色社会主义的本质要求,从价值观层面实现了对中国特色社会主义的建构,具有深刻的公共关怀向度:富强、民主、文明、和谐的公共价值目标彰显了对国家发展的公共关怀;自由、平等、公正、法治的公共价值取向彰显了对社会发展的公共关怀;爱国、敬业、诚信、友善的公共价值准则彰显了对个人发展的公共关怀。为思想政治教育公共关怀职能的发挥创造了良好的思想文化环境。然而,树欲静而风不止,西方和平演变的图谋一刻也没有停止过,他们利用强大的舆论工具和话语霸权进行价值观包装,打着所谓"普世价值"的旗号兜售资本主义价值观。特别是在百年变局的大背景下,美西方试图以普世价值观裁剪我们社会主义核心价值观的范畴,社会主义核心价值观与西方普世价值观的斗争将会在较长时期内持续存在。

所谓的西方"普世价值",就是以西方中心主义为基础,以"普遍适用性"为自我包装,以实现资本主义文化霸权为切入点,企图在全球公共生存境遇下实现意识形态同化，进而谋求全球统治的一整套意识形态和价值观念。它在哲学上的悖谬有三点：一是以抽象的人性论为基础，夸大人性的普遍性，刻意淡化人性的具体性和阶级性。二是颠倒了社会实践、社会关系与价值观念的关系。普世价值试图使自身成为让所有个人、团体、国家和阶级在任何历史条件下都尊奉和践行的一种价值，追求抽象的价值普遍性和永恒性。我们可以援引恩格斯批判"普遍道德"的观点予以说明。恩格斯指出："我们拒绝想把任何道德教条当做永恒的、终极的、从此不变的伦理规律强加给我们的一切无理要求，这种要求的借口是，道德世界也有凌驾于历史和民族差别之上的不变的原则。相反，我们断定，一切以往的道德论归根到底都是当时的社会经济状况的产物。而社会直到现在是在阶级对立中运动的，所以道德始终是阶级的道德。"[1] 普世价值不是也不可能在永恒的社会经济关系和历史条件下形成。三是普世价值混淆了价值和真理的区别。真理具有客观必然性，不论人是否认识、认识到什么程度，真理都是客观存在的；价值虽具有客观性，但更具有主体性，表征着主体客观需要与事物能否满足这一需要的属性，不同主体具有不同的需要，同一主体在不同历史条件下的需要也不同，不能把任何一种具体价值当作普遍真理强制所有人都予以接受。普世价值的这些哲学悖谬不是理论疏忽，而是倡导者有意打着"普遍性"的幌子输出其资本主义的意识形态和价值观念，达到称霸世界的政治目的。

西方普世价值给思想政治教育文化公共环境带来的干扰表现为：

其一，通过从哲学上强调抽象普遍性和淡化阶级性，诱导中国人淡化甚至摒弃马克思主义意识形态和价值观念。思想政治教育就是要着力解决意识形态的教育问题，让人们认同马克思主义意识形态及其公共关怀价值。普世价值本质上并非淡化所有意识形态，只是淡化马克思主义意识形态，却强化资产阶级的意识形态，瓦解社会主义理论、道路、制度、文化，直接威胁到我们"举什么旗""走什么路"的根本性问题。这对思想政治教育的理论说服力、感召力、凝聚力提出了

---

[1] 《马克思恩格斯选集》第 3 卷，人民出版社 2012 年版，第 471 页。

更高的要求。

其二，打着"普世"的口号试图同化具有民族特色的价值观念，使中国融入全球的认识和实践过程更加复杂。西方资本主义国家不愿意中国坚持民族特色，更不愿意与中国在平等沟通中达成价值共识，而是以"普世"作为外包装，用资本主义意识形态和价值观念消解我国的社会主义核心价值观，刻意歪曲"自由""平等""民主"等价值观在中国特色社会主义话语体系下被赋予的独特内涵，打着"普世"的旗号，抢占所谓的"道德制高点"，甚至把中国改革开放所取得的一切成果归因于所谓的"普世价值"，鼓吹"解放思想的核心目标就是要确立普世价值"、"改革开放就是向资本主义的价值回归"等论调。

思想政治教育公共关怀一方面应大力倡导社会主义核心价值观及其公共关怀价值，引导群众知晓普世价值的实质指涉和别有用心，用我们民族的价值系统夯实对"自由""平等""公正""民主"等价值观的理解。另一方面应从全球公共价值关切入手，大力倡导全人类共同价值，剔除普世价值关于这些范畴背后的资本逻辑掣肘，宣扬多数人关于真实和平、发展、民主、自由、公平、正义的价值观照，促进社会主义核心价值观和人类共同价值间的互养相成，在民族价值自信中贡献人类价值公共合理性建构的中国智慧。

第三节　思想政治教育公共关怀的新机遇

任何时代境遇都是挑战与机遇并存，挑战越大，机遇越大，机遇往往寓于挑战当中。现代公共生存虽然给思想政治教育公共关怀带来了挑战，也为其提供了不断发展完善的新机遇。随着人类社会的高度工业化和深度信息化，人的公共生存样态发生了深刻变化，而这些变化能够推动思想政治教育公共关怀的深度发展，引发人们对公共关怀实践的深度自觉。

思想政治教育公共关怀的新机遇主要表现为以下三个方面：

一 公共生活世界的完善有助于推动思想政治教育公共关怀内容的生活化

"生活世界"概念来自20世纪初的现代西方哲学,发端于西方哲学界基于对科技理性异化和人文精神失落的反思,意欲摆脱人类对实证科学和哲学经院化的迷恋,在回归生活世界的过程中实现对人的生存价值的观照和人生意义的重建。然而,这种哲学努力始终不能走出对理论抽象性宏大叙事的构建,忽视了现实的人的生成发展过程,在不同程度上落入了先验化、抽象化、预成化的窠臼,并未真正实现人的生存对于生活世界的回归。

在西方"生活世界"概念正式提出之前,马克思就在实践基础上实现了对生活世界的价值建构。马克思虽然并未明确提出"生活世界"这一概念,但"生活世界"作为隐形话语始终贯穿于马克思主义哲学始终。其一,马克思主义哲学话语中的"生活世界"是以"现实的人"为生活主体的世界。"社会结构和国家总是从一定的个人的生活过程中产生的"①。"个人怎样表现自己的生命,他们自己就是怎样"②。马克思描述的生活世界,是立足于人的现实生存境遇,以实现人的全面发展为价值旨趣的生活世界,确立了人在生活世界中的主体地位。其二,马克思主义哲学的"生活世界"是在实践基础上不断生成和发展的现实世界。马克思克服了之前哲学对"生活世界"理解的自然主义倾向和精神主义倾向,指出:"从前的一切唯物主义(包括费尔巴哈的唯物主义)的主要缺点是:对对象、现实、感性,只是从客体的或者直观的形式去理解,而不是把它们当作人的感性活动,当作实践去理解。"③ 实践是现实的人的类特性,也是人的生活世界生成和发展的现实基础,还是使自然、社会、人获得合理性解释和创构的原动力。人类要想真正解释生活世界,关键在于改变生活世界,正如马克思所说:"全部社会生活在本质上是实践的。"④ 实践既立足于生活世界的现实性,又着眼于对现实生活世界的超

---

① 《马克思恩格斯选集》第1卷,人民出版社2012年版,第151页。
② 《马克思恩格斯选集》第1卷,人民出版社2012年版,第147页。
③ 《马克思恩格斯文集》第1卷,人民出版社2009年版,第499页。
④ 《马克思恩格斯文集》第1卷,人民出版社2009年版,第501页。

越性，生活世界在人的实践活动中不断生成、确证和发展。其三，马克思主义哲学话语中的"生活世界"追求合规律性与合目的性的统一。人是价值存在物，按照自然和社会规律建构生活世界，遵循物的尺度和人的尺度的统一，体现人的活动的"合规律性"；人的实践改造又把自己的目的和意志对象化于自然和社会，使自然和社会反映人的主体目的和需要，体现人的活动的"合目的性"。马克思的一生都在致力于对生活世界进行合规律性与合目的性相统一的改造，但是资本主义在创构了一个更加丰富、更加立体的人化生活世界的同时，也因自身的"资本逻辑"和"私有制"的媾和创构一个异化生活世界，马克思主义始终在追求打破异化生活世界的价值逻辑，实现公共生活世界合理性的价值建构。

　　人的公共生活世界反映了人在公共生存中的生活样态，是在人的公共性生产和交往实践基础上形成的现实的、感性的生活过程的总和。公共生活世界是全球化时代的直接产物，它以全球化时代的公共生产和交往实践为基础，以身处全球化境遇和具备全球化眼光的现实的人为主体。从实然义上讲，人的公共生活世界与私人生活世界相对，表明了人的生活世界的范围指向和实践广度。从价值义上讲，马克思主义哲学的公共生活世界旨在实现对人类社会的批判性改造，即通过对资本主义社会"反公共性"生活世界样态的批判，实现对生活世界公共价值合理性的自觉追求。

　　马克思生活世界理论的勃兴为思想政治教育公共关怀的生活化提供了有利契机。公共生活世界是思想政治教育公共关怀生成和发展的现实根基，如果对生活世界疏离，就会导致思想政治教育公共关怀内容失去生活市场和公共认同。教育内容的生活化是思想政治教育公共关怀生活化的核心。思想政治教育公共关怀内容生活化可从三个层面予以解读：其一，思想政治教育公共关怀内容来源于人的公共生活。在人类社会伊始，思想政治教育原始形态就是基于为维持生存和相互合作的需要而产生的，思想政治教育本身就来源于社会公共生活。但是，伴随着国家的出现和社会制度建构的需要，思想政治教育也随之制度化，甚至因思想政治教育的理论建构和实践体系建构而形成了一个"思想政治教育世界"，人为制造了思想政治教育的价值高度和人的生活世界的实践刻度之间的差距甚至鸿沟。当前,现实公共生活世界伴随着全球化发展在不同群体、不同行业、不同地域间展开,迫切需要思想政治教育回归公共生活世界,关注人的公共生活需要,破解"我们如何能在一起"的公共生存命题。其二,思想政治教育公共关怀内容需要融入人的公共生活。思想政治教育公共关怀内容来源于公共生活,只有融入生活、回归生活,才能转化为个人或群体关怀公共世界的实践活动,真正体现教育内容的生活品性,实现其公共价值。其三,思想政治教育公共关怀内容要引领人的公共生活。思想政治教育公共关怀内容源于生活,又高于生活,提出对公共生活世界建构的应然性诉求,担负推动现实公共生活世界健康发展的重任。因此,思想政治教育公共关怀内容要促进人的公共生活的不断完善,真正使公共关怀生活化、常态化。

公共生活世界的完善有助于推动思想政治教育公共关怀内容的生活化主要表现在三个方面:

(一)人的公共生活世界现实性的完善有利于推动思想政治教育公共关怀内容更容易被人们认同和践行

人的公共生活世界是由现实的人在实践中创造出来的,这种现实的生活世界决定了思想政治教育公共关怀内容的现实性。在考量人的公共生活现实性与思想政治教育公共关怀内容生活化的过程中,必然要把人的生活世界纳入思想政治教育的话语结构中予以审视。

首先,思想政治教育公共关怀蕴含的意识形态性在生活化进程中更容易被认同。思想政治教育具有实现思想治理的价值,传播统治阶级的意识形态本身就是思想政治教育的重要职能。思想政治教育生活化并非旨在淡化其意识形态性,恰恰相反,其首要目的是意识形态的生活化,是为了使意识形态更有开放性、先进性和人民性,更能接地气,更能融入人民的生活,更能为普通群众认同和遵行。正如马克思所说:"我们的出发点是从事实际活动的人,而且从他们的现实生活过程中还可以描绘出这一生活过程在意识形态上的反射和反响的发展。"[①] 意识形态与生活世界本身就具有相容性。当前,世界正处于百年未有之大变局,中西方

---

① 《马克思恩格斯选集》第1卷,人民出版社2012年版,第152页。

意识形态博弈呈现复杂态势，同时也进入关键时期，思想政治教育面向公共生活的意识形态功能非但不能降低，而且应当增强，这种增强就是使思想政治教育融入公共生活世界，而不是在公共生活世界外自立一个"意识形态世界"。当代中国最鲜明的意识形态就是社会主义核心价值观，它集中反映了习近平新时代中国特色社会主义思想核心意识形态指向，是习近平文化思想的核心，标注着当代中国政治发展和价值建构的根本方向，反映了中国人民在中国特色社会主义公共生活实践中的公共价值判断、价值选择和价值追求，彰显了中国人民在生活实践中对中国特色社会主义制度下国家价值目标、社会价值取向、个人价值准则的深刻认知，体现了全体人民的价值公约数。人民群众是其最终的培育和践行主体，社会主义核心价值观必须在每个人的生活实践中落细、落小、落实。思想政治教育公共关怀核心的教育内容生活化就是要把社会主义核心价值观教育和实践融入到生活世界中，内化为每个人的公共价值信念，外化为每个人在生活世界中公共关怀行为，使代表人民根本利益的社会主义核心价值观成为人民日常生活的基本遵循，用优质的公共生活实践诠释当代中国最鲜活的意识形态。

其次，人的公共生活的现实性有利于思想政治教育公共关怀内容以生活化的语言被人们所理解。随着人类精神生产的规范化，语言外壳要服从于特定精神产品的范式，这就形成了生活话语与理论话语、大众话语与专业话语的分化。语言是思想政治教育公共关怀内容的外在表现形式。不同的形式表达相同的内容会产生截然不同的效果，思想政治教育语言归根结底起源于生活，服务于大众。人的公共生活世界的现实性有利于促使思想政治教育语言与当代社会的时代话语、网络用语等各种语言范式有效对接。新时代的生活话语体系和表达范式日趋丰富，人们日益选用多姿多彩的形式和生活化的语言宣讲理论问题，诸如"平语近人""开讲啦""你好，马克思""马克思主义·青年说"等生活化宣讲栏目日益受到公众喜爱，在思想政治教育内容生活化中扮演了重要角色，促进理论话语向生活话语的回归、专业话语向大众话语的回归，让语言从抽象的思想政治教育世界回归现实的生活世界，用人民群众喜闻乐见的生活化语言表达出来，实现"理论武装群众"的目标。

最后，人的公共生活的现实性有利于思想政治教育公共关怀内容在生活中被人们所践行。生活的过程就是教育的过程，教育的过程只有回归生活过程才能具有真实的价值。正如陶行知先生所讲："教育的根本意义是生活之变化。生活无时不变，即生活无时不含有教育的意义"，"是生活就是教育，不是生活的就不是教育"。① 人的公共生活的现实性有利于帮助人们在主流的思想观念和现实生活世界中找到对接点，通过现实生活渠道和生活化的实践方式把公共关怀思想转化为受教育者具体、可感的公共关怀行为，让受教育者对公共关怀的思想和精神产生更为深刻的价值体认，从而在日常公共生活世界中把教育成果固化下来，促进人们真正需要的思想观念在生活世界中落地生根，助推人们在现实生活世界中的自觉行为选择。

（二）公共生活世界历史生成性的不断完善有利于推动思想政治教育公共关怀内容不断发展变迁

公共生活世界的历史生成性体现出公共生活世界是具体的、历史的和不断生成的动态存在，反映了对人的公共生活世界发展机制合理性的确认。

公共生活世界的历史生成性能够促进思想政治教育公共关怀内容生活化的历史生成性。这里讲的"生活世界"是在"实践性思维方式"指导下不断生成的世界。实践的思维方式就是生成性思维方式，它着眼于一个通过对象化实践活动不断创生和发展的人的世界，表征着一个面向未来无限敞开的历史性维度，自然、社会和人本身都在这个无限敞开的历史维度中生成发展。因此，人的公共实践的历史生成性决定了人的公共生活世界的历史生成性，任何现成的公共生活世界都蕴含着以往公共生活世界的元素，又不断孕育着未来的公共生活世界，一切公共生活世界都是具体的、历史的存在。

人的公共生活世界决定着思想政治教育公共关怀内容及其生活化，生活世界的历史生成性意味着思想政治教育公共关怀的内容也要随之不断变化，随着社会的发展不断被赋予新的时代内涵。因此，公共生活世

---

① 《陶行知全集》第 3 卷，四川教育出版社 1991 年版，第 246 页。

界的历史生成性有助于为思想政治教育公共关怀内容注入新鲜的时代血液，有助于推动其生活化的方式、过程、水平随着时代的发展而不断发展，有助于不同时代的人从自身的需求出发，对思想政治教育公共关怀内容产生深刻的价值共鸣。新时代十年，中国社会发生历史性巨变和历史性变革，中国人在世界上的公共生存方位发生显著变化，无论是政治舞台、经贸舞台还是文化价值舞台，中国力量、中国声音、中国价值、中国智慧都愈益深远地影响着世界，中国人民公共关怀的广度、深度日渐扩大。这些都为思想政治教育公共关怀内容变迁与生活化延展提供了广阔空间，促进了思想政治教育公共关怀生活化内容的生成与更新。

公共生活世界的历史生成性为人在教育内容生活化的进程中实现历史性价值生成创造了条件。从某种意义上说，思想政治教育的过程也是人的成长过程，思想政治教育公共关怀内容的生活化过程就是人在现实公共生活中不断追求全面发展的过程。因此，公共生活世界的历史生成性不仅意味着时间上的延续，更标示着对人的全面发展价值的敞开。从这个意义上讲，公共生活世界的历史生成性也就意味着，思想政治教育公共关怀内容对于人的价值塑造是一个渐进的历史过程，思想政治教育公共关怀内容不断回归人的现实生活，在思想政治教育公共关怀视域下不断满足人的全面发展诉求，促进社会公共要求的满足与人的全面发展实现的统一。

（三）生活世界对公共价值合理性的自觉追求需要思想政治教育公共关怀的价值引领

公共生活世界不仅是实践广度意义上的公共世界，更是一个彰显实践公共价值的意义世界，即生活世界的发展必须与人的全面发展的公共价值合理性诉求相契合。马克思主义哲学肯定了生活世界的客观现实性，但并未肯定生活世界的现实合理性，资本主义世界把人类从"天国"拉回"人间"，使人们从经院世界回到生活世界，科技发展不断提升创造"人化"世界的能力，但资本逻辑和私有制的媾和使人在创造适合自身生存发展的人化世界的同时，也创造出了一个不符合公共性价值诉求的异化世界，本来应确证人的生存价值和类本质的对象化的劳动却成为压迫人、奴役人的工具。"工人越是通过自己的劳动占有外部世界、感性自然界，他就越是在两个方面失去生活资料：第一，感性的外部世界越来越不成为属于他的劳动的对象，不成为他的劳动的生活资料；第二，感性的外部世界越来越不给他提供直接意义的生活资料，即维持工人的肉体生存的手段"[1]。劳动的异化是公共生活世界异化的基础。资本逻辑对利益最大化的追求使资本家痴迷于"金钱至上"的价值逻辑，不断扩大资本投资和控制世界的广度和深度；而私有制却使得财富聚积在少数人的手中。资本主义生活世界表面上把人从封建土地奴役中解放出来，实际上又使人成为资本的奴隶。正如马克思所说："新被解放的人只有在他们被剥夺了一切生产资料和旧封建制度给予他们的一切生存保障之后，才能成为他们自身的出卖者。而对他们的这种剥夺的历史是用血和火的文字载入人类编年史的。"[2] 私有财产和异化劳动构成了人的现实生活世界的异化和公共性价值的丧失，在这种缺乏公共价值合理性的生活世界中，意识形态只能作为凌驾于人民之上的统治阶级的意志而存在，资本主义虽然竭力给其意识形态披上普适性的外衣，但由于受到阶级利益的影响，他们总是用一种神秘的、扭曲的方式反映现实世界，在这种境遇下的思想政治教育难以实现真正的生活化，也不可能彰显真正的公共关怀价值。

现实生活世界的公共价值合理性为思想政治教育公共关怀内容融入人民日常公共生活、满足人民实际生活需要创造了条件。与资本主义生活世界公共价值合理性缺失形成鲜明对照，社会主义社会旨在推翻私有制特别是资本主义私有财产关系，其价值导向就是克服人类历史上生活世界的异化，在公有制基础上建设符合人类社会公共性发展诉求的社会主义公共生活世界。中国特色社会主义创造了一个符合时代诉求的、真实的社会主义公共生活世界，它以社会主义公有制为经济基础，以人民当家作主为政治基础，以实现人民的共同富裕为价值目标，为思想政治教育公共关怀的生活化提供了有利条件。广大人民群众真正成为公共生活世界的主人，社会主义公共生活世界的核心价值就在于实现对人民群众的公共关怀，这就使得思想政治教育公共关怀内容能够真正融入人民

---

[1] 《马克思恩格斯全集》第42卷，人民出版社1979年版，第91页。
[2] [德] 马克思：《资本论》（纪念版）第一卷，人民出版社2018年版，第822页。

的日常公共生活，满足人民的实际生活需要，把解决思想问题同解决实际问题紧密结合起来。党的十八大以来，中国特色社会主义进入新时代，久经磨难的中华民族迎来了从站起来、富起来到强起来的伟大飞跃，中华民族伟大复兴进入不可逆转的历史进程。中国特色社会主义呈现历史性巨变，发生历史性变革，中国社会现实层面的崭新风貌和理想层面的民族复兴愿景推动着公共生活世界日趋合理化，中华民族的凝聚力和中华儿女的社会认同感空前提升，公共关怀愈加成为新时代社会主义生活世界的价值要求，这为思想政治教育公共关怀创造了重大时代机遇。思想政治教育能够引起人民在公共关怀思想和价值上的共鸣，调动起每个人关怀公共生活世界的积极性，自觉实施对公共生活世界的价值关怀，促进现实公共生活世界的不断完善。公共生活世界价值合理性的不断完善需要思想政治教育公共关怀进行必要的价值引领。社会主义核心价值观以深厚的公共关怀价值蕴涵担负着引领社会主义公共生活世界合理性不断发展完善的重任，推动生活世界由一个缺乏核心主题的自在性存在发展为一个主题鲜明的自为性存在。人们总能以生活化的形式，推进社会主义核心价值观公共关怀内蕴在现实公共生活世界中的落实，在实践中培育个人的公共关怀品格，实现个人的公共价值，推动社会主义公共生活世界价值合理性的不断完善。

二 社会公共治理的发展有助于推动思想政治教育公共关怀主体的多元化

党的十九届四中全会指出："社会治理是国家治理的重要方面。必须加强和创新社会治理，完善党委领导、政府负责、民主协商、社会协同、公众参与、法治保障、科技支撑的社会治理体系，建设人人有责、人人尽责、人人享有的社会治理共同体。"[①] 社会治理本质是公共治理，公共性是社会治理的底层逻辑和价值追求。社会公共治理就是多元主体为了社会公共价值目标，在相互协商的基础上达成公共价值共识，并在实践

[①] 《中共中央关于坚持和完善中国特色社会主义制度 推进国家治理体系和治理能力现代化若干重大问题的决定》，人民出版社2019年版，第28页。

中对社会公共事务进行合作共治,以实现社会公共利益的过程,这个过程是实现人的公共生存良序运转的关键。

(一)社会公共治理的基本特性分析

从主体表征看,社会公共治理是一种多元主体共同治理。中国社会经历了由政府"全能型"社会管理向社会"共建型"社会治理的转变。以往的社会运行机制以一个全能型的政府主体为基础,在党的领导下,政府作为单一治理主体全方位统管各方面的社会事务,社会组织、公众都是被治理的对象。在社会公共治理中,党委、政府、社会组织和公众个人都是社会公共治理的主体,他们之间也不是传统意义上的"命令—服从"关系,而是合作共治的关系,充分彰显了公共世界的多元共存与平等协商的基本理念。当然,在多元公共治理主体中,不同主体的作用和职责是不同的,党委主要确定社会治理的大方向,为社会公共治理确立基本政治保障;政府在具体的社会公共治理过程中发挥主导作用,这种主导不同于以往单纯地控制,而是通过科学的引导、良好的管理和优质的服务,提升多元主体的素质和能力,培育个人和社会组织的公共理性,激发其公共关怀热情,引导其以科学的方式参与社会公共治理;社会组织主要发挥其组织化优势,通过整合社会资源,提供公共服务,调处社会矛盾,监督政府权力,通过协商合作参与社会公共治理;个人主要凭借健全的公共认知和积极的公共情感,以合法渠道参与社会公共协商,向政府和社会组织反映公共诉求,自觉肩负自身的公共责任。

从结构表征看,社会公共治理是一种网络化治理。不同于以往自上而下的"线性统制型"命令格局,多元主体构成了一个系统化的治理网络,展现了人的公共生存的整体性和有机性。党和政府的主导是治理网络的纲,引领国家治理的基本方向;各类社会组织和个人是治理网络的目,纲举目张,各个治理主体充分发挥自身的特点,通过相互配合、相互促进、相互监督和自我调节、自我净化、自我创新,凝聚起强大的社会治理合力。

从制度表征看,社会公共治理是一种制度化的规则治理。作为为了达成交往预期和社会秩序而形成的普遍认同的制度、准则和规范,公共规则不仅表征"是什么"的实然性范畴,更表征着"怎样是"或"怎样做"的应然性要求，各治理主体在规则的指引下方能找到各自在社会公共治理结构中的方位，扮演相应的治理角色。

从实践价值表征看，社会公共治理本质上是一种致力于实现社会公共利益的公共关怀活动。公共利益是社会公共治理的价值追求，也是多元治理主体的共同目标，人们在公共利益旨趣中推动不同主体多元共生和互利共赢。

与以往政府"全能型"社会管理相比，现代社会公共治理的本质特征就是实现了治理主体多元化。统制型社会治理把所有社会公共资源的支配权都集中于政府这个单一主体的支配下，把个人和社会组织完全当作服从命令的对象，制约了社会组织和个人对公共事务的认知和自决能力。事实上，政府的单向度统管未必能全面反映社会公共意志和满足公共利益期待，对其践行公共关怀的宗旨产生了不利影响。社会公共治理的主体表征是实现其实践价值表征的前提和基础。一方面，社会公共治理主体多元化有利于促进社会组织和公众个体提高参与公共治理的理性、热情和能力，塑造社会组织和个人的公共关怀精神。另一方面，社会公共治理主体多元化有利于更好发挥政府的公共关怀效能，政府只有主动让渡公共权力，才能更好地实现政府在社会治理中的主体地位。所以，实现社会公共治理主体的多元化，能够使社会各方为实现公共利益而积极展开公共关怀活动，真正凸显社会治理公共关怀的实践本质。

（二）社会公共治理的实践教化功能

社会公共治理本质是一种公共关怀实践活动，蕴含着深厚的实践教化功能。一方面，社会公共治理实践有助于实现主体的自我教育，形成其对公共关怀思想和精神的自我价值体认和对外实践延展，并根据被关怀者的回应调整自身的关怀方式，促进公共关怀水准的跃迁。另一方面，内化和践行公共关怀思想和精神的价值主体能够发挥实践感召和外显教化效能，由实践主体转化为生动的教育主体，以实践行动传播最鲜活的思想政治教育内容，激励更多的人施展公共关怀。通过社会公共治理实践教化的桥梁和纽带，公共治理主体的多元化能够推动思想政治教育公共关怀主体的多元化。

第一，实践是最鲜活的教育素材和教育方式。社会公共治理实践本身就是蕴含着公共关怀的思想和精神，参与社会公共治理的主体本身也就是实施公共关怀的主体，这有利于实现社会治理公共实践与思想政治教育公共关怀教育实践之间的有效对接。新时代是奋斗者的时代，越来越多的人在新时代的广阔舞台上建功立业，勇攀科技高峰的载人航天科技人员，在脱贫攻坚一线默默奉献的教师、医生和驻村干部，奋战在疫情防控前线的医务人员、解放军指战员、社区工作人员，在平凡岗位上甘当绿叶却发光发热的你我他都在用不同的方式展现着我们的公共关怀价值，彰显着对新时代民族复兴的责任与担当。这些人既是社会公共治理的主体，又是思想政治教育公共关怀的教育素材；既于自身涵养和践行着公共关怀的思想和精神，又把这种思想和精神传扬给更多的人。

第二，社会公共治理主体的多元化有利于推动不同主体在治理实践中平等协商和相互配合，推动各主体之间相互借鉴和取长补短，每个主体在实践活动中都在一定程度上承担了一定的教育使命和责任，为实现思想政治教育公共关怀主体的多元化提供了现实可能性。

第三，社会公共治理的实践教化功能有其内在的实施机制。这个实施机制可以从对自身和对他人两个方面来认识。对自身而言，社会公共治理的实践教化表现为实践反思性功能。人的实践是自觉的、有意识的对象化活动，需要实践目的机制、实践执行机制和实践反思评价机制共同发挥作用才能实现。实践目的机制是指主体在认识客观规律和主体需要的基础上确定实践目标的过程；实践执行机制是指主体依据制定的实践目的而进行实践活动的过程；实践反思评价机制是指主体在实践过程中或实践结束时对实践目的、实践过程和实践效果进行反思和评判的过程，进一步强化有效的实践目的和实践过程，调整不合理的实践目的和实践过程，从而实现实践对思想认识的反作用。人们在社会公共治理中实现对公共事务的治理与关怀，社会公共治理过程本身就是一种践行公共关怀的思想和精神的实践过程，这个实践过程已经包含了主体对公共关怀实践目标的把握和执行，反映了主体自身对公共关怀思想和精神的价值认同。从治理主体自身角度看，在社会治理的公共关怀实践中，主体可以根据治理过程中施展公共关怀的具体过程，基于被关怀者对社会治理公共关怀的反映,对社会治理的公共关怀实践进行评价性反思,从而增强对公共关怀的思想和精神的价值体认,在治理实践中进行自我教育,不断确证、充实和内化公共关怀的思想和精神,提升自身在实践中的公共关怀素养,实现对自身的实践教化。从对其他主体的影响角度看,社会公共治理的实践教化功能表现为实践感召性功能。社会公共治理是多元主体的合作治理,任何治理主体的公共关怀思想和行为都会对其他治理主体起到教育和影响作用。由于不同主体在承担的公共治理职责、具备的公共关怀素养和发挥的公共关怀能力上存在差异性,公共治理职责较重要、公共关怀素养较高、能力较强的治理主体对其他治理主体就会产生更强的教育感召功能,引领那些尚未参与公共治理的人加入其中并践行公共关怀,也能带动参加者更好地在公共治理中施展公共关怀,在实践感召功能中成为思想政治教育公共关怀主体。

(三) 社会公共治理对思想政治教育公共关怀主体多元化的推动作用

第一,政府主体的公共治理职能的转变有利于优化其在思想政治教育公共关怀活动中的主体效能。现代社会公共治理要求政府转变职能,核心就是要正确处理好政府与社会的关系。一方面,改变全能型政府治理格局下"政社不分"局面,推进"放管服"改革,还权于社会,还政于民间,把原先独自享有的公共治理权下放给社会和个人,实现公共治理主体的多元化,扩大社会组织和公民个人的公共治理参与权。另一方面,社会公共治理多元化并不是降低对政府的要求,更不是放弃政府的治理主体地位,而是要求政府更好地发挥对社会公共治理的主导和协调作用,既不越位也不失位,强化对社会治理的公共主导力,优化自身的公共治理能力和公共关怀效能,实现政府治理和社会自我调节的有机统一。一是政府职能的转变和优化有利于推动政府在公共治理实践中加强自我教育和反思。政治治理方式的变革过程也是对政府公职人员进行公共关怀教育的过程。在全能型政府中,政府公职人员"因其工作的性质而被扔进一个总要被中心化的位置"[1]。政府职能转变有利于公职人员重

---

[1] [美] 戴维·约翰·法默尔:《公共行政的语言——官僚制、现代性和后现代性》,吴琼译,中国人民大学出版社2005年版,第320页。

新认识政府在社会中的公共定位，引导公职人员自觉克服因公共权力集中而造成的官僚主义和形式主义，摒弃凌驾于他人之上的优势心理，改变"门难进、脸难看、事难办"的行政傲慢、行政不作为等不良作风，警示和杜绝一些公职人员权力滥用、权力寻租、权钱权色交易、玩忽职守、贪污受贿等违法犯罪活动，自觉认清自己的公仆本质，树立"为民、务实、清廉"的公共关怀情怀；有利于公职人员自觉认清公共权力的本质，接受社会公共监督，防止怠政、懒政现象的发生；有利于公职人员自觉提升社会治理和公共服务的效率与质量，树立良好的政府形象。二是政府职能的转变和优化有利于推动政府更好地塑造其他主体的公共关怀思想和精神。政府在自我教育过程中放弃"自我中心情结"，就要塑造"他者意识"，尊重其他主体参与社会公共治理的权利，谋求与其他公共治理主体的密切合作，问政于民，还权于社会，基于公民对社会组织的参与意愿和能力，有针对性地对不同治理主体进行公共关怀精神的价值塑造。对于参与意愿和参与能力较强的社会组织和公民，要大胆放权，让他们创造更大更好的公共关怀价值；对于参与意愿强但参与能力弱的社会组织和公民，要保护他们的参与热忱，着力培育其公共关怀的能力；对于参与意愿弱但参与能力强的社会组织和公民，要加强教育引导，动之以情，晓之以理，调动其参与公共关怀的热情。

第二，社会组织主体的公共治理实践有利于发挥其作为思想政治教育公共关怀主体的效能。社会组织是独立于政府公共权力之外，以提供相应的社会公共服务为手段，以实现公共利益为价值追求的组织化社会力量。在新的社会公共治理格局下，社会组织应当是公共关怀思想和精神的承载体，在公共关怀实践中实现自我不断完善和发展。一是为社会组织重塑公共关怀主体意识提供了广阔空间。党的十八届三中全会指出："推进社会组织明确权责、依法自治、发挥作用。适合由社会组织提供的公共服务和解决的事项，交由社会组织承担。"[①] 这有利于社会组织进一步增强主体意识，依法行使管理特定公共事务的自决权，调动其关怀公共事务的热忱，提升其自主治理的能力。二是在有效监督政府的过程中

---

① 《中共中央关于全面深化改革若干重大问题的决定》，人民出版社2013年版，第50页。

对政府公职人员进行必要的教育。一方面，有利于其在平等协商的基础上科学有效地监督政府公共权力运行，提高公职人员依法履职尽责的自觉性；另一方面，很多社会组织在公共关怀实践中形成的具有创造性的思路和做法，有利于推动政府与社会组织在公共关怀思想和行为上形成交流互鉴。三是发挥其组织化优势，开展对公民个体的公共关怀教育。社会组织在产生和发展中形成的反映公共关怀精神的组织理念、核心价值和舆论倾向，使其本身成为了思想政治教育公共关怀的教育资源。社会组织不仅能够激励内部员工在对组织文化的认同中提升公共关怀素养和公共治理能力，而且能够影响社会组织外部的公民增强对公共关怀价值的自觉归属。比如，华为作为中国最受钦佩的民营企业和民间社会组织，之所以受到国人普遍尊重，是因为其能在中美贸易战中保持着中国企业的尊严，孟晚舟因受诬陷而1000余天的"监禁"换来的是国人对华为爱国情怀和民族气节的景仰。华为人的这种公共关怀作为的实践教育意义是难以估量的。

　　第三，公民个人的公共治理实践有利于增强其成为思想政治教育公共关怀主体的可能性。一是公民能在参与公共治理实践中提升自身公共关怀素养。在公共治理实践中，公民可以在公开的交际中锻炼自身的沟通能力，在与其他治理主体的协作治理中增强自身的合作能力，在参与矛盾的调处中增强化解公共冲突的能力，在提升各种能力的过程中增进对平等、公正、合作、互惠等公共价值理念的理解和认同。这有利于公民在实践反思中正确认识个人与公共世界的关系，把实现个人价值融汇于公共价值当中，进一步调动其施展公共关怀的积极性和主动性。增进公民与政府之间的相互理解和信任，从而更好地配合政府施展自身的公共关怀价值。二是每个公民参与公共治理的过程可以把公共关怀的思想和精神传递给更多的治理主体，有助于营造公共关怀的浓郁氛围。公民个人对公共治理的积极参与和对公共事务的热忱关心，不仅有利于提升公民个人的公共责任担当，而且会带动周围的个人自觉审视自身与公共世界的关系，激发更多公民的公共自律意识、公共参与意识、公共责任意识。公民的公共治理实践与公共关怀情怀释放还有利于感召政府和社会组织更好地审视自身的公共义务，提升维护公共利益和塑造公共价值的责任感,在社会公共治理实践中营造"人人公共关怀、人人共享关怀"的生动局面,促进多元社会治理主体向多元思想政治教育公共关怀主体转化,以现代公共治理实践推动思想政治教育公共关怀的深入发展。

三 新媒体的蓬勃发展有助于推动思想政治教育公共关怀载体的现代化

新媒体是指相对于电视、广播、报刊等传统媒体而言的,依托数字技术、网络技术、移动通信技术等新技术,通过互联网、无线通信网、卫星等渠道向受众提供信息服务和交际平台的现代化新兴媒体液态。新媒体是人的现代公共生存的突出表现形式,具有深刻的公共性特质。主要表现为:一是空间广泛性。新媒体不仅通过现代传输手段和通信技术在全球范围内把人们相互联系起来,扩大了人的现实公共生存空间;而且还凭借数字技术、网络技术等手段,把现实中的人或事物移入由计算机技术建构起的网络世界,扩大了人与人相互交往的虚拟公共空间,使人的公共生存在虚拟世界中也能得到确证和深化。二是主体平等性。当前人类已进入自媒体时代,专业媒体已不再是各种信息的唯一发布者,普通大众可经由数字科技分享他们的事实和新闻,成为私人化、平民化、自主化的传播者,人类舆论进入"人人皆可发声"的时代。微博、微信、快手、抖音等新型社交软件为普通大众自主发声、自我表达、个性展示提供了广阔平台和发展空间,淡化了现实生活中的身份意识,促进了主体间的平等交往,也增进了真实意见的表达。三是资源共享性。新媒体所传递的信息和资源不可能由个体或私人集团垄断,而必须为进入一定公共空间中的人共享,只要你取得了进入这个公共空间内的主体资格,就有权享受新媒体公共空间中的共同资源。四是价值多样性。新媒体是一个集大众化、娱乐化、包容化为一体的公共传媒平台集群,能够最大限度地容纳当前社会的各个阶层、各种群体、各样文化,为多样利益角逐和多元价值表达提供了更加广阔的公共空间,成为越来越多的人个性展示的舞台,其价值多元为人的多元共存提供了现代注解。

(一) 新媒体成为思想政治教育公共关怀载体的可能性

思想政治教育公共关怀载体是指在实施思想政治教育公共关怀活动

中承载思想政治教育公共关怀信息，能为思想政治教育公共关怀主体所运用，能够促进教育者和受教育者之间相互作用的物质实体或活动形式。[1] 新媒体具备了成为思想政治教育公共关怀载体的三个主要条件：第一，新媒体能够承载思想政治教育公共关怀信息。作为一种媒介传播工具，新媒体最重要的功能就是信息承载功能，它能够通过文字、图片、影像、声音等各种形式把社会要求的公共思想认识、政治观点、价值观念和道德规范呈现在受教育者面前，促进受教育者在接受教育信息的过程中逐步产生公共关怀价值自觉。第二，新媒体能够为思想政治教育公共关怀主体所操控和运用。掌握和操控新媒体技术，已经成为教育主体的必备素质。当前，新媒体技术已走进千家万户，成为社会众多人群进行沟通交流的选择。思想政治教育公共关怀主体应当紧跟时代步伐，掌握新媒体技术的知识和能力，通过新媒体技术更好地掌控思想政治教育公共关怀的全过程。第三，新媒体能够促进教育者和受教育者的良性互动。新媒体能够及时反馈受教育者关于公共关怀思想认同和行为实践的情况，使双方的互动交流更加方便、快捷，相互联系更加紧密。因此，新媒体能够成为当下公共生存条件下思想政治教育公共关怀载体的良好选择。

新媒体的蓬勃发展促进了思想政治教育公共关怀载体的现代化，使思想政治教育公共关怀实践活动的渠道越发丰富，形式越发多样，更能为受教育者所喜闻乐见。新媒体的蓬勃发展不但进一步确证和发展了现代载体形态，而且还能够促进传统载体的现代转化。例如，现代语言的创生促进了传统意义上谈话载体的现代化，网络会议、电视电话会议促进了传统会议载体与现代新媒体的有机结合等。

（二）新媒体助推思想政治教育公共关怀载体现代化的效用

第一，新媒体的蓬勃发展有助于推动思想政治教育公共关怀传播载体的便捷性。新媒体作为教育传播载体使用起来更方便，传播信息速度更快、效率更高。一是新媒体提高了教育信息的时效性。新媒体的最大

---

[1] 张耀灿、郑永廷、吴潜涛、骆郁廷等：《思想政治教育学》，人民出版社2006年版，第392页。

特点就是能够快速传递即时信息，根据人的公共生存状况的实际变化进行教育信息更新，不仅能让人们在第一时间了解公共事件的原委，还能以最快的速度对事态进行内在机理的深度解读，使得教育者能够随时用新材料支撑教育观点，用新思想充实教育内容，用教育信息的时效性增强教育的说服力，让人们随时随地都能感受到公共关怀的思想和精神。二是教育信息的传递不必受时间和空间的限制。新媒体能够通过网络平台和移动通信技术，随时随地向人们输送教育信息，开展线上线下多渠道沟通交流，无论人们处于何时何地，都可以在网络空间上实现有机聚集，人们还可以利用网络、微信、微博、邮件方式等参与公共事件的讨论，关注公共事件的发展，使教育活动更加灵活，受教育者接受教育的环境更加自如，减少受教育者对教育刻意性的逆反，增强对教育内容的自觉认同和实践。三是教育信息的海量性为公众提供了更多的选择空间。新媒体促进了"信息爆炸时代"的来临，让人们时刻处在海量信息组成的网络当中，可以根据自身实际自主选择教育信息和开展个性化的实践活动，更能触动受教育者的道德神经，激发他们对公共世界的关怀热忱，增强思想政治教育公共关怀的自觉性。

第二，新媒体的蓬勃发展有助于推动思想政治教育公共关怀语言载体的生动性。马克思说："语言和意识具有同样长久的历史：语言是一种实践的，既为别人存在因而也为我自身而存在的、现实的意识。语言也和意识一样，只是由于需要，由于和他人交往的迫切需要才产生的。"[①]这说明，语言起源于人与人之间交往互动的需要，作为思想观念的物质外壳，对思想观念具有重要的包装作用，同样的思想用不同的语言表达出来会产生迥然不同的效果。与新媒体的便捷性、灵活性、大众性等特点相适应，新媒体下的思想政治教育的语言也更具生动性，更有利于引导人们接受公共关怀的思想和精神。这种语言载体的生动性表现为：一是更为简洁明快。新媒体公共交往崇尚快捷，人们往往采用缩略语、谐音等进行表达，比如：用"YYDS"表示对一个人能力的佩服和敬意；用"凡尔赛"表示自夸、炫耀；用"干饭人"指称"对生活充满热情的

[①]《马克思恩格斯选集》第 1 卷，人民出版社 2012 年版，第 161 页。

人";用"喜大普奔"表示"喜闻乐见、大快人心、普天同庆、奔走相告"四个词;用"扶不扶"影射公共生存中存在的道德冷漠现象;等等。虽然在语言规范性上有待商榷,但却充满了生活气息和亲和力,能够更直接地传情达意,更能引起共鸣,更好地发挥思想教育的道德引领功能。二是更加通俗易懂。思想政治教育来源于生活,作用于生活,也应当用生活的语言予以表达。共青团组织是掌握新媒体最快的社团组织,他们利用微信、微博等新媒体平台,用青少年喜闻乐见的形式进行马克思主义宣传,对长篇形势任务教育材料进行合理拆分,进行图文并茂的解读,再配上灯光、音响、幻灯片等多媒体演示,使宣传教育变得更直观更生动,以教育载体现代化完善了教育内容生活化。三是更具感染效能。新媒体中的语言更加灵活多样。从语言形式看,新媒体中的语言不仅能以文字形式出现,还能以图片、声音、影像等多种方式出现,形成声情并茂的生动教育。比如,在引导人自觉遵守公共交通规则时,新媒体可配以排队过马路、酒驾等动漫对人们进行正反两方面教育;在引导人们关怀生态环境时,新媒体可以采用文字、图片、声音等多层面立体化的互动模式。在语言风格上,新媒体可将自身创生出的网络用语和各种积极的流行元素融汇于思想政治教育当中。例如,在某团委的官方微信、微博上,采用"习大大教我们练好八字真经"对大学生进行教育,瞬时拉近了大学生们与党和国家领导人的距离,使主流意识形态的教育更具亲和力。随着时代的发展,新媒体作为思想政治教育的新载体,有利于不断增强思想政治教育公共关怀的感染力和时效性。

第三,新媒体的蓬勃发展有助于推动思想政治教育公共关怀活动载体的开放性。新媒体是一个向广大公众开放的公共参与平台,可以推进思想政治教育公共关怀活动载体在开放中实现立体化运行。一是促进活动载体面向多维时空开放。在新媒体中进行的思想政治教育公共关怀活动,通过微信、QQ、MSN、微博、快手等新媒体手段,超越了时间和空间的限制,处于全球各个地区、各个时区的人们都可以参与其间。比如,在抗震救灾大型募捐活动中,人们既可以在募捐现场进行捐赠,又能够通过银行转账、支付宝支付、微信捐款服务平台等参与这项公益活动,不论在何时何地都能献出一份爱,体现公共关怀价值。二是促进活动载体面向多重主体开放。以网络为代表的新媒体公共空间应是人们共同参与、共同维护的公共家园，对于各类群体都有深厚的包容度，应启发人们树立新媒体空间的共建共享意识，激励人们通过新媒体的公共服务平台理性有序地发表自己的见解，表达对公共事务的价值关切。比如，每年两会期间，各大网络开通的"我有问题问总理"在线互动活动，就最大限度地吸引了各个阶层、各个职业、各个年龄段、各种文化背景对国家公共事务的价值关切，在这个活动过程中，人们都不同程度地感受到了主人翁意识，产生了对于公共关怀精神的内在认同。三是促进活动载体面向多样文化开放。思想政治教育公共关怀活动都蕴含着主流文化价值，为主流文化传播服务。新媒体公共空间是多样文化汇集和表达的场所，它作为教育载体在进行主流文化宣传的同时，时刻保持着对多样文化的开放性，不但要吸取多样文化的精粹，还要利用新媒体平台发挥对多样文化的引领、规约和示范效能，保证对思想政治教育公共关怀正能量信息的有效承载。

第四章
思想政治教育公共关怀的内容建构

思想政治教育公共关怀内容源于人的公共生存实践的内在需要，是"人的公共生存需要什么样的思想政治教育"的集中表达。应立足于人的现实公共生存实践特质，实现对思想政治教育公共关怀内容体系的创构。

人的公共生存实践特质可以从以下几个维度加以把握：其一，人的公共生存是一种主体性存在方式，个体主体、群体主体、类主体是人作为主体的基本存在方式，都需要在实践中塑造和确证公共性追求。其二，人的公共生存也是一种关系生存。正确处理人与自然的公共关系、人与人的公共关系是思想政治教育公共关怀的现实责任。其三，人的公共生存还是一种价值存在方式。自由、平等、公正、法治的公共价值是社会主义核心价值观在社会层面的基本要求，也集中体现了人对公共生存的价值期许。

公共生存主体是公共责任的承担者，公共生存关系构成了公共生存主体的连接方式，公共生存价值表明了人在公共生存中的价值诉求。人的公共生存就是公共实践主体在公共关系中追求公共价值的生存样态，三者构成了人的公共生存的三重维度。因此，以三重维度为基点建构思想政治教育公共关怀的内容体系，具有理论合法性和现实合理性。

第一节　基于人的公共生存主体样态的思想政治教育公共关怀内容建构

一　基于个体主体：公共理想信念教育

公共理想信念是由公共理想和公共信念有机结合而成的。公共理想是指共同生活的人们基于一定的现实需要而提出的关于未来的、合理的共同价值愿景。公共信念是指不同个体在实现共同理想的过程中表现出的深刻笃信与坚忍不拔的价值持守。公共理想是公共信念的价值指引，决定了公共信念发展与强化的方向；公共信念是实现公共理想的精神支撑，公共信念的坚守来自对公共理想的深切认同。

公共理想信念构成了人们认同公共世界、关怀公共世界和建设公共世界的基本动力。习近平总书记指出："坚定理想信念，坚守共产党人精神追求，始终是共产党人安身立命的根本。对马克思主义的信仰，对社会主义和共产主义的信念，是共产党人的政治灵魂，是共产党人经受住任何考验的精神支柱。形象地说，理想信念就是共产党人精神上的'钙'，没有理想信念，理想信念不坚定，精神上就会'缺钙'，就会得'软骨病'。"[1] 理想信念是中国共产党人克服一切艰难险阻，取得革命、建设、改革成功的法宝，也是衡量共产党人革命意志的精神准绳。正是因为共产党人秉承为人民谋幸福、为民族谋复兴、为世界谋大同的公共理想，坚定只有社会主义才能救中国、只有中国特色社会主义才能发展中国、只有中国式现代化才能实现强国建设和民族复兴的公共信念，中国共产党人才能凝聚公共力量，展现对国家和人民的公共关怀。因此，公共理想信念理应成为每个人内心深处笃定坚信的价值持守，决定着个体精神家园的根基，成为个体展现公共关怀精神的核心内驱力。现代人出现的"信仰危机"、"价值失落"，对公共世界责任感、关怀度的缺失，根源就在于其公共理想信念亟待建构。在当代中国，公共理想信念教育

---

[1]《习近平谈治国理政》，外文出版社2014年版，第15页。

是思想政治教育公共关怀内容建构的起点，也是个体精神家园建构的核心。这种公共理想信念教育主要应包括三个向度的内容：一是以中国梦为引领的公共理想观教育；二是以爱国观为引领的国家观教育；三是以社会主义和共产主义为引领的公共信念观教育。

（一）以中国梦为引领的公共理想观教育

在当代中国，最大的公共理想就是实现中华民族伟大复兴的中国梦，中国梦是中华儿女历经百年屈辱与战乱之后发自内心的共同民族期盼，其基本内涵就是实现国家富强、民族振兴、人民幸福。中国梦的宏大公共理想叙事象征着中国人公共生存的核心价值规划图景，任何个体理想、群体理想等都应围绕这一宏大的公共理想叙事展开。因此，思想政治教育公共关怀理想观教育的核心在于引导人们正确处理个体理想和公共理想间的关系。

首先，引导人正确看待中国梦这个公共理想的个体性蕴涵。中国梦是民族的梦，也是每个中国人的梦。中国梦本质上是一种公共理想，这种公共理想是由每个个人理想汇集而成的，也必然有利于每个人个体理想的实现。中国梦旨在给每个人人生出彩和梦想成真的机会，非但不排斥个体理想，反而是以个体理想的实现为前提的，反映了中国梦以人的生存发展需要为本的公共价值观照。

其次，教育人深刻认识中国梦所蕴含的个体理想与公共理想间的互促关系。一方面，个体理想是实现以中国梦为核心的公共理想的现实基础和力量之源，只有每个人都有理想、有追求、有奋斗，中华民族伟大复兴的中国梦才能实现。另一方面，以中国梦为核心的公共理想是评判个人理想公共合理性的重要标准。中国梦作为中华民族共同的价值追求和历史选择，体现了人民的整体利益，代表了时代发展的前进趋势，其公共合理性来自中华儿女共同的历史和时代选择。这就要求每个人在确定自身理想时，要以中国梦的公共理想为价值评价标准，考量个人理想与以中国梦为核心的公共理想的契合度，自觉摒弃不合理甚至不正当的个人理想。

最后，激励人将个人理想融入中国梦的伟大实践。人是社会关系的总和，是时代发展的产物，个人理想的确定和实现都取决于他成长的历史条件和社会关系。习近平总书记指出:"'得其大者可以兼其小。'只有把人生理想融入国家和民族的事业中,才能最终成就一番事业。"① 习近平总书记强调:"一百年来,中国共产党人的一切奋斗、一切牺牲、一切创造,归结起来就是一个主题:实现中华民族伟大复兴。"② 中华民族伟大复兴是融汇了政党理想、国家理想、民族理想、人民理想的大公共理想,是凝聚着中华民族五千年文明、饱含中华民族180多年近代屈辱血泪和中国共产党人100多年艰辛奋斗的理想,彰显了对国家、对民族、对人民最大的公共关怀,每个人都应该紧跟社会公共理想前进方向,在投身强国建设、民族复兴中实现自己的人生价值,在关怀和奉献国家和民族中实现自己的人生理想。

(二) 以爱国观为引领的国家观教育

爱国主义是中华民族精神的核心,爱国是社会主义核心价值观在个体层面的首要价值准则,也是人们树立公共理想信念的价值依托,体现了每个个体对国家的深度认同感、强烈热爱感和高度归属感,表征着个人对国家和民族崇高的公共关怀。通过爱国主义教育,不断增强人们的爱国情感,塑造人们的爱国行为,使每个人都把热爱国家、关怀国家、促进国家的发展进步作为自己的责任和使命。

一是深刻体悟国家对个人生存发展的意义。在现代性的冲击下,有的学者发出过如此慨叹:"在当今中国社会公共生活中,中国人心中的'国家'概念已大大淡化。'国家'离人心越来越远。对许多人来说,'国家'是最弱意义上的考虑。万事当头,先考虑的是自己的私利。"③ 思想政治教育公共关怀应当努力与各种漠视国家的思想和行为作斗争,引导人们理性认识国家对于个人的重要意义。对国家的深度认同是爱国的基础。个人与国家是相互支撑的关系,个人爱国是对国家的公共关怀,而国家以坚强的臂膀支撑着个人的发展。国家制度为个人的生存发展提

---

① 习近平:《勇做走在时代前面的奋进者开拓者奉献者》,《人民日报》2013年5月5日第1版。
② 《习近平著作选读》第二卷,人民出版社2023年版,第477页。
③ 袁祖社:《文化"公共性"的视野与个体生存意义根基之探寻》,《人文杂志》2004年第5期。

供了基本的生存规则和发展基础，国家安定为个人的生存发展提供了良好环境，国家富强为个人的生存发展提供了完善的生活保障和广阔的发展前景。习近平总书记用通俗的语言道出了国家与个人关系的真谛："国家好，民族好，大家才会好。"① 回顾自鸦片战争以来的历史，我们可以得出"没有国哪有家，没有国哪有个人发展"的朴素道理。曾几何时，政府腐败无能，旧中国备受欺凌，国家无力支撑国民的生存发展，人民失去了做人的尊严。要警醒西方"人权高于主权"的论调，树立国家至上的信念。西方国家以所谓的"权利和自由"为诱饵，误导一些国家的国民放弃对国家的热爱而走向争取"人权"的道路，导演了诸如伊拉克、利比亚、叙利亚等一系列悲剧，非但没有优化这些国家的自由和人权，反而使其丧失了应有的主权和尊严，人民过着流离失所的生活。如今的巴勒斯坦由于国家积贫积弱，加沙人民承受着 21 世纪以来最为非人道的折磨。应引领人民认识到，如今中国人能在国际舞台上享有话语权，能够处处赢得尊重，能够生活在全球安全指数最高的国度，能够自由地去施展才干和实现梦想，都有赖于我们祖国的强盛，有赖于中华民族伟大复兴这一不可逆转的时代潮流。

二是教育人们把爱国与爱党、爱社会主义紧密结合起来。如今，仍然存在这样一种"去政治化爱国论"的思潮，把爱国与爱共产党和社会主义区分开来，甚至有些青年存在"爱国不爱党"的错误论调。这种论调不但导致爱国的抽象化，而且不利于人们在爱国中坚定公共理想信念。在当代中国，爱国与爱党、爱社会主义的内在统一性不是所谓政治命令或高压式主流话语，而是近代以来历史流变和现实发展带来的必然性选择。爱国主义是中华民族五千年文明历史嬗变流传下来的精髓，但现代的国家和民族观念源于近代以来抵御西方列强的民族抗争当中。正如梁启超所言："凡遇一他族，而立刻有'我中国人也'之一观念现于脑际者，此人即中华民族一员也。"② 与对"中华民族"的认知一样，中国人

---

① 《习近平著作选读》第一卷，人民出版社 2023 年版，第 63 页。
② 梁启超：《中国历史上民族志研究》，《饮冰室合集》之八《饮冰室专集》，中华书局 1989 年版。

对"中国"概念的认知同样发端于同异族的比照中。异族入侵给了我们一个民族和国家自我意识生成发展的参照系,正是在与"他者"比对和冲突的张力中,我们形成了现代国家意识,也唤醒了现代意义上的"爱国"情结。从这个意义上讲,五四运动所倡导的"爱国主义"精神具有现代性意义,它不但形成了现代意义上的"爱国主义"精神,而且融汇了中国传统文化的爱国精髓。五四运动对国家深沉的爱最终转化为对"国家向何处去"这一历史性课题求索,形成了对资本主义的批判、警惕与对社会主义的探索,这一在改造国家和改造社会中彰显的对国家和民族的情怀历史地落到了中国共产党人的身上。思想政治教育应引导人民认识到,中国共产党人是爱国主义精神的坚定信仰者和忠诚实践者,中国共产党人对爱国主义精神最大的弘扬和实践,就在于从其成立伊始坚守"为国家谋幸福、为民族谋复兴"的初心和使命;就在于不论遇到怎样的艰难险阻,都始终把中国人民和中华民族的根本利益看得高于一切,始终满怀为了救国救民、不惜付出一切牺牲的精神,坚持崇高的革命理想和坚定的革命信念;就在于中国共产党始终代表最广大人民的利益,没有任何自己特殊的利益,从来不代表任何利益集团、任何权势团体、任何特权阶层的利益,始终与这个国家、民族和人民的整体利益保持高度一致,实现了对其他政党拘囿于党派利益的价值超越。中国共产党人对这个国家和民族深沉的爱,体现在带领中国人民实现民族独立和人民解放,取得社会主义革命的胜利,走出了一条能够实现国家富强、民族复兴、人民幸福的中国特色社会主义道路,引领中华民族迎来从站起来、富起来到强起来的伟大飞跃,以中国式现代化全面推进中华民族伟大复兴。思想政治教育应引导广大人民深刻理解,热爱中国共产党、拥护中国特色社会主义,本质上就是爱国主义最鲜明的表现。应理解中国共产党深刻改变了近代以后中华民族发展的方向和进程,深刻改变了中国人民和中华民族的前途和命运,使古老中国在现代化浪潮中焕发了崭新的生机。我们非但不应宣扬"去政治化的爱国论",反而应以中国共产党把国家和民族扛在肩头的使命意识为榜样,融入中国共产党致力于中华民族伟大复兴的时代洪流中,以参与中国共产党、建设中国特色社会主义为己任,为强国建设、民族复兴贡献每个人的力量。

三是教育人们在全球化的公共交往中自觉维护国家主权、尊严和发展利益。当前，思想政治教育公共关怀应面向全球化公共交往，引导人们树立国家身份意识，增强民族价值认同，将国格和人格统一起来。当今时代，现代化催生了全球人口大流动、大置换的发展态势，每个人国籍的变动性、生活发展地点的更迭性、移民现象的常态性、生活方式的多样性使地域和民族间的界限日益模糊，中华民族的族属认同深受时间、空间的制约。要引导人们在国际交往中坚守自己的国家认同和民族身份，把维护国家主权、安全和发展利益放在第一位，保持国家良好的国际形象。当国家的主权、安全、发展利益受到挑战时，要坚决果断地进行斗争。当前，世界百年未有之大变局和中华民族伟大复兴正在发生历史交汇，中华民族伟大复兴成为世界百年未有之大变局最大变量，是诱发"东升西降"格局演变和创构新世界秩序的核心力量。但是美西方不愿改变几百年来由其所主导的世界秩序，对中国进行无端指责和恶意打压，对涉台、涉藏、涉疆等问题无端干涉。思想政治教育公共关怀应紧跟世界局势和国民心理的新变化，引导群众民族情结的健康发展，激励群众在事关中国核心利益问题上展开有理有力有节的斗争，坚决捍卫国家和民族的尊严，在国际事务中显示大国风范，在爱国公共实践中强化对国家和民族的坚定理想信念。

（三）以社会主义和共产主义为引领的公共信念观教育

习近平总书记指出："革命理想高于天。没有一大批具有坚定共产主义理想的中华儿女，就没有中国共产党，也就没有新中国，更没有今天我国的发展进步。要把我国发展得更好，离不开理想信念的力量。我们共产党人锤炼党性，首要的就是坚定共产主义远大理想和中国特色社会主义共同理想。"[①] 在中国特色社会主义共同理想和共产主义远大理想之间，还有一段非常艰难的历程，需要几代人、十几代人、几十代人的接续奋斗。在这个过程中，公共信念对公共理想的支撑效用就显得尤其重要，始终保持对马克思主义的信仰、对共产主义的信念、对中国特色社

---

① 习近平：《在纪念邓小平同志诞辰110周年座谈会上的讲话》，《光明日报》2014年8月21日第2版。

会主义的信心就显得尤其重要。思想政治教育公共关怀应着力培养人民的公共信念，引导人们始终秉承对远大公共理想的追求和对公共价值的坚守，把关怀和建构美好公共世界当作代代接续的文明传承。

一是正确把握中国特色社会主义共同理想信念与共产主义最高理想信念的关系。共产主义是共产党的最高纲领，是共产党人始终不渝的最高理想信念；中国特色社会主义是中国共产党现阶段的行动纲领，是我国社会主义初级阶段的共同理想信念。共产主义为中国特色社会主义指明了前进方向和最终前途，中国特色社会主义是实现共产主义的必经阶段。从中国特色社会主义到共产主义，还有非常艰辛而漫长的道路。人的思想、意志和信念势必要经受严峻的考验。思想政治教育公共关怀应着力避免两种错误倾向。其一，避免不顾我国社会主义初级阶段的基本国情，超前使用共产主义的政策方针，将共产主义理想在不成熟的时候制度化，刮共产风，搞"大跃进"。这非但不利于调动人们关怀国家公共事务的积极性，甚至有可能削弱人们对共产主义的理想信念。要像习近平总书记指出的那样："把践行中国特色社会主义共同理想和坚定共产主义远大理想统一起来，坚决抵制抛弃社会主义的各种错误主张，自觉纠正超越阶段的错误观念和政策措施。"[①] 其二，认为共产主义理想遥不可及，弱化共产主义理想信念，质疑中国特色社会主义道路，降低人们对中华民族伟大复兴的奋斗热忱。一方面，我们应始终坚持马克思主义在意识形态上的指导地位，引导人们自觉认识共产主义是人类公共生存的理想样态，深化对共产党执政规律、社会主义建设规律、人类社会发展规律的理解，强化共产主义理想信念。正如习近平总书记所说："共产主义决不是'土豆烧牛肉'那么简单，不可能唾手可得、一蹴而就，但我们不能因为实现共产主义理想是一个漫长的过程，就认为那是虚无缥缈的海市蜃楼，就不去做一个忠诚的共产党员。革命理想高于天。实现共产主义是我们共产党人的最高理想，而这个最高理想是需要一代又一代人接力奋斗的。如果大家都觉得这是看不见摸不着的东西，没有必要为之奋斗和牺牲，那共产主义就真的永远实现不了了。我们现在坚持和发

[①] 习近平：《坚定理想信念 补足精神之钙》，《求是》2021年第21期。

展中国特色社会主义，就是向着最高理想所进行的实实在在努力。"① 要激励广大共产党员特别是中国青年坚定共产主义信念，不为任何风险所惧，不为任何干扰所惑，在中国特色社会主义共同理想信念的指引下，为实现共产主义远大目标而不懈奋斗。

二是引导人们自觉抵御历史虚无主义思潮，从历史公共性的视域坚定"四个自信"。历史公共性表征着历史与现实是一个有机整体，任何历史都不能为私人或私人集团垄断，从国家到个人都要客观公正地审视和评价历史。当前，历史虚无主义思潮依然甚嚣尘上，主要就是在外部势力的操纵下试图虚化、污化、丑化中国革命史、中华民族奋斗史，通过诋毁革命先烈、英模人物、伟大革命事件等方式消磨现代人的革命意志，动摇现代人的红色信念，甚至瓦解一个民族的精神根基。历史虚无主义主要呈现四个方面的叙事特点：从叙事内容看，以碎片化内容掩盖历史真实。宣扬某些能诱人眼球的历史细节、历史个案，把个案当成普遍、将细节视为全部、用部分代替整体。用截取碎片、再复制粘贴的手段消解历史真实，断章取义地曲解人们的历史认知，把个别历史人物的情爱故事拿出来渲染，将反动人物的某些温情瞬间无限放大，使英雄人物的某些历史细节成为人们竞相笑谈的调料，引导人民在碎片化理解中疏远历史真实和做出错误价值评价。从叙事话语看，以生活化的话语描述博取大众眼球。为迎合群众口味需要，借助自媒体时代的娱乐平台，用讲解生活故事、传播通俗百科的方式放大某些历史细节，借着使"历史人物走下神坛"的幌子，巧设生活议题，制造通俗故事，借助感性手段，引起大众共鸣。譬如，用曲解"雷锋日记"的方式将雷锋庸俗化，动摇人们心中的英雄形象；用曲解慈禧太后日常生活的方式渲染其如何接地气；等等。从叙事侧重点看，以猎奇化的历史事件颠覆主流认知。以重说历史为名，试图用所谓不为人知的历史故事串讲历史真实，以野史取代正史，以历史蒙太奇取代历史全貌，以历史中边缘化儿女情长取代历史实质意思表达，等等。譬如，宣扬所谓"民国热"，以民国大师云集、豪杰并起的戏说引导人们怀古薄今。否定中国近代革命史，重点是否定

---

① 习近平：《坚定理想信念 补足精神之钙》，《求是》2021年第21期。

中国共产党领导中国人民浴血奋战的革命史,从历史上否定中国共产党的功绩,放大中国共产党的错误,贬损中国共产党领袖的形象,把改革开放说成是向西方文明的复归,企图瓦解人民对中国特色社会主义和共产主义的公共理想信念。从叙事方式看,以泛娱乐化的"历史再现"消弭历史庄严。以所谓恶搞、噱头、戏说、重构等手段有意淡化历史事件的政治性和历史人物的庄严性,影响人民对正向历史人物的价值评价。如《抗日奇侠》等抗日神剧把抗日英烈打造成一个个飞檐走壁、精通各类通信手段和无所不能的侠客,干扰青年人对抗日战争艰难困苦和民族屈辱的认知。历史虚无主义思潮厚今薄古,崇洋媚外,仿佛中国自古以来就落后于世界;以"告别革命论"为代表,否定中华民族近代以来反帝反封建的民族解放斗争,把外族的殖民入侵说成是对中国现代化文明的开启;否定孙中山、毛泽东等革命领袖和他们领导的民族解放斗争,质疑和歪曲刘胡兰、黄继光等英烈,却对主张屈辱求和的慈禧、李鸿章等民族罪人极力开脱。这些曲解、污化甚至戏谑历史的方式诱使人们疏远历史真实、扭曲历史评价、污化革命精神和革命意志,降低人民的历史崇敬感,瓦解人民特别是青少年关于社会主义和共产主义的理想信念,影响"四个自信"。

思想政治教育公共关怀要引导人们客观公正地评价历史,在深刻的历史启示中形成关于是非、善恶、美丑的公共价值判断,坚定关怀国家和民族的理想信念。应从历史公共性的视角出发,引导人们正确辨识历史真伪,自觉与历史虚无主义作斗争,揭露历史虚无主义的政治野心,抵制历史虚无主义背后的公共价值虚无主义,教育人们深刻认识中国选择社会主义建设道路的历史必然性,深刻认识中国人民选择中国共产党的历史必然性,深刻认识中国走改革开放和中国特色社会主义道路直至走向共产主义的历史必然性,坚定沿着中国特色社会主义道路实现中国梦的公共理想。激励人民认识到,中国共产党是最能代表大多数人民利益的政党,社会主义也是最能体现历史公共性价值追求的制度。我们要客观公正地审视和评价中国古代史、近代史和现代史,全面理解中国特色社会主义生成发展的历史连续性和时代延展性,在对历史的深刻思考中树立"四个自信",激励人们在正确的历史认知和正向的历史情感中增强对当前国家建设事业的关怀度与责任感。

二 基于群体主体：集体主义价值观教育

随着人的公共生存的深入发展，个体对于公共世界的依存度以及公共世界对个体的需要度不断提高，人们纷纷融入公共世界，在关怀公共事务中找寻个人在公共世界中的价值定位，在与他人合作共赢中追求价值的实现。当代中国，基于群体主体展现思想政治教育公共关怀的关键是集体主义价值观教育。随着社会主义事业的发展，作为社会主义主导价值逻辑的集体主义经历了嬗变的过程，其基本逻辑理路就是由政治原则主导性向道德原则主导性演变。与西方资本主义所倡导的个人主义价值观相对应，集体主义价值观是社会主义区别于资本主义的价值观标识，是反拨以私人利益至上的个人主义的现代性价值根基。从这个意义上说，社会主义国家一刻也不能放弃集体主义。在中国社会主义进程中，集体主义始终伴随着双重属性，它们分别演绎出集体主义不同话语出场逻辑。一个是作为政治原则的集体主义，一个是作为道德原则的集体主义。从新中国成立至改革开放前，集体主义通常是作为政治原则和话语展现出来的，个人无条件服从集体利益、为集体利益的实现让路成为那个时代的当然选项。那个时代对集体利益的服从更多地出自对政治的服从。这也是为什么农村改革之初农民对家庭联产承包制度抱有极大的热忱，那种被旧式集体主义压制的个性创造力在政治合理性的许可下得到瞬间激发。改革开放后，随着市场经济的推进，资本主义个人价值观冲击着中国人对集体价值的思索范式，个性崇拜和个体解放使个人试图摆脱所谓群体限制。但是经过改革开放40多年的发展，特别是个人主义价值观在西方发源地遭受合理性质疑，暴露出重重积弊，我们也在反思中重拾对集体主义价值观的信念。即从个人和集体双向互构、个人和集体在集体主义中共同成长的价值逻辑上重新界定集体主义，侧重于从道德层面运用和发展集体主义，使其成为施展公共关怀的中国特色现代性主流价值导向。从这个意义上说，集体主义的道德话语和政治话语得到了共同激活。当我们将集体主义转化为内在道德律令和行为准则并予以践行时，我们也从人民实践中认识到以集体主义为主导价值的社会主义相比于资本主义的政治超越性。

当代集体主义告别了以往过分注重集体而忽视个人的价值偏向，在合理保障集体和个人利益基础上，推动集体利益优先地位的确立与促进个人合理利益实现的有机统一，实现集体与个人在彼此相互负责中的关怀互动，促进集体和个人的和谐发展。思想政治教育公共关怀进行集体主义价值观教育，就是要在公共生活视界中引导人们正确认识集体和个人的辩证关系，促进集体主义公共关怀价值的不断凸显，实现集体与个人公共关系的合理性建构。

（一）集体主义价值观蕴含的公共关怀意蕴

社会主义国家的集体利益本质上是一种公共利益。作为建立在公有制基础上的基本道德原则，社会主义的集体主义从群体价值出发建构个体与群体之间的和谐关系，试图对人类社会面临的个体与群体的矛盾给出圆满的解答。衡量集体利益是否能够代表社会公共利益，关键在于审视集体建构的社会关系基础及其性质。社会主义国家的"集体"是一种建立在公有制基础上的自觉群体样态，是个人基于共同利益和需要建立起来、代表公共价值诉求的人群共同体。由于社会经济基础的公共性，社会主义国家的集体利益与个人利益在根本上是一致的，其核心价值取向就是实现好、维护好、发展好最广大人民群众的根本利益。在当前利益多样化的环境下，社会主义制度的公共价值导向将引导各利益主体逐步建立互利机制，促进社会公共利益和个人利益的和谐发展，这为集体主义中集体与个人实现彼此的公共关怀提供了现实可能性。思想政治教育应促进人们认识到，集体的每一项决策都体现了合理的个人利益让渡、交换和相互实现，表明了集体利益和个人利益的内在相容性。既不要盲目排斥集体而放大个人，也不要盲目排斥个人而放大集体，努力寻找个人利益与集体利益的内在契合点。集体既然承接了个体的利益让渡，就应当承担起对个人的价值责任，代表众多个体价值诉求的最大公约数，保护其利益，促进其发展，实现对个人的公共关怀。

集体和个人互为目的并互为手段。康德说："无论是谁在任何时候都不应把自己和他人仅仅当作工具，而应该永远看作自身就是目的。"[①] 人

---

① [德]康德：《道德的形而上学原理》，苗力田译，上海人民出版社1986年版，第24页。

是目的与手段的统一。传统集体主义之所以需要反思，就在于其放大了集体的目的价值和个体的手段价值，要求个体单方面地关怀集体而集体却疏于对个体的关怀与责任。当代集体主义强调个人与集体处于平等地位，二者是一个命运共同体，两者互为目的并互为手段，个人是集体生成发展的基础，没有个人也就谈不上集体；集体是个人存续发展的保障，是促进个人价值实现的条件。集体和个人责任是双向性的，双方都应对彼此的发展负责。试想，如果个人或集体任何一方长期关怀对方却得不到对方的关怀，不但会导致关怀方责任意识的降低，而且也说明了受关怀方责任感的匮乏，这种不健全的关怀"施受关系"将导致双方的关怀关系难以长久存续。因此，思想政治教育应培养集体和个人间的双向责任意识，引导集体和个人给予彼此相应的道德观照，以自觉的关怀赢得对方由衷的关怀回应，形成个人和集体间良性的公共关怀互动，深化集体主义的公共性内涵。

集体利益拥有怎样的优先性决定了集体主义公共关怀价值的层次。思想政治教育应启发人们意识到，集体和个人的平等性并不影响集体利益的优先性。由于集体主义价值观代表了人们基于自觉选择而形成的公共价值共识，体现了不同个体在交往实践中的合作自觉，有其更为广泛的利益基础和价值基础，因此集体利益要比个人利益更具有优先地位。集体利益拥有怎样的优先性决定了集体主义公共关怀价值的层次：如果集体利益的优先性违背了集体主义的公共关怀宗旨，不利于实现集体对个人的公共关怀，也不利于调动个人关怀集体的积极性，那么就有理由取消集体利益的优先性；如果集体利益优先有助于推动集体与个人在相互关怀中实现和谐发展，那么就必须维护集体利益的优先性，促使集体主义释放更高层次的公共关怀。

(二) 加强集体自身建设

只有不断加强集体自身建设，完善集体人格，实现集体的主体价值，才能更好地实现对个体的公共关怀，肩负促进个体发展的价值责任。集体自身建设的强弱，关系到集体能否作为群体关怀主体承担起增进个人利益以及推动集体和个人关系和谐发展的责任。思想政治教育应从以下几个向度激励集体成员促进集体自身建设。

引导集体推动自身结构的优化和功能的整合。集体内部结构的不科学和功能的不明晰制约着集体公共关怀价值的实现。主要表现为：结构过于松散，冗员过多以致人浮于事；分工不明确，权责模糊，部门之间相互扯皮，工作效率低，集体的整体功能得不到有效发挥；奉献小团体主义；等等。集体应经常进行自我检讨，不断优化内部结构，明确集体成员的权利和责任，把权力关进制度的笼子里，按规律办事，按规矩办事。密切关注集体成员的现实需要，合理化解集体内部矛盾，扩大集体成员的共同利益基础，提升集体的凝聚力，为集体和个人相互关怀创造条件。

引导集体人格的价值塑造。集体作为实现公共关怀的主体，需要具有属于自身的集体人格，这种集体人格的养成需要集体内部个体之间的相互负责。随着社会分工精细化程度加深，社会资源和生产技能掌握在不同主体手中，集体中的各个成员只有相互合作、取长补短，才能形成集体合力，增强个人间的有机联系，提高集体的凝聚力、执行力和创新力，促进集体的整体发展与系统完善，在集体内部形成人人互帮互助、相互负责的浓郁氛围，涵养集体的公共关怀文化。

引导集体实现内在运行机制的完善。集体自身运行机制主要包括集体动力机制、集体决策机制、集体执行机制和集体评价机制，思想政治教育应以公共关怀为价值导向对其进行引导和规范。集体动力机制是集体基于自身生存发展的需要和利益形成的开放性目标系统。集体在确定自身的目标时，既要着眼于集体自身在社会公共生活中的角色定位，又要着眼于满足不同个体需要和利益的最大公约取向，通过确立一个统合个人与集体利益的集体目标体系，最大限度地释放集体的公共关怀价值。集体决策机制是集体基于目标所做出的促进集体自身、集体与个人关系和谐发展的战略决断系统。激发集体中的成员以实现集体公共关怀为出发点，规划集体的总体发展路线，完善集体与个人的良性互动关系。集体执行机制主要是指集体实现集体目标、贯彻集体决策，促进集体利益与个人利益有机结合的运行系统。集体的执行机制是实现集体公共关怀价值目标的核心环节。在集体实施公共关怀的过程中，会遇到各种困难和挑战，比如，集体实现公共关怀的能力不足、集体的公共关怀行为不符合个人的实际需要等,这就需要引导集体保持公共关怀目标的一贯性、稳定性和有效性,避免在执行过程中偏离集体发展的轨道,防止执行过程中的中断或大起大落。集体评价机制是对集体运行的环节、内容和效果进行审视和评判的评价系统。要引导集体成员以公共价值为基准点对集体行为进行科学评价,对于不符合集体公共关怀要求的思想和行为进行及时修正,对于能够彰显公共关怀价值的思想和行为大力弘扬。

(三)激励个人自觉关怀集体的公共利益

个人关怀集体是集体主义的内在要求,也是集体和个人共同发展的必然选择。只有个人自觉关怀集体,集体才具备成为群体主体的现实可能性。

增强个人关怀集体的自觉性。集体是不同主体力量的有机整合,集体的存续和发展是个人生存和发展的基础性条件。集体利益不是个人利益的简单加总,而是众多个人利益在相互实现过程中形成的共同利益,这种共同利益来自个人利益,但又高于个人利益。个体利益产生于特定的社会条件,需要在一定的社会环境中方可实现。正如马克思所说:"私人利益本身已经是社会所决定的利益,而且只有在社会所设定的条件下并使用社会所提供的手段,才能达到;也就是说,私人利益是与这些条件和手段的再生产相联系的……它的内容以及实现的形式和手段则是由不以任何人为转移的社会条件决定的。"[1] 因此,个人利益的实现离不开集体和集体利益,它需要集体利益的引导和规范,"集体利益是个人利益的过滤器和导向仪,能够起到净化个人利益的作用,使汇总起来的个人利益是经过筛选的个人正当利益的集合体"[2]。当人们基于自由意志和共同利益结成集体时,个人的整合和优化本身就孕育着一种个人所不具有的"新质",而这些"新质"既能为个人利益的实现提供保障,又能通过限制个人利益中不合理的成分,推动个人利益的不断优化。应教育个人提高对集体的归属感和使命感,增强个人关怀集体、对集体负责的主体

---

[1] 《马克思恩格斯全集》第30卷,中文2版,人民出版社1995年版,第106页。
[2] 罗国杰主编:《伦理学》,人民出版社1989年版,第157页。

意识，自觉维护和促进集体所代表的公共利益。

引导人们在关怀集体中不断促进集体和集体利益公共合理性的实现。社会主义公有制从根本上保障了集体和集体利益的公共合理性，但集体和集体利益的公共合理性是一个不断建构的过程，思想政治教育需要激励个人在关怀集体的过程中促进集体利益公共合理性的优化。一是促进集体和集体利益始终顺应社会发展的公共规律。个人关怀集体利益，就要推动集体利益符合社会历史发展的要求，通过集体功能的不断优化促进越来越多个人利益的实现。尽管集体利益和个人利益在根本上是一致的，但两者也有难以兼顾的情况，这时个人利益要服从集体利益，有时要付出一定代价，甚至要做出巨大的牺牲。只要集体的利益是正当的、合理的，代表了社会发展方向，个人就要树立大局观念和奉献精神，以公共责任感推动集体发展。二是促进集体和集体利益始终保持人民性本色。只有代表人民利益、满足人民需要的集体才是值得个人关怀的集体，集体如果不具有人民性，个人也就失去了关怀它的理由。要正确评判集体的人民性本质，自觉与集体中不符合人民利益的行为作斗争，促进人民公共利益的实现。

教育个人科学认识和践行自我牺牲精神。自我牺牲是指个体为了集体公共利益表现出的无条件奉献和牺牲，是自我奉献精神的极端表现形态。思想政治教育既要秉承个人奉献集体的公共精神，又要教育个人保持自我奉献和自我牺牲的价值超越性，使奉献和牺牲的意义最大化、奉献和牺牲的方式最优化。思想政治教育公共关怀主要根据集体利益与个人利益的崇高程度和重要指数来判定自我奉献与自我牺牲的程度及范围。集体利益的崇高性和重要性主要表现为集体利益的实现符合社会进步的客观趋势，有利于最大限度地促进社会的文明与进步；个人利益的崇高性和重要性表现为事关个人生命健康、合法财产、人身自由等最基本的生存发展利益。(1)当集体利益崇高而重大、个人利益却不那么重要时，个人应毫不犹豫地以实现集体利益为重，个人以一定的自我奉献关怀集体、对集体负责将获得最大效应，集体利益的实现将最大限度地推动个人根本利益的达成，实现集体和个人的"双赢"。在此次新冠疫情总体战中，医护人员逆行出征，解放军战士和武警官兵保驾护航，社区服务人员日夜坚守，14亿中国人坚守家庭这一堡垒，大家戴口罩、少出门、鲜聚集，使我们平安度过了疫情防控最凶险的时段，大家都为集体抗疫贡献着自己的力量。(2) 当个人利益重大、集体利益不那么重大时，不能一味要求个人付出巨大代价甚至自我牺牲来关怀集体。这种情况下，如果能够在保障集体核心利益的前提下，以牺牲部分集体利益为代价实现个人的重大利益，不但能实现集体对个人的公共关怀，还能激发个人对集体归属感和忠诚度的提升。在2015年亚洲男篮锦标赛期间，中国国家队队长周鹏的孩子患重病住院，球队认为人命关天，就破例做出了让周鹏回家探视的决定。球队的关怀使周鹏进一步增强了责任感与使命感，他在孩子病情稳定后的24小时内火速赶回赛场，在随后的比赛中发挥出色，帮助中国队重夺亚洲冠军。这一实例说明了个人关怀与集体关怀的相辅相成性。(3) 当集体利益和个人利益的崇高度和重要性都不大时，就应当选择需求度高的一方给予满足。(4) 当集体利益和个人利益都十分崇高和重大时，最容易造成集体利益与个人利益的二难选择。一方面，应首先保证个人对集体负责。因为如果崇高的集体利益受到损害，那么个人的重要利益必然遭受威胁。个人为集体自我奉献甚至牺牲生命具有价值超越性，是社会发展中最崇高的代价，这种代价从根本上推动了个人利益和集体利益的高度融合。革命战争年代，为了国家独立和人民自由，无数仁人志士抛头颅、洒热血，这种义无反顾的自我牺牲精神，换来了一个国家的崛起和数亿人的解放，是最伟大的价值实现。另一方面，要尽量避免集体和个人利益的单一选择，即使在最残酷的境遇中，也应千方百计促成双方核心利益的保全，特别是在和平年代，二者兼顾更应成为基本的价值取向。

（四）集体应当积极实施对个人的公共关怀

集体主义旨在推动个体与集体的和谐发展。集体对组成它的个体施展公共关怀，对每个个体的生存和发展负责，促进个体获得感、幸福感、安全感的提升，是集体成为真正的群体主体的必要条件。思想政治教育公共关怀应坚持关怀双向性的原则，引导集体自觉关怀个人，追求集体与个人相互关怀的良性互动。

引导集体深刻认识自身的力量源泉及担承的价值使命。集体作为社会关系共同体，集合了个人的力量，相比于个人居于优势地位。但是，集体应当正确认识这种"优势地位"，充分认识个人是集体力量的源泉，没有了个人就无所谓集体优势。集体的价值使命不只是促进自身发展，而是促进集体与个人的共同发展。人们让渡自身的利益而形成集体，就是要在集体中更好地生存与发展，推动集体中每个人的发展是集体义不容辞的责任。集体非但不能倚仗所谓的集体权威遏制个人的生命力，反而要最大限度地激发个人的潜能，为每个人实现全面发展创造条件。

科学评判个人利益的正当性。思想政治教育公共关怀应准确把握个人利益正当性的评价尺度：（1）个人利益是否有损于集体利益。不损害集体利益，是个人利益正当性的底线要求。如果个人在实现自身利益时总对集体提出要求，不顾及集体中人们共同的诉求，利用集体给予的公权攫取个人利益，对集体利益造成损伤，这样的"个人"就不应再属于集体中的一员，集体不但不应给予关怀，反而应将其清除出集体。（2）是否有利于增进集体利益。个人在实现自身利益的同时，如果能够增进集体利益，推动集体和个人的良性互动，则将促进个人利益正当性的升华。当个人利益实现有利于增进集体利益时，集体应当积极创造条件帮助个人利益的满足，促进个人价值的实现。

增强集体关怀个人的针对性。每个人参与集体，都具有各自独特的需要，对集体充满了个性化期待。满足不同主体的个性化需要是公共关怀的要义，也是集体义不容辞的责任。集体在关怀个人时，应根据不同个体的需要量体裁衣，对不同的个人采取相应措施。集体要有针对性地保护个人的健康个性，最大限度地实现集体发展和个人个性发展的有机统一，提升个人对集体的满意度。

注重物质关怀和精神关怀的有机结合。集体对个人的关怀有两种基本形式：一是物质性关怀；二是精神性关怀。集体关怀个人的健康成长，反映了对个人关怀集体予以积极的关怀回应，突出了集体对个人的精神性关怀价值，这是个人成长所需要的。为提高集体关怀的实效性，精神性关怀必须与物质性关怀相结合。邓小平同志在阐述按劳分配原则时说："不重视物质利益，对少数先进分子可以，对广大群众不行，一段时间可以，长期不行。"① 个人要更好地保证自身的生存和发展，就需要得到集体在物质生活和精神生活层面的合力关怀。如果仅仅倡导个人对集体的奉献和牺牲，却对个人在这个过程中付出的代价置之不顾，造成"英雄流血又流泪"的现象，就会降低个人对集体的忠诚度，也影响集体成为合法的群体主体的可能性。集体应当充分认识个人对集体的全面性需要，把物质关怀与精神关怀有机统一起来，让人们心甘情愿地奉献集体，不断增强集体的内生动力，使集体成为强有力的群体主体，在社会发展中持续释放自身的公共性价值。

第二节　基于人的公共生存关系的思想政治教育公共关怀内容建构

马克思指出："生命的生产……立即表现为双重关系：一方面是自然关系，另一方面是社会关系。"② 人在公共实践的基础上不断生成和发展着两种关系：一种是人与自然的公共关系，主要是在生产实践中表征出来的主体和客体间的关系；另一种是人与人的公共关系，主要是在交往实践中表征出来的主体和主体间的关系。由此可见，以人为核心的公共生存关系主要包含两个方面：一是在面向自然的公共实践中形成的人与自然的关系；二是在面向他人的公共交往中形成的人与人的关系。面向人与自然的公共关系，思想政治教育公共关怀应加强公共生态观教育；面向人与人的公共关系，思想政治教育公共关怀应加强公共交往观教育。

一　基于人与自然的关系：公共生态观教育

大自然是人类赖以生存发展的家园，人类脱胎于自然，依赖于自然，正如马克思所说："自然界……是人的无机的身体……自然界是人为了不

---

① 《邓小平文选》第二卷，人民出版社 1994 年版，第 146 页。
② 《马克思恩格斯选集》第 1 卷，人民出版社 2012 年版，第 160 页。

致死亡而必须与之处于持续不断的交互作用过程的、人的身体。"① 自然界总是毫无偏私地对待人类，习近平总书记也强调："良好的生态环境是最公平的公共产品，是最普惠的民生福祉。"② 自古以来，人与生态具有须臾不可离的共生性，只不过随着人类文明的演进，人类对待自然的态度发生了剧烈的变化，从原始文明时代的敬畏自然，到农耕文明时代的依赖和利用自然，再到工业文明时代的主宰自然，人和自然间的公共性呈现出逐渐被破坏甚至肢解的趋势。西方现代化创造了巨大的物质和精神财富，展现了人之为人无穷尽的创造力，但也使人的理性在自然面前忘乎所以。西方现代化所创构的文化世界是自然生态"缺场"的世界。从哲学思维范式来讲，西方理性主义思潮不仅将人从宗教神学中解放出来，而且从自然生态中超拔出来，成为能够自足自在、自我超越、宰制万物的存在，以"主—客"二分的思维方式将人与自然的共在关系生硬地割裂开来。从经济学视角看，人类再也不满足于农耕文明"靠天吃饭"的被动逻辑，而是试图实现"资本"的主动作为。随着生产力的发展和私人资本所主导的生产关系的演进，利益最大化的诱惑与科学技术的进步使人在无休止的开垦自然、控制自然、利用自然的道路上越走越远。在这个过程中，经济学意义上的资本逻辑与哲学意义上的"主—客"二分思维相互印证，资本成了自行倍增、自我中心、自我超越的价值存在，资本逻辑成为现代性社会的主体性逻辑。在资本逻辑的趋势下，人类罔顾自然界限的开垦与实现资本增殖的活动大大超越了自然的自我修复和循环能力，人与自然的公共性关系遭受前所未有的危机。习近平总书记深刻指出："生态兴则文明兴，生态衰则文明衰。"③ 人与自然的公共性关系表征着人类对待自然的态度，也表征着人在维护与自然的共生关系中自我发展的能力。从某种意义上讲，西方现代化创造了人类文明，但这种"竭泽而渔""杀鸡取卵""霸凌自然"的文明迟早会遭到自然的报复，"人类进行毁灭的能力是如此之大，如果这种毁灭力实现了，整个地

---

① 《马克思恩格斯文集》第1卷，人民出版社2009年版，第161页。
② 《习近平在海南考察时强调加快国际旅游岛建设谱写美丽中国海南篇》，《人民日报》2013年4月11日第1版。
③ 《习近平谈治国理政》第三卷，外文出版社2020年版，第374页。

球就成为一片空地……万物就会从最低级的阶段重新开始"①。因此,从生态公共性的角度看,西方现代化无异于走向了文明的反面。正如习近平总书记在 2018 年全国生态环境保护大会上讲到的:"人类进入工业文明时代以来,传统工业化迅猛发展,在创造巨大物质财富的同时也加速了对自然资源的攫取,打破了地球生态系统原有的循环和平衡,造成人与自然关系紧张……一些西方国家相继发生多起环境公害事件,损失巨大,震惊世界,引发了人们对资本主义发展模式的深刻反思。"②

党的二十大报告指出:"必须牢固树立和践行绿水青山就是金山银山的理念,站在人与自然和谐共生的高度谋划发展。"③ 中国式现代化是人与自然和谐共生的现代化,超越人与自然主客对立的思维范式和以资本逻辑宰制自然的发展模式,反映了中国式现代化在自然观上的文明新形态创构。其核心就是在现代化进程中守护好生态环境的公共性以及人与自然的公共性关系。

在人的公共生存关系中,首要关系就是处理好人与自然的公共性关系,要改变以传统"人类中心性"眼光俯视自然的价值逻辑,以敬畏自然、尊重自然的眼光认识和利用自然规律,自觉维护生态环境的现实公共性和历史公共性,即在维护与自然当下的共生关系基础上引导生态环境的永续发展。各国应自觉承担生态公共主体责任,抵制环境污染和资源浪费,坚持共同但有区别的生态保护原则。思想政治教育开展公共生态观教育,关键在于开掘人与生态关系的公共性价值,启发人们自觉认识人与自然、经济利益与生态利益、生态与人类文明间的关系,以优化生态公共世界为基本价值取向,塑造人科学改造自然的思想和行为,促进人的公共关怀精神与生态公共性的有机统一,不断化解人与自然的矛盾,科学建构人与自然的公共关系。

(一) 准确理解人与自然的共生性

引导人们认识人与自然的共生性是思想政治教育公共关怀的首要任

---

① [德] 马克斯·霍克海默、特奥多·威·阿多尔诺:《启蒙辩证法》(哲学片断),洪佩郁、蔺月峰译,重庆出版社 1990 年版,第 213—214 页。
② 《习近平著作选读》第二卷,人民出版社 2023 年版,第 170 页。
③ 《习近平著作选读》第一卷,人民出版社 2023 年版,第 41 页。

务。马克思指出，自然界"是人的无机的身体"①，人类发端于自然，依赖于自然，人的生存发展有赖于与自然进行物质能量交换。承认人与自然的共生性，优化人与自然的道德关系，是公共生态观教育的重要使命。

第一，教育人们深入认识人与自然的密不可分性。马克思指出："全部人类历史的第一个前提无疑是有生命的个人的存在。因此，第一个需要确认的事实就是这些个人的肉体组织以及由此产生的个人对其他自然的关系。"② 人脱胎于自然界，有属人的肉体组织，离不开自然界，没有自然生命圈提供的物质能量滋养，人的生存与发展就成了一句空话。因此，公共生态观的第一要义，就是倡导人把自身的生存发展融入公共生态大生命中去审视，深刻认识关怀公共生态环境就是关怀人本身的公共生存命运。

第二，在社会公共实践中理解人与自然的共生性。人与自然的共生性不能停留于对人的自然性和生态环境生物依赖性的阐发，而必须从人改造自然的公共实践活动的维度加以深入透视。自然分为自在自然和人化自然。自在自然是指人类认识和实践活动尚未进入的自在领域，它仅具有与人发生联系的可能性；而人化自然则是人类实践活动对象化而生成和发展的社会学与人类学意义上的自然。马克思指出："在人类历史中即在人类社会的产生过程中形成的自然界是人的现实的自然界；因此，通过工业（尽管以异化的形式）形成的自然界，是真正的人类学的自然界。"③ 我们通常说的人与自然的关系，也主要是"人与人化自然"的关系。因此，自然是一种社会生成，人的实践活动构成了自然的人化和人的自然化相统一的价值基础。自然的人化就是人把自身的目的和意志对象化于自然公共世界，使自然公共世界发生合目的性的转变；人的自然化就是人在改造自然公共世界的过程中将自然的公共力量内化于人自身，使人的本质力量得到充实。在自然的人化和人的自然化过程中，自然与人的共生诉求更加迫切，共生关系更加凸显，激发了人关怀自然的思想

---

① 《马克思恩格斯文集》第 1 卷，人民出版社 2009 年版，第 161 页。
② 《马克思恩格斯选集》第 1 卷，人民出版社 2012 年版，第 146 页。
③ 《马克思恩格斯全集》第 42 卷，人民出版社 1979 年版，第 128 页。

和行为。在人的公共实践基础上形成的人化自然,本质上是"社会的自然"。正如马克思指出的:"只有在社会中,自然界对人来说才是人与人联系的纽带,才是他为别人的存在和别人为他的存在……只有在社会中,自然界才是人自己的人的存在的基础。"① 思想政治教育公共关怀就是要引导人科学领悟自然的实践本质和社会本质,教育人们在"人—自然—社会"的有机系统中形成正确的人与自然共生观,启发人们从实践的观点认识人与自然的相互生成发展过程,把自然、人和社会都看成须臾难离的目的性存在,人类只有在顺应自然公共规律的基础上,才能使自然更好地为人类服务,从而实现对自然的公共关怀和对人的公共关怀的内在统一。

第三,引导人们自觉完善人与自然间的公共道德关系。人与自然共生关系蕴含着人与自然的双向道德诉求。认识到人与自然的共生关系,体现了人类的道德自觉,人与自然的共生关系也只有在人与自然的双向道德观照中才能真正得到确证和优化。相比于人与人之间的道德关系,自然的道德权利需要人作为价值主体进行代言,因而人在人与自然的道德关系中居于更为重要的作用,它关乎人对自然道德责任的履行和自然的道德权利塑造。思想政治教育公共关怀应培育受教育者的生态道德,提高人为自然代言的道德理性,善于把握自然的道德权利诉求,把关怀自然的情愫作为人的道德情感释放的内在需要,引导人们克服私利诱惑,防止为一己私利而置公共生态于不顾的短视行为,以坚定意志维护人与自然的和谐共生。

(二)认识和优化人与自然的公共价值定位

在人类历史上,关于人与自然的公共价值定位一直存在着争论,焦点是"人和自然何者为中心"的问题,从而形成了多种生态价值观,归结起来主要有三种:其一,单极人类中心主义价值观。启蒙运动以来,由于理性能力不断增强和支配自然能力无限增长,人类希图以人为中心建构自然生态秩序,结下了深厚的"人类中心主义情结",智者学派代表普罗泰格拉的"人是万物的尺度"就是其集中表达。漫长的中世纪,人

---

① 《马克思恩格斯全集》第42卷,人民出版社1979年版,第122页。

类虽生活在宗教阴影下，但依然被上帝赋予了统治世间万物的权力。文艺复兴以来，在"知识就是力量"的感召下，人类的主体价值得到彰显，人的"最清白和最有价值的征服"就是征服自然，这形成了单极人类中心主义的基本价值趣向。之所以称其具有"单极性"，就是因为这种价值观把人视为自然的统治者，处在"绝对第一"的地位，自然仅仅是满足人类需要的工具。进入工业社会后，人对自然的统治越来越依靠科学和技术，人的理性与技术的媾和形成了技术理性，这种技术理性本质上成为资本增殖的工具。在资本逻辑的驱使下，技术理性逐渐异化为非理性而走向自己的反面，为了创造更多价值而一味向自然索取，这种索取与人的欲望形成恶性互促效应，以致于"在决定对待自然的方式时，人的欲望及其满足是唯一值得考虑的东西……人们不必顾及自然的生命及其内在价值"[1]。其二，生态中心主义价值观。这是在严重生态危机下催生的一种后现代思潮，强调自然的内在价值，将人与自然界的其他生物等同起来，把自然状况的优劣作为评价人类活动的根本标准。生态中心论者利奥波德说："一件事，只有当它有助于保持生物共同体的完整性、稳定性和完美性时，才是正确的，否则就是错误的。"[2] 人类对自然只能敬而远之，保护自然的唯一方式就是放弃改造自然的活动，无原则地顺应和迁就自然，全面放弃工业化，追求田园牧歌式、小国寡民式的生活模式，在人与自然价值无涉的基础上寻求原始和谐。其三，人与自然的生命共同体价值观。习近平总书记多次指出：人与自然是一个生命共同体。从共同体视角审视人与自然的关系，不仅是对人与自然共生关系的新发展，而且还孕育着对人与自然关系认识的"哥白尼式革命"。以往对人与自然关系的认识均局限在争论"人与自然何者为中心"这个问题域中，生命共同体价值观从生命内在的有机联系中思索各自生命应处的地位，以系统观念引导人们重新思索人、自然、其他生物及其内在联系，思索人作为"万物之灵"对促进生命共同体良序发展应负担的责任，以共同

---

[1] [美] 大卫·格里芬编：《后现代精神》，王成兵译，中央编译出版社1998年版，第218—219页。

[2] Leopold & Aldo, *A Sand County Almanac*, ON: Oxford University Press, 1949.

体视角深刻阐发了人与其他生命系统的共在本质和生态公共性意涵，跳出了"人与自然何者为中心"的窠臼。

在这三种生态价值观中，单极人类中心主义片面强调人的欲望满足和忽视自然的内在规律，是导致对自然公共关怀缺乏的直接根源。生态中心主义片面地将人与自然相混同，取消了人关怀自然的主体地位和能力，同样无法实现对自然的公共关怀。只有生命共同体价值观既肯定了人与自然的公共统一性，又明晰了人与自然的公共价值定位，是思想政治教育公共关怀应当确立和宣扬的公共生态价值观。生命共同体价值观教育主要包括：

第一，树立科学的生态感恩观。对公共生态心存感恩，体现了人在共同体视域中对生态环境馈赠产生深刻的价值体认，这是人类关怀公共生态的心理基础。自然是人类之母，是人们实践活动的物质基础，为人类提供生存发展必备的生产生活条件。马克思说："自然界一方面在这样的意义上给劳动提供生活资料，即没有劳动加工的对象，劳动就不能存在，另一方面，自然界也在更狭隘的意义上提供生活资料，即提供工人本身的肉体生存所需的资料……没有自然界，没有感性的外部世界，工人就什么也不能创造。"[①] 应教育每个人真诚地感恩自然、珍爱自然、敬畏自然，以感恩之心谋求人类与自然的和谐，以公共关怀促进公共生态大系统的不断优化。单极人类中心主义之所以没有对于公共生态的感恩，就是因为遵循了一种"重占有"的文化发展观，把与自然的关系看成一种据为己有的占有关系，占有自然的同时也遭受到自然的报复。思想政治教育应倡导以公共关怀为价值旨趣的"生态回馈文化"，以"奉献型人格"努力塑造人与自然公共关系的合理性，激励人将"尊重自然、敬畏自然、保护自然"才能切实落到实处，促进生命共同体在人类的真挚调和与回馈中不断彰显。

第二，树立科学的生态平等观。人与自然在道义上是平等的，在公共关系上是共兴共荣的。人是生命共同体中的一份子，没有凌驾于自然之上任意支配自然的特权。不能仅要求自然为人服务，也要考量人的活

[①] 《马克思恩格斯全集》第42卷，人民出版社1979年版，第92页。

动是否顺应自然，在平等基础上寻求人与自然共同尺度的对接点。坚持人在保护自然、改造自然和利用自然中的主导作用。生命共同体价值观承认各种生命在生态公共系统中的地位和作用，人与自然公共关系的平等诉求本身就是一种属人的价值，如果像生态中心主义那样把人降为物，取消了人的实践资格，也就根本没有平等价值可言。思想政治教育公共关怀应注重发挥人的主体能动性来追求生态平等，激励人们追求"自觉的生态平等"。自人类社会产生以来，自然就被打上了人的目的性活动的烙印，自然生态系统的整体性由自在的整体性转化为一种自觉的整体性。顺应这种历史发展趋势，思想政治教育应引导人们以主体自觉的公共关怀活动在"自觉整体性"的基础上重构人与自然的平等关系，实现生物群落由"自在平等"向人与自然"自觉平等"的境界跃迁。

第三，树立科学的生态主体观。公共关怀是具有自由意志和公共精神的人发起和主导的主体性活动，要实现对自然的公共关怀，就要树立科学的生态主体观。应引导人们认识到，在生命共同体价值框架下，虽然人们跳出了以"何者为中心"的生态观，但是并不意味着取消人在生命共同体中的价值主体地位。单极人类中心主义表面上无限张扬了人的主体性，实质上是"人类主体性"的丧失，因为它把人的主体性定位于对自然的掠夺和对自身欲望的盲目满足，这种依靠"强力"维持的主体性反映出人的自主调控能力不足。人与自然的公共价值定位及人类主体性需要在生命共同体的视域中进行重构。马克思说："劳动……是人以自身的活动来引起调整和控制人和自然之间的物质变换的过程。"[1] 马克思的"调整和控制自然"思想并不是主宰自然，是在生命统一体中调和人与自然的关系，并在控制自然的过程中控制自身的行为，推动人与自然的和谐发展。人作为主体不仅具有改造自然的能力，也负有保护自然的义务，人的"主体性"不止于"改造自然的主体性"，更在于"优化自然的主体性"，"优化自然的主体性"是一种更高层次的主体性，能够科学研判人的实践水平及其实践过程和效果的公共合理性，在严格约制自身思想和行为的前提下，对公共生态系统进行有机调节和保护，发挥人

---

[1]《马克思恩格斯全集》第23卷，人民出版社1972年版，第201—202页。

的生态适应性和生态创造性，从纯粹改造自然的主体转变为关怀自然的主体，因此，生命共同体价值观与马克思调整和控制自然的思想一脉相承，内在地蕴含着对自然的公共关怀。

（三）推动人与自然关系的公共性建构

在生命共同体价值观的框架下建构人与自然优质的公共性关系，不仅是思想政治教育公共关怀内容建构的重要使命，也是人类与自然和解的路径选择。

引导人们认清生态危机背后的公共价值失落。人与自然之间的公共价值定位不仅是一个伦理问题，更关乎一种制度问题。生态学马克思主义者从生态学的视角审视和批判资本主义制度，认为资本主义制度下的私人性生存逻辑是导致生态破坏的根源，技术与资本合谋所产生的单极人类中心主义是造成生态危机的罪魁祸首。"资本的积累没有任何限制，在资本无限积累这一致命的冲击下，自然界仅仅被看作是进行社会统治的工具"[1]。资本自私性逻辑对人与自然公共关系的破坏，本质上是对人与人公共关系的破坏。资本主义"控制自然"意识形态的背后本质上是"控制人"，"控制自然"就意味着"由个人或社会集团完全支配一特殊范围内的现有资源，并且部分或全部排除其他个人或社会集团的利益（和必要的生存)[2]"。只要自然资源被少数人所控制，它就会转化为控制和压迫人的工具。资本的私人性使自然的公共价值和大多数人的公共利益都服膺于个别人无节制的价值增殖活动，造成人与自然关系、人与人关系的公共性价值的双重失落。思想政治教育公共关怀要启迪人认清生态危机背后的反公共性根源，深刻理解公共关怀对于重建人与自然公共关系的意义，找准人与自然关系公共性建构的方向，将社会主义制度的公共关怀熔铸于公共生态观的内容建构中，用社会主义制度的公共价值消泯资本主义"控制自然"的意识形态。人与自然是生命共同体不仅反映了一种人与自然间全新的思维范式，也指称着共产主义时代人与自然矛盾完全化解的公共理想。"这种共产主义，作为完成

---

[1] J. B. Foster, *Marx's Ecology: Materialism and Nature*, Monthly Review Press, 2000, p. 7.
[2] ［英］威廉·莱斯:《自然的控制》，岳长龄等译，重庆出版社1993年版，第122页。

了的自然主义,等于人道主义,而作为完成了的人道主义,等于自然主义,它是人和自然界之间、人和人之间的矛盾的真正解决,是存在和本质、对象化和自我确证、自由和必然、个体和类之间的斗争的真正解决"①。

要教育人们以公共关怀精神正确处理经济理性与生态理性的关系。思想政治教育公共关怀应引导人们从政治视角看待公共生态观的跃迁。在资本主义生产关系下,资本作为逐利性工具迫切地向生态环境索要生产力和公共资源,致使经济理性和生态理性难以克服的矛盾。而社会主义本质就是要限制资本的力量,改变经济理性和生态理性二元对立的思维方式。一是引导社会公众重新审视经济与生态的辩证关系。习近平总书记一再强调"绿水青山就是金山银山"。在以往的观念中,人们很自然地认为绿水青山和金山银山是两极对立的,如果要放弃"宁要金山银山,不要绿水青山"的单极经济理性观,就要放缓经济增速而迁就生态恢复程度。习近平总书记提出的"两山论"是一种积极公共生态观,在这种生命共同体的框架下,绿水青山本质上是一种生态财富,这种生态财富同样能够转化为物质财富,而物质财富也能反哺生态财富。习近平总书记在 2023 年视察陕西时指出:"绿水青山就是金山银山。绿水青山和金山银山决不是对立的,关键在人,关键在思路。为什么说绿水青山就是金山银山?'鱼逐水草而居,鸟择良木而栖。'如果其他各方面条件都具备,谁不愿意到绿水青山的地方来投资、来发展、来工作、来生活、来旅游?从这一意义上说,绿水青山既是自然财富,又是社会财富、经济财富。"中国推进绿色低碳生产生活方式,划分生态主体功能区,让生态宜居的地方充分发挥其生态潜能,教育引导公众自觉负担社会公共责任,把生态环境只能变好、不能变坏作为经济发展的底线,把环境评价作为衡量政府公共服务的标准。

二是引导生产主体和市场主体持续树立生命共同体视域下的新生产力观,思索人与自然和谐共生现代化的新发展模式。习近平总书记指出:

---

① 《马克思恩格斯文集》第 1 卷,人民出版社 2009 年版,第 185 页。

"保护生态环境就是保护生产力,改善生态环境就是发展生产力。"① 要使中国的政府工作人员和企业主体认识到,西方现代化走了一条"以破坏生态环境造就先进生产力"的发展道路,我们要实现对西方的超越,就应该以绿色科技、绿色经济、绿色生产来开动新质生产力引擎,每个市场主体都应成为关怀生态发展、促进人与自然和谐共生的价值主体,善于借助生态环境提供的绿色资源助力经济发展。要规制破坏生态的资本无序发展,开掘生态资本,促进生态和资本的深度融合。

三是抑制私人经济理性而培育公共生态理性。这是生态公共关怀的核心问题。私人资本的逐利本性放大了人的自利性,而保护生态环境的诉求又最需要人的公共关怀精神。生态环境的共有性和非排他性极易导致"搭便车"行为的发生,"公地悲剧"就是其最典型的例证。加勒特·哈丁这样阐述了"公地悲剧":每个放牧人都能从自己的牲畜中得到直接收益,而却只需承担由于过度放牧所造成的公共牧地损失的一小部分,因而为了获得更大收益和抵消损害公共牧地付出的成本,每个人都不断地投放更多的牲畜。可是,当每个人趋之若鹜地追求自己的最佳利益时,人们赖以生存的公共牧地却逐渐遭到了毁灭。② 维护生态公共利益看似影响私人经济利益或局部经济利益的获取,但实际上是维护了大家更深更远的利益。试想,如果公共生态环境持续遭受破坏,就像公共牧地一旦被消耗殆尽,再也承受不起哪怕一只牧畜,人们将无法获得哪怕一丝一毫的经济利益。要启发人们认识到,从工具理性意义上说,保护公共生态实际上也是保护人类的经济利益;从价值理性层面上说,保护公共生态就是保护人类共有的生存家园,是为了人与自然在和谐共生中实现永续发展。

二 基于人与人的关系:公共交往观教育

人是社会公共存在物,人的交往实践及其形成的社会关系是人共同

---

① 《习近平著作选读》第二卷,人民出版社 2023 年版,第 171 页。
② 转引自[美]埃莉诺·奥斯特洛姆《公共事物的治理之道》,余逊达、陈旭东译,上海译文出版社 2012 年版,第 2—3 页。

活动的产物,具有深厚的公共性意蕴。

个体和私人群体生存能力的有限性需要人的公共交往,构成了公共交往生成发展的必要性。面对自然和社会的挑战,任何个体都没有能力独立应对;私人群体也往往因私人利益的局限性而无法承担社会公共风险。这就要求人们必须在公共交往中结成社会共同体,承担人类的公共责任,应对共同的风险和挑战。人的公共交往过程就是为我和我为、目的与手段的统一过程,人与人之间互为目的并互为手段,既弥补了个体生存发展的有限性,实现了主体"我为"的生命自觉,在公共交往中找到了主体价值定位;又满足了社会交往的公共性诉求,实现了其他主体"为我"的价值诉求,促进了他人以及社会公共利益的实现。

人与人之间共通性为人的公共交往提供了可能性。人的共通性是指差异个体之间能够通过相互沟通而弥合差异、实现共同生活的属性。在全球化时代,多元价值主体之间的相互依存性不断提高,对人的共同生存的要求也日益增强,这就意味着自我的生存和发展必须以承认他人的存在为前提,在尊重彼此差异的基础上,寻求不同主体之间的沟通与协调,寻找人与人之间的价值契合点。公共交往是人的公共生存的必然选择。思想政治教育应引导人树立正确的公共交往观,完善人的公共交往行为,推动人在和谐的公共交往中优化公共关怀实践。

促进人与人之间互利、互信、互爱是人的公共交往应然性的价值目标。互利是人与人公共交往的利益基础,互信是人与人公共交往的信义支撑,互爱是人与人公共交往的关怀要求。在思想政治教育公共关怀视域下,应基于人的公共交往中的"三互"价值目标,重点进行三方面教育:一是基于公共交往互利价值实现而进行公共生活中的竞争观与合作观教育;二是基于公共交往互信价值实现而进行公共生活中的诚信价值观教育;三是基于公共交往互爱价值实现而进行公共生活中的友善价值观教育。

(一)基于互利价值目标的竞争观与合作观教育

竞争与合作是人在公共生存中的两种基本交往样态。竞争是指不同利益主体之间为了特定利益诉求而产生竞技、角逐与争胜的实践过程。从量上来说,竞争源于人的需要的无限性与社会公共资源有限性的内在矛盾；从质上来说，竞争源于人们对优质公共资源需求与优质公共资源无法满足每个人需求之间的矛盾。人的公共生存是多元主体共同生活的舞台，也是个体在社会公共关系中彰显自身价值的平台，人们为了获取更多更优质的公共资源而相互竞争。合作是指个人与个人、群体与群体之间为了共同利益和各得其利而相互配合、取长补短的联合行动过程。人的合作性源于人的社会存在本质，马克思将人的本质界定为"社会关系的总和"，"社会关系的含义是指许多人的合作"①。合作是人的公共生存的内在要求：一是人的公共生存宣示了个体生存的有限性，要求人们在相互合作中弥补个体能力的不足，把个体利益融汇于社会公共利益当中，使个体价值在社会共同价值的实现过程中得到不断彰显。二是人的公共生存表达了人的类群生存属性，而人的合作正是对这种类群生存的实践确证。人与人之间的公共合作表明不同主体之间具有共同的利益基础和价值目标，人们正是在这一共同利益基础上为了共同的价值目标而展开合作，不断发展和确证人的类群价值。

竞争与合作时刻同自利与互利相伴随，既相互制约又相互促进。在竞争关系中，竞争主体的争胜行为无疑是追求自身利益的最大化，把自利当作主要价值目标；合作主体把自身利益寓于共同利益的实现中，旨在通过合作而满足共同利益并各得其利。思想政治教育公共关怀应加强公共生活中的竞争观和合作观教育，推动公共生活各主体在良性竞争和互利共赢中共同发展。

第一，公共生活中的竞争观教育。

良性竞争是互利合作的坚实基础，各主体应自觉遵行竞争的公共价值理念，以公共关怀精神正确对待竞争对手。

一是以公共关怀精神优化人的竞争动机。主体在确立自身的竞争动机时，既要适度考量自身的利益诉求，也要适度考量他人利益和社会公共利益。一方面，应尊重公共生活中各主体基于自身合理的自利性诉求，与竞争对象展开合理有序的竞技行为，并在这种有序竞争中提升自身的能力和素质；另一方面，应谴责和制止"零和博弈"式的自利性竞争意

---

① 《马克思恩格斯全集》第10卷，人民出版社1972年版，第68页。

图和行为，坚决反对以给予竞争对手毁灭性打击为目的，罔顾各种竞争公共规则，利用欺骗、假冒、毁约、窃取技术、败坏名声甚至暴力等有违法律和道德的手段，对竞争对手施以打击。引导各主体从源头上优化竞争动机，避免竞争动机的过分私人化而造成竞争手段和效果的扭曲。

二是培育人的公平竞争意识。思想政治教育公共关怀要旗帜鲜明地反对为争夺私利而不择手段的思想和行为，提倡和谐、理性和建设性的竞争活动，通过公平竞争谋求合理合法的利益。教育人们科学理解竞争的公平性，支持竞争起点的平等和竞争手段的公正，科学审视公平竞争导致的利益分配不平衡。

三是引导人自觉遵行竞争的公共规则。竞争的公共规则是在竞争实践中形成的由竞争主体普遍认同和遵行的公共行为准则，具有规范、约束和引导竞争行为，以及协调竞争中利益关系和保证竞争协调运转的作用。思想政治教育应当与法律制度相配合，用竞争公共规则约束竞争主体行为，对违背竞争公共规则的行为予以打击和取缔，保持竞争主体在竞争实践中的公共合理性，以公共规则保护竞争者利益和社会公共利益。

四是善于发挥竞争所带来的公共关怀效能。竞争虽然是为了利益而展开的竞技活动，但为了在竞争中抢占先机，竞争主体需要不断提高自身的综合素质，在良性竞争中为公众提供更加优质的产品和服务。思想政治教育应因势利导，推动各主体在竞争中提升造福公共世界的效能。

第二，公共生活中的合作观教育。

互利性是公共合作的价值诉求，只有在合作互利中才能实现公共利益和个体利益的有机统一。在合作过程中，各主体都在合作实践中形成了对自身目的性价值和手段性价值的正确认同。在合作中，每个人都能担负社会公共责任和成就他人利益，既作为"我为的存在"，又成为"为他的存在"，进而成为"为我的存在"。在"我为-为他-为我"的多维互动中实现互利共赢，充分彰显合作的互利性蕴涵。思想政治教育应充分把握合作的互利性蕴涵，发展人在合作中释放的公共关怀价值。

其一，引导人们深入理解和践行合作的公共关怀价值。合作意味着人对自身有限性的深度觉解和对共同生活样态的积极确认。在全球化时代，社会分工愈加精细，公共世界进入了一个"公共合作时代"。思想政治教育公共关怀应引导人们认识合作的公共性特质，意识到人不能仅仅以单数的"个体"而存在，而应以复数的"人们"而存在，激发个体或群体增强公共合作的自觉性，在合作中找到个体生存的价值方位，促进公共关怀价值的不断实现。

其二，增强合作理性和合作诚意。应教育人们在私人利益和共同利益的内在统一中理解合作的公共价值，不能仅仅从工具理性层面看待合作，而要把合作看成是人们为了私人利益和公共利益而进行的共同生存方式。马克思说："共同利益恰恰只存在于双方、多方以及各方的独立之中，共同利益就是自私利益的交换。一般利益就是各种自私利益的一般性。"① 不同主体相互合作的过程，人们基于共同的利益基础，把各自的私人利益适当让渡给集体，利用相互联合的力量促进私人利益和共同利益的双重实现。应教育人们彼此之间坚守相互合作的真诚性，决不能弄虚作假，更不能尔虞我诈，着眼于共同利益的实现，在此基础上实现互利共赢，推动公共合作在价值理性层面的升华。

其三，培育人的协同配合精神与共赢意识。要增强公共合作的认同感，积极建构科学的协同配合机制，把自身的能力有效融入公共合力中，使个体在利益让渡中达成彼此尊重与互利，通过互利共赢使合作者各得其所，推动共同价值目标的实现。在全球化公共生存的浪潮中，美西方基于自身私人利益，追求贸易保护主义，掀起逆全球化浪潮，挑起同中国的贸易战争和对世界诸多地区的制裁打压，违逆合作共赢精神，终究会被历史所抛弃。合作共赢和构建人类命运共同体终究会成为人类社会的普遍共识和共同行动。

第三，竞争与合作共生观教育。

竞争与合作是和谐共生的矛盾统一体，在树立正确的竞争观和合作观基础上，思想政治教育公共关怀还要引导人们正确认识竞争与合作的关系，推动人们在竞争与合作的良性互动中实现互利共赢。一方面，充分利用竞争对于合作的激发效应。激发人们在参与合理竞争中的积极性，调动每个个体的创造活力，发挥竞争的优胜劣汰效用，使社会分工、资

---

① 《马克思恩格斯全集》第30卷，中文2版，人民出版社1995年版，第199页。

源配置结构更加合理,使人们在更高水平上开展更富成效的公共合作,提升互利共赢的水平。另一方面,充分发挥合作对竞争的规制与整合作用,保证竞争与合作都能施展对人的合理利益的公共关怀效能。思想政治教育应发挥好道德教化功能,把竞争置于合作共同体的规约之下,增强竞争的公共合理性,促进各竞争主体增强对合作共同体的归属感,使合作共同体能够充分整合各种竞争资源,让人们在竞争与合作的和谐共生中实现个体利益和公共利益的共同提升,在互利共赢中感悟公共关怀价值。

(二) 基于互信价值目标的诚信价值观教育

诚信是人在公共生活的立身之本。完善公共生活中的诚信价值观教育,有助于促进人们在相互信任中优化公共交往的质量。诚信分为"诚"和"信"两个具有内在逻辑递进关系的组成部分。诚,就是指主体从内心层面要真实诚恳、无妄无欺,正所谓"诚也者实也,实有之固有之也"①。信,就是指主体在外在交往层面要恪守信用,履行诺言。"诚""信"又紧密相连,相互阐释:"诚,信也;从言成声"②,"信,诚也,从人从言"③。诚信是人共同生活的道德操守和价值基础。常言道,人无信不立,一个人只有真实诚恳、言出必行、一诺千金,才能赢得他人的信任,促进人与人之间心灵的真实沟通与呼应,为良性合作奠定坚实基础。随着现代社会人际关系的陌生化程度不断提高,人与人之间的相互诚信就成为公共生活得以存续的重要条件。诚信的公共关怀价值在于,促使人在公共交往中以诚待人,取信于人,增强人的公共交往的确定性,促动人与人之间的相互关怀。

引导人们正确认识习俗型诚信和契约型诚信。习俗型诚信指在相对封闭的社会共同体中,人们在基于习俗和习惯的交往活动中表现出的诚实守信的品质。习俗型诚信主要发生并发展于因各种亲缘、友缘、地缘因素,人们彼此互相熟识,因为长期以来延续的熟人关系和交往习俗而

---

① 王夫之:《尚书引议》(卷四),中华书局1962年版,第100页。
② 朱骏声:《说文通训定声》,中华书局2016年版,第879页。
③ 刘宝楠:《论语正义》(卷一),中华书局1990年版,第10页。

真诚待人、相互信任。契约型诚信则是伴随工业文明兴起而发展起来的交往方式，是指在开放的社会共同体中，人们在订立和遵守契约过程中所表现出的诚信品质。社会流动性的增强使交往对象的变易性随之增大，人们要同各种各样的人展开交往，由于相互了解的程度有限，为了保障合作过程中行为的确定性，保障各自利益的实现，人们在相互约定基础上签订契约，产生了基于公共契约而形成的相互诚信关系。现代社会生产生活中，契约型诚信成为公共生活中诚信的主要表现形态。思想政治教育要引导人们深入认识诚信在私人交往和公共交往中的表现形态，为完善和发展公共生活中的诚信价值奠定认知基础。

引导人们正确处理诚信的工具理性与价值理性的关系。市场经济条件下，契约型诚信在人的公共交往中占主导地位，在为公共生活中的诚信带来制度化保障的同时，也给诚信带来了工具理性和价值理性的冲突。公共契约所约定的彼此诚信是建立在双方各自的利益基础之上的，订立契约所实现的信任属于工具性信任。倘若一方的利益不能在公共契约中达成或超出契约规定将获得更大利益时，利益和诚信发生冲突，这种诚信就变得脆弱，签约双方宁愿承担失信成本，也要追求更大的利益。诚信的工具理性会对人与人间的公共关怀产生严重威胁。思想政治教育在肯定契约型诚信工具性价值的同时，要积极引入诚信的道德向度，促进公共生活中的诚信价值理性的回归。要教育人们坚守诚信的道义价值出发点，激励人们从价值理性视角坚守诚信价值。优化订立诚信契约的动机，引导合作主体不仅要考虑自身利益的实现，也要关怀对方利益的实现，夯实双方诚信的共同利益基础，为诚信公共价值的实现创造条件，并把诚信作为公共生活的立身之本。路德曾告诫："尘世中没有什么比分裂整个人类社会的谎言和背信弃义更为有害的恶行了，因为谎言和背信弃义先是分裂人们的心灵。"[1] 只有坚守诚信道义才能获得长久的利益。当利益与道义发生冲突时，一定要做到两者兼顾，以诚实守信弥合双方的利益差距，努力实现诚信的工具理性与价值理性的统一，最大限度地实现诚信的公共关怀。

---

[1] 转引自 [德] 弗里德里希·包尔生《伦理学体系》，何怀宏、廖申白译，中国社会科学出版社1988年版，第579页。

引导人们正确处理诚信与情感之间的关系。现实中,人们的诚信水平会受到人际情感的影响,主要表现为:其一,交往对象越熟悉,人们的诚信水平越高;反之,诚信水平就越低。其二,当对交往对象产生积极情感时,人们的诚信水平越高;如果对交往对象产生消极情感,诚信水平就会很低甚至降为负值。思想政治教育公共关怀应当肯定积极、健康的情感对人们践履诚信的正面意义,但同时应着力加强两方面教育:其一,引导人们避免把诚信水平与人际亲疏关系挂钩。教育人们拒绝以情感亲疏来衡量诚信的尺度,而要以道义保证诚信的价值自觉,越是对相对不熟悉甚至陌生的人,越要真诚相待、言而有信,实践诚信的公共关怀。其二,引导人们树立诚信的公共标准,对任何人都应一视同仁,坚守做人的诚信底线。增强人们对于公共世界的价值关切。

实现从他律性诚信向自律性诚信的飞跃。无论是习俗型诚信,还是契约型诚信,都属于他律性诚信。契约型诚信诉诸硬性约制,依靠利益制约和毁约惩罚机制保证诚信;习俗型诚信诉诸软性约制,依靠习俗和舆论力量使人们维护自身的诚信形象。应教育人们严格遵守社会公共规范,在此基础上实现他律性诚信规范向自律性诚信行为的转化。行为日久成习惯,习惯日久成性格,性格日久成文化,培育公共生活中的诚信慎独精神,实现诚信的公共关怀价值自觉。

(三) 基于互爱价值目标的友善价值观教育

象形文字中,"友"就像顺着一个方向的两只手,表示以手相助;"善"从言,从羊。言是讲话,羊是温顺、吉祥的象征,指在言谈举止上要温和善良。在公共生活中,友善的意思就是像朋友一样善良、亲近,表达了对人与人之间良好关系建构的价值期待。亚里士多德认为,人的友爱有三种:基于有用性(功利性)的友爱、基于快乐的友爱、基于德性和善的友爱。相比之下,基于德性和善的友爱更为持久和深刻,是一种超越功利价值的友爱,这也是公共生活中友善的追求。在公共生活中,友善价值观反映了人与人之间"互爱"的情感期待,反映了人们旨在相对陌生的人际关系亲近化与友爱化的价值诉求,蕴含着深厚的他者意识与公共情怀。公共生活中的友善具有"人际互动性",人人皆是实施友善公共关怀的价值主体,并且都是回应他人友善关怀的价值主体。正如亚当·斯密所说:"人类社会的所有成员,都处在一种需要互相帮助的状况之中,同时也面临相互之间的伤害,在出于热爱、感激、友谊和尊敬而相互提供了这种必要帮助的地方,社会兴旺发达并令人愉快,所有不同的社会成员通过爱和感情这种令人愉快的纽带联系在一起,好像被带到一个互相行善的公共中心。"① 只有人与人在友善关怀与回应中实现良性互动和无限循环,公共生活中的友善价值才能达成。公共生活中友善价值观主要表现为三个方面:相互尊重、相互宽容、相互成就。思想政治教育公共关怀要通过培育人们之间的友善价值观来实现对他人和公共世界的价值关怀。

相互尊重。尊重能够触发善良人性,为人与人之间的良性互动创造条件。友善观教育的起点是公共生活中的尊重教育。首先要尊重他人的人格和尊严。人的职位有高低,能力有强弱,但在人格和尊严上是平等的,都应受到尊重。尊重他人的平等人格是关怀他人的基础,同时也是赢得他人尊重的前提。即使是在施展具体公共关怀行为时,也要以尊重对方的人格和意愿为出发点,而不能以关怀他人为由,把自己的意志和愿望强加于人,干涉他人的自由选择。其次要互相尊重多样性的生活方式。公共世界的生命力就在于,人人拥有不同的成长背景和生活选择,每人都有不同的生活方式,只要不触碰公共底线,都应得到尊重。最后要以亲善礼让的态度和言行表达相互间的尊重。任何尊重都要通过外在的态度和行为表现,公共生活中的人际关系的情感不如私人关系浓厚,更需要人们用礼让和亲善进行良性建构。礼让是基于公共礼仪的谦让,只有通过有礼有让才能体现彼此间的尊重。"让者,礼之实也"②。公共生活中,许多不友善行为都是发于"争"而止于"让",思想政治教育应引导人们在公共生活中保持一颗谦恭之心,先人后己,礼让三先,克服以自我为中心的"争文化",提倡以他人为中心的"礼让文化",敬人一尺,人敬一丈,以自身之礼让换来他人之礼让,人人互相礼让,人人先人后己,营造一种和谐友善的公共氛围。只有在言行上互相尊重,时时处处

---

① [美]亚当·斯密:《道德情操论》,蒋自强等译,商务印书馆1997年版,第105页。
② 朱熹:《四书章句集注》,中华书局1983年版,第72页。

与人为善，才能彼此感受相互关怀的温暖。

相互宽容。公共生活领域是一个多元差异共存的领域，千人千脾气，万人万模样，只有互相宽容，才能和谐共生。宽容反映了关怀主体在换位思考基础上"融人如己"的公共价值观照，即从他人立场和视角审视和评价问题，通过换位思考引发双方的情感共鸣和友善互动。宽容有两层主要含义：其一，对于多元差异性的宽容。《大不列颠百科全书》认为，宽容是"容许别人有行动和判断的自由，对不同于自己或传统观点的见解的耐心公正的容忍"①。宽容以尊重为基础，以求同存异为基本态度，以保证主流目标一致性为目的，反映了对自身不赞同的生活方式和价值观念的容忍，是一种不但承认他者而且包容他者差异的更高层次的尊重。思想政治教育应启发人们尊重多样化的生活方式，克服"自我中心主义"情结和凡事都要求"对方适应我"的宰制性思维，由自我中心结构走向"自我—他人"的平等交融互构。容许不同意见和行为，善于欣赏和鼓励差异，促进多重思想观点、价值观念和行为方式的交融互鉴，推动不同价值主体的友善交流与合作。其二，对于他人不足和过失的包容。人非圣贤，孰能无过。关怀他人就要包容他人，特别是包容他人的不足与过失，不斤斤计较，更不能冤冤相报，应激励人以友善之心宽容他人的不足与过失，给他人改过迁善的机会，触发每个人基于互爱的友善精神。其三，把握好"宽容的限度"。宽容不等于纵容，友善更不是没有是非，一旦不同思想和行为有违公共价值标准，甚至涉及大是大非问题，就应坚决予以制止。"如果毫无限度地滥施宽容，其结果必然导致对不宽容行为的宽容，导致对毁灭宽容的行为的宽容，从而使那些本来企图取消宽容的人获得行动的自由"②。思想政治教育公共关怀应旗帜鲜明地帮助人们树立宽容的边界意识和友善的是非意识，弄清楚用什么样的宽容能够施展公共关怀，什么样的宽容反而会走向公共关怀的反面，通过合理适度的宽容提升公共生活中的友善价值。

相互成就。相互成就是友善的最高境界。一是从心理上相期以善，希

---

① 贺来：《宽容意识》，吉林教育出版社 2001 年版，第 1 页。
② 贺来：《宽容意识》，吉林教育出版社 2001 年版，第 160 页。

望对方越来越好。亚里士多德把"基于德性和善的友爱"称为"完善的友爱",体现了相期以善的核心精神。相互拆台只能造成两败俱伤,思想政治教育传播的公共关怀精神应激励人们真心实意与人为善,善于体察他人需要,乐见他人进步和成功,在相期以善中凝聚公共生活中的人心和力量。二是从行为上相互扶助。由于公共生活的不健全和人对公共生活思想和情感的不成熟,导致不少人在公共生活中患上了友善"三症":(1)友善情感的冷漠症,即以"事不关己高高挂起"的姿态面对公共生活中他人遇到的困难甚至不幸;(2)友善责任的推卸症,即面对可以施展的帮扶却作壁上观,相互推卸公共责任;(3)友善结果的恐惧症,即害怕实施友善帮扶行为反而受到讹诈和蒙骗。思想政治教育公共关怀实践要积极培育公共生活友善共同体,激发人们的同情心和正义感,引导人们自觉追求"己欲立而立人,己欲达而达人"的友善境界,形成相互维护、相互补台的文化氛围,在相互扶助中彰显友善的公共价值,形成良好的舆论氛围和社会风气,彻底解决诸如"老人摔倒了该不该扶"的问题。建立和完善奖惩分明的相关制度,对施以友善帮扶的公共关怀行为予以重奖,对利用他人友善行为谋求个人私利的行为予以严惩,以制度的刚性约束保护和激励社会友善行为,让公共关怀的阳光洒满公共世界。

第三节 基于人的公共生存核心价值的思想政治教育公共关怀内容建构

人在公共生存中的核心价值主要是指人对社会公共领域建构合理性的价值追求。在当代中国,社会主义核心价值观是人的公共价值观建构的根本指针。自由、平等、公正、法治作为社会主义核心价值观在社会层面的价值取向,集中表达了人在社会公共生存层面的核心价值追求,体现了人对社会建构公共合理性的深切关怀。基于人的公共生存核心价值的思想政治教育公共关怀内容建构主要包括公共生活中的自由观、平等观、公正观、法治观教育。

一 基于自由价值：公共生活中的自由观教育

美籍日裔学者福山曾说："自由民主社会即使理论上称不上为最正义的社会制度，也可以算作实际上最正义的社会制度"，"自由民主国家在现实中正在成为人类问题的最好解决方案"。[1] 提出资本主义制度是最能代表自由和实现自由的制度。可事实上，资本主义把人从封建枷锁中解放出来，却又使人陷入资本的窠臼中。真正以实现人的自由全面发展为目的的是马克思主义，自由始终是马克思主义的显性话语，是马克思主义坚守的旗帜，体现了社会主义社会的本质要求。马克思主义以科学实践观为基础，把实现"自由人的联合体"作为人类社会的公共价值目标，不仅从理论层面解读了自由的哲学内涵，而且从现实层面指出了人类实现真实自由的发展道路。

马克思指出："一个种的整体特性、种的类特性就在于生命活动的性质，而自由的有意识的活动恰恰就是人的类特性。"[2] 这指称了人的实践活动追求自由的价值品性。人的公共实践构成了社会公共生活生成和发展的现实基础，人在公共生活中对自由的追求，体现了公共实践的合规律性与合目的性的内在统一。所谓公共实践活动的合规律性，是指人的公共实践活动要受到客观必然性的制约，要合乎不以人的意志为转移的客观规律；所谓公共实践活动的合目的性，是指人的公共实践活动总是在认识和把握必然规律的基础上，贯注以人的目的和意志，实现对公共世界的自由改造。公共生活中的自由就是指人在公共实践中，克服各种社会公共必然性的限制和束缚，形成的一种自主发展和自我实现的实践状态。

社会主义核心价值观所宣扬的自由是一种社会层面的公共价值取向，表征着人对社会建构公共合理性的自觉追求，体现了人在社会公共生存中的核心价值。因此，基于人的公共生存核心价值的思想政治教育公共

---

[1] ［美］弗朗西斯·福山：《历史的终结及最后的人》，中国社会科学出版社2003年版，第384—385页。

[2] 《马克思恩格斯文集》第1卷，人民出版社2009年版，第162页。

关怀的自由观建构,应当立足于从人与社会的公共关系,实现对自由的价值追求。为了实现自由对社会和人的公共关怀价值,思想政治教育公共关怀应从以下层面展开自由观教育:

(一)深刻认识社会主义自由追求的是全体人民的实质自由

要引导人们认识建基于私有制基础上的自由是"少数人自由"。由于享有自由的主体不同,自由价值赖以存在的基础也不同,因而社会主义自由与以往一切社会形态的自由有着本质区别。在社会主义之前,社会的自由都是建立在生产资料私有制基础上的,生产资料占有的差异决定了人们在社会中的地位及其相互关系,决定了自由只是"少数人"的"专利"而缺乏公共关怀价值。奴隶社会和封建社会都公开宣称其社会的自由是奴隶主或地主阶级的自由,与之相对的奴隶或农民在经济和政治上都没有享有自由的可能性。尽管资产阶级打着"自由"的旗号推翻了不自由的封建制度,把自由作为建构国家和政权的首要价值,但资产阶级私有制性质决定了其自由的局限性和虚伪性。资本主义所谓的自由是少数资产者的自由和大多数人的不自由。"在资产阶级社会里,资本具有独立性和个性,而活动着的个人却没有独立性和个性"[1]。资本主义的自由实质上是"资本无偿占有剩余价值的自由"和"工人出卖劳动力的自由","他在自己的劳动中不是肯定自己,而是否定自己,不是感到幸福,而是感到不幸,不是自由地发挥自己的体力和智力,而是使自己的肉体受折磨、精神遭摧残"[2]。经济上的实质不自由也必然导致政治上的实质不自由。资产阶级推翻封建专制统治,联合无产阶级提出了"自由、平等、博爱"的口号,但在镇压无产阶级时却变成了"步兵,骑兵,炮兵"[3]。

要激励人们自觉认识社会主义自由的真实性,践行社会主义自由的公共关怀价值。社会主义社会实现了生产关系的根本性变革,为实现全体人民的实质自由奠定了基础。公有制的主体地位使大多数、关键性的

---

[1] 《马克思恩格斯文集》第2卷,人民出版社2009年版,第46页。
[2] 《马克思恩格斯全集》第3卷,人民出版社2002年版,第270—271页。
[3] 《马克思恩格斯全集》第11卷,人民出版社1995年版,第170页。

生产资料为人民共同占有，人民由被压迫对象成为国家的主人，被赋予了人之为人的真实的自由权利，自由价值不再是少数人的"奢侈品"，而是社会公共价值需要，成为人民不可剥夺的内在价值。毛泽东同志说："我们的国家之所以能够关心到每一个公民的自由和权利，当然是由我国的国家制度和社会制度来决定的。任何资本主义国家的人民群众，都没有也不可能有我国人民这样广泛的个人自由。"[1] 要引导人们特别是青年人正确认识社会主义自由价值观与资本主义自由价值观的本质区别，在实践中发展社会主义自由价值观的公共关怀价值。美西方打着"自由"的幌子，却在全世界挑起冲突，从阿富汗、伊拉克战争到干扰叙利亚国家独立，再到支持以色列大肆屠杀巴勒斯坦平民，导致无数人流离失所、丧失家园，长期生活在极端战乱和贫困的环境中。哀鸿遍野、满目疮痍难道就是西方世界给这些国家和民族带来的自由吗？这种反讽式的自由让人唏嘘不已；反观中国不仅在基础设施建设、重大公共卫生事件防控给予欠发达国家无私援助，而且为争取这些国家得到仅存的自由可能性和民主权利，多次在联合国大会上行使否决权，挫败美西方彻底剥夺其自由的图谋。在2023年杭州亚运会上，中国把对抗美国及国内反政府武装多年的叙利亚总统巴沙尔及夫人阿斯玛奉为上宾，派中国民航临时申请航线避开所有可能产生危险的国家，往返1万多公里接送他们。在中国，这位长期生活在战乱和贫困中的总统受到贵宾的待遇，叙利亚运动员及人民也受到中国人民极高的友好礼遇。在美西方支持以色列大肆屠杀巴勒斯坦平民之际，中国却吸引140多个国家和40多个国际组织齐聚中国，共商"一带一路"合作共赢大计。中国政府的种种举动深切反映了我们力图给予世界人民自由平等权利的价值理念，体现了社会主义实质自由，折射出中国自由价值观之于西方自由观的超越性，彰显了社会主义自由价值观的公共关怀深蕴。

（二）科学理解自由的历史性以及社会主义自由公共价值实现的长期性

---

[1] 转引自戴木才、彭隆辉《倡导"自由"：高扬社会主义核心价值观的理想旗帜》，《人民日报》2013年4月18日。

自由总是与特定的历史条件相适应的，社会历史发展到什么程度，人类的自由和人类追求自由的意识就会发展到什么程度，自由的公共关怀价值就会实现到什么程度。认识一个时期的自由价值及其公共关怀水平，一定要同人类历史发展水平特别是当时的生产方式结合起来。在"人的依赖性"阶段，人先是受到自然必然性的制约，而后又受到奴隶主和封建主的压迫，当时的物质生产方式决定了自由不可能发挥公共关怀价值；在"物的依赖性"主导的资本主义社会中，由于仍未摆脱生产资料私有制的藩篱，自由表现为形式自由和实质自由的断裂，资本钳制了工人的自由发展，表面上属于全体公民的自由实质上依然是拥有资本的少数人的自由。共产主义是"建立在个人全面发展和他们共同的、社会的生产能力成为从属于他们的社会财富这一基础上的自由个性"[1] 的历史发展阶段，完全意义上的自由只有到了那个时候才能真正实现。

应引导人认识到中国特色社会主义的历史定位，深刻理解社会主义自由的实现是理想目标和现实目标的有机统一、前进性和曲折性的有机统一。社会主义是共产主义的第一阶段，中国特色社会主义又处于社会主义初级阶段，中国特色社会主义自由价值观同共产主义的自由价值观在本质上是相通的；由于当前生产力发展水平的相对不足，我国正处于从"物的依赖性"阶段向"人的自由个性"阶段的跨越时期，这就决定了现实社会公共生活中自由的实现程度及其公共关怀的发展程度要受到当前社会发展水平的制约，人类追求更高水平自由价值的道路将是一个长期的、复杂的和曲折的历史过程。思想政治教育公共关怀既要教育人们追求共产主义的自由价值理想，又要引导人们在认识自由实现的长期性、曲折性和复杂性的基础上，在现实社会中自觉践行社会主义自由价值观，最大限度地发挥自由价值的公共关怀作用，推动更多的人实现自由全面发展。思想政治教育还要充分启迪人们对自由公共关怀效用的认识，理解社会主义迈向共产主义的过程、人类追求自由的过程，都是自由的公共关怀价值不断释放的过程，从而把释放公共关怀价值作为衡量自由价值观实现程度的重要尺度。

---

[1] 《马克思恩格斯全集》第30卷，中文2版，人民出版社1995年版，第107—108页。

(三) 正确对待追求自由和遵守社会公共规范的关系

自由不是随心所欲，必须建立在人对必然性界限的深刻认同和遵行的基础之上，否则人的自由就会给自然、社会和自身带来不自由。从社会公共生活建构的层面看，公共生活中的自由必然受到社会公共规范的限制。社会公共规范反映了人们对一定历史时期社会关系合理性的建构取向，是人与人、人与社会之间自由活动的基本界限，进行公共生活中的自由观教育，必须引导人们正确对待自由与社会公共规范的关系。如果人脱离了社会公共规范而仅凭自己的意愿去追求绝对自由，置国家法律制度和公序良俗于不顾，其结果只能是人人都不自由。罗曼·罗兰说："一个人的绝对自由是疯狂，一个国家的绝对自由则是混乱。"[①] 思想政治教育公共关怀应从四个方面引导人正确对待追求自由和遵守社会公共规范的关系：一是从是否有利于社会发展和人的发展的高度理性评判自由的性质。自由是人类生存追求的重要目标，必须大力保护；而有些自由，如吸毒、嫖娼、赌博等，与社会发展和人的发展从本质上是相抵牾的，必然为社会公共规范所禁止。二是从自由与社会公共规范辩证统一的维度正确认识自由的限度。有些自由在特定的界限内是不可剥夺的权利，但如果超出了这个界限就会丧失其公共合理性。比如，言论自由是公民在公共世界中合理合法的权利，但如果公民滥用这一自由，造谣生事，恶意中伤，无组织无纪律，超越了法律、纪律底线和人类的公共良知，就必须予以遏制和取缔。三是坚守实现自由的意识形态底线。任何社会公共规范都反映了特定的意识形态诉求。社会主义意识形态反映了人民群众的共同价值诉求，人们在追求自由时一定不能逾越这种公共合理性。社会主义核心价值观倡导的自由本身就是社会主义意识形态的一部分，无论是个体自由还是公共自由，都要符合社会主义意识形态的本质要求。四是把外在的社会公共规范转化为内在的自由评价准绳，以严格自律实现对自由的追求。自律即自由。思想政治教育要引导人们自觉将外在的公共规范转化为内在的价值准绳，在严格自律中实现对自由的追求。

---

① 转引自袁贵仁主编《人的哲学》，工人出版社1988年版，第501页。

（四）正确处理个人自由与公共自由的关系

个人与公共世界的矛盾是思想政治教育公共关怀面临的一对基本矛盾，在公共生活中的自由观教育中，这对矛盾反映为如何正确认识个人自由与公共自由的关系问题。个人自由是指处在一定社会公共关系中个体的自由状态，公共自由则表征着社会公共世界整体呈现出的一种自由状态。社会主义社会所追求的自由发展是个人自由与公共自由的内在一致性，即"每个人的自由发展是一切人自由发展的条件"①。因此，必须引导人们在实现二者和谐互促的进程中彰显社会主义自由价值观的公共关怀价值。一要引导人正确认识公共自由是个人自由实现的前提。个人的自由只有在公共世界中才能实现，离开了公共世界空谈的个人自由是没有根基的。"只有在共同体中，个人才能获得全面发展其才能的手段，也就是说，只有在共同体中才可能有个人自由"②。如果构成公共世界的各种社会关系是被压迫、被奴役的不自由关系，那么个人自由也是严重受局限的。就像半殖民地半封建的旧中国，国家长期受到帝国主义的奴役和压迫，没有民族的独立、自由和解放，生活于其中的人民当然没有自由可言。二要激励人们在实现个人自由中促进公共自由的实现。教育人们在法律、制度和公序良俗的规约下追求个人自由，保持个人自由和公共自由的正向轨道，以个人自由促进公共自由的实现。在2020年以来的新冠疫情防控中，中国14亿人联防联控，严格遵守各种隔离措施，宁愿放弃家人节日团聚的机会也要积极响应政府的号召，表面上看是用暂时的个人不自由换来了疫情防控的阶段性胜利和公共世界的自由，实际上是最大限度地实现个人的身体健康和自由价值。反观西方各国，表面上把个人自由看得高于一切，为了个人自由可以不戴口罩，可以大型集会，可以不遵守各种防控措施，结果造成了世界性疫情泛滥，疫情暴发仅一年半时，全球感染人数超过了1.6亿，死于新冠病毒的人数达到了320多万，仅自诩为"自由民主灯塔"的美国感染人数就超过了3000万，死亡人数达到了60万。这到底是个人自由之福，还是个人盲目自由之

---

① 《马克思恩格斯文集》第2卷，人民出版社2009年版，第53页。
② 《马克思恩格斯选集》第1卷，人民出版社2012年版，第199页。

祸？中西方的"自由观"孰优孰劣，这次突如其来的新冠疫情给出了最客观的评价。因此，在追求自由的过程中应把个人自由置于公共自由之中进行考量，引导人在实现个人自由中促进公共自由的实现。教育人树立自由与责任相统一的价值意识，在追求个人自由的过程中勇于肩负社会责任，不仅要维护自身的自由权利；也要以自身的责任担当促进社会公共自由的发展，推动社会主义自由公共关怀价值的不断实现。

二 基于平等价值：公共生活中的平等观教育

平等是反映人类社会政治、经济、人格建构合理性的价值范畴。公共关怀体现了平等的应有之义，只有蕴含着公共关怀价值的平等才是真正的平等。从某种意义上讲，人类社会的发展史就是一部探求社会平等、不断追求平等公共关怀价值的历史。平等在不同的历史时期存在不同的价值蕴涵，恩格斯指出："平等的观念，无论是以资产阶级的形式还是以无产阶级的形式出现，本身都是一种历史的产物，这种观念的形成需要一定的历史条件，而这种历史条件本身又是经过长期的发展形成的。"[①]原始社会中，社会维系着生产资料共有和原始的平等和谐，由于生产力水平不能满足人的生存和发展需要，这种"原始平等"被打破，形成了生产资料的私人占有，利益分化导致了公共生存中不同主体之间的财富占有的差距和社会地位的差异。在私有制发展的任何一个历史时期，平等只存在于生产资料占有者内部，对于其他阶级则没有平等可言。尽管资产阶级高举"平等"大旗推翻了封建等级制度，但并未消除私有制这一不平等的根源，换来的也只是"资本的平等"和等价交换下的"形式平等"。私有制下的平等价值具有"阶级专属性"，只是少数统治阶级的平等，不可能具有公共关怀价值；这种平等愈是放大，就愈会造成社会公共生活总体的不平等。

追求人类公共世界的真实平等是马克思主义的价值理想，反映了人类社会公共关系合理性的价值追求。马克思主义的最终目标是"自由人的联合体"，实现人的自由全面发展。这个"自由人的联合体"就在

[①] 《马克思恩格斯全集》第46卷下，人民出版社1979年版，第477页。

于一方面,把人们从生产资料私有制中解放出来,实现"物的联合",让人们平等地共同占有物质生产资料;另一方面,把人们从人剥削人、人压迫人的境遇中解放出来,实现"人的联合",让人们在平等合作中实现共同发展。社会主义是迈向"自由人的联合体"的必经阶段,作为社会主义核心价值观的平等,既反映了马克思主义的平等价值理想,不断实现对社会公共生活的合理性建构,体现出平等价值的理想性意涵;又立足于中国特色社会主义公共实践,形成了与社会主义初级阶段相适应的平等追求,彰显出平等价值的现实性表征。在社会公共生活中,经济平等、政治平等和人格平等是影响人们能否建构平等关系和实现平等公共关怀价值的重要因素,其中经济平等构成了平等的基础,政治平等决定了平等的深度和广度,人格平等表征了平等的人本价值。社会主义平等就是要在对平等价值理想性与现实性相统一的价值判断中,倡导真实的经济平等、政治平等和人格平等,追求社会主义平等的公共关怀价值。

(一)社会主义经济平等观教育

经济平等是指人们在合理的社会经济关怀中占有生产资料和创造社会财富机会与空间的平等。思想政治教育公共关怀应从三个方面进行社会主义经济平等观教育:

一是引导人充分认识私有制对实现公共世界平等及其公共关怀价值的根本制约性。社会经济关系的性质决定着公共生活中平等的性质,决定着平等是否能够释放公共关怀价值。私有制是造成公共世界不平等的根源。少数人把生产资料据为己有,剥夺了多数人共享生产资料和财富创造的机会,这些失去生产资料的人必须依附于少数生产资料的占有者,接受他们的剥削,从而维持自身的生存。奴隶社会和封建社会中,多数人对奴隶主和地主属于"人身依附"关系,资本主义把人从对他人的人身依附中解放出来,因此它公然宣称恢复了人们之间的平等地位,但实际上只是使人由"人身依附"转向"资本依附",用更隐蔽的方式抛弃了对大多数人的公共关怀。要引导人们正确认识资本主义平等的虚伪性,私有制的经济基础是制约平等及其公共关怀的桎梏。只要一个社会的经济基础建立在私有制之上,不管这种私有制以怎样的面目出现,也不管它成熟到什么程度，都不可能实现真正的平等和公共关怀。

二是启发人充分理解社会主义公有制的主体地位是实现经济平等的前提和推动共同富裕的基础。社会主义公有制使人民共同占有社会公共生产资料，赋予了人民平等创造财富、享有财富的机会。当然，在社会主义初级阶段，还存在多种所有制经济形式并存的现象，但公有制是生产资料所有制的主体形态，非公有制经济也受到公有制经济的引导和规约，保证了社会主义经济平等的公共关怀价值。只有在公有制条件下，共同富裕的价值理想才有实现的可能性。共同富裕标示着经济平等的最终归宿，是中国式现代化区别于人类历史上一切现代化的重要特征。人类几百年的现代化历史，始终未能真正处理好财富创造和财富共享的关系。造成这一现象的原因，是以往的现代化均受到资本逻辑的裹挟。资本逻辑始终蕴含着两个难以克服的悖论：一是资本发展方式的悖论。资本扩张的本性唯有在社会化大生产中方能得以满足，但资本扩张却不得不被局限于资本私有制的狭隘形式中，资本逻辑的私有制基础与资本发展的世界历史性诉求难以调和。二是人的发展悖论。一方面形成对人的"物役"。私有制下物的世界的增殖和人的世界的贬值成正比，人的发展受制于物的发展。另一方面形成"人役"，多数人生命价值的牺牲成为少数人利益满足的前提条件。资本逻辑与私有制的互释效应使得"单向度的现代化"不可能实现多数人财富共享和全面发展的公共关怀。只有在社会主义公有制的条件下，国家一方面给予每个人能力施展的机会和创造财富的舞台，另一方面又通过调节第二次分配和第三次分配促进财富的公平分配，使每个人都能在财富分配中找到自身的价值方位，得到社会的能力补偿和财富补偿，有效规制资本无序增长和利益的野蛮生长，从而始终指向共同富裕的公共关怀。

三是教育人科学把握社会主义经济平等是劳动尺度上的平等。"均贫富"是人类自古以来的价值理想，"无处不均匀，无人不保暖"的大同世界更被视为最大限度实现公共关怀的天国。劳动尺度上的平等不是劳动结果上的绝对平均主义，社会主义经济平等所要铲除的是不合理的制度和思想，不是消弭人与人之间的合理差异。人的公共生存多元化告诉我们，由于不同主体的能力和贡献存在差异，决定了每个人创造价值的不均衡，这种不均衡是合理的不均衡，是需要社会认同和保护的不均衡。平等是一种积极的社会样态，需用"合理的不均衡"来实现真正意义上的平等，从而激发人们主动进取和实施公共关怀。如果抛却了人们之间的个体差异，一味追求绝对平均主义，势必会造成"干和不干一个样，干多干少一个样，干好干坏一个样"的平均主义，背离社会主义实质平等的公共关怀价值。马克思说："生产者的权利是同他们提供的劳动成比例的；平等就在于以同一尺度——劳动——来计量。"[①] 因此，在社会主义初级阶段，思想政治教育要鼓励人们追求按劳分配，遵循劳动尺度平等的原则，反对绝对平均主义的平等观，在调动每个人劳动积极性的前提下谋求社会经济平等的公共关怀价值。

（二）社会主义政治平等观教育

政治平等是指人们占有社会公共政治资源和参与社会公共政治生活权利的平等。资本主义社会在推翻封建等级制度后宣称实现了政治平等，但这种政治平等是表面化的。当物质生活的基础仍然是私有制时，人们的政治权利不可能实现真正平等。以美国为例，据诺贝尔奖得主斯蒂格利茨指出："美国似乎正变成一个1%的国家——政治和经济只为那1%的人而存在，也被那1%的人操纵着……40%的美国人无法负担400美元的意外开销。"[②] 美国大量的政治资源和话语权都掌控在1%人口的手中，在美国想成为总统首先必须先成为亿万富翁。也正是由于资本对政治的控制，以美国为代表的美西方国家才时常陷入政党极化、社会撕裂和种族对立的困局。人类历史进入21世纪，启蒙运动所倡导的"人生而平等"的理念已传扬了近400年，但在自称"民主灯塔"的美国却依然会发生骇人听闻的"跪杀黑人"事件，由此可见，在资本统御之下的"政治平等"宛如"虚妄的幻象"。

思想政治教育公共关怀应着力引导人们坚持人民当家作主的高度看待社会主义政治平等。人民民主是社会主义的生命，也是社会主义政治

---

① 《马克思恩格斯选集》第3卷，人民出版社2012年版，第364页。
② ［美］约瑟夫·E. 斯蒂格利茨：《美国真相》，刘斌、刘一鸣、刘嘉牧译，机械工业出版社2020年版，第4页。

平等鲜明的实现形式，没有人民民主就没有真正的政治平等，就没有社会主义现代化和中华民族伟大复兴。新时代中国特色社会主义对政治平等的最大追求就是推进全过程人民民主。全过程人民民主追求主体覆盖的全民性。人民群众不受财产、地位、民族、性别、宗教等因素限制，在宪法和法律的框架下，平等享有参与国家政治生活、管理国家事务与社会事务、表达意愿的权利和自由，彰显了社会公共政治领域对人民的公共关怀。全过程人民民主追求民主内容的全方位性。全过程人民民主允许人民在社会公共生活的各个领域发表民主意见、施展民主权利、提供民主智慧，通过政治选举、集会结社、信访制度、基层自治、协商共建等方式表达自身诉求，以协商民主调动全社会生机活力。全过程人民民主追求民主过程的全链条性。西方民主实际上只是"一锤子买卖"的选举民主，公众在投票之后就再无机会参与决策过程，资本主义国家的政治决策就成为资本家和政客间的"政治游戏"与"利益交换"，中国的全过程人民民主倡导决策前有民主讨论、民主表达的渠道，执行中有民主参与、民主管理的权利，决策后有民主监督、民主评议的途径，人民意见和反馈贯穿决策的各个环节，彰显了对普通群众利益的最大公共关切。思想政治教育要教育人们特别是青年人理解中国政治平等与民主的关系，了解政治平等的这种实现机理，产生对全过程人民民主的拥护与实践。在关怀人民的政治权利和自由中，激发人民的政治热情，动员更多的人自觉肩负公共政治责任，同心同德，群策群力，在公共关怀中实现人的全面发展。

  思想政治教育公共关怀还应着力引导人们正确看待公共政治权力。启发公共权力的拥有者认识到公共政治权力的人民性，时刻不忘初心、牢记使命，防止特权思想的滋生，切忌公权私用。正如毛泽东同志所说："我们一定要警惕，不要滋长官僚主义作风，不要形成一个脱离人民的贵族阶层。谁犯了官僚主义作风，不去解决群众的问题，骂群众，压群众，总是不改，群众就有理由把他革掉。"[①] 要动员人民群众善于监督、敢于监督，以正确的监督维护公共权力的公共关怀属性，促进广大群众实现

[①] 《毛泽东选集》第五卷，人民出版社1977年版，第326页。

真实的政治平等。

（三）社会主义人格平等观教育

从哲学上讲，人格是指人在社会公共生活中作为主体存在的资格，它同人的尊严、名誉和价值紧密相连，反映了公共世界对人的主体地位、身份和价值的认可。在奴隶社会和封建社会，人的基本人格是无法获得平等确认的。在资本主义社会，表面上人人拥有平等的人格尊严，但实际确认的是"资本的人格"，有了资本才有了人格；没有资本，人格就难以保证。因此，没有真正的经济平等和政治平等，就不可能有真正的人格平等。

在社会主义社会，不同主体获得了基本的经济平等和政治平等，人格尊严得到平等维护，价值和荣誉得到平等关怀。一要培养人们的人格平等意识。每一位公民都应勇于维护自身的平等人格，当人格尊严受到侵犯时，要善于拿起法律和道德武器进行捍卫。社会主义核心价值观中的"平等"就包含了个人人格的平等，任何人不能凭借金钱、地位、权力等漠视或侵犯他人的人格，而要像尊重自己一样尊重他人的平等人格。正如马克思所说："平等是人在实践领域中对自身的意识，也就是说，人意识到别人是同自己平等的人，人把别人当作同自己平等的人来对待。"① 二要引导人们自觉塑造自身的公共人格。公共世界对个体人格的尊重与保护，反映了公共世界具有关怀人、尊重人的价值取向。每个个人既要享受公共世界给予自己平等的人格观照，也要自觉塑造公共人格，加强人格修养和自我完善。要促使个体的人格成长符合社会公共发展要求，自觉关怀社会公共事务，担当社会公共责任，以积极的人格完善获得他人和社会更高层次的尊重与关怀。

三 基于公正价值：公共生活中的公正观教育

公正体现了人们对公共世界权利、机会、规则分配合理性的价值追求，主要可从三个层面进行解读：其一，公正体现了公共世界对个人、个人对公共世界以及公共世界中人与人之间价值评价的公允性。《荀子·

---

① 《马克思恩格斯文集》第1卷，人民出版社2009年版，第264页。

赋》中写道："公正无私,反见纵横。"① 公正自始至终与"无私"相对应,体现了人们评价人或事物时的立场、态度、标准都是公道、正直和无任何偏私。其二,公正体现了人在公共世界中的付出与所得回报的均衡。公正具有分配的性质,反映了人对公共世界的付出与公共世界的回报之间的对等性。其三,公正体现了社会公共补偿的合情合理性。公正追求的分配均衡具有相对性,只有与合理的社会公共补偿机制有机结合起来,才能体现对各类群体的公共关怀。

在公共世界中,公正具有深刻的公共关怀价值。马克思主义的公正观就在于通过彻底铲除妨碍社会不公的生产关系根源,在推翻不公正的社会制度基础上建立一个符合每个人全面自由发展的公正世界。公正所追求的不是机械化的付出与所得的绝对均等,而是从关怀每个人全面发展的视角出发,在给予每个人相应回报的基础上,为人的发展创造充足的条件和广阔的空间。在公共世界中,公正和关怀常常具有难分彼此的特性:走向关怀就是走向公正,远离关怀就是远离公正的实现。如果公正价值的实现难以显示对绝大多数群体的价值关切,特别是无法体现对社会弱势者的公共关怀,那么就违背了公正本身的意义。蒂里希说:"爱(关怀)是公正的终极原则。"② "公正就是被分配了的爱(关怀)。"③ 现代西方伦理学中,公正伦理与关怀伦理相互融通,反映了社会公共实践发展的必然要求。由于人的存在领域的广泛性、关系的陌生性、文化的差异性,必须寻求一种规范性制度搭建起公共生活赖以存续和发展的确定性框架,这个制度框架旨在表现公正的价值原则;但是,制度的制定者和实施者要把公正原则落实到具体的生活情境中,既彰显对公共世界整体的无私之爱,又体现对每个人具体的公共关怀。也正因如此,西方关怀伦理学在评判罗尔斯的正义论时强调:"正义论实质上是关于对他人的责任、关怀和关切他人的一种声音。"④ 公正价值的实现水平,需要以其公共关怀的效能来检验和评估,最高意义上的公正就是增进人民福祉,

---

① 王先谦:《荀子集解》,中华书局 1988 年版,第 38 页。
② 何光沪选编:《蒂里希选集》上卷,生活·读书·新知三联书店 1999 年版,第 339 页。
③ [美] 弗莱切:《境遇伦理学》,程立显译,中国社会科学出版社 1989 年版,第 80 页。
④ Susan Okin, "*Reason and Feeling in Thinking about Justice,*" Ethic, 1989 (2), p. 230.

实现对人民群众最深切的公共关怀，促进人的自由全面发展。习近平总书记指出："加快建立以权利公平、机会公平、规则公平为主要内容的社会公平保障体系，保证人民平等参与、平等发展权利。"① 公正作为公平与正义的有机契合，不仅凸显了社会主义保障体系的正义性蕴涵，而且对于人公共生存以何种方式彰显公共合理性具有重要意义。在人的公共生存中，权利公正体现了对社会成员进入公共世界的资格确认；机会公正体现了人们具有参与公共世界的平等起点；规则公正体现了人们进行各类公共实践的共同价值遵循；从各个过程到各个环节，都体现了社会主义公正价值观对人民群众深切的公共关怀。

（一）权利公正意识教育

权利反映了公共世界对生活于一定社会公共关系中的人的地位和价值的承认，它与人格和尊严紧密相连，只有人格和尊严得到确认，才能拥有与之相称的基本权利。权利公正有两层含义：其一，不受出身、财产和社会地位等因素的制约，按照公平原则赋予人们在公共世界中的基本权利，这是权利平等性的公共关怀诉求。其二，公共世界尊重各类群体的具体需要，给予每个社会成员特别是弱者必要的权利保护，以权利配置的正义性保障社会成员特别是弱势者的公共关怀。基于公共关怀的思想政治教育应激励人们自觉配置和维护社会权利公正，以权利公正彰显公共关怀。

一是教育国家公职人员正确认识权利公正是社会主义制度的必然选择。社会主义社会就是要把以前掌控在少数人手中的权力转化为多数人的权利，防止少数人对大多数人合理权利的剥夺和压制，实现权利的人民性归属。社会主义国家公职人员一定要自觉维护权利公正，推动权利在各个公共生存主体间的合理配置，避免形成凌驾于组织和人民之上的特权，更不能允许特权对人民合法权利的侵害。

二是引导人们在争取和享受自身权利的过程中关怀他人权利的实现。培育每个权利主体的他者情怀，在公共生存中享受权利时要有边界意识，不能侵害他人权利，更不能把自身权利的实现凌驾于他人权利之上，要

---

① 习近平：《推进中国式现代化需要处理好若干重大关系》，《求是》2023年第18期。

在关怀和维护他人权利中实现权利共享。

三是培育人们权利和义务相统一的观念。权利和义务是对等的，不能只要权利不要义务，人们只有履行了必要的公共义务，才能享受相应的权利。应激励人把权利公正与义务公正紧密联系起来，通过权利公正促进人们模范履行社会公共义务，通过义务公正进一步确证权利公正的公共合理性。

（二）机会公正意识教育

机会公正有两层含义：一是社会不以人们的家庭背景、社会身份、性别等先赋性因素为参照，给予每个人公平参与公共世界、融入公共世界和实现人生价值的机会；二是以社会补偿机制从起点上对社会弱势者进行条件弥补，促进他们对公共机会的实质性平等享有。社会应当建立完善的机制，特别是从起始条件上关怀每个人的生存发展问题，用制度保证机会公正地实现。赋予每个人公正发展的机会是社会主义的公共价值指向，正如习近平总书记所说："生活在我们伟大祖国和伟大时代的中国人民，共同享有人生出彩的机会，共同享有梦想成真的机会，共同享有同祖国和时代一起成长与进步的机会。"[①]

一是正视和纠正公共世界中的机会不公现象。机会不公既造成了社会不公，又损害了公共世界的包容度，比如，一些单位在招聘过程中忽视具体能力和岗位适合性，在男女均可胜任的职业中只收男生不收女生；在不受学历影响均可从事的职业中规定参加竞聘的硬性学历条件；过度偏爱211、985、双一流等名校毕业生而对一般院校毕业生态度冷漠；在健全人和残疾人均可胜任的职业中一味将残疾竞聘者拒之门外；等等。思想政治教育应当从讲政治的高度正视和纠正性别歧视、学历歧视、院校歧视和身体歧视，鼓励人们把关注焦点从这些外在因素转移到竞聘者本身的实际能力上，以公平的机会尊重和关怀各类群体的成长。比如，对于一些残障人士，如果他们能达到与健全人同等的能力和水平，用人单位就应当遵循"残疾人就业优先原则"，即当工作岗位同时适合残疾人和健全人时，要依法优先安排残疾人，通

[①]《习近平著作选读》第一卷，人民出版社2023年版，第98—99页。

过给予其平等机会为其赋权增能,使他们得到更为深切的公共关怀。相比于健全人,残疾人可适应性的岗位要少很多,如果不能给予残疾人以特惠支持,残疾人连普惠恐怕都难以享用,就会造成机会不公乃至形成后续的一系列不公。因此,落实"残疾人就业优先权"是保障机会公正的应有之义。在诸如此类的问题上,要善于同相应的法律政策相配合,增强人们的维权意识,严肃纠正各种机会不公现象,促进社会的公平正义。

二是促进机会公正由形式公正到实质公正的跃迁。形式上的机会公正是指公共世界给予不同条件的公共生存主体以平等参与公共世界和实现人生价值的机会,强调公共世界的公平准入和占有。这种机会公正虽然表面上给予了每个人公平参与的机会,但因为分享这些机会时条件的不平等,人们很难做到占有机会的真正平等。比如,城市孩子和农村孩子同样享有接受教育的机会,但他们在享受这一机会时的初始条件是不同的,农村孩子在物质生活水平、成长环境、融入现代文明的渠道等诸多方面与城市孩子存在明显差距,他们表面上获得了同等的机会,但如果没有适当的补偿措施,他们在利用教育机会提高自身素质、实现高质量就业方面仍然与城市孩子存在差距。思想政治教育应促使政策制定者意识到,形式公正只有上升到实质公正才有切实的意义,罗尔斯说:"补偿原则就认为,为了平等地对待所有人,提供真正的同等机会,社会必须更多地关注那些天赋较低和出生于较不利的社会地位的人们。"① 应从政策的制定和实施入手,在保证形式机会公正的前提下,有针对性地考虑有关个人或群体(特别是弱势群体)的具体情况,从政策上进行扶持,从实施方案上进行补偿,促进机会公正的实质达成。

三是正确看待不同主体机会差异与机会不公的本质区别。由于人的能力和素质存在多样性,必然会造成机会的差异性,机会公正不是要否定这种差异性,而是要除去影响机会公正的外在条件性因素,让人的能力和素质成为人们获得参与公共世界机会的决定性因素。思想政治教育

---

① [美]约翰·罗尔斯:《正义论》(修订版),何怀宏、何包钢、廖申白译,中国社会科学出版社2009年版,第77页。

要正确看待因能力和素质造成的机会差异与机会不公的本质区别，鼓励并保护人们凭借自身能力和素质把握优先发展机遇，防止因一味追求机会公平而造成绝对平均主义，避免在机会获取上的不劳而获而导致的公共关怀异化。要激励人们积极提升自身的素质和能力，培育寻找机会的能力和珍惜机会的情感，促进各类人才的脱颖而出。

（三）规则公正意识教育

规则公正是指从实现多数人的公共利益出发，公正无私地制定和执行公共规则，使公共规则公正地适用于人的公共生存中的所有主体，不断追求公共规则的公共合理性。思想政治教育应从三个方面教育和引导公共规则的制定者和执行者，在制定和执行公共规则时以程序公正保证实质公正，自觉实现规则公正的公共关怀价值。

一是坚持规则制定和执行的人文性。规则具有属人性和为人性，规则如若与人相割裂，或者成为压制人的工具，就失去了其存在的意义，人文性是规则的内在属性。规则的人文性是指规则因人产生、为人服务，旨在尊重人、关心人和保护人，具有深刻的人文关怀价值。提升规则公正意识，就是在制定和实施规则时充分释放规则的人文价值，坚持以人为本，尽力满足人的公共生存和发展需要，着力保障人的各项权益，彰显对人的公共关怀。规则公正与规则的公共关怀密不可分，只有符合公共关怀性质的规则才可能是公正的；如果规则本身不能实现对人的价值关怀，这个规则就难以具有公正性。因此，规则制定者和实施者要怀有一颗敬畏之心，自觉担当公共价值责任，以规则的人文性推动规则公正的实现。

二是坚持规则制定和执行的人民性。以规则的人文性实现规则公正，关键要落实规则制定和实施的人民性。维护人民共同利益，是社会主义规则公正的核心。习近平总书记指出："要把促进社会公平正义、增进人民福祉作为一面镜子，审视我们各方面体制机制和政策规定，哪里有不符合促进社会公平正义的问题，哪里就需要改革；哪个领域哪个环节问题突出，哪个领域哪个环节就是改革的重点。对由于制度安排不健全造成的有违公平正义的问题要抓紧解决，使我们的制度安排更好体现社会主义公平正义原则，更加有利于实现好、维护好、发展好最广大人民根本利益。"① 规则公正与实现人民利益高度一致，实现好、维护好和发展好最广大人民的根本利益是规则公正的出发点和落脚点，把关怀人民群众当作衡量规则公正的试金石。

三是坚持规则制定和执行的公开性。规则的公正性需要规则制定和执行的公开性予以保障。思想政治教育公共关怀要引导规则的制定者注重信息公开，虚心听取人民群众的意见建议，寻求最大公约数；要教育规则的实施者和遵守者根除潜规则意识，树立明规则意识。一个时期以来，潜规则大行其道，在私密空间中或通过种种手段做出超越规则的行为，以不合理的私人关怀损害规则公正及其公共关怀。要坚持规则遵行的公开性，防止规则公开上的形式主义，避免公共规则在执行中走样，使公共规则在阳光下运行，真正通过规则公正实现对大多数人的公共关怀。

四 基于法治价值：公共生活中的法治观教育

现代意义上"法治"的英文释义是"rule of law"，即法的治理。从字面意义看，法治是一种依靠宪法和法律治理国家的方式。这种对法治的表面化解读，有时会让人们质疑法治的公共关怀价值，法治作为一种依靠外在强制力治理国家的工具，如何能体现出公共关怀价值呢？

有的人之所以认为法治没有公共关怀价值，主要是过分注重了法治的工具理性而忽视了法治的价值理性，未看到法治存在背后的人性根源。法治是工具理性和价值理性的有机统一。法治的工具理性是指法治的外在表现形态，强调法治具有通过惩戒刑罚手段维护政治统治和保持社会公共秩序的工具性职能。法治的价值理性是指法治的内在价值，强调通过法治促进人的发展和社会的公共文明。从促进人的发展讲，法治起源于人对自身尊严、权利和自由的价值自觉。法治是相对于人治而言的，在人治化的社会中，森严的等级制度赋予了少数人至高无上的权力，却剥夺了大多数人的权利、尊严和自由。随着社会的发展，人们对自身权利、尊严和自由的价值自觉日益增强，意识到需要通过公共契约捍卫自

---

① 习近平：《切实把思想统一到党的十八届三中全会精神上来》，《人民日报》2014年1月1日第1版。

主发展的权利和自由，进而促进了法治的生成。从推动社会公共文明讲，法治是通过建立良好的秩序促进社会的文明进步，让公序良俗受到推崇，让社会公共价值受到尊重。社会主义核心价值观将"法治"规定为社会层面的公共价值取向，把法治从阶级统治的工具上升为意识形态层面的价值持守和精神追求，表明法治不仅仅是一种治国理政方略，更是一种完整的价值文化体系，它蕴含着对人性发展应然性的深层价值关怀。社会主义法治倡导培育法治精神、塑造法治文化、创新法治思维，凸显对法治价值理性的弘扬，使法治走出单纯的工具主义藩篱，回归人性本源，彰显人文精神。对法治价值理性的深刻觉解，昭示着法治人文精神的回归，展示了法治本身对生存与生活、人性与人格、价值与尊严的公共关怀内蕴。法治的工具理性是法治的外在表现，法治的价值理性是法治的内在根据。在社会主义法治中，人民性是法治的本质属性和深层价值追求，这就决定了社会主义法治无论是在价值理性还是工具理性上都要体现对人的公共关怀。

党的二十大报告首次把"法治"作为一个专章加以论述，指出："我们要坚持走中国特色社会主义法治道路，建设中国特色社会主义法治体系、建设社会主义法治国家，围绕保障和促进社会公平正义，坚持依法治国、依法执政、依法行政共同推进，坚持法治国家、法治政府、法治社会一体建设，全面推进科学立法、严格执法、公正司法、全民守法。"[①]思想政治教育公共关怀的法治观教育内容，应当着眼于对立法主体、执法主体、司法主体、守法主体进行相应的思想教育和价值引领，不断提升各个主体的思想政治素质和公共关怀素养，不断发挥科学立法、严格执法、公正司法、全民守法各个环节的公共关怀效能，促进法治公共关怀价值的不断彰显。

（一）引导立法主体从增进人民权利和自由的公共价值出发制定法律

法治与人治的根本区别在于，人治是权力之治，法治是权利之治。思想政治教育公共关怀应当从以下维度展开内容建构：

一是教育立法主体增强人民主体意识。社会主义法治是人民的法治，

[①]《习近平著作选读》第一卷，人民出版社2023年版，第33页。

立法主体要增强人民主体意识，正确认识立法"为了谁、依靠谁"的问题，增强人民至上的价值理念，坚持法治建设为了人民、依靠人民、造福人民、保护人民，以保障人民根本权益为出发点和落脚点，动员和组织人民群众参与立法，充分征求人民意见，听取人民对立法内容和过程的评价和反馈，立足于人民的生活实践，切忌闭门造车，避免使立法脱离群众。正如马克思所说："（立法者）不是在制造法律，不是在发明法律，而仅仅是在表述法律，他把精神关系的内在规律表现在有意识的现行法律之中。如果一个立法者用自己的臆想来代替事情的本质，那么我们就应该责备他极端任性。"① 立法主体应立足于人民的现实生活需要，充分考虑历史文化传统，体察合理的人情世故，维护正当的伦理纲常，使法律贴近人的公共生活世界，从源头上彰显对全体人民的公共关怀。立法主体是人民的代言人，要培养对人民的深厚感情，使法律贴近人民的公共生活，真正体现人民的公共意志。

二是增强立法主体关怀人民权利和自由的价值自觉。权利是人在公共生活中确证自身主体性的基本条件，保证人民的主体地位，就必须使所立之法能够保障人民的权利和自由。马克思说："法律不是压制自由的措施……恰恰相反，法律是肯定的、明确的、普遍的规范，在这些规范中自由获得了一种与个人无关的、理论的、不取决于个别人的任性的存在。法典就是人民自由的圣经。"② 要培育立法主体的权利意识，淡化其权力意识，鼓励他们在制定法律时以人民权利限制私人权力；塑造立法主体的自由价值，促使其用法律观照正当自由，限制不正当自由，使立法内容日益符合人民自由全面发展的公共价值需要，在保护与惩戒并举中以法律形式把真正的自由赋予广大人民群众，时刻为人民的美好生活保驾护航。

（二）激励执法主体从法律的刚度与温度相统一的公共价值出发执行法律

一是教育引导执法主体严格执法，维护法律的刚度。教育执法主体

---

① 《马克思恩格斯全集》第1卷，人民出版社1956年版，第183页。
② 《马克思恩格斯全集》第1卷，人民出版社1956年版，第85页。

应本着对人民高度负责的态度,恪守法治精神,尊重执法程序,细化、量化执法裁量标准,依据法律规定严肃公正地查处各类违法活动,通过严格执法维护法律的权威,不得在法律之外滥用执法权力。

二是教育引导执法主体文明执法,释放法律的温度。思想政治教育应激励执法主体坚持以人为本的执法理念,从执法出发点、执法作风、执法效果上塑造公共关怀情怀。在执法出发点上,把尊重人、理解人和关心人作为执法的内在要旨,从人民性的高度正确看待执法权力的来源和属性,从关怀公共世界的责任出发履行执法权,保障人的权利和自由。在执法作风上,追求亲民务实的人性化执法,尊重执法对象的人格尊严,关怀其实际需要和利益,用合乎人性的方式激发人们对自身失当行为进行反思,使每个人切实感受到法律的温度。从执法效果看,要激励执法主体充分维护人的合法权益,引导违法者在受到合法惩处后敬畏法律和信服法律,以良好的执法效果树立执法主体的文明执法形象。

三是教育引导执法主体正确处理严格执法和文明执法的关系。严格执法和文明执法相辅相成,既维护着法律的权威,又体现着法律的公共关怀深蕴。一要防止执法主体把严格执法片面发展为野蛮执法和冷漠执法,以异化的执法刚度漠视执法对人的公共关怀价值。一些执法人员打着严格执法的幌子,执法时态度恶劣、蛮横粗暴,甚至对群众辱骂威胁,借手中的公权肆意发号施令,要引导执法人员把法理与人情紧密结合起来,防止偏执型执法导致的野蛮行为。有这样一个案例:沈阳法库县的几位交警严格执行县政府禁止人力三轮车上县迎宾道的命令,导致一个乘坐人力三轮车上、即将生产的妇女不得不绕道,最终因延误半小时,致使新生婴儿落地身亡、产妇大出血。这种所谓的严格执法实际上是野蛮执法,它忽视了具体化的生活情境,抑制了法律在面对具体境遇中的关怀效能。应引导执法主体认识到,严格执法并不是不讲人道地对执法对象的合理诉求不闻不问,切莫因片面理解严格执法而忽视对人本身内在需要的价值观照。二要防止执法主体把追求人性化的文明执法蜕变为软弱执法和人情化执法,助长违法犯罪行为,破坏真正的公共关怀。

(三)教育引导司法主体从捍卫社会公正的公共价值出发维护司法公信力

党的十八届四中全会指出:"公正是法治的生命线。司法公正对社会公正具有重要引领作用,司法不公对社会公正具有致命破坏作用。必须完善司法管理体制和司法权力运行机制,规范司法行为,加强对司法活动的监督,努力让人民群众在每一个司法案件中感受到公平正义。"[1] 对标"让人民群众在每一个司法案件中感受到公平正义"这一价值目标,思想政治教育应引导司法主体准确把握公正与关怀的内在统一性,以深度的公正实现最大限度的公共关怀。司法是法治在人的公共生存中的独特表现形态,旨在通过法律的程序公正来实现社会的实质公正,凭借一系列法律制度和程序设计维护司法的公平正义,使社会正义得以伸张,公共良知得到弘扬,人的尊严和自由得到捍卫,彰显对人最大的公共关怀。启发司法主体深切领会司法制度的公正是施展公共关怀的基础,提高司法主体运用司法制度实现公共关怀的能力。

一是培养司法主体平等关怀司法对象的意识和能力。在司法过程中,人们容易把原告特别是被害人当作同情的对象,而把被告、违法犯罪嫌疑人当作讨伐的对象。应引导司法主体秉公司法,以事实为依据,以法律为准绳,公正进行侦破、起诉和审判,尊重双方控辩权利和各种合法诉求,既要给予原告、受害人充分的公共关怀;也要充分关怀被告甚至是犯罪嫌疑人的合法权益,避免造成冤假错案。

二是培养司法主体通过合理司法促进公共关怀的能力。2006年南京彭宇案:一位老人在街上摔伤,彭宇好心上前扶起送往医院,并给予200元的资助。老人出院后却状告彭宇将其撞倒,法院判决彭宇给老人4万元补偿金。法官最著名的一句问话是:"不是你撞倒的为什么送她去医院?"法院把彭宇给老人的200元作为了撞倒老人的证据。事实上,法院根本无法证明彭宇有罪,当然彭宇也无法证明自己无罪,只是法院错误地进行了"有罪推定",看似帮助了那位老人,但此次"有罪推定"判决

---

[1] 《中共中央关于全面推进依法治国若干重大问题的决定》,人民出版社2014年版,第20页。

持续地在全社会发酵,严重地打击了公众奉献爱心的热情,对全社会的公共关怀产生了极大伤害,至今"老人摔倒了该不该扶"仍然是一个争论不休的社会问题。思想政治教育公共关怀应引导司法主体汲取"彭宇案"的经验教训,以司法能力提升捍卫社会公共关怀精神,以司法公共关怀效能促进良好公共关怀风气的养成。

三是培养司法主体准确掌控公共关怀情感的能力。要激励司法主体严格自律,始终保持司法公正与公共关怀的一致性,在法律框架下关怀司法对象。在关怀情感上,司法主体要保持公共性和中立性,避免对某一个司法对象的私情,保证公共关怀情感始终诉诸于人类共同的美好情感,使人民群众在每一个司法案件中感受到公平正义,在司法对人民群众的公共关怀中提高司法公信力。

(四)教育引导守法主体从关怀公共世界长治久安的公共价值出发遵守法律

提高守法主体的自觉性,实现全民守法是社会主义法治建设的应有之义。每位公民要善于运用法治思维看待和处理公共事务,用法治方式化解公共矛盾,在法律框架内享受公共权利和履行公共义务,促进人人内心尊法、自觉守法、遇事找法、解决问题靠法,凭借弘扬法治精神实现对公共世界的价值关怀。

一是教育党员领导干部带头守法,推动全民法治意识的形成。作为党和国家的各级管理者,执政党、政府和立法司法机关及其公职人员要带头守法,通过表率行为引领和带动社会法治意识的形成。党员领导干部的守法意识和能力是依法执政的基础,关系着全社会的法治水平和法治公信力,应善于抓住党员领导干部这个"关键少数",着力提升其带头学法、模范守法、善于用法的自觉性,依法施政、依法用权、依法自我监督、依法关怀社会,严禁以权压法、以言代法、徇私枉法,让法治思维和法治精神融入日常工作,带动全社会形成法律至上的公共风尚。

二是督促公众树立正确的法治观念,端正主体守法动机。在公共生活中,常有两面现象,比如,有些人在有法律监督时守法,没有法律监督时就不守法;于己有利时守法,于己无利就想办法摆脱法律;当他人不守法时持观望态度,当发现有机可乘时争相效仿。这说明,许多人还停留在"消极守法"层面,只是出于自身不受惩戒的动机来遵守法律,并未形成对法律和法治的价值认同。思想政治教育公共关怀应引导人们发自内心尊崇法律,行动上自觉遵守法律,培养正确的守法动机,自觉维护社会公共秩序,捍卫社会公平正义。要激发人们从社会公共需要出发遵行法律规范,从关怀公共世界长治久安的价值出发增强守法自律,以个体守法维护公共秩序和促进公平正义,实现个人需要和公共需要的统一。

三是培育人的法治信仰,发挥法治的公共关怀价值。"法律的权威源自人民的内心拥护和真诚信仰"[1]。要培育全民法治信仰,通过科学的普法教育和执法实践,增进人们对法治的自觉认同,形成科学的法治理念、完备的法治精神、强烈的法治信念、鲜明的法治荣辱,把"守法光荣、违法可耻"转化为内心的价值律令,引导全体人民做社会主义法治的忠实崇尚者、自觉遵守者、坚定捍卫者,推动法律由强制性规范转化为人们自觉的行为习惯,在全社会形成良好的法治文化,努力使尊法学法守法用法在全社会蔚然成风,让人们在浓郁的法治氛围中行使权利、追求自由、有序发展,实现法治对全社会的公共关怀价值。

---

[1] 《中共中央关于全面推进依法治国若干重大问题的决定》,人民出版社2014年版,第26页。

第五章
思想政治教育公共关怀的价值呈现

在马克思主义生存论的视域中，作为以促进人的思想政治素质公共化为指向的价值实践活动，思想政治教育公共关怀立足于人的公共生存，传播公共精神，培育公共主体，彰显公共价值，其价值主要表现为对人的公共生存的塑造意义。

思想政治教育公共关怀的价值由其目标结构所决定，思想政治教育公共关怀的目标主要面向个体和社会两个维度。面向个体育人维度，主要指思想政治教育公共关怀对个人公共生存品格的培育价值，即完善人的公共认知、优化人的公共情感、强化人的公共意志、锻造人的公共信念、塑造人的公共行为；面向社会公共层面育人维度，主要表现为对人的公共生存秩序的优化价值，即传播主流意识形态中的思想塑造、调处公共矛盾冲突中的实践创新、遵行社会公共规范中的价值范导；在促进个体和公共世界良性互动的基础上，彰显对人的公共生存质量的提升价值，即提升人在公共生存中的物质获得感、政治使命感和精神富足感，构成思想政治教育公共关怀对人的公共生存的价值塑造系统。

第一节 思想政治教育公共关怀是一种价值实践活动

马克思主义的"价值"反映的是客体属性和主体需要之间的关系性范畴。马克思指出:"'价值'这个普遍的概念是从人们对待满足他们需要的外界物的关系中产生的……人在把成为满足他的需要的资料的外界物,作为他满足需要的资料,而从其他的外界物中区别开来并加以标明时,对这些物进行估价,赋予它们以价值或使它们作为'价值'的属性。"[1] 由此可见,价值是在对象化实践活动中形成的客体属性对主体需要满足的意义。客体属性为价值生成提供了可能性,没有客体固有的属性,价值就会失去依托;价值具有属人性,正是因为主体对外部世界的摄取,外部世界对主体的满足才具有现实的意义。作为客体的思想政治教育公共关怀活动属性与人的公共生存实践呈现出肯定的意义关系,旨在实现对人的公共生存的有效价值塑造,体现了主体和客体目标指向性的高度统一。

一 思想政治教育公共关怀的价值生成基点

马克思说:"物质生活的生产方式制约着整个社会生活、政治生活和精神生活的过程。"[2] 物质生活、社会生活、政治生活和精神文化生活囊括了人类公共生活的基本领域,人们在公共实践中形成了四种公共需要:公共物质需要、公共交往需要、公共政治需要、公共精神文化需要。从发生学的视角看,思想政治教育公共关怀发端于人的这四种公共需要,并在满足这些公共需要中实现价值生成。

思想政治教育公共关怀在促进人的公共物质需要的正确满足中实现价值生成。思想政治教育产生于人的物质生产需要,其教育属性之所以

---

[1] 《马克思恩格斯全集》第19卷,人民出版社1963年版,第406页。
[2] 《马克思恩格斯选集》第2卷,人民出版社2012年版,第2页。

要彰显公共关怀的价值诉求,就是因为人类的物质生产实践日益走出狭隘的家庭和私人领域,走上需要彼此分工协作的公共领域,许多生产实践需要个体之间、群体之间、族群之间甚至国家之间密切配合才能完成。物质生产的专业化同时要求实现公共化,意味着任何个人或私人群体在专业领域贡献智慧的同时,应与其他专业的人士展开公共合作,满足人的日趋综合性和多样性的公共物质需要。这就更需要思想政治教育展开合作精神、团结情怀的公共教育,引导人们在自觉关怀他人和群体中实现自我确证。思想政治教育公共关怀有利于促进人们正确认识公共物质需要的产生根源,评估其满足条件,教育人们正确认识和合理满足公共物质需要。在公共物质需要满足的过程中,常会存在个体需要与公共需要不协调甚至冲突的状况,思想政治教育能够引导人以公共需要为标准评价个体需要的合理性,在化解个体需要与公共需要的矛盾中促进其化解价值的生成。

思想政治教育公共关怀在协调人公共交往需要中实现价值生成。马克思说:"人的本质是人的真正的社会关系,所以人在积极实现自己本质的过程中创造、生产人的社会关系、社会本质。"[1] 个体要想维持和发展自身,理应参与社会公共交往,思想政治教育的公共品性能够在帮助个体参与公共交往过程中引导人们正确把握不同角色观念、角色目标和角色行为,形成正确的社会角色价值观,准确调解私人角色和公共角色的关系,科学处理不同角色间的矛盾。将具有不同分工和不同价值诉求的个体或私人群体凝聚起来,树立生命共在意识,启迪人的公共交往智慧,弥合不同个体或私人群体间的交往冲突,在满足人的公共交往需要过程中促进其价值的生成。

思想政治教育公共关怀在推动人的公共政治需要中实现价值生成。促进人的政治社会化是思想政治教育的内在属性,在政治社会化中追求对民主、平等、自由等公共政治生活合理性的诉求是思想政治教育公共关怀的价值特质。所谓政治社会化,是社会教化与个体内化相统一的过程。从社会角度看,就是根据统治阶级的需要向个体传播相应的政治观

---

[1] 《马克思恩格斯全集》第42卷,人民出版社1979年版,第24页。

点、政治文化和政治价值观,使个体遵行政治规范和形成政治信念的过程;从个体角度说,就是接受政治文化教化,学习政治知识,内化政治规范,形成政治信念,逐步成为"政治人"的过程。思想政治教育公共关怀具有引领价值、培育价值和激励价值,以公共关怀为价值基点,通过正确引领个体的政治社会化方向,帮助个体做出正确的政治价值选择;通过培育公共政治理性,推进公共政治认同;通过激发公共政治热情,提高个体政治社会化的主动性。

思想政治教育公共关怀在完善人公共精神文化需要的满足中实现价值生成。公共精神文化需要是思想政治教育公共关怀生成发展的根据,思想政治教育公共关怀又促进人的精神文化需要的满足。思想政治教育公共关怀是以公共关怀为价值基础的精神生产与传播活动,这种精神生产和传播能够在人的公共文化传播中发展引领价值,保障个体公共精神文化需要的持续满足;也有利于促进文化交流和融合,有效化解人的文化焦虑,实现对各类文化的价值澄明,体现了人类对共同文化价值观的自觉追求,能够帮助人在多元文化的交融中坚守公共价值信念和文化理想。

二 思想政治教育公共关怀的价值评价尺度

价值评价尺度是衡量客体属性对主体需要满足程度的哲学范畴。思想政治教育公共关怀价值在本质上是这一活动的价值客体的属性与人的思想政治素质公共化需要之间的价值对应关系的总和,这对人的公共精神水平提出了很高的要求。公共精神表征着价值主体超越个体私人性束缚,自觉关怀他人和社会公共生活,谋求公共利益,肩负公共责任,捍卫公共秩序,在对自由、平等、公正等公共价值的追求中,实现公共品格和素养的不断提升。人的公共精神既体现了价值客体的属性,又符合价值主体的需要,思想政治教育公共关怀的价值评价尺度可以说就集中于人的公共精神水平上。人的公共精神水平反映了个体关怀公共世界、肩负公共责任和追求公共价值过程中表现的认知准确程度和情感强烈程度,体现了思想政治教育公共关怀对人的思想政治素质公共化培育的力度、效度和深度,是衡量思想政治教育公共关怀对人的公共生存价值的重要标尺。

人的公共精神水平集中体现了思想政治教育公共关怀价值的合规律性与合目的性。

一方面,提高人的公共精神水平符合思想政治教育公共关怀属性和思想品德生成发展规律的外在价值尺度,体现了思想政治教育公共关怀价值的合规律性。其一,培育公共精神是社会发展的需要。思想政治教育公共关怀从思想子系统、心理子系统、行为子系统三个层面促进人的思想和行为日益公共化,以公共关怀为着力点塑造理想化的公共生存状态,人的公共精神水平的高低决定了思想政治教育公共关怀的外在价值尺度的高低,是思想政治教育公共关怀活动得以实现的关键环节。其二,人的思想品德发展规律中具有对公共性的客观需要,提高人的公共精神水平也符合人的思想品德形成发展规律。"道德只有在社会中,在发生个人与整体、个人利益与整体利益的关系的时候和地方,只有当人脱离了动物界并将其合群的本能上升为交往关系时,才有可能发生……道德的发生不仅必须以社会关系为前提,而且还必须以复杂到一定程度的社会关系为依据"①。道德具有深刻的社会公共性意涵,人的思想品德的发展总是具有鲜明的公共价值指向,培育人的公共精神体现了人的思想品德形成发展的公共性需求。

另一方面,提高人的公共精神水平反映了人的思想政治素质公共化这一内在价值尺度,体现了思想政治教育公共关怀价值的合目的性。思想政治教育公共关怀的合目的性主要表现为,着力解决个体思想政治素质和公共关怀水平的实然性状况与公共世界对个体思想政治素质和公共关怀水平的应然性要求的矛盾,促进人的思想政治素质公共化。人是合群的高级生物,其思想意识深处总具有与他人共在共处的价值诉求。因此,人的思想政治教育素质公共化程度反映了思想政治教育公共关怀目的的实现程度。高度的公共精神又是人的思想政治素质公共化水平的集中展示,体现了个体对于公共世界的理性认知、情感关切与行为担当,人的公共精神水平构成了思想政治教育公共关怀的内在价值评价尺度。

---

① 罗国杰主编:《伦理学》,人民出版社 1989 年版,第 31—32 页。

三 思想政治教育公共关怀的价值目标追求

人是价值存在物，具有个体价值和公共价值。人的个体价值是指个人的实践活动对于自身生存发展的意义，人的公共价值是指个人的实践活动对于公共世界的贡献和意义。人的价值的实现程度，虽然取决于人的个体价值的实现，但更重要的是取决于人的公共价值的实现，即个体对于公共世界的贡献程度。思想政治教育公共关怀通过传播公共思想观念、公共政治观点和公共道德规范，引导人关怀社会公共世界，在关怀和奉献公共世界的过程中实现人的公共价值。思想政治教育的公共价值归根结底要通过提升人的公共价值来实现。

思想政治教育公共关怀应切实帮助个体内化公共思想和道德规范，实现人的公共价值和思想政治教育公共价值内在统一的价值目标。

第二节 思想政治教育公共关怀对人的公共品格的培育价值

人的品格是指人在社会生活中所形成的符合社会要求的内在品性（或品质）和外在品行相统一的总和。内在品性是指个体在实践中形成的品格心理要素及其相互作用，即认知、情感、意志及其矛盾运动过程；外在品行是指品格心理外化的品格行为实践。蔡元培认为："人之成德也，必先有识别善恶之力，是智之作用也。既识别之矣，而无所好恶于其间，则必无实行之期，是情之作用，又不可少也。既识别其为善而笃好之矣，而或犹豫畏缩，不敢决行，则德又无自而成，则意之作用，又大有造于德者也。故智、情、意三者，无一而可偏废也。"[①]

在社会实践中，人的认知、情感、意志和行为对人的品格的生成和发展具有基础性影响。人的品格分为面向私人生活的品格和面向公共生活的品格，面向私人生活的品格是指人在个体私人实践活动中表现出的

[①] 《蔡元培全集》第二卷，中华书局1984年版，第253页。

合乎社会要求的内在品性和外在品行的统一；面向公共生活的品格，即人的公共品格，是指人在公共生存实践基础上根据社会公共价值标准而形成的内在品性和外在品行的统一，表征着个体品格的公共指向性。

公共品格主要表现为个体在参与公共事务和进行公共关怀过程中表现出的公共认知、公共情感、公共意志和公共行为。各要素相互作用、相互协同和相互转化的过程，既是个体思想道德和政治素养的价值塑造过程，也是个体以利他和共赢为核心的公共精神涵养过程。思想政治教育公共关怀对人的公共品格的培育价值体现在，促进人的公共认知、公共情感、公共意志、公共行为的完善和发展，推动和谐公共关系建构与个体全面发展的良性互动。

一　完善人的公共认知

公共认知是个体对公共世界的认识、理解和评价。思想政治教育公共关怀对个体公共认知的完善价值表现为：

（一）培育个体公共意识

思想政治教育引导人们准确理解公共世界对于个体的意义和价值，启发人们懂得个体与公共世界的密不可分性，正确处理个体与公共世界的关系。没有个体就没有公共世界，没有公共世界就没有完整的个体。"过一种完全私人的生活，首先意味着被剥夺了对一种真正人的生活来说本质重要的东西：被剥夺了从被他人看到和听到中产生的实在性"①。只有在公共生活中，个体生命的主体性和丰富性才能得到真正确认。思想政治教育公共关怀能激发个体在关注和参与公共世界过程中确立自身的主体意识，明晰个体在公共世界中的价值定位，赋予个体自由行动的权利，培育个体自觉认识和关怀公共世界的能力，把自身的地位和价值置于社会公共关系中，增强对社会公共价值的认同与遵行。在对社会公共价值的认同与遵行中，完善个体对社会主流公共意识形态的认同尤其重要。主流意识形态反映了社会的政治理想和文化价值追求，代表了社会发展的前进方向和个体行动的公共指向。思想政治教育能提升个体的政

---

① ［美］汉娜·阿伦特：《人的境况》，王寅丽译，上海世纪出版集团2009年版，第39页。

治理解力和文化鉴别力，激励个体理性参与公共政治活动，在对社会主流意识形态的认同中深化对公共世界内在价值取向的认知，增强个体的公共意识。

（二）优化个体公共价值判断

在公共认知培育中，不仅能帮助人们理解"公共世界是什么"，而且能引导人们理解"公共世界应是什么"，提升个体对公共世界的价值理解和判断，激发个体关怀公共世界并促进公共世界合理性的责任感。要引导人们形成正确的认知图式。从正向讲，激励个体树立"人生为大众"的公共价值取向，塑造"利他性"思维，以利他和共赢的思维方式审视、指导和评价自身在公共世界中的行为，提高人的公共价值实践能力；从反向讲，塑造个体批判性思维，引导个体在私人价值和公共价值中做出利弊权衡，自觉批判"我向性"思维，克服个人主义和利己主义的价值取向。

（三）增强公共认知稳定性

社会公共生活是由多种要素共同作用的结果，各种要素在不同的公共生活境遇中呈现多种表现方式，构成了公共世界的矛盾复杂性。置身于这个复杂的、流动的和易变的公共世界中，个体的公共认知也会随着各种不确定的现实生存境遇而不断变化。这种不稳定性对个体在公共生活中的价值判断和行为选择具有直接影响，其中公共道德认知的不稳定性表现得尤为明显。由于公共关怀本身就是一种美德的展现，表现为个体超越私人利益而对公共价值的观照与追求，在培育人的公共认知时，应着力强化个体公共道德认知的稳定性。

人的道德认知具有不稳定性，容易受具体的道德情境和主体道德态度的影响。在熟人社会中，交往主体存在着血缘、地缘、业缘关系，对彼此间的道德权利和道德义务认知相对稳定，所处的道德情境也相对固定，人们能够以常识性道德思维来行使和评判彼此的道德行为，即个体根据文化传统和生活体验而形成的对于道德情境的惯常思维模式和处理方式。在以陌生人为主体组成的公共世界中，由于公共生活存有诸多不确定性，人们缺乏相互联结的纽带，各自的道德权利和道德义务不够明晰，无法预估自己处于或即将处于怎样的道德情境，常识性道德思维不足以为道德选择提供支撑。比如,当面对有人落水这样的突发事件时,就道德常识而言,具备能力的人都应做出义不容辞的救人选择,但在公共生活中却极易受到其他人和社会舆论的影响。有人会想:万一助人反被讹诈或者受到其他不利影响怎么办?于是也采取了观望态度。从众的态度和推诿责任的私心取代了常识性道德思维,降低了人的道德判断能力,弱化了人的公共道德行为。在多元易变的社会公共领域,由于各种复杂因素产生了不稳定性,影响了人们做出准确的道德判断,"常识越来越难以将公共道德看作它需要为之努力的合理工程和恰当的目标"①。思想政治教育公共关怀有助于增强公共认知的稳定性,引导个体准确理解公共世界,坚守社会底线公共价值,正确运用自身公共道德理性,强化人们在公共世界中的常识性思维,使人们在面临突发事件时克服心中的疑虑,在各种复杂因素面前保持基本的道德良知,使常识性思维突破私人道德生活领域,敦化为一种公共生活风尚,使之成为稳定的公德思维方式和行为方式。

二 优化人的公共情感

朱小蔓教授认为:"情感,实际上已成为反映人的整个精神价值追求的动机系统本身。包含着人的情绪基调、情绪表达方式、情趣爱好、情感体验性质与水平、价值倾向乃至于人格特征、精神情操等。"② 公共情感是人在公共实践基础上形成的关于公共生活的好恶态度、情感体验和情绪表达方式的总和。关怀体现了一种基于情感的行为取向,"关怀是一种'投注或全身心投入(engrossment)'的状态,即在精神上有某种责任感,对某事或某人抱有担心和牵挂感。因此,关怀首先是一种关注他人的道德情感"③。从这个意义上讲,公共关怀是人在公

---

① [英] 费夫尔:《西方文化的终结》,丁万江、曹艳译,江苏人民出版社2004年版,第6页。
② 鲁洁、朱小蔓编:《道德教育论丛》第1卷,南京师范大学出版社2000年版,第329页。
③ N. Noddings, *Caring: A Feminine Approach to Ethics & Moral Education*, California: University of California Press, 1986: 9, pp. 23-24;侯晶晶:《关怀德育论》,人民教育出版社2005年版,第65页。

共生活中的情感体验和态度表达活动。在人的公共品质中，公共情感是联通公共认知、公共意志和公共行为的中间环节。没有公共情感，公共认知只能停留于理性层面，而不能真正触发人的内心；只有具备公共情感，人才能将公共事务融入自身的情感体系中，将深切的公共责任感转化为不怕困难的公共关怀意志，进而实现对公共关怀价值的自觉追求。

（一）对公共情感的激发功能

思想政治教育倡导以人为本的价值理念，尊重人的实际情感需要，能够切实分析受教育者的内在情感倾向，考量其情感倾向与公共关怀思想的契合度，评估受教育者公共情感可能达到的水平，动之以情，晓之以理，使受教育者不是被动服膺于某种公共道德律令，而是自觉产生对公共世界的责任感。

思想政治教育公共关怀能科学把握公共情感激发的时、度、效。

一是注重选择公共情感激发的时机。在受教育者面临特定教育情境，或对公共生活产生特定感悟时，结合受教育者的认知和情感背景，引导个体学会换位体验，进行情感设问和道德良知考问，反思"如果我在此处境下被他者置之不理，我将有何感受"。

二是合理把握公共情感激发的程度。不是盲目要求受教育者像完成任务一样必须产生某种情感，也不是对受教育者的公共情感及其程度听之任之，过度激发或激发不足都不是明智选择。要清楚受教育者的情绪变化和对教育内容的情感体认程度，善于选择受教育者易于接受的方式，实现教育者与受教育者的情感共鸣。如果能准确把握教育时机和教育程度，就更容易激发受教育者关怀公共世界的情感自觉。

三是对公共情感的激发效果进行科学评估。及时接收受教育者的信息反馈，有针对性地调节教育内容、方法、时机和程度，提高情感激发的效果。事实证明，充分唤起人的同情心是提高公共情感激发效果的关键环节，最易触发公共关怀情感的是同情心，最易诱发个体产生公共关怀责任和行为的也是同情心。思想政治教育公共关怀善于引导个体将自身情感推己及人或将他人情感融入入己，在双方情感的深度交融中形成情感共鸣。"正是更多地同情别人，更少地同情我们自己,约束我们的自私自利之心,激发我们的博爱仁慈之情,构成了人性的完善"①。同情心有助于拉近人们之间的心理距离,教育人将自身情感纳入他人或公共生活的具体道德处境中去体悟,改变人们对公共生活的冷漠感,赋予个体对公共生活的热忱。

(二) 对公共情感的评价功能

就其性质而言,公共情感有积极公共情感和消极公共情感之分。积极公共情感,就是对于公共生活的热爱、关怀等积极的态度体验;消极公共情感则表现为对公共生活的冷漠、厌恶或者无端的狂热等消极的态度体验。积极的公共情感有助于优化人的利他行为,使人更善良、更富有同情心和道德感;消极的公共情感则会抑制人的助人行为,使人在公共责任面前举棋不定、畏首畏尾甚至千方百计逃避。思想政治教育公共关怀蕴含着对积极公共情感的褒扬和对消极公共情感的摒弃,能够在评价公共情感过程中进行取舍,在取舍中实现优化。实际生活中,对于公共情感的评价存在复杂性,一些公共情感在一定历史时期发挥了公共关怀作用,但实际上并不一定代表了社会发展的方向。思想政治教育公共关怀的评价功能有助于对情感的诱因、效果、持续时间、发展程度进行科学辩证的评估,多角度评价公共情感的性质,促进公共情感的良性发展。

(三) 对公共情感与私人情感关系的调适功能

私人生活领域是一个由情感联结起来的亲人和熟人领域,所谓的"亲""熟"本质上就是指情感的亲近与熟识,人们基于私情而产生彼此之间的关怀也显得更持久、更真切、更发乎人的内心。随着社会流动性的加强和人与人之间契约关系的完善,公共生活中情感的陌生化呈现上升趋势。由于缺乏私情纽带,在进行关怀价值选择时,情感的力量往往让位于利益的权衡,一些人在以熟人为主导的私人生活中表现得积极、热忱、富有感情;而在以陌生人为主导的公共生活中却显得消极、冷淡甚至麻木,造成个体情感在私人生活和公共生活之间的断裂。思想政治教育公共关怀的调适功能表现在:一方面,发挥其适应性功能,尊重和

---

① [英] 亚当·斯密:《道德情操论》,余涌译,中国社会科学出版社 2003 年版,第 22 页。

保护个体合理的私人情感。关怀同自己有血缘、地缘、业缘关系的个人或群体，是出于个体亲缘利他的本能，不但应当给予尊重，而且应当给予保护。一个人对与自己关系密切的亲人和熟人的合理的、正向的关怀是其实施公共关怀的前提，如果一个人连自己的亲朋好友都不去关怀，怎么能期望他去关怀公共世界呢？合理的私人情感非但不会伤害公共情感，反而能使人在良好的私人关系中感受关怀的温情，体会人间的温暖，敦化个体的内在品质，促进个体公共品格的塑造和养成。另一方面，发挥其超越性功能，激励个体超越私情而追求公共关怀。面对突如其来的疫情，中国党和政府始终把人民群众的生命安全和身体健康摆在第一位，党中央、国务院运筹帷幄，白衣天使冲锋在前，解放军战士保驾护航，社区工作人员昼夜奋战，14亿中国人万众一心，所有人都深悟"舍小家、顾大家""为国家就是为自己"的精神内核，个人情感在关怀公共世界中得以丰富和升华。每个人以其公共情感的超越性体验和奉献成就了整个国家的抗疫成功，也凝聚成"生命至上，举国同心，舍生忘死，尊重科学，命运与共"的伟大抗疫精神。

三　强化人的公共意志

这里所说的公共意志主要是指个体在公共生活中表现出的道德意志，指个体在公共领域施展公共关怀时，自觉克服各种内在道德冲突和外在道德干扰，以社会公共价值为标准自觉明辨公私、善恶的心理过程或实践精神。在私情关怀中，人的关怀行为基本上出于私人情感或本能，这种关怀是自然而然的，基本无须关怀意志。在公共关怀中，公共意志的作用就显得十分重要，在关怀动机确立、关怀方式选择、关怀行动执行上，人们经常要同自己的内心作斗争。关怀伦理学家诺丁斯提出"关怀圈层说"，即以关怀者为圆心，根据被关怀者与关怀者亲疏关系的差异，关怀者和被关怀者们构成远近不同的同心圆。越靠近内圈，同关怀者的关系越密切，关怀的程度也越深；越处于外圈，同关怀者的关系越疏远，关怀的程度就越浅。关怀分为自然关怀和伦理关怀，自然关怀属于"内圈关怀"，是基于人的自然本能和私情所触发的自然而然的关怀，有着血缘或私情的坚实根基，"由于潜在的有机体的原因，我们利他的动机在对指向亲属关系或部分亲属关系的时候可能更加强烈一些,很少需要理性思考和自我说服,很少需要利他心部署的努力培养"[1];伦理关怀属于"外圈关怀",是主体出于自身的道德理想而产生的对于亲缘关系以外的人或物的价值关怀,这种关怀需要强大的道德意志和道德信念。越往外圈走,关怀主体越需要付出更大的努力,塑造人的公共意志就显得更加重要。

思想政治教育公共关怀从三个方面塑造关怀者的公共意志:

(一) 增强公共关怀的自觉性和果断性

在人的公共生存过程中,往往面临复杂的价值选择:对他人的困境是冷眼旁观还是施以援手,是依据与自身的亲疏关系还是依据公共良知施展关怀,关怀后会产生积极影响还是消极影响,是关怀这个对象还是那个对象,等等。这些复杂的价值选择,构成了人们公共关怀的动机冲突,现实中一些不良现象又加剧了人们实施公共关怀的矛盾心态。比如,有的人自己摔倒了,却硬要说是被扶他的人撞倒的,让好心相助的人成为被讹诈的对象,这些人为了私利,不惜以欺骗他人的同情心、责任心和爱心为代价,出现了社会公德乱象,以至于"有人摔倒扶不扶"这样简单的问题成了社会"道德难题"。面对这样的"难题",不少人无法克服激烈的动机冲突,而有的人却果断做出了正确的价值选择。思想政治教育通过引导个体换位思考,帮助人们找准基本的道德准绳,迅速克服动机冲突和旁观者心态,自觉履行公共道德义务,果断而坚定地承担社会责任。当面对突发事件或紧急情况时,要激励人们立刻实施关怀行动,用公共关怀的自觉性和果断性提高公共关怀的实效性。

(二) 增强公共关怀的持续性和一贯性

面对公共生活状况的复杂性,人们在实施公共关怀时常会遇到一些困难和疑惑,有的人在所处公共道德境遇中面临两难选择,有的人自身能力难以完全胜任公共义务,有的人奉献没有得到相应的理解和认同,有的人因公共活动受挫而削减了公共关怀意志,等等。凡此种种,都会

---

[1] Jane Allyn Piliavin, Hong-Wen Charng, Altruism. *A Review of Recent Theory and Research*. Annual Review of Sociology, 1990 (16), pp. 27–65.

影响公共关怀活动的持续性。要给予人们进行持续的、一贯的公共关怀的勇气和力量，增强人的关怀毅力，提振个体的公共关怀信心，激励个体在面对各种困难和疑惑时做出正确的选择。通过说服教育，让人们明白关怀者和被关怀者间具有相互转化性，持续坚守正确的价值取向终会得到社会的认可，也终会使自己的人生得以充实和完善。思想政治教育公共关怀有利于引导被关怀者对关怀者进行积极回应，形成尊重和鼓励公共关怀的良好氛围，使人们不仅做好事而且坚持做好事，不仅一时关怀而且持续关怀，在人与人持续的公共关怀中提高公共生存的质量。

（三）增强公共关怀的自律性和他律性

个体的公共关怀分为两种情况：一种是"我要去做"，即公共关怀的自律性或自觉性；另一种是"要我去做"，即公共关怀的他律性。公共关怀的自律性或自觉性又表现为两个方面：一是基于公心对人或事施展关怀；二是在公共生活中的个人自律，即通过自律改变自身的公共生存方式，并对公共生活产生了客观的益处，构成一种间接的公共关怀。比如，个人在公共场合抑制住烟瘾，履行禁止吸烟的承诺；公职人员抵制住各种诱惑，严于律己，履职尽责，维护了社会的公正。"坚强的意志不仅表现于克服各种外部的困难，调节主体的外部行为，而且表现在克服主体自身的各种消极因素，调节人的内部心理状态"[①]。公共关怀的他律性表现在对各种规则的认可，按照要求遵守公共秩序。公共关怀的自律性和他律性互为表里，他律性公共关怀是公共关怀的起始状态，自律性或自觉性公共关怀是公共关怀的升华状态。要引导人们认真遵守公共世界的法规和道德规范，适应公共世界的他律性，通过人们在公共生活中的严格自律、公共道德准则的内化和公共意志的塑造，逐步由他律性公共关怀向自律性公共关怀迈进，让公共关怀成为人们的自觉行动。

四 塑造人的公共行为

人的公共关怀分为公共关怀主观意识和公共关怀客观行为两个逻辑递进的环节。思想政治教育就是一种通过改造人的主观世界而优化人改

[①] 袁贵仁主编：《人的哲学》，工人出版社1988年版，第205页。

造客观世界能力的实践活动。思想政治教育公共关怀不仅要优化人的公共关怀思想，更要努力促进公共关怀思想向公共关怀行为的实践转化，在公共实践中确认和发展人的公共品格。

（一）提升公共关怀行为的自主性

高层次的公共关怀，是关怀主体自觉自由的行为，它不是来源于外在的命令强制，而是来源于主体自由意志的选择。思想政治教育公共关怀帮助个体对外在环境和内在意志进行正确评估，进而对公共关怀行为进行选择。"如果他要进行选择，他也总是必须在他的生活范围里面、在绝不由他的独立性所造成的一定的事务中间去进行选择的"①。当前，通过自媒体报道，我们发现在南京、成都、郑州等一些城市的小饭馆中，都出现了免费饭菜，用以送给那些无家可归但又没有支付能力的社会流浪人员、贫困人群免费食用，使无数漂泊在这个城市的社会底层群众在获得基本生理满足的同时，也体味到人间的温暖。其中有个店主在接受采访时就表示，自己也曾经有过一段艰难困苦的岁月，如果不是陌生人的无私援助，也不可能有今日的生活，因此想把这份爱传递给更多素昧平生但格外需要的人。由此可见，思想政治教育公共关怀并不是空洞的说教，它可以贯注于人的生命体验中，引导人们在感受公共关怀的同时成为公共关怀的行为主体，引导个体科学研判社会所提供的条件、范围和复杂的偶发事件，提高个体评估能力、选择能力和行为能力，促进个体在内心自由意志和外部环境制约的统一中实现公共行为选择的自主性，确保这种自主行为选择符合社会公共需要，促进正确、自主的公共关怀行为付诸实施。

（二）强化公共关怀行为的责任性

思想政治教育公共关怀行为既是一种自觉向善行为，也是一种公共责任的自觉担当行为。有一个"墙上的咖啡"的故事脍炙人口，讲的是一些来咖啡馆喝咖啡的人总会多买出一杯咖啡，让服务生把单子贴在墙上，用来救济那些暂时没钱买咖啡的人。这虽然是一件小事，却体现了人们高尚的公共情操和宝贵的责任担当。公共关怀的世界是

---

① 《马克思恩格斯全集》第3卷，人民出版社1960年版，第355页。

一个各种人的公共责任交织汇聚的世界,在这个世界中,人们把自主的行为选择和责任担当紧密结合起来,实现了公共道德义务的深度自觉。正如康德所说:"一个出于责任的行为,意志应该完全摆脱一切所受的影响,摆脱意志的对象。"① 只有出于责任的行为才是自主的,要实现真正的自主就必须敢于承担责任,在自主的责任担当中增强公共关怀行为的厚度。

(三) 倡导公共关怀行为的利他性

利他性表明了公共关怀行为的价值指向。公共关怀思想向公共关怀行为转化的过程中,也伴随着一定的价值评价过程。要引导人们在公共认知向公共行为转化的过程中坚持这一标准,以帮助他人为己任,在于己有益和于他有利之间找到价值平衡点。思想政治教育公共关怀关注他人的实际需要,依据受到关怀的人和社会的反应对公共关怀行为效果进行评估,促进利他行为成为社会的行为常态。要注重引导公共关怀主体与关怀对象之间的良性互动,使具有利他行为的人得到公共世界的认可、尊重和关怀,在公共世界中获得切实的自我确证,达到"人人利他、人人互相关怀、人人共享关怀"的生动局面。

思想政治教育公共关怀的公共品格培育是在公共认知、公共情感、公共意志、公共行为的相互联系、相互渗透、相互制约和相互促进的整体矛盾运动中实现的。公共认知是人的公共品格的认识论前提,良好的公共认知有利于指导公共情感的理性释放,促进公共意志的增强,提升公共行为的针对性和效率。公共情感是人的公共品格中的调控机制,其价值指向影响着人的公共认知、公共意志和公共行为。良好的公共情感能够促进公共关怀认知,生成坚强的公共意志,进而转化为坚定的公共行为;不良的公共情感则容易使人形成对公共世界的错误认知,削弱人的公共意志,不但难有公共关怀行为,反而会对公共世界造成伤害。公共意志在人的公共生存品格培育中具有动力作用,是连接公共认知、公共情感与公共行为的桥梁。坚定的公共意志既反映

---

① [德] 伊曼努尔·康德:《道德的形而上学原理》,苗力田译,上海世纪出版集团2005年版,第12页。

了主体对公共世界的深度认同和强烈情感，也是有效实施公共关怀行为的精神动力。坚定的公共意志能够进一步促进公共认知的不断深化，引导公共情感向健康的方向发展，并促进公共关怀行为的实施。如果公共意志薄弱，人们就难以将公共认知和公共情感转化为公共行为。公共行为是人的公共品格的实践展示。思想政治教育公共关怀对公共品格的培育过程本质上是一个知行合一的矛盾转化过程，通过对内在公共品性的培养，帮助个体完善公共认知、公共情感和公共意志，进而使公共品格对象化为现实的公共关怀实践。因此，思想政治教育公共关怀对人的公共生存品格的培育，就是在公共实践中引导人的公共认知、公共情感、公共意志、公共行为从不平衡到平衡，又从平衡到新的不平衡，再到新的平衡，经过循环往复的矛盾运动，使人的思想和行为日益符合公共世界的需要，实现个人与公共世界、公共世界中的不同个体形成相互关怀的良性互动，使公共品格在人们的关怀实践中不断得到展现、创造与升华。

第三节　思想政治教育公共关怀对人的公共生存秩序的优化价值

"秩序"一词在中国通常有以下两层基本含义：一是泛指"有条理、不混乱的状况"；二是特指"符合社会规范化的状态"[1]。西方则认为，秩序就是指"the way which people or things are placed or arranged in relation to each other"，即"把多样化的人或物放于社会关系体系中应有位置的一种方式和状态"。人是社会存在物，必须与其他人结成有序的社会联系才能生存和发展，公共生存成为人生存发展的基本样态；人又是理性存在物，在公共生存过程中总是在不断谋求合理化的共同生存方式，既保证自身不在自然的或人为的生存斗争中被消灭，又保证能够在一种序化的有机联系中获得更好的生存和发展。在长期的共同生存和发展中，人们

---

[1] 罗竹风主编：《汉语大词典》第 8 卷，汉语大词典出版社 1991 年版，第 70 页。

滋生出浓厚的"秩序情结",并努力营造良好的公共生存秩序。

这里所讲的公共生存秩序,是指不同主体基于人的公共生存合理化诉求,按照相互约定的公共规则而在实践活动中相互联系、相互作用的有序状态。从静态意义上讲,人的公共生存秩序表征着一种稳定的社会公共生存结构,结构中的各要素之间有着稳定的相互关系和排列方式。人的公共生存秩序意味着各个主体都在公共生存系统中找到了自身的方位和发挥应有的效能,并围绕共同的生存目标形成有机联系。从动态意义上讲,人的公共生存秩序表征着公共生存各种关系在一种可预测和可控的动态平衡状态中不断发展。没有公共生存秩序,多元主体的利益诉求和价值诉求就不能得到有机整合,社会公共生活就容易陷入一种混乱状态。因此,对于人的公共生存来说,秩序建构具有优先性,在秩序与自由的权衡中,首要的问题不是自由,而是建立一个合法的公共秩序。只有在秩序化的公共生存中,人才能找到通向自由的道路,才能拥有实现自我的机会。

思想政治教育公共关怀对人的公共生存秩序的优化机理表现为,通过思想引领、政治教化和道德培养,引导人们自觉接受社会公共思想观念,认同社会公共政治观点,整合多元价值取向,调节社会公共关系,内化社会公共规范,优化公共行为方式,在对公共世界的关怀实践中建构个体与公共、个体与个体、群体与群体之间的良性互动格局,通过优化人的内在思想秩序来优化其外在公共生存秩序。可简单概括为:内化公共关怀思想→优化内在思想秩序→外化公共关怀行为→优化社会公共生存秩序。

一 传播主流意识形态中的思想塑造

在人的公共生存中,不同主体生活实践的有序化是以思想秩序的建构为前提的。思想政治教育公共关怀的基本功能,就是通过建构人们的思想秩序来优化社会公共秩序,引导个体对社会主流意识形态的公共认同,有效传递公共关怀的思想和精神,激发人们自觉施展对于这个世界的公共关怀。《布莱克维尔政治学百科全书》中写道:"意识形态是具有符号意义的信仰和观点的表达形式,它以表现、解释和评价现实世界的方法来形成、动员、指导、组织和证明一定的行为模式和方式,并否定其他一些行为模式和方式。"[1] 意识形态对现实世界具有反映、解释、评价和指导功能,其中占统治地位的主流意识形态是整合社会各个利益群体及其类群价值系统的"社会水泥",代表全社会类群价值系统的"最大公约数",对其他意识形态和类群价值观念具有统摄和指导作用。思想政治教育公共关怀能够积极传播社会主流意识形态,促进人们对主流意识形态的公共认同,发挥主流意识形态的思想引领、共识凝聚、道德塑造功能,促进个体思想观念认同和价值秩序优化,从而优化人的公共生存秩序。

(一)发挥社会主流意识形态的思想引领功能

在人的公共生存场域中,各种不同的思想文化和价值观念相互交流碰撞,形成了思想观念多元化的生存图景。思想是行动的先导,思想多元必然导致行动多向,需要有一个正确的大方向,需要一个主导思想的引领,通过鲜明的政治价值指向引领人们的行动,使人们沿着正确的轨道认知、评价和关怀公共事务。发挥社会主流意识形态的思想引领功能,就是要实现人的公共生存的政治统一性、目标协调性、价值和谐性、主体合作性。当今世界正处于新的百年未有之大变局,这个大变局的核心就是世界格局由"西方压倒东方"向"东方与西方相对平衡"转化,对西方主导的不平衡的现代性秩序形成强大冲击。这次"百年未有之大变局"与历史上其他重大变局的区别就是,改变了世界秩序主导权在西方大国手中流转的局面,实质就是世界格局重构、世界权力重组、世界价值重塑、世界话语重建,也正是在百年未有之大变局进程中,中华民族伟大复兴进入了不可逆转的历史进程。随着以中国为代表的东方势力的崛起,西方现代性的压倒性优势逐渐被稀释,但是以美国为首的西方世界不甘于其意识形态影响力下滑的历史大势,更加追求与中国进行思想文化领域的激烈交锋,并配合"贸易战""科技战""金融战"等经济手段,妄图继续以重新包装的"普世价值"占领人们特别是青少年的思想

---

[1] [英]戴维·米勒、韦农·波格丹诺:《布莱克维尔政治学百科全书》,中国政法大学出版社1992年版,第345页。

阵地，试图使这种意识形态的交往日趋复杂化、尖锐化，中国社会正在经历改革开放以来最为严酷的意识形态博弈考验。这种思想文化的冲击相比武力干涉的能量丝毫不逊色，影响人们特别是青少年对中国国情的正确认知及对中国主流意识形态的正确认同，有可能由思想秩序的混乱导致行为秩序的混乱。

习近平总书记指出："一个政权的瓦解往往是从思想领域开始的，政治动荡、政权更迭可能在一夜之间发生，但思想演化是个长期过程。思想防线被攻破了，其他防线就很难守得住。我们必须把意识形态工作的领导权、管理权、话语权牢牢掌握在手中，任何时候都不能旁落。"① 面对国际思想文化和价值观念的冲击，我们要审时度势，用事实增强中国的话语权。思想政治教育最重要的效能就是引导人们科学认识马克思主义的科学内涵和精神实质，特别是感受党的十八大以来，中国社会发生的深刻变革，体会习近平新时代中国特色社会主义思想的磅礴伟力。党的十九届六中全会通过的《中共中央关于党的百年奋斗重大成就和历史经验的决议》，其中明确提出："党确立习近平同志党中央的核心、全党的核心地位，确立习近平新时代中国特色社会主义思想的指导地位。"② 思想政治教育可以从公共关怀的视角引领人们科学认识"两个确立"的决定性意义。首先是以理服人，讲明"两个确立"的价值义理。马克思在《1848 年至 1850 年的法兰西阶级斗争》一文中便指出："如爱尔维修所说的，每一个社会时代都需要有自己的大人物，如果没有这样的人物，它就要把他们创造出来。"③ 这非但不是对"英雄史观"的倡导和对"群众史观"的背离，而恰恰是在群众史观基础上肯定领袖人物的重要意义。无产阶级革命和建设的历史经验告诉我们，任何一个时代都不能没有引领这个时代的领袖人物，这个领袖人物功过的评价标准是他是否代表了历史发展的公共方向，是否代表着人民群众的公共价值。实践证明，党

---

① 转引自本刊评论员《一刻也不能放松和削弱意识形态工作——认真学习贯彻全国宣传思想工作会议精神》，《求是》2013 年第 17 期。

② 《中共中央关于党的百年奋斗重大成就和历史经验的决议》，人民出版社 2021 年版，第 26 页。

③ 《马克思恩格斯选集》第 1 卷，人民出版社 2012 年版，第 502 页。

的十八大以来取得的历史性成就和发生的历史性变革，完全有赖于以习近平同志为核心的党中央的正确领导，习近平同志作为马克思主义政治家、战略家的历史地位得以确证，中国共产党作为最高政治领导力量的权威性不断增强，党的政治领导力、思想引领力、群众组织力、社会号召力获得前所未有的提升。习近平新时代中国特色社会主义思想作为马克思主义中国化的最新成果，立足于中华民族伟大复兴全局和世界百年未有之大变局，着眼于实现全体人民实现共同富裕的公共理想和民族伟大复兴的共同夙愿，标志着马克思主义中国化的新飞跃，彰显了对全体中国人民和中华民族的公共价值担当。其次是以情动人。在新时代中国，核心的主流意识形态就是习近平新时代中国特色社会主义思想，要将这一博大精深的思想理论体系及其公共价值特质阐释清楚，需要创新思想政治教育的话语载体，将宏大的政治理论叙事转化为日常生活叙事，引导每个中国人从其切身的生命体验中去自主感知和发现。譬如，从脱贫攻坚的生动故事启迪脱贫群众对主流意识形态的情感认同，用公共服务均等化的实例引导居民产生对党和国家的深挚感情，以乡村振兴的动人事迹激发村民对主流意识形态的热忱拥护。唯有让人民群众切实成为公共关怀的受益对象，思想政治教育公共关怀的思想引领效应才能展现应有的力量。

（二）发挥社会主流意识形态的共识凝聚功能

人的公共生存秩序表征着拥有多元价值诉求的各主体的和谐共生景观，其中蕴含着共生共存的公共价值系统，正是这个公共价值系统构成了维系各类公共生存主体的精神纽带，通过引导人们的价值认同，保证思想上和行动上的统一性，从而持续维护着公共生存秩序。"在群体内部对共同价值的认同是维护一个群体稳定的必要条件，在群体之间对一些价值的相互认同是进行对话、达成共识的先决条件"[①]。思想政治教育公共关怀通过传播主流意识形态，在整合多元价值基础上形成公共价值系统，对群体产生强大的凝聚力和感召力。

当代中国最大的价值共识是社会主义核心价值观。习近平总书记说：

---

① 兰久富：《全球化过程中的价值多样化》，北京师范大学出版社2010年版，第152页。

"培育和弘扬核心价值观，有效整合社会意识，是社会系统得以正常运转、社会秩序得以有效维护的重要途径。"① 社会主义核心价值观从国家层面倡导"富强、民主、文明、和谐"的价值目标，指明了"建设什么样的国家"；从社会层面倡导"自由、平等、公正、法治"的价值取向，指明了"追求什么样的社会"；从个人层面倡导"爱国、敬业、诚信、友善"，指明了"培育什么样的公民"。社会主义核心价值观从主流价值观层面系统回答了"什么是新时代中国特色社会主义""怎样建设新时代中国特色社会主义"的一系列重大的、基础性、全局性问题，告诉人们"什么是好的，什么是不好的""什么是应该追求的，什么是应该摒弃的"，明确了人们在公共生活中应当坚持的前进方向，具有鲜明的公共关怀内涵，有利于推动人们肩负国家的公共责任，维护社会的公共利益，塑造个人的公共品格，保证我国社会公共秩序的稳定。

社会主义核心价值观之所以具有强大的凝聚力，靠的不是国家政权力量的"价值强制"，而是源于其反映了人民群众的公共生存实践，源于实践基础上对多样化社会思潮的深度整合。思想政治教育传播这种公共价值共识，有利于最大限度地兼顾各个群体的利益诉求，找到了全体人民最大的价值公约数，成为凝聚人心的强大精神力量。思想政治教育公共关怀有利于推动不同社会成员在这一价值共识的引领下，将个体价值取向和社会公共价值导向紧密结合起来，促进了社会成员由公共价值认同转化为对公共世界的深度关怀，在人人相互关怀、人人关怀公共世界中实现对人的公共生存秩序的优化。

（三）发挥社会主流意识形态的道德塑造功能

社会主流意识形态内蕴着全社会的道德理想和人格追求。习近平总书记指出："核心价值观，其实就是一种德，既是个人的德，也是一种大德，就是国家的德、社会的德。"② 思想政治教育公共关怀能充分发挥社会主义核心价值观的道德教化作用，引导个体在做人行事上把遵守公共

---

① 习近平：《论党的宣传思想工作》，中央文献出版社2020年版，第52—53页。
② 习近平：《青年要自觉践行社会主义核心价值观——在北京大学师生座谈会上的讲话》，《光明日报》2014年5月5日第2版。

规范、维护公共秩序、关心公共利益作为衡量是非曲直的重要标准,自觉把道德价值追求内化为一种恒定的道德信念操守,"把道德修养作为自我完善化的精神追求并以此体验自身生存与发展的最基本价值和终极性意义的时候,道德要求才能成为行为选择的第一要求"[1]。思想政治教育公共关怀有助于深化人们对社会主义核心价值观的理解和践行,以内在道德秩序的完善促进外在道德行为的规范,在参与公共实践中实现对人的公共生存秩序的优化。

二 调处公共矛盾中的实践创新

人的公共生存是一个矛盾对立统一体,人的公共生存秩序意味着矛盾各要素因彼此平衡达成了同一性状态,公共矛盾则意味着各要素间进入了斗争性状态。思想政治教育的功能就是以其公共关怀的价值感召力,引导人们以关怀公共世界的取向调处各类矛盾,使各类矛盾从斗争性状态回归到相对平衡的状态。

公共矛盾的核心问题是关于个人利益和公共利益间的矛盾问题,一旦发生矛盾,就会对社会公共秩序产生干扰甚至破坏作用。在公共矛盾的性质上,公共矛盾分为敌我矛盾和人民内部矛盾。在当代中国,敌我矛盾虽然在一定范围内依然存在,但已然不是社会矛盾的主流。对于人民内部矛盾,思想政治教育公共关怀可以通过政治引领、思想教化、道德培养、心理疏导等方式进行疏导和缓和。应当看到,中国社会处于推进中国式现代化的快速发展期,利益格局仍在深刻调整,改革攻坚对于各类既得利益的触动更加深入,外部敌对势力的干涉和渗透也使中国社会各类矛盾冲突的表现变得更加复杂。人民内部公共矛盾易发多发,各类不良情绪、偏激举动甚至由此引发的精神问题愈发明显地暴露出来,复杂的矛盾态势从未像今天这样冲击着人们的心理防线,公共生活也从未像今天这样迫切需要广大成员的思想和心理建设,群众的"情绪赤字""心理赤字"随着矛盾的暴露愈发凸显出来,迫切需要思想政治教育从公共价值和个体调适的双重平衡出发,化解人们的不良情绪,扭转人们的

---

[1] 阎孟伟:《道德信念、道德权威性与人的自由》,《教学与研究》2002年第11期。

偏激行为，调节社会利益关系，将公共矛盾维持在可控范围内，成为加强和创新社会治理的"润滑剂"和"调试器"，在对社会事务的公共关怀中不断优化人的公共生存秩序。

（一）具有对公共矛盾的事前预警功能

将矛盾扼杀在萌芽状态，防止出现大规模失序状态，是化解公共矛盾的最高层次。思想政治教育要准确把握人的公共生存已有的矛盾形式，对矛盾群体思想状况、发展态势、心理承受力、行动动向及可能带来的失序后果进行预判，通过思想教育和道德说服等多种方式对可能的矛盾进行相应的警示和控制，以防止公共矛盾出现激化和恶化现象。

一是及时掌握公众特别是矛盾易发多发群体的思想动向，做好潜在矛盾排查工作。首先，关怀公众现实需要，保护公众切身利益，是减少矛盾和维护人的公共生存秩序的重要前提。通过座谈会、听证会、论证会等形式，就相关决策问题广泛征求公众意见，弄清个人或群体不同甚至相矛盾的利益诉求，采取相应的政策措施尽可能地平衡和满足大多数人的要求和愿望。其次，有效掌握公众思想动态和心理变化趋势，是减少矛盾和维护公共生存秩序的必要措施。对公众思想信息和心理动态进行收集、处理、识别和确认，积极做好思想预测和各种矛盾排查工作，全面掌握可能引发矛盾的各类隐患。针对可能出现或已经出现的负面情绪进行必要的疏解，帮助公众找出产生对立情绪的根源，尽量避免负面情绪在群体中传播。最后，关注矛盾易发多发群体是减少矛盾和维护公共生存秩序的关键。因政策调整而利益受损的群体、历史遗留问题尚未得到妥善解决的群体、社会矛盾较为突出地区的弱势群体，都属于矛盾易发多发群体。这些群体往往是利益敏感化群体，基于公共关怀的思想政治教育有助于关注他们的思想动态和心理变化，针对可能出现或已经出现的负面情绪进行必要的疏解和劝慰，避免负面情绪在这些敏感群体中的互相传播。要通过对他们的思想预测和行为研判，及时给予他们特殊的政策安排，讲清利害关系，适当提醒警示，鼓励他们合理表达诉求，努力使他们由矛盾的多发群体向公共生存秩序的维护者转变。

二是增强公共政策宣传，加强对公众的思想动员认同，激发公众的公共关怀热情。良好的公共认同既有利于个体根据公共要求实现主观世界的改造，又有利于个体自觉遵行公共规范和施展对公共世界的关怀。应向公众讲明公共政策，阐明公共政策在制定过程中如何观照到各个群体的利益诉求，凸显公共政策的人民性内涵和公共性价值。对于矛盾易发多发的敏感群体，应当有针对性地宣传公共政策的相应条款，最大限度解除其后顾之忧。一方面公共政策要能够代表各个群体和个人利益诉求的最大公约数，另一方面要引导公众科学认识公共政策的公共性，寻求公众的支持，教育公众不要因为私人利益而片面否认公共政策的科学性，启发公众在深入理解公共政策过程中找准自己的利益诉求，通过各种方式和渠道培育他们的公共关怀情感。

三是畅通诉求表达渠道，增进矛盾主体间的理解沟通。公共矛盾往往是因为利益表达渠道不够畅通，利益诉求得不到有序表达，一些公职人员缺乏对于公众切身利益的公共关怀，久而久之，必然会引发矛盾。因此，预防公共矛盾的关键是要畅通诉求表达渠道，给公众诉求表达机会，把可能出现的矛盾化解在萌芽之中。毛泽东曾生动而深刻地指出："有'小广播'，是因为'大广播'不发达，只要民主生活充分，当面揭了疮疤，让人家'小广播'，他还会说没时间，要休息了。"[①] 思想政治教育要推动党的各级干部树立公共关怀意识，引导公众以合理合法合规的方式表达诉求，耐心倾听公众的愿望，有的放矢地进行调解和说服教育，把思想教育与解决实际问题结合起来。公职人员一定要在良性的理解和沟通中促进公众感受到公共关怀，增强政府的公信力，激发公众的公共意识和公共情感，使其自觉放弃不合理的利益表达方式，在良好的沟通中维护和促进公共生存秩序。

(二) 具有对公共矛盾的事中调控功能

其一，能够帮助政府公职人员树立正确的稳定观。稳定是经济社会发展的基本前提，也是维护公共生存秩序的基本价值取向。对于公共生存境遇中的各种公共矛盾，树立正确的稳定观是科学调控公共矛盾的关键。面对已经出现的公共矛盾，有些公职人员片面理解"稳定压倒一切"的原则，不是积极寻求对话沟通，而是采取单向控制甚至粗暴的方式，

---

① 《毛泽东著作选读》下册，人民出版社1986年版，第702页。

结果往往适得其反。毛泽东同志在《正确处理人民内部矛盾》中指出："为了从根本上消灭闹事的原因，必须坚决地克服官僚主义，很好地加强思想政治教育，恰当地处理各种矛盾。"① 思想政治教育公共关怀有助于培养公职人员对群众的感情，用公共关怀思想代替官僚主义思想，真诚尊重和理解群众的合理诉求，想群众之所想，急群众之所急，把群众的需求冷暖放到心上，以正确的群众观和稳定观做好矛盾调控工作。

其二，通过培育公共理性防止公共矛盾的蔓延。公共矛盾的爆发归根结底是矛盾主体公共理性缺失的集中表现。现代社会公共生活呼唤公共理性，企盼个体行为与社会法度和公序良俗保持高度一致，对公共理性的唤醒和培育，也是思想政治教育公共关怀事中调控的重要环节。这里讲的"公共理性"，指的是人依据自身的逻辑判断和推理能力，克服非理性的情绪和行为冲动，以平等对话、理智协商的方式塑造维护公共生存秩序的思维方式和行为方式。思想政治教育公共关怀的基本精神内核就是对"公"的自觉追求，这种价值导向有利于调解者公平公正公开地调和各种冲突，保持中立态度，绝不掺杂私人情感，做到不偏不倚。

促进冲突双方理性地开展平等对话。矛盾爆发期间，冲突双方情绪比较激愤，行动容易过激，会对人的公共生存秩序产生或大或小的冲击。平等对话体现了一种鲜明的公共价值理念，对于整肃秩序具有良好的效果。被授予"改革先锋""最美奋斗者""时代楷模"的马善祥是一名普通的人民调解员，他之所以能被授予如此高的荣誉，就是因为他30年如一日坚守在公共矛盾调节的第一线。习近平总书记强调："党的工作最坚实的力量支撑在基层，经济社会发展和民生最突出的矛盾和问题也在基层，必须把抓基层打基础作为长远之计和固本之策，丝毫不能放松。"② 马善祥就是一名基层公共矛盾的调解员，他成功调解各类矛盾纠纷2000余起，记录的工作笔记150余本，在长期的调解工作中总结了两条体会：一是搞清楚事实，一碗水端平；二是从当事人的角度想问题，绝不简单

---

① 《毛泽东文集》第七卷，人民出版社1999年版，第236页。
② 《习近平在贵州调研时强调：看清形势适应趋势发挥优势 善于运用辩证思维谋划发展》，《人民日报》2015年6月19日第1版。

粗暴地回以"这个不符合政策"。这种公正透明的调解态度和方法使"有纠纷找老马"成为当地群众的习惯。要根据事态发展注重分别调解,既尊重矛盾双方的诉求,又要激励矛盾双方理解、尊重和关心公共利益,及时修正自身不合理的利益诉求;既要旗帜鲜明地亮明调解观点,又要动之以情,晓之以理,防止矛盾激化。要让矛盾双方感受到调解者的坦荡与公正,增强调解的公信力,提高调解的效果。

保证公共矛盾处理中的冷热适度。针对公共矛盾的具体情况,公共理性有助于运用"冷处理"和"热处理"相结合的方法化解矛盾,逐步达到优化公共生存秩序的目的。所谓"冷处理",就是在情况不明、是非不清或矛盾呈不断激化状态时,先暂时冷却以避免事态扩大,逐步控制和疏导人们的情绪,引导人们保持理智,通过细致有效的工作逐步化解矛盾;所谓"热处理",就是在矛盾特别尖锐或是非十分清晰,果断处置冲突,迅速控制事态,最大限度地减少冲突导致的影响和破坏。在保证公共生存秩序基本稳定的前提下,"冷处理"方式可以给予矛盾主体充分的情绪宣泄机会,便于通过侧面劝导、善意调停等方式,启发人们理智地思考冲突根源,对自身利益诉求的合理性进行再判断再思考。矛盾调解主体可以借此机会,机智地了解公共矛盾的事态原委。待矛盾双方逐步冷静,矛盾的前因后果日益清晰之后,适时与矛盾双方进行理性协商,启发其公共理性,唤醒其公共关怀意识,引导其反思自身维护公共生存秩序的责任,逐步提出解决矛盾的两全方案。"热处理"方式通常运用于矛盾异常尖锐、给公共生存秩序造成严重破坏的事件当中。比如,在2020年的疫情防控中,针对个别在小区门口不听劝阻、强硬出入的人采取果断措施,以一定的强制性手段实现对其公共理性的唤醒,保证了疫情防控的公共秩序。

其三,引导矛盾双方进行双向反思。双向反思是指矛盾主体站在公共关怀的高度,综合平衡自身的利益和行为、他者的利益和行为以及整个社会的公共利益和公共秩序,以理性思维对公共矛盾中表现出的思想和行为展开自我反省和自我教育,对双方的思想和行为进行换位思考。思想政治教育公共关怀能引导矛盾双方站在对方的角度、立场、情感上思考问题,切实理解对方的困难,反思自身在公共矛盾中的不足之处,在相互谅解和包容中共同为恢复正常的公共生存秩序而努力。共在生存结构是个体生存和发展的基本条件，通过共在生存结构内部的和合，在人与人关系的动态平衡中形成公共生存秩序。公共矛盾的深层原因是个人或群体为了自身的需要和利益而打破了共在生存结构内部的和合状态，希图把一方需要和利益的满足建立在他者需要和利益的牺牲上。思想政治教育公共关怀的价值就在于打破这种"零和博弈"的思维方式，引导人们在追求自身需要和利益的同时也要关怀他者的需要和利益，如果矛盾各方都能秉承通过双向反思精神，由相互对峙转化为相互体谅、相互理解和相互关怀，就能够推动公共秩序的持续优化。在这方面，我们都需要吸收和借鉴新时代"枫桥经验"。习近平总书记指出："要推动更多法治力量向引导和疏导端用力，完善预防性法律制度，坚持和发展新时代'枫桥经验'，完善社会矛盾纠纷多元预防调处化解综合机制，更加重视基层基础工作，充分发挥共建共治共享在基层的作用，推进市域社会治理现代化，促进社会和谐稳定。"① "枫桥经验"源自浙江诸暨枫桥区在 20 世纪 60 年代用说服教育的方式促使地、富、反、坏四类分子转化为社会主义新人的矛盾调解方式，它不但是基层社会治理的先进典型，而且是将敌我矛盾转化为人民内部矛盾的重要范本。"枫桥经验"从最初的"矛盾不上交、就地解决"到改革开放中的"大事不出村、小事不出镇"再到新时代"矛盾不上交、平安不出事、服务不缺位"，其基本精神就是用思想政治教育的方式实现社会公共治理，充分发动群众、信任群众、尊重群众，致力于促进群众在自觉处理矛盾过程中发展成为教育主体，塑造群众的公共关怀意识和精神，实现教育主体和教育对象的良性互动和双向反思，用以理服人、以情感人、以行动人的方式，引导矛盾双方回归公共理性，通过创设"乡贤参事议事会""红枫义警分会""乡风文明理事会"的公共对话平台，推进公民自治，形成以"法治"为约束、以"德治"为依托、以"自治"为归宿的"三治融合"格局，最终激发人民群众自我约束、自我管理、自我监督的自主教育意识，在矛盾各方

---

① 习近平：《坚定不移走中国特色社会主义法治道路，为全面建设社会主义现代化国家提供有力法治保障》，《求是》2021 年第 5 期。

的共同反思中达成协作共治，成为以思想政治教育推动治理的典范。

其四，通过正向的舆论引导公共生存秩序的恢复与重建。及时、准确、公开、透明地发布舆论信息，在公共矛盾发酵和爆发时期，各种舆论信息鱼龙混杂，信息的真实性难以辨识，有可能导致公众的误解，甚至会加剧公共矛盾的尖锐化。特别要警惕一些不良分子恶意散布各类谣言，颠倒黑白，刻意蛊惑群众的负面情绪。思想政治教育应当牢牢掌握舆论阵地，从客观真实的立场出发准确公布相关的政策主张，旗帜鲜明地阐明立场，及时披露事态进展情况和相关信息，以关怀公共世界的态度传播社会舆论，使舆论导向向着有利于长远公共价值的方向传播，使别有用心的流言、谣言不攻自破，让公众感到政府的责任担当精神和公共关怀情怀，提高政府的公信力，通过正向舆论安抚人们的心理，平复人们的情绪，统一人们的思想，推动公共矛盾的平息和公共生存秩序的恢复。

（三）具有对公共矛盾的事后心理疏导功能

做好事后心理疏导，既有利于消除公共矛盾的后遗症，又有利于预防新的公共矛盾的发生，这是思想政治教育彰显关怀价值的重要体现。

其一，通过心理安抚和慰藉打开人们的心结，防止公共矛盾和冲突的反复。公共矛盾不仅给公共生存秩序造成破坏，也给公共矛盾主体的心理造成了创伤。思想政治教育需要发挥教育关怀的价值，密切关注他们的思想动态和心理活动，在疏解怨气中逐步使他们达到心平气和。因势利导是顺应矛盾规律的工作方法，把握好形势和时机，应时而动，顺势而为，使矛盾主体真正感受到公共关怀的温暖，鼓励他们以合理方式表达公共诉求。分而导之是具体问题具体分析的工作方法，即针对个人不同的思想和心理问题，运用个性化的安抚方式施加关怀，避免利益相关者再度聚集而产生情绪的交互感染，防止公共矛盾的反复。

其二，通过满足人们合理的利益诉求，以利益满足巩固心理疏导成果。任何公共矛盾的背后都有深刻的利益动因，任何思想教育的背后都需要物质基础。要想真正疏解人们心中的怨气，把公共矛盾主体转化为关怀公共世界的主体，必须注重满足公共矛盾主体合理的利益要求。任何人都不愿意发生公共矛盾，之所以会发生公共矛盾，主要是因为各个群体利益出现了不平衡。思想政治教育能够促进各个矛盾主体特别是政府部门进行深刻反思，认真考量公共政策是否确实存在着漏洞，考虑公众矛盾利益诉求的公共合理性，进而有针对性地付诸解决。要定期分析公众的心理预期，适时对公共政策进行评估，回应不同利益群体的关切，合理合法地调整利益关系。对于矛盾易发多发群体，要多措并举，既要进行利益调整，又要加强思想疏导，还要施以法律规制，使其在法律法规框架下体验公共关怀，感受公平正义。思想政治教育公共关怀可以向公众灌输公共关怀思想，培育公共关怀精神，使人们合理关注自身利益，关心社会公共利益，做公共生存秩序的维护者和建设者。

三 遵行社会公共规范中的价值范导

社会公共规范是人们在公共交往中自觉形成的对公共生存主体具有普遍约束力与感召力的公共行为准则的总和。主要包括习俗、道德、法律、制度等。社会公共规范产生和发展于人对公共生存秩序的需要，在公共生活中，人们会面对公共主体多样需求与社会公共资源的矛盾，每个人在追求自身利益的同时都应当考虑他者的存在，否则就会因争夺有限的公共资源产生对抗和冲突。为了避免对抗和冲突，通过社会公共规范，用以制约和控制人们的行为使其保持在合理的区间内，维持公共生存中多元要素的动态平衡，形成人的公共生存秩序，因此，社会公共规范具有鲜明的秩序价值。

社会公共规范养成教育是思想政治教育公共关怀的应有之义。社会公共规范本质上体现了一种公共评价标准，"是对行动方式的规定，它说明要实现预定的目标应当如何去做"[1]。社会公共规范不仅是一种"是什么"的实然性范畴，而且还表征"怎样是"或"怎样做"的应然性范畴，反映了对人的公共生存实践中思想和行为的价值预期，体现了对公共世界良性运行的价值观照。作为一种正义性的制度安排，社会公共规范本身就应该带有关怀性。人们要想实现对公共世界的关怀，就必须敬畏和遵行社会公共规范，自觉体认社会公共规范蕴含的公共价值追求。

---

[1] 李伯聪：《工程哲学引论》，大象出版社2002年版，第234页。

思想政治教育公共关怀要正确把握社会公共规范中蕴含的公共关怀价值，通过思想教育、道德教育、政治教育、心理教育，引导人们自觉认同、践行和发展社会公共规范，把遵行社会公共规范作为关怀公共世界的内在要求，在自主遵行社会公共规范中维护公共生存秩序，以社会公共实践的良序化运行实现对公共世界的价值关怀，让公共生存秩序在公共关怀的实践中得以升华。

思想政治教育公共关怀的社会公共规范教育是一个漫长的过程，大致可分为三个阶段：第一阶段是人对社会公共规范的依从阶段；第二阶段是人对社会公共规范的认同阶段；第三阶段是人对社会公共规范的发展阶段。在这三个阶段中，思想政治教育公共关怀通过发挥各自不同的功能，引导人在遵行公共规范的过程中由公共世界的被动适应者转化为公共关怀的价值主体，使人的公共生存逐步走上有序化的发展轨道。

（一）第一阶段：依从阶段与思想政治教育公共关怀的约束价值

依从是指受教育者被动地接受社会公共规范并被社会公共规范所约束的过程。在这个阶段，受教育者并未真正理解社会公共规范所传达的价值标准，甚至对社会公共规范本身还有一定的抵触情绪，只是为了保障自身的生存发展需要而服从，还达不到关怀公共世界的地步。比如，一个人为了谋生需要而遵从于职业规范，但从心理上不喜欢甚至抵触这个职业，以致于反对这个职业的某些规范，只是为了保证生活来源而不得不服从之。要引导人们把个人的行为约制在公共合理区间内，保证个人言行符合基本的社会公共规范，避免因思想失控而造成行为失范。要对人们的具体思想进行辩证分析，充分认识人们依从社会公共规范的渐进性，善于整合人们潜在的、零散的认识，进而形成系统化的理性认同。思想政治教育公共关怀可以通过适当的思想灌输和必要的行为惩戒，帮助受教育者逐步接受和理解社会公共规范，在循序渐进中逐步实现从依从到遵行的演化。

（二）第二阶段：认同阶段与思想政治教育公共关怀的评价功能

认同体现了处于公共交往关系中的个体对其他人、事物或价值产生的认可和赞同态度。个体对社会公共规范的认同，就是指在思想政治教育公共关怀的影响下，个体不但接受社会公共规范的约束，而且能够把社会公共规范的外在要求自觉转化为自身的思想和行为。教育个体在认知上全面把握社会公共规范所传达的价值标准，在情感上产生对社会公共规范的积极接纳的态度体验，在意志上自觉按照社会公共规范的要求修正自身思想和行为的不足，形成一个知、情、意协调联动的闭环系统。在心理认同的基础上，人们自主形成科学的评价系统，将思想认同外化为行为认同，按照社会公共规范自觉开展社会公共实践。在这个过程中，思想政治教育公共关怀主要发挥社会公共规范的评价功能来优化人的公共生存秩序，引导个体将自身心理、思想和行为与社会公共规范的价值要求进行比对，依据社会公共规范的评价反馈不断进行主体的自我调适，使个体思想和行为不断符合社会公共规范，在融入社会公共世界的过程中实现对公共世界的价值关怀，在维护人的公共生存秩序中发挥建设性作用。

一是引导个体自觉接受社会公共规范对其行为目标的评价。行为目标是思想和价值观念的集中反映。思想政治教育公共关怀可以教育人依据社会公共规范制定行为目标，树立社会公共规范意识，考量自身行为目标是否与社会公共规范的价值诉求相吻合。如果会给公共生存秩序或其他行为主体合理目标实现带来不利影响，就应该改正或加以调整，使之与社会公共规范的精神相符合。在认同社会公共规范评价标准的过程中，应使个体目标与他者目标有机协调，个体目标与公共生存秩序目标有机结合，不断增强个体目标的公共关怀价值。

二是引导个体自觉接受社会公共规范对其行为过程的评价。认同社会公共规范的重要标志，就是把社会公共规范的要求落实到具体行为中，使公共实践的各个环节都符合公共规范提出的行为准则和价值标准，并把这些准则和标准纳入日常行为之中。思想政治教育应树立社会公共规范的权威性，促进人在行为过程中时刻反躬内省，产生对社会公共规范的自觉敬畏和由衷信服，建立规范荣辱观，以遵守和践行规范为荣，以对抗和破坏规范为耻，时刻关注公共需要和他者利益，以公共关怀的思想行为维护和优化公共秩序。

三是引导个体自觉接受社会公共规范对其行为效果的评价。个体对社会公共规范的认同程度，最终要在其行为效果的评价中得到检验。思想政治教育公共关怀能教育个体自觉接受对其行为效果的评价标准。这个评价标准主要包括两个层面：其一，行为效果是否有利于提升主体的公共关怀素质；其二，行为效果是否真正有利于优化公共生存秩序。如果其行为效果充满了公共关怀深蕴，并有助于公共生存秩序的优化，就应当予以褒扬；如果其行为效果违背了公共关怀精神，破坏了公共生存秩序，就应当在动之以情、晓之以理基础上予以纠正，并与适度的惩戒措施相配合，以社会公共规范的刚性约束激发受教育者的道德反思，帮助其由违背逐步转向认同；如果人们的行为效果的确能够维护人的公共生存秩序，但尚未表现出相应的公共关怀热情，对公共生存秩序的维护和公共关怀素养的提升相互分立而没有有机结合，这就说明受教育者对社会公共规范的认同程度还不够高，对其中包含的公共关怀精神的践行程度还不够深入，思想政治教育公共关怀也能进一步加强教育、努力促进个体公共关怀素养与人的公共生存秩序的共同提升。

（三）第三阶段：发展阶段与思想政治教育公共关怀的激励功能

社会公共规范不是一成不变的僵化教条，而要在人的公共实践基础上，依据人们对公共生存秩序的新要求不断创新和发展。对于社会公共规范的认同程度越深，人们助推社会公共规范发展的能动性就越大。当人们把社会公共规范自觉内化为自身的情感价值追求时，社会公共规范就不再是外在于人的约束性要素，也不仅是存贮于人们心中的评价性要素，而更多地成为了一种蕴藏在个体实践深层需求中的激励性要素。人是适应性与超越性相统一的价值存在物，思想政治教育公共关怀引导人们服从和认同社会公共规范，有利于引导人适应现实公共生存秩序；人又是具有超越性的价值存在物，能够在对公共生存合理性探寻中谋求新的秩序生活需要。发挥社会公共规范的价值激励效用，塑造个体积极的思想和行为，不断唤醒受教育者对理想自我和公共生存秩序的价值追求，促进受教育者根据时代要求不断发展社会公共规范，在遵循和创造新的社会公共规范中进一步完成自我超越。在这个过程中，不仅社会公共规范成为人内心的价值遵循，促进人的公共生存秩序的不断优化；而且能够充分调动人的主体潜能，在发展社会公共规范时不断完成自身的价值创造，使自己的思想和行为日益符合公共关怀的思想和精神，实现社会公共规范、公共生存秩序和人本身的价值飞跃。

第四节　思想政治教育公共关怀对人的公共生存质量的提升价值

"生活质量"是一个标示社会客观条件供给的充分程度与主体主观感受相统一的范畴，主要出现于心理学和社会学层面。其实，从哲学意义上讲，人的生活是人的生存形态的外化表征，是人的生存目的性的生动彰显。生活质量彰显着人的生存目的的实现程度和生存价值的提升程度，是人的生存质量的外显形态，生存质量是生活质量的基础。生存质量标示着人的生存水平和生存意义，它既包含着人的客观生活水平，也包含着人对这种客观生活水平的主观感受，体现了人的客观生存状况及其主观满足度的有机统一。由于人的存在是个体性存在和公共性存在的有机统一，所以人的生存质量不仅具有个体性，而且具有公共性，人的公共生存质量总是以个体生存质量为基础并在个体身上得到鲜明展现。

从客观层面说，人的公共生存质量反映了客观的公共生存环境和条件；从主观层面说，人的公共生存质量是指个体或公众对公共生存境遇的总体评价水平和满足程度。主观满足程度归根结底都要在个体的思想和心理上得以体验，而众多"个体"共同的总体评价水平和满足程度就构成了公众总体评价水平和满足程度。因此，人的公共生存质量是指社会提供的客观公共生存条件的充分程度与公众对这一客观条件共同的满足程度的统一体，其中，社会提供的客观公共生存条件的充分程度是前提，公众对客观条件的共同满足程度是关键。生存质量是一个属人的范畴，人的超越性标注人的生存期待，不同的人因为具有不同的期望，同一客观生存条件对不同人的满足程度也是有差异的。公共生存质量的评价应当落实到每个人的切身体验当中，并在众多个体求同存异中达成一种公众生存质量的价值共识。

人的公共生存领域主要涵摄经济生活、政治生活和文化生活三个方面，面向人的公共生存中的经济层面，应着力促进人民在推动共同富裕中物质获得感的提升；面向人的公共生存中的政治层面，政治使命感表征着政治认同感、政治归属感、政治责任感的综合统一，是人的公共政治生活质量的最高价值追求，是人作为政治价值主体的深度确认，思想政治教育公共关怀能着力提升人的政治使命感，促进人的公共政治生存质量的提升；面向人的公共生存的文化层面，在精神与物质协同实现共同富裕的主流话语下，精神富足感就成为标注人的公共文化生存质量的价值尺度。思想政治教育与人的精神富足感提升具有一定的同构效应，思想政治公共关怀要发挥对人的精神富足感的提升效能，实现对人的公共文化生存质量的提升。

一 提升人在公共生存中的物质获得感

2015年习近平总书记在中央全面深化改革领导小组第十次会议上的重要讲话，使"获得感"成为2015年十大流行语的榜首，也成为未来标示中国美好生活建设成果和百姓满足度的主流话语。"获得感"是个综合性概念，指涉着人民社会公共生活的各个方面。这里主要探讨面向经济生活的物质获得感，这是人民获得感的基础。物质获得感指人们在经济生活中的获益程度的现实状况及其主观感受，既蕴含着客观生活状况和自身发展状态的持续改善，也体现着人的主观满足度。在公共生活中，思想政治教育公共关怀能通过以下三个方面提升人的物质获得感。

（一）发挥引导效应，引导公众树立正确的纵向与横向比较观，增强自身在科学比较中的物质获得感

物质获得感作为一种主观感受，既受制于客观物质条件的满足程度，也取决于人们在主体间比较时公平感的多寡。党的十九大报告指出："不断满足人民日益增长的美好生活需要，不断促进社会公平正义，形成有效的社会治理、良好的社会秩序，使人民获得感、幸福感、安全感更加充实、更有保障、更可持续。"[①] 这揭示了公平正义对人民获得感持续取得的重要影响效应。2013年中国综合社会调查（CGSS）在全国28个省（市、区）获得了11438个样本，按照满意程度由低到高的顺序进行"1-

---

① 《习近平著作选读》第二卷，人民出版社2023年版，第37页。

5"打分，主要针对居民对公共服务的充足性、均等性、便利性、普惠性四个方面进行调查，结果显示，相比其他"三性"，居民对均等性的评价最差，是唯一没有超过"1-5"之间中位数的选项，仅为2.78。[1] 这说明居民对公共服务的总体比较满意，但分配不均成为制约其获得感的一个重要原因。当前，我国社会主要矛盾已经转化为人民日益增长的美好生活需要和不平衡不充分的发展之间的矛盾，人民对公平正义的要求更加迫切。目前我国"发展不平衡"主要表现在：地区、城乡、区域、行业间的多重不平衡；区域、行业内部的多种不平衡，而后者的不平衡程度远低于前者。但是，人们由于受到公共参与程度的限制，往往习惯同所处的群体内部进行比对，因感受到不公平感而降低获得感。这种比较容易让人陷入盲目不平衡状态，形成"相对剥夺感"，即个体或群体在横向或纵向比较中对自身相对状况产生不利的主观心理感受，在社会快速发展、个体能力与机遇差异、体制障碍造成的暂时分配不均等多重因素作用下，一部分主体难免会因客观或主观的价值比对而产生"相对剥夺感"和心理失衡，甚至出现"妒富""仇富"的现象，其实，"仇富"的本质不是仇恨财富本身，而是"仇不公"。面对这种境遇，思想政治教育可以发扬公共关怀价值，帮助人们树立科学的比较观，使人们不是在比较中减少获得感而是增进获得感。

第一，从横向和纵向的双重比较维度理性感知自身的获益程度。在横向比较中，思想政治教育可以引导不同群体走出自身所处的群体视域，找准合理的参照系，看到城乡差异、地区差别、行业差距，看到这些不平衡和不充分都正处于逐步扭转和改观的趋势，意识到与许多地区、行业相比自身所处的优势境遇，避免踯躅在小群体比照中形成难以排遣的不平衡，进而抑制自身的物质获得感。思想政治教育能够提醒人们从横向比较转向纵向比较，用国家45年来改革开放的伟大成就给个人带来的物质生活的巨大变化激励人，用党的十八大以来历史性成就和历史性变革给个人及所处群体带来的发展成就、发展机遇、

---

[1] 阳义南：《获得感、公平度与国民幸福感提升——基于CGSS微观调查数据的分析》，《社会科学辑刊》2022年第3期。

获益水平振奋人,启发人们在与自身过往物质生活的比对中增进获得感。北京大学和哈佛大学一项长达 10 年关于"物质获得感"的调查显示,2004—2014 年间(2014 年调查样本 3267 个,2009 年调查样本 2967 个,2014 年调查样本 2507 个),人民的纵向获得感提升指数(0—1)远高于横向获得感,均值从 2004 年的 0.689 提高到 2009 年的 0.733,再提高到 2014 年的 0.764,相比于横向获得感 10 年增幅的 0.029 要多得多,这表明大多数人对自身发展进步的自我认同。① 思想政治教育也能进一步引导人们将正向的纵向获得感注入对横向获得感的理解中,从发展的眼光看待个体差异、城乡差异、环境差异及行业差异,形成对不平衡心态的自我调适。

第二,理解中国社会制度的整体公共性,提升人民群众的物质获得感的预期。哈佛大学怀默霆教授曾经有一项调查显示:中国民众虽然知道中国经济社会不平等不平衡程度较高(71.7%的受访者认为中国的收入差距大),但是,他们一般把弱势的原因归结于缺乏能力(认为能力对于造成穷人贫困有很大作用的比例为 61.3%)、自身学历(54.4%)和自身努力(54.0%)等个人因素,而非制度性因素。中国公众认为,当前的制度结构不存在不公平,这种结构不会阻碍普通民众走向成功。② 人民对中国制度的自信源于党始终恪守的为人民服务的宗旨。以习近平同志为核心的党中央所取得的一系列历史性成就可以成为思想政治教育公共关怀的鲜活素材。可以教育引导曾经的贫困群众感念祖国全面实现脱贫攻坚的伟大成就,使他们在切身体验中提升实实在在的获得感,进而成为现身说法的教育主体,引导更多人把这种物质获得感转化为感恩奉献、积极进取的动力,从而更好地投身于乡村振兴建设;可以利用中国共产党人抗击新冠疫情的生动实践,使人民群众认识到 34 亿余剂次的疫苗注射是人类卫生史上壮举,覆盖 14 亿群众的定期核酸检测是只有中国才能给予人民的健康福利,在对卫生健康的公共体认中提升物质获得感,培

---

① 王浦劬、季程远:《我国经济发展不平衡与社会稳定之间矛盾的化解机制分析——基于人民纵向获得感的诠释》,《政治学研究》2019 年第 1 期。

② 怀默霆:《中国民众如何看待当前的社会不平等》,《社会学研究》2009 年第 1 期。

养制度自信精神。思想政治教育公共关怀不但能强化人民对发展不平衡、不充分的理性认知,而且能够促动人民将这种认知转化为自主奋斗以获得更多获得感、提升经济生活质量的强大动能。

(二)发挥启发作用,启发公众树立基于公共关怀的消费观,促进公众在合理的物质消费中得到获得感

消费是人基于内在需要而进行的对物化产品的占有和使用的实践活动。因此,消费是满足人在公共生存中物质获得感的主要途径,它通过公共生产与流通关系的循环,促使人把物化产品重新对象化于自身,转变为满足人需要的物质获得感。人们只有共同合作才能实现生产,将人的本质力量对象化为产品,然后再共同分享人们共同创造出来的产品,这就赋予了消费活动公共性内涵。因此,消费不仅关系着个体的经济生活质量,也关系着公众的公共经济生活质量。消费的水平、层次以及对需要的满足程度直接决定着人的获得感多寡水平,制约着人的公共经济生存质量。思想政治教育能够通过塑造人基于公共关怀的消费观,促进人的获得感的满足。具体表现为:

一是在正确认识消费与人的发展关系中增强真切获得感。马克思说:"在工业化的国家里,人本身越来越成为贪婪的被动的消费者,物品不是用来为人服务,相反,人却成了物品的奴仆。"[1] 任何人的消费质量不仅取决于客观条件,也取决于人们主观上的满足程度,而主观上的满足程度又是受人的需要制约的,如果人的需要本身就是不合理的、无节制的,那么客观条件再好,其物质获得感也不会高,这就意味着消费不是服务于人的获得感而是人臣服于消费。思想政治教育通过价值引导功能,引导人们在消费过程中回归消费本性,减少人们在繁华之后所产生的空虚感,敦促受教育者放弃"我买故我在"的价值取向,抑制攀比、摒弃虚荣,正确看待自身需要,自觉体验合理消费后带来的真切获得感。

二是在践行个体消费实践对公共世界的关怀价值中得到获得感。从表面上看,消费实践是个体满足自身需要的实践活动,但实际上却

---

[1] 《马克思恩格斯全集》第23卷,人民出版社1971年版,第473页。

与其他人的切身利益有着紧密联系。资本主义社会之所以会造成产品过剩，就是因为资本家只顾个人利益而不顾多数人的实际消费能力。要引导人们克服盲目追求时尚消费和情绪化消费，避免不顾消费品的使用价值而产生的"用过即扔""消费即浪费"现象，意识到自身的浪费实际上是对他人合理消费需求权利的剥夺。建立适时适度消费观，避免过度的超前消费，更不要盲目推崇西方"先借贷后消费"的消费观念和生活方式，次贷危机不仅宣告了一种生活方式的"破产"，更预示着资本主义文明的没落。自2008年金融危机以来，西方经济复苏乏力及百年未有之大变局的加速演进，印证了西方社会消费的制度弊端及其对普通百姓获得感的重创。思想政治教育公共关怀有助于科学引导资源和消费能力的再分配，促进个体或公共消费与国家供给侧结构性改革相衔接，以供给侧产品的优化带动作为需求侧的消费的公共合理化，协力助推经济的高质量发展。激励部分消费能力过剩的富裕人群积极从事慈善活动，参与社会"第三次分配"，使更多人的迫切需要得到满足，在实现个体经济生活质量提升的基础上促进公共经济生活质量的提升，推动全社会共同富裕的实现。

三是能帮助人们树立生态消费理念，在实现消费对生态的公共关怀中促进获得感的升华。对生态环境的公共关怀是实现消费对人的公共经济生活质量提升的内在要求。一要倡导节俭消费观。节俭消费是中华民族的传统美德，"新三年，旧三年，缝缝补补又三年"是老一辈人经常的做法，虽然物质不够充足，但人们却能在节俭消费中体味到一种充分的获得感。虽然现代人物质上日益丰富，但仍然应当保持优良的传统，避免铺张浪费，减少或放弃"一次性消费"，充分考虑消费的资源阈值，在消费中注入新发展理念，赋予节俭消费崭新的生态内涵。二要倡导健康消费观，使消费真正为提升生存质量服务。人是自然大生态的有机组成部分，人的肌体唯有适应生态发展的规律才能更加健康。可以引导人们放弃一味追求"吃高档""穿派头""住豪华"的价值取向，使人们意识到"高档""派头""豪华"不一定能带来健康，反而有可能带来各类富贵性疾病。要综合认识物质获得感，使消费为获得感的正向性服务，而不是走向获得感的自我逆转。三要倡导可持续消费观，既满足当代人的合理的消费需求，又不对后代人满足合理消费需求构成威胁的消费观。从代内维度看，教育人们坚持绿色消费、循环消费，增强人们在消费过程中形成绿色低碳意识。从代际维度看，充分考虑消费过程中可能对资源环境利用及后世造成的影响，以对生态的公共关怀的态度实现对子孙后代生存发展的公共关怀，保障世世代代获得感及公共生活质量的持续提升。

（三）发挥塑造作用，帮助公众树立科学的共同富裕观，在对共同富裕的全面审思中提升自身当下的物质获得感和未来的获得预期

党的十九大指出："这个新时代……是决胜全面建成小康社会、进而全面建设社会主义现代化强国的时代，是全国各族人民团结奋斗、不断创造美好生活、逐步实现全体人民共同富裕的时代。"[1] 党的二十大报告将"共同富裕"作为中国式现代化的核心内涵和重要特征。由此可见，共同富裕与社会主义现代化强国具有内在同一性，彰显了对历史上凸显两极分化型现代化的超越，旨在书写共享型现代化的价值叙事。党的十九届五中全会在二〇三五年远景目标建议中指出："（到二〇三五年）人民生活更加美好，人的全面发展、全体人民共同富裕取得更为明显的实质性进展。"[2] 共同富裕既包括物质层面，又包括精神层面，这里主要探讨的是群众对物质层面共同富裕的理解对其物质获得感的影响。物质层面的共同富裕刷新了人类现代化历史上对财富分配的理解，是建基于公有制生产关系基础的物质财富共享方式，是对人的生存质量最根本的公共关怀，共同富裕也成为新时代公共经济生活中的主流话语。思想政治教育应基于公共关怀的立场引导人们对共同富裕形成正确的理解，以增进人们当下和未来的获得感。

引导人们在对"共同"的正确理解中增进获得感。思想政治教育要发挥其辨识功能，帮助人们了解"共同"的价值旨趣：（1）"共同"并不意味着"同步"。社会主义生产关系的公共性决定了共同富裕的价值指

---

[1] 《习近平著作选读》第二卷，人民出版社2023年版，第9页。
[2] 《中共中央关于制定国民经济和社会发展第十四个五年规划纲要和二〇三五年远景目标的建议》，人民出版社2020年版，第5页。

向性，但共同富裕的发展具有曲折性和复杂性，共同富裕不意味着同步富裕，允许人们在追求富裕进程中时间向度的差异性，应引导人们明确认识这一点，应坚持勤劳致富的正道，而不是在攀比和仇富中自怨自艾、牢骚满腹而导致获得感降低。(2) "共同"并不意味着"均等"。共同富裕指每个个体在物质层面最终能达到富裕的水平，但因个体能力、机遇、劳动方式、行业分配结构等方面的差异，个体即便都达到富裕水平也不意味着同等富裕，不要因自身富裕程度低而降低获得感，更不能质疑共同富裕的公共关怀向度。(3) 共同意味着"共享"，共同富裕至少决定了人人都有实现富裕的机会，不会因制度性限制而永远与物质富足失之交臂，可以激发人的奋斗精神。

引导人们从政治高度和实践维度看待共同富裕及其公共关怀价值。思想政治教育能够发挥导向功能，引导人们从政治高度认识共同富裕对于人类以往一切分配方案的价值超越性，特别是理解相比于"资本逻辑"主导的现代化的先进性，体味中国特色社会主义对共同富裕的本质性诉求，从而认识到其真正的、真实的公共关怀意涵。从实践维度看，共同富裕的实现具有长期性、艰巨性和复杂性，在这个过程中应坚守中国式现代化进程中的共同富裕实现规律。当前，西方势力竭力通过曲解"共同富裕"来降低人民群众的物质获得感：(1) 将共同富裕与西方"福利主义"盲目比较，干扰人们对共同富裕公共关怀价值的判断，影响人们对共同富裕长期性和复杂性的认同；(2) 以污化国有企业和公有制动摇人们对实现共同富裕的信心。针对第一个问题，思想政治教育公共关怀可以旗帜鲜明地指出"共同富裕"和"福利主义"的本质区别。共同富裕的立论基础是"劳动创造财富"，在勤劳创新中实现人的本质力量的展现。资本主义所谓福利政治也是以私有制为基础、以资本逻辑为依托、以不平衡的福利保障为抓手的福利政策，在具体实施中更多关注能够左右和影响政治选举的中产阶级，而对文化程度较低的农民和赤贫阶层依旧不闻不问。由于其生产资料私有制的本性，这种福利政治是建立在高税收的基础上的，说白了就是政府拿着从资本家手中取得的利润（以税收形式），以公共服务的方式提供给社会相对较弱的阶层，促进他们实现向中产阶级的转化，从而缓和阶级矛盾和维护社会生产的运行；社会主义共同富裕的公共追求是建立在公有制基础上，致力于引导人们通过自身劳动实现财富共享和全面发展，激励人们充分发展各自特长，在劳动创造中享受财富，在长期历史过程中体认公平公正。针对第二个问题，思想政治教育能发挥自身优势，引导人们认清事物本质，进一步廓清公有制和共同富裕间的关系，揭露西方妄图割裂这种关系而混淆共同富裕视听的图谋，激励人们理解共同富裕彰显公共关怀的本质属性，在实践中不断推进国有经济发展和共同富裕的协同共进。

在理解共同富裕蕴含的诸多关系中体会公共关怀。(1) 引导人民群众认识共同富裕与发展的关系。习近平总书记曾批评说:"社会上有一些人说，目前贫富差距是主要矛盾，因此'分好蛋糕比做大蛋糕更重要'，主张分配优先于发展，这种说法不符合党对社会主义初级阶段和我国社会主要矛盾的判断。"[1] 共同富裕是生产关系尺度，唯有在与生产力相结合的尺度中才能实现，强调共同富裕非但不是弱化发展，反而是以高质量发展为前提的，没有高质量发展就不可能有共同富裕，共同富裕的公共关怀价值也就无从彰显。(2) 启发人民群众理解共同富裕与差距之间的关系。共同富裕确实要对过高收入进行限制，但也要看过高收入产生的源头，共同富裕要抑制的是通过非法手段和强势攫取而获得的收入，是对那些宣称"996 是福报"、通过阴阳合同牟取暴利、以偷税漏税维系高收入的行为的限制和打击，而不是对通过诚实劳动和合法经营获取高收入的限制，不会否定个别人因能力而获取高收入的权利和获得感。(3) 教育人们正确认识共同富裕和资本的关系。共同富裕不是不要"资本"，相反还需要资本注入，但坚决反对为少数人牟取超额利润而伤害多数人利益的"资本逻辑"。共同富裕反对少数人利用资本运作而不劳而获，鼓励人们通过知识、技术、创新等勤奋劳动实现价值创造，在合法和高质量的劳动创造中收获财富和提升获得感。(4) 鞭策人们理解共同富裕需要注重共享。相比于市场主导的第一次分配和政府主导的第二次分配，共同富裕还强调由社会慈善力量主导的第三次分配，希望以政府和社会相互配合的力量实现对市场分配的矫治，以共享的度量衡破解效

---

[1] 习近平:《扎实推进共同富裕》,《求是》2021 年第 20 期。

率与公平的难题，特别关注老人、妇女、残疾人等社会弱势群体，特别关注返贫高风险阶层，特别关注发展社会最不利者的能力和素质，帮助他们更多打开平等参与社会的通道，以真正的共享实现共同富裕的公共关怀价值，从根本上提升这类群体的物质获得感。

二 提升人在公共生存中的政治使命感

无论是对古希腊城邦制度的反思，还是对现代政治民主化进程的诉求，都昭示着"人作为政治存在物"的事实，在人的公共生存中追求政治生活质量的提升，表征人的公共政治生活质量最高的价值指向是政治使命感的达成。中国共产党是"使命型政党"，从诞生起，就把"为中国人民谋幸福、为中华民族谋复兴"作为自己的政治使命。因此，作为共产党领导的中华人民共和国，也需要培育人民群众的使命意识，这样才能和党想在一起、干在一起、风雨同舟、同甘共苦，把中华民族伟大复兴的使命扛在肩上，展现出对国家、对民族深切的公共关怀，将自己的前途命运和国家的繁荣发展融为一体。塑造公共政治使命感，思想政治教育公共关怀应该包含这三个依次递进的逻辑：培育人对公共政治生活的认同感→优化人对公共政治生活的归属感→增强人对公共政治生活的责任感，从而在展现对政治生活公共关怀的基础上塑造对公共政治生活的使命感。

（一）培育人对公共政治生活的认同感

只有当大多数人认可和赞同公共政治生活状况，并感到自身成为公共政治生活有机组成部分时，人们才会感到公共政治生活质量的提高。公共政治认同感反映了公众对于公共政治观点、价值取向以及具体政治活动的认可和赞同程度。

发挥主流意识形态的影响力，培养人们鲜明的政治认同感。改革开放以来，中国人特别是青少年受西方文化价值的影响越来越普遍，追求个性解放和人格独立成为一种趋势。西方势力借此加快了对我国的和平演变进程，力图从思想和价值观入手，侵蚀中国人特别是青年一代的公共政治信仰和价值持守。在中国纪念抗日战争暨世界反法西斯战争胜利70周年、北京冬奥会和冬残奥会期间，西方国家领导人纷纷拒绝出席这些人类和平盛典，其种种表现足以让国人警醒。2021年初，西方多国联合炮制了"新疆棉"事件，极尽捏造、污蔑谎言之能事，实质是为了遏制中国的和平崛起。事实告诉我们，西方绝不是世界和平的代表者，西方的"普世价值"具有鲜明的意识形态性。思想政治教育公共关怀的价值表现在，勇于面对挑战，正确认识和评判中国和西方两种不同的意识形态，理性看待中西政治生态的本质差异，创造性地传播、阐释和弘扬马克思主义本身的公共关怀深蕴，体现马克思主义彻底的革命性、科学性和人民性，巩固和发展马克思主义及其创新理论在当代中国的指导地位，发挥对其他意识形态和亚文化的引导、优化、纠偏和整肃价值，认清中国的实际国情与政治价值观选择的内在关联，坚守适合本民族的政治发展道路，自觉抵制刻意唱衰中国特色社会主义的思潮和论调，克服盲目崇洋媚外和全盘西化的情感动机，增强道路自信、理论自信、制度自信和文化自信，把思想和行动统一到主流意识形态和公共政治实践中，以鲜明的公共政治认同促进公共政治生活质量的持续提升。

通过提升政府公信力促进人们的公共政治认同。作为主流意识形态的体现者，政府的公职人员应当具有优秀的公共政治实践能力。只有真正取信于民、还权于民、造福于民，政府才拥有高度的公信力，人们的公共政治认同感才具有坚实根基和持久生命力。政府公信力可以从客观和主观两个层面来界定：从客观层面讲，政府公信力是指政府取信于公众的能力，即政府及其公职人员通过优化行政管理和服务，积累良好的信誉以赢得公众的信任；从主观层面讲，政府公信力是指公众对于政府管理和服务的满意程度，即公众对于政府取信于民行为能力的主观价值判断，也可理解为"政府公信度"。如果从"关系论"的角度进行解读，政府公信力是政府取信于公众的客观能力和公众对政府这种客观能力的主观满意程度的有机统一。在日常政治生活中，政府取信于民的能力是公众信任和依赖政府的客观基础，而公众对政府的信任程度和满意程度则是衡量公众对政府认同程度的重要指标，深刻影响着公众的公共政治生活质量。当政府公信力高时，就说明公众对政府的满意度高，公众对政府有强烈的认同感、信任感、依赖感，进而产生对于公共政治治理活动的归属感，公共政治生活质量就高；反之，则反映了公众对政府的不信任甚至对政府所传递的执政价值的拒斥,其公共政治生活质量就低。2020年的新冠疫情防控,是各国政府公信力的试金石。由于抗疫有力、效果突出,中国政府公信力创下新高;由于抗疫乏力,导致疫情蔓延,美国等西方国家政府公信力创下新低。思想政治教育公共关怀能够优化公众与政府的关系,加强公众与政府的正常沟通,引导政府公职人员合理运用公共权力,提高公共管理效率,优化公共服务态度,培育公共关怀情怀,提升取信于民的能力,为人们公共政治生活质量的提升创造良好的客观环境。作为公共政治生活的参与者和受益者,公众既要对政府高标准严要求,又要体谅政府的能力和水平会受到社会历史条件、公职人员素质、政府运作机制等各方面的限制,"对政府可以监督与批评,但尽量不要吹毛求疵,要承认政府有改进的空间并对此充满期待"[①]。公众应当怀着正确的心态加强与政府的沟通和建言献策,不要过分指责和抱怨。政府公职人员应当虚心接纳公众的意见建议,扩大公众的知情权和参与权,让人们更多了解政府的工作实情和具体困难,通过相互理解而彼此促进,共同释放合理预期,在政府与公众的良性互动中提高对公共政治生活的认同感。

(二) 优化人对公共政治生活的归属感

政治归属感是指公众在高度认同一定政治共同体的政治主张、价值取向和活动方式的基础上,自觉将自身的政治生命纳入其间,并对其产生深度依赖和归属的情感倾向。

人是社会化的政治动物,个体政治活动必然要从公共政治群体中找到适当的价值依托。新中国成立初期,人民怀着对共产党的无限感激和对共产主义的热切期盼,释放出建设社会主义新国家的巨大热忱,就是因为社会主义新国家改变了人民几千年来受剥削受压迫的地位,给了人民当家作主的权利,使人民群众对新国家产生了强烈的公共政治归属感,人民的公共政治生活质量达到前所未有的高度。从一般意义上讲,政治归属以公共政治认同为前提和基础,同一性是二者的主要关系,但二者

---

① [西] 费尔南多·萨瓦特尔:《政治学的邀请》,魏然译,北京大学出版社2009年版,第128—129页。

也存在非同一性。比如，某些移居海外的华人可能对某些国家的政治理念和政治制度存在一定的认同感，但却难以有政治归属感，因为那些国家给他们的政治权利和政治地位很有限，他们被排斥在主流的公共政治生活之外，政治生命恍如浮萍一般，其公共政治生活质量也就不可能高。这就是人们总结出"离开祖国的人更爱国"结论的原因。思想政治教育可以启发人们辩证看待西方政治制度和价值观念，提高对本国意识形态和政治制度的认同度，关怀自己所属的政治共同体的发展，在体验政治归属中进一步形成正确的政治认同感，推动公共政治认同感和公共政治归属感的共同提升。

(三) 增强人对公共政治生活的责任感

公共政治责任是指人们在强烈政治归属和政治认同基础上，自主承担的与其公共政治角色相称的义务，公共政治使命就是对这种公共政治责任的深度确认和实施。公共政治责任感主要指处在一定公共政治关系和扮演一定公共政治角色的人对其所肩负的公共政治义务的认同程度和承担水平，反映了人们在公共政治认同和政治归属基础上深度的政治自觉和担当水平，体现了人们在公共政治生活中的自主意志和主人翁价值，与政治认同感、政治归属感一道构成了公共政治使命感，并且成为公共政治使命感鲜明的表现形态。

公共政治责任认同是人们履行公共政治责任和使命的前提。思想政治教育公共关怀引导人们认同现有的公共政治生活，激发人们对现有公共政治生活的正面情感，激励人们形成对公共政治生活的价值责任。公共政治生活认同是主体对实然性状况的认同，公共政治责任认同则反映了主体对自身改变和优化的政治生活现状的应然性认同。这种责任认同能够进一步确证主体在公共政治生活中的价值定位，增强主体履行公共政治责任的使命感。

有序参与公共政治生活是主体自觉履行公共政治责任的重要渠道。就人的公共生存的早期形态来说，古希腊城邦治下的民主制度推动了公共领域诞生。公共领域是城邦公民进行公共交往和民主决策的领域，公共生活表现为一种致力于公共政治事务的生活。在公共领域中，具有平等权利的公民开始对共同关心政治问题展开公共协商。人们积极有序地履行着自身的公共政治责任，在公共参与和平等协商中为公共事务尽心尽力。要避免公共政治参与的无序性，警惕有些人主张的自由主义的"畅所欲言"和"大民主"思想。要纠正人们不合理的政治心态，教育人们摆正自身在公共政治生活中的位置，正确理解公共政治权利，关怀公共政治生活大局，把公共政治参与权利与肩负公共政治责任紧密联系起来，避免在公共政治参与中被反动势力所利用。中国特色的协商民主制度是提升人的公共政治生活质量的制度基础，思想政治教育能够引导人们在协商民主制度下积极有序地参与公共政治生活。党的十九大报告指出："有事好商量，众人的事由众人商量，是人民民主的真谛。协商民主是实现党的领导的重要方式，是我国社会主义民主政治的特有形式和独特优势。"[①] "所谓协商民主，即公民通过广泛的公共讨论的过程，各方的意见在公共论坛中互相交流，使各方了解彼此的立场和观点，并在追求公共利益的前提下，寻求并达成各方可以接受的可行方案"[②]。思想政治教育正确理解协商民主的内涵，在各种意见发生冲突时，以公共利益为依归做出正确的价值选择，引导人们按照公共协商的结果各司其职，扮演好各自角色，自觉承担与其角色相称的公共政治责任，合理合法地参与民主决策、民主管理和民主监督。当人们能够做到想公共之所想，急公共之所急，人人皆尽公共之责，人人扛起公共担当，以公共关怀致力于公共空间建设和公共事务合作，就会真正提升人的公共政治生活质量。

在培育人对公共政治生活的认同感、优化人对公共政治生活的归属感、增强人对公共政治生活的责任感的基础上，思想政治教育能够促进认同感、归属感和责任感在公共政治思想和行为实践中不断循环往复，逐渐催生人的公共政治使命感，彰显人对政治生活的公共关怀，不断确证人作为政治主体的内在价值和本质力量。

[①] 《习近平著作选读》第二卷，人民出版社2023年版，第31页。

[②] Joehua Cohen. *Deliberation and Democratic Legitimacy*. Deliberative Democracy：*Essays on Reason and Politics*. The MIT Press, 1997：67.

三 提升人在公共生存中的精神富足感

习近平总书记指出:"共同富裕是社会主义的本质要求,是中国式现代化的重要特征。我们说的共同富裕是全体人民共同富裕,是人民群众物质生活和精神生活都富裕,不是少数人的富裕,也不是整齐划一的平均主义。"① 以往我们往往把"共同富裕"仅仅作为一个经济学的概念加以理解,只关注物质生活的"共同富裕",其实精神生活的共同富裕是一个更为深刻的概念,它不仅符合人的本质自我确证的主体性需要,而且表征着中国式现代化对西方现代化的价值超越。中国式现代化不仅强调物质生活富裕的公共性,反对物质层面的贫富差距和两极分化;更关注人的精神生活的富足感,追求个体思想境界的提升和全民族文化发展水平的整体性跃迁。资本主义现代化在创造巨大物质财富的同时,也造成了整个社会生活的"物化"状态,导致物质财富增长和精神价值沉沦的二律背反。正如马克思所说:"物的世界的增值同人的世界的贬值成正比"②,"劳动生产了美,但是使工人变成畸形。……劳动生产了智慧,但是给工人生产了愚钝和痴呆"③。因此,精神生活共同富裕孕育着中国式现代化回归人的本质需要和主体价值的时代追求。

过去几十年间,中国社会经历着复杂而深刻的社会变革,传统社会向现代社会急速转型,传统的价值体系加速蜕变,适应现代化的融通古今的价值系统尚未完全建构,社会变革使人价值观念迅疾更新的同时,也带来了身份意识、价值选择的迷茫和内生的文化焦虑。精神生活的建构远远落后于物质生活的发展。习近平在文艺工作座谈会上的讲话中指出:"物质需求是第一位的,吃上饭是最主要的,所以说'民以食为天'。但是,这并不是说人民对精神文化生活的需求就是可有可无的,人类社会与动物界的最大区别就是人是有精神需求的,人民对精神文化生活的

---

① 习近平:《扎实推进共同富裕》,《求是》2021年第20期。
② 《马克思恩格斯文集》第1卷,人民出版社2009年版,第156页。
③ 《马克思恩格斯全集》第42卷,人民出版社1979年版,第89页。

需求时时刻刻都存在。"① "当高楼大厦在我国大地上遍地林立时，中华民族精神的大厦也应该巍然耸立。"② 因此，在促进物质生活共同富裕的同时，精神生活的共同富裕、人们精神生活富足感的提升和整个公共世界精神生活质量的改善成为迫切的理论与实践课题。

作为以塑造人的公共精神素养和调解人与公共世界关系的教育实践活动，思想政治教育公共关怀理应承担着在人的公共生存中促进人的精神世界富裕的使命和功能。下面，我们需要沿着人的精神生活的价值理路及其与思想政治教育公共关怀间的关系，揭示思想政治教育公共关怀对人的精神富足感的提升价值。

（一）精神生活共同富裕的价值向度

促进人的精神生活共同富裕反映了人的本质自我确证和社会发展的需要，也表征着人类文明的前进方向与发展诉求。人的精神生活是人超拔于动物界的核心特质，反映了人对真善美的价值追求和对自由的主体追求，是人把握历史主动的关键环节。马克思指出："人是唯一能够挣脱纯粹动物状态的动物——他的正常状态是一种同他的意识相适应的状态，是需要他自己来创造的状态。"③ 精神生活富裕是人对精神生活高质量发展的主动性谋划，反映了我们对"人之为人"价值本体的积极确认以及对人类文明的超越性探索。马克思在批判了资本主义生产和生活方式给人带来的价值失序状态后指出："通过社会化生产，不仅可能保证一切社会成员有富足的和一天比一天充裕的物质生活，而且还可能保证他们的体力和智力获得充分的自由的发展和运用，这种可能性现在第一次出现了，但它确实是出现了。一旦社会占有了生产资料，商品生产就将被消除，而产品对生产者的统治也将随之消除。社会生产内部的无政府状态将为有计划的自觉的组织所代替。个体生存斗争停止了。于是，人在一定意义上才最终地脱离了动物界，从动物的生存条件进入真正人的生存条件。"④ 然而，资本主义物质条

---

① 习近平：《在文艺工作座谈会上的讲话》，人民出版社2015年版，第14页。
② 习近平：《在文艺工作座谈会上的讲话》，人民出版社2015年版，第6页。
③ 《马克思恩格斯全集》第20卷，人民出版社1971年版，第535—536页。
④ 《马克思恩格斯文集》第3卷，人民出版社2009年版，第563—564页。

件的改善非但没有带来人的精神世界的发展和精神境界的提升，这种人剥削人的生产和分配制度反而造成人的精神生活压抑、社会关系异化、道德水平滑坡、文化领域俗化，违背了人对自身本质的全面占有。社会主义制度为人的精神生活共同富裕创造了根本制度基础，精神生活共同富裕也成为中国式现代化的鲜明标识，它表征着人类文明对"物化现代化"的价值超越和对"人的现代化"的全面占有，现代化的物质文明和精神文明实现价值统合。

我们追求"精神生活共同富裕"，意味着精神生活共同富裕不仅是个体精神需要的满足及精神生活的优质体验；而且包括社会公共层面精神生产和消费、供给和需求的平衡，整个社会精神面貌的改善。相比于物质生活"质"的直观性和"量"的可度量性，人的精神生活富裕状况只能从其精神需要的满足程度、精神活动的丰富效度、精神状态的健康水平来审视，但这种内在于人的精神世界的主观感受确实相对难以量化，这需要我们回归人的本质所追求的"真、善、美"的价值向度。精神生活构成要素无论多么复杂，都应该在合乎追真、向善、求美的价值向度中展开对其"富裕"程度的评量。

（二）思想政治教育公共关怀与精神富足感的逻辑关联

思想政治教育本质上是通过传播社会要求的思想观念、政治观点和道德规范实现人的精神建构与优化的实践活动，其本质是育人，即通过推动人的精神世界的完善、精神家园的丰富、精神境界的提升改造人的主观世界，从而推动客观世界的改造。思想政治教育的目标就是实现精神生活的富足，其任务就是通过推动积极精神生产、优化精神供给、助力正向精神产品分配来推动精神生活共同富裕的实现。从这个意义上讲，思想政治教育与人的精神生活富裕具有高度的逻辑统一性和价值一致性。

随着社会生产力的丰富和人民生活水平的提高，物质生活的共同富裕成为中国社会的普遍价值诉求，也构成了中国式现代化的重要特征，彰显了社会主义的内在诉求。然而，物质生活的共同富裕并不必然带来人的精神境界的提高和社会公共精神面貌的改善，物质获得感的获得也并不必然带来精神富足感的提升。西方世界的资本逻辑仍然冲击着我国人民的精神世界，以致于人们在义利选择、群己关系、中西交锋、天人伦理等方面出现迷茫甚至滑坡，人的精神世界不免为了追求工具理性而放弃了价值理性，沉湎于日常生活世界的泛娱乐化而躲避崇高，个体精神世界的物化逻辑必然引发公共价值理想的集体缺失。这迫切需要思想政治教育发挥其价值优势，基于公共关怀的思想政治教育对于医治公共生活中的价值流失就显得尤为重要。作为主要调节群己关系的思想政治教育实践，思想政治教育公共关怀以融人入己的公共关怀为着力点，启发人们在关切他人和社会公共事务、关心国家和民族发展的向度提振精神生活的境界，在"关怀中尽享关怀"的超越性享受中感受精神家园的丰沛。从宏观层面上说，思想政治教育公共关怀主要从双重维度助推人的精神生活共同富裕：从理性尺度看，思想政治教育公共关怀注重人的精神生产的可及性，通过整合公共文化资源、筛选精神文化成果等方式满足不同个体和群体的精神文化需求；注重精神供给的充分性，以思想观点传播的公共性和道德规范教化的广泛性，调节精神产品分配，促进精神文化创建的公平性，缓解精神产品享受中的城乡差异、地区分殊、个体差距，着力提升不同地区、不同群体、不同阶层群众对自身精神文化需求的满足感，从而增强其在公共生存中的整体精神富足感。从价值尺度来看，思想政治教育公共关怀着眼于公共价值观的传播，以期提升个体的家国情怀、培育公共精神和建构共同精神家园，塑造凝神聚气、团结奋进的社会公共精神风貌，在提振个体精神风貌的基础上促进整个社会精气神的跃迁。

（三）思想政治教育公共关怀提升人的精神富足感的价值呈现

人的精神生活共同富裕蕴含着真、善、美的价值向度。追真诉诸人的心理认知层面的真理性诉求，向善诉诸人的道德价值层面的伦理性要求，求美诉诸人的思想文化层面的超越性渴求。

人的精神生活富足感就是对精神生活共同富裕真、善、美各个价值维度的主观感受。既关涉个体的精神体验和主观感受，又反映整个社会的公共精神风貌。针对人的精神生活层面的真、善、美诉求，我们可以分别从个体层面和社会公共层面提炼出精神生活富裕的标准。精神富足感的提升遵循以下价值逻辑：以个体主观感受为基点，汇集和融合为整个社会精神风貌的跃迁。遵循这一实践逻辑，思想政治教育公共关怀就是通过优化人在心理认知层面的追真诉求、道德价值层面的向善渴求、思想文化层面的求美吁求，提升个体层面的精神富足感，进而优化整个社会对真、善、美价值的追求，从而提振整个社会的精神风貌，优化整个社会公共生活的精神肖像，促进精神生活的共同富裕，增进人在公共生存中的精神富足感。

1. 面向心理层面的"追真"诉求，思想政治教育公共关怀主要发挥个体心理疏导和社会心理塑造功能

心理层面的"追真"诉求是指人们能够在掌握大量知识信息的前提下，对社会万象和价值选择呈现出平静、思辨、豁达的人生态度，对自身的目标追求表现出坚定乐观、积极向上的心态。具体到个体层面的标准就是，知识丰富、情感稳定、意志坚定的个体心理状态；公共层面的标准就是，自尊自信、理性平和、积极向上的社会公共心态。

思想政治教育公共关怀能够发挥心理疏导功能，促进个体知、情、意的协调发展，为个体精神生活富足感提供坚实心理基础。面向社会急速转型带来的不确定性、市场竞争残酷带来的不安全感、财富分配失当带来的不公平感，思想政治教育公共关怀有助于发挥心理调控功能，引导个体正确看待社会发展进程中的不平衡性，塑造个体平静稳定的情绪状态，激励个体锚定理想目标而不懈奋斗。教育个体坚持行胜于言，在实践中认识现实和改造世界，从宏观维度紧跟时代浪潮给予奋斗者的机会，不惧风浪挑战，不畏艰难险阻，在争取个体成功中塑造个人积极健康的精神状态，彰显对社会、对国家、对民族的公共价值。

思想政治教育公共关怀能够发挥社会心理塑造功能，推动形成自尊自信、理性平和、积极向上的社会公共心态，提升全社会的精神富足感。党的十九大报告指出："加强社会心理服务体系建设，培育自尊自信、理性平和、积极向上的社会心态。"[①] 一是能培育自尊自信的社会公共心态，激发国民的民族自豪感。党的十八大以来，中国特色社会主义进入新时

---

① 《习近平著作选读》第二卷，人民出版社2023年版，第40页。

代，久经磨难的中华民族迎来了从站起来、富起来到强起来的伟大飞跃，中国人彻底洗刷了自近代以来对西方现代性价值依附的民族耻辱，正在重新确立起关于自身民族文化传统和时代精神的深度自信，中华民族和中国人民的精神彻底由被动转向了主动，在探索中国式现代化过程中书写人类文明新形态。思想政治教育能够抓住这一历史性契机，引导人民群众深度感知综合国力和国际影响力的大幅跃迁，促进中国人的民族自豪感与价值满足感与日俱增，在国际交往中展现出自尊自信的民族品格和昂扬向上的公共心态。二是能培育理性平和的社会公共心态，增进国民的心理平衡感。在推进现代化的过程中，中国用几十年的时间走完了西方国家几百年的发展道路，贫富差距太大带来的被剥削感、权力不受监控带来的不公平感、社会保障不足带来的不安全感、利益博弈过多带来的紧张感，使得社会存在浮躁、冲动、焦虑、冷漠、愤恨等复杂社会心态。思想政治教育能从公共关怀维度调控个体与社会、道德与利益、竞争与合作等关系，引导人们从个体与他者、个人与公共世界相协调的向度思索利益取舍、功利追逐、价值安放等一系列关系，放下内心动机冲突与不平衡感，重归理性平和的公共心态。三是能培育积极向上的社会公共心态，强化国民的整体进取心。在强国建设、民族复兴的征程中，思想政治教育能最大限度地激发群众对于民族和国家的公共责任，调动群众为各自理想和民族梦想团结奋进的进取意志，营造合作向心、共克时艰的良好社会氛围，把自己的人生发展交给我们可爱的祖国和民族。

2. 面向道德价值层面的"向善"要求，思想政治教育公共关怀主要发挥个体价值引领和社会共识凝聚功能

道德价值层面的"向善"要求是指个体在内化社会道德标准的基础上形成健康的理想追求、深刻的道德意向和自觉的品格践履。整个社会形成尊道德、守道德、行道德的浓厚氛围，凡事以社会公共道德标准丈量主体行为，以社会公共价值观念凝聚力量。具体到个体层面的标准就是形成理想丰满、克己崇礼、品行端正的个体道德人格；具体到社会公共层面的标准就是形成价值崇高、厚德向善、凝心聚力的社会价值取向。

思想政治教育公共关怀能够展现对个体的价值引领效能，推动个体在内化道德精神和推进关怀社会的道德践履中体验精神生活的富足。思

想政治教育公共关怀能够引导个体正确处理个体与公共世界的关系,培育个体关心社会、关爱集体、关怀他人的道德情操,引领个体在公共关怀中确证自身的良性道德体验,确立有利于社会的道德理想和价值追求,并将个人奋斗融汇于国家和民族的发展当中,在奉献社会和关怀他人中体验精神生活的富足。

思想政治教育公共关怀能够推动社会共识凝聚价值,促进整个社会在核心价值观的指引下画出最大价值同心圆,形成团结向心的社会精神肖像。社会主义核心价值观作为一种社会公共大德,指明了社会德行塑造方向,指称着整个社会普遍的政治共识和道德共识,是马克思主义核心价值的深厚凝练,展现了从价值观层面"建设什么样的国家、塑造什么样的社会、培育什么样的公民"的核心期待,描画出整个社会的精神价值肖像。正如习近平总书记指出:"对马克思主义的信仰,对中国特色社会主义的信念,对实现中华民族伟大复兴的信心,都是指引和支撑中国人民站起来、富起来、强起来的强大精神力量。"[①] 思想政治教育能够充分发掘社会主义核心价值观的公共关怀效能,引领群众在学习、践行社会主义核心价值观的过程中感悟马克思主义信仰,坚定中国特色社会主义信念,增强实现中华民族伟大复兴的信心,把各种利益诉求、各色情感表达和各样价值取向都汇集到社会主义核心价值观的引领上来,汇集到新时代中国这三重主流的信仰、信念、信心上来,形成奋进新征程、建功新时代的磅礴力量,展现中华民族团结向心的精气神。

3. 面向思想文化层面的"求美"渴求,思想政治教育公共关怀主要发挥精神生产调控和精神价值明辨功能

思想文化层面的"求美"渴求是指无论是个人还是公共世界都表现出开放包容的博大胸襟,容纳多样文化交流互鉴,汲取各类文明养分,既能形成博采中西、融汇古今的社会文化公共性发展景观;又能形成每个人信仰笃定、内心充盈的国民价值素养,真正达成国家有信仰、人民有力量、民族有希望的精神生活共同富裕状态。具体到个体层面标准就是形成内心充盈、文明优雅、信仰坚定的个体审美追求;社会公共层面

---

① 习近平:《在庆祝改革开放40周年大会上的讲话》,《光明日报》2018年12月19日第2版。

标准就是形成古今协调、中西贯通、从容自信的民族精神气质。

思想政治教育公共关怀通过发挥精神生产调控和舆论导向效用促进个人意义世界的丰满和价值愿景的明晰。在这个价值多元化的时代，价值理性和工具理性之间受到资本逻辑的切割，个人在立足现实自我和追求理想自我的价值取向上往往存在利益化、碎片化、迷茫化，特别是青少年容易受到不良社会风气和社会舆论的影响，去追求娱乐化、碎片化、物质化的快餐式文化甚至是不良文化，这就需要思想政治教育发挥精神调节和舆论导向效用。思想政治教育能够对有关社会文化信息，去粗取精、去伪存真，对相关不当社会舆论进行导引、匡正、明辨效应，引导正向舆论占领主阵地，使之成为"发展的'推进器'、民意的'晴雨表'、社会的'黏合剂'、道德的'风向标'"[1]，从而激励人们自觉跳出碎片化、娱乐化和充斥着私利化的文化，自觉追求富有公共精神、能够促进人们追求有利于自身意义世界建构的正向文化。

思想政治教育公共关怀通过发挥价值明辨效用塑造民族文化自信，化解中西古今的文化焦虑，形成古今协调、中西贯通、从容自信的民族精神气质。公共文化焦虑感是指由于多元文化及其价值取向的相互交织和交锋，人们在公共生活中进行文化选择时出现的困惑、忧虑和不确定感。长期的文化焦虑会使人的公共文化生活质量下降。当前，我们正面临百年未有之大变局，传统文化与现代文化、东方文化与西方文化在同一个历史时空中的碰撞空前激烈，引发了各种文化矛盾和文化冲突，给人的文化价值选择带来了诸多困难，产生了深度的文化焦虑感。自近代以来，西方文化以坚船利炮叩开了中国的大门，使中国人同时面临时间和空间双重维度的文化焦虑。从时间维度上看，中国人普遍存在着传统与现代性的文化焦虑。从空间维度上看，中国人近代以来既试图学习西方又警惕西方文化本体的文化焦虑仍在延续，中西古今的文化焦虑始终盘踞在多数中国人的精神世界深处。思想政治教育公共关怀能够发挥文化自信塑造功能，以对民族文化公共性自信感的塑造形成新时代中国人

---

[1] 人民日报社评论部：《论学习贯彻习近平总书记新闻舆论工作座谈会重要讲话精神》，人民出版社2016年版，第9页。

崭新的精神旗帜。首先,要树立正确的历史文化观,引导公众在中国现代性建构中实现对传统文化的创造性转化和创新性发展。要激励社会公众对传统文化进行甄别筛选,根据与现代性价值系统的契合程度,将与现代社会相适应、贯穿于中华文脉始终的优秀文化基质纳入中国式现代化文化价值体系,发掘传统文化中具有恒久性和普适度的文化资源,将其加以提炼、创造和转化,融入现代文化精神系统,结合时代发展要求不断推陈出新。在传统文化与现代文化的良性互动中增进公众的文化自信感。其次,教育人们树立正确的文化评价观,科学借鉴传统文化。中国优秀传统文化中"天人合一"的自然文化观、"天下为公"的社会理想观、"内圣外王"的人格修养观、"和合共生"的交往价值观的确有助于解决资本现代性造成的人与自然、人与人、人与社会间的矛盾,促进价值理性的回归与重塑。特别要深入挖掘和弘扬传统文化中孕育的公共关怀精神。中国传统文化中的"阴阳相生""道法自然""天人合一""上善若水"等理念,表现了人们对大自然的敬畏和感恩;孔子的"君子和而不同,小人同而不和"[①] 道出了人际交往中的公共性诉求;范仲淹的"先天下之忧而忧,后天下之乐而乐"更是表达了高度的公共关怀思想。思想政治教育能够从发扬优秀传统文化中,深入挖掘公共关怀精神,增强公共关怀教育的历史底蕴,将这种传统公共关怀智慧融入中国式现代化的现代性建构中,探索形成富有历史文化底蕴的中国现代性表达方式,建构中华民族现代文明,实现对人类现代性的价值重释。最后,激励公众在中国式现代化实践中坚定抵制"西方中心论",在博采众长中树立民族现代性自信。思想政治教育公共关怀的价值就在于,能够引导人们正视"西方中心论",正确把握和评价西方经济与科技目前的领先地位,准确认识西方公共文化中日益显露的不足。帮助人们科学甄别哪些西方文化属于资本主义价值体系范畴,哪些西方文化属于人类共有的优秀文明成果,使人们在学习西方文化时客观公正地评价西方世界。马克思主义对西方现代性的批判迎合了中国人既向往现代性又抵牾西方现代性的心态,找回了在民族义愤中自主探索中国现代性的信心和力量,也获得了

[①] 张栻:《南轩先生论语解》(第七卷),中华书局2015年版,第232页。

重释现代性的理论武器。我们应在推进马克思主义与中国实际结合的过程中促进马克思主义与中华优秀传统文化相结合，不断确证中国文化的主体性，坚定中国文化的自信力。新冠疫情防控犹如一面镜子，中西现代性的深层博弈在世界历史舞台上共时性展开，中国人民在价值比对中也收获了高度的民族自信。党和政府坚守"保护人民群众生命安全和身体健康可以不惜一切代价"的价值信条，党员干部身先士卒，白衣天使冲锋在前，解放军战士保驾护航，社区工作人员昼夜奋战，14亿中国人万众一心，充分彰显了中国国家治理的坚强领导力、高效动员力和强大凝聚力，展现了对西方现代性的多重超越。在现代性发展的基本逻辑上，表现为人本逻辑对资本逻辑的价值超越；在现代性表征的治理模式上，表现为多主体共治对自由市场治理的价值超越；在现代性凸显的价值取向上，表现为集体主义对个人主义的价值超越；在现代性追求的世界文明愿景上，表现为人类命运共同体对种族主义的价值超越。处处彰显着公共关怀精神作为中国现代性的基本精神对以"私人至上"为主导的西方现代性精神的超越。当前的中国，处处洋溢着对强国建设、民族复兴的深度渴求，亿万国人沉浸在实现中国式现代化、创造人类文明新形态的蓬勃向上的精神状态中，我们的国民既可以在和平安宁的环境中谋划人生发展和担负公共责任，又能在理性评价世界局势中自觉站在历史正确和人类文明进步的一边，其精神独立性、文化自信感、社会包容度深刻熔铸于整个民族的精神旗帜中，正在逐步形成古今协调、中西贯通、从容自信的民族精神气质，享受着人的公共生存中深刻的精神富足感。

第六章
思想政治教育公共关怀实现的路径选择

  落实高于一切。思想政治教育公共关怀作为一种教育实践活动，在完善其内涵界定、哲学基础、时代境遇、内容建构、价值呈现之后，关键是要找到推进思想政治教育公共关怀的路径选择。思想政治教育公共关怀的生命力在于落实，只有立足于人的公共生存的时代境遇，找到切实可行的实现路径，才能将思想政治教育公共关怀的内容建构由体系化的应然性要求转化为人的实然性思想和行为，从而真正释放思想政治教育公共关怀的价值。

  我们可以从环境优化、实现方法、公共人塑造三个维度探寻思想政治教育公共关怀实现的路径选择：推动思想政治教育公共关怀的环境优化，为其实现创造良好的客观条件；探寻思想政治教育公共关怀的实现方法，搭建有效传递思想政治教育公共关怀思想和精神的桥梁；完善思想政治教育公共关怀的公共人塑造，展现思想政治教育公共关怀对育人的价值期待。

第一节 思想政治教育公共关怀的环境优化

  思想政治教育公共关怀环境是指围绕这一教育实践活动存在和演化，

并对人的公共关怀思想和行为的生成发展产生影响的一切客观性外部因素的总和。任何人的思想观念都不是凭空产生的，任何关乎思想和行为培养的教育过程也不是独立存在的，正如恩格斯所言："人们的观念、观点和概念，一句话，人们的意识，随着人们的生活条件、人们的社会关系、人们的社会存在的改变而改变。"[①] 思想政治教育公共关怀以人的公共生存为现实基础，必然要受到人的社会公共生存环境的影响。公共制度表征着对人的公共生存的理性化设计，是不同主体在实践中达成的价值共识的规范化和体系化，决定了人的公共生存的基本框架和价值指向；公共交往表征着人的公共生存中彼此影响的基本样态，反映了人的本质对人的公共生存的价值要求；公共舆论是人的公共生存意识形态和文化生态的公共表达，深刻影响着人的公共生存合理性的建构取向，兼有建设性和破坏性的双重力量。由此可见，此三者必然会深度影响思想政治教育公共关怀的实践环境。着力优化公共制度环境、公共交往环境和公共舆论环境，对思想政治教育公共关怀的实现发挥重要推动作用。

一 优化公共制度环境

公共制度有广义和狭义之分。广义的公共制度分为正式制度和非正式制度，既包括基于人类理性设计而形成的规章、社会制度、契约、法律等正式制度，也包括人类基于社会实践活动而形成的风俗习惯、伦理道德等非正式制度。为了增强研究的针对性和有效性，这里所指称的公共制度为正式制度，旨在探讨正式制度所构成的制度环境优化对思想政治教育公共关怀产生的影响。因此，这里所说的公共制度是指人在公共交往中基于维护公共秩序、化解公共矛盾和实现共同利益的需要而形成的，由社会成员普遍认同和遵行的一系列价值准则和行为规范的总和。个体不可能独立自存，需要与他人在进行公共交往中实现发展，而公共交往既是不同主体相互合作的过程，也是各个主体间进行利益博弈的过程。为了促进人们都能以合理方式获得自身利益的满足和最大限度地增进社会公共利益，就需要在人们彼此同意的基础上形成一种对社会成员

---

① 《马克思恩格斯选集》第 1 卷，人民出版社 2012 年版，第 419—420 页。

具有普遍约束力和价值引导力的公共制度，指引人在公共生存中形成合理的行为预期，构成人的公共生存的内在运行机制。公共制度的公共性表现在形式和内容两个方面：从形式上看，公共制度具有社会公开性，旨在约束人的公共生存行为，调和人的公共生存矛盾，使人的思想和行为符合社会公共秩序；从内容上看，公共制度具有公共价值指向性，一种合理的公共制度必然有利于实现社会公共利益，在保障人的权益和自由的基础上实现人的全面发展。

党的十九届四中全会做出了《中共中央关于坚持和完善中国特色社会主义制度 推进国家治理体系和治理能力现代化若干重大问题的决定》，指出"到二〇三五年，各方面制度更加完善，基本实现国家治理体系和治理能力现代化；到新中国成立一百年时，全面实现国家治理体系和治理能力现代化，使中国特色社会主义制度更加巩固、优越性充分展现"[1]。这表明，制度建设是中国式现代化的必然要求，公共制度也构成了思想政治教育公共关怀的重要环境，对思想政治教育公共关怀实践具有重要影响。公共制度作为人进行社会公共交往的产物，反映了一定社会公共理性和价值追求的固化形态，搭建起了人的公共生存的基本框架。公共制度及其价值导向决定了人的公共实践的方式、效度和获得自由的能力，对人的公共生存具有重要而深远的影响。作为一种传播公共思想和精神的公共实践活动，思想政治教育公共关怀的运行和发展需要公共制度的保障，它的实现效度和水平也有赖于公共制度所释放的公共性价值的有效支撑。因此，公共制度环境的不断优化，有利于思想政治教育公共关怀的有序实现。

人们的思想问题归根结底要从制度环境中去寻找，要在人们现实的物质生活条件下进行解读，我们不可能一味地要求人们在一个不合理的制度环境中追求思想上的高风亮节。从一定意义上讲，公共制度本身就蕴含着深刻的思想政治教育因素。任何公共制度的生成和发展都必须以一种稳定的文化价值作为支撑，它指明了制度存在和发展的精神内核，

---

[1] 《中共中央关于坚持和完善中国特色社会主义制度 推进国家治理体系和治理能力现代化若干重大问题的决定》，人民出版社2019年版，第5—6页。

"每一制度的具体安排都要受一定伦理观念的支配,制度不过是一定伦理观念的实体化和具体化,是结构化、程序化了的伦理精神"①。唯有以公共关怀价值为出发点制定和执行公共制度,让公共制度关怀人们的实际生活需要,使人们在对制度的遵行中产生对公共关怀思想和精神的价值体认,才能增强人们对思想政治教育公共关怀的价值认同。基于思想政治教育公共关怀的制度环境优化,关键在于完善公共制度本身的公共关怀价值,发挥公共制度的教育功能,实现公共制度与思想政治教育公共关怀在公共价值指向的内在统一。

第一,推动公共制度有效处理秩序与自由的关系,为思想政治教育公共关怀提供制度依托。公共生活中自由和秩序的矛盾是公共制度面临的首要课题。公共制度最直接的价值就是维护和建构社会公共秩序,对人在公共生存中的行为进行有效约束,在保证不对他人的实践活动和公共世界的有序运行形成干扰的前提下,每个人都能以合理的实践活动达成合理的目标,这同思想政治教育公共关怀的价值取向是一致的。思想政治教育引导人们关怀公共世界,应教育人们敬畏公共制度,自觉维护公共生存秩序,保证公共实践活动的价值合理性。

优化公共制度环境,发挥制度的公共关怀效能,应着力优化公共制度约束人和管理人的公共行为的价值定位,发挥公共制度的价值引导作用,激发公共生存主体把维护公共制度所传递的公共价值转化为一种责任,自觉审视和评价自身的行为,将公共制度的他律性规则转化为自律性信念,自觉投身到公共关怀的价值实践中。比如,建立反腐倡廉制度表面上是为了遏制腐败行为,更深层次的目的在于有效强化领导干部的公共责任担当,促进公共政治秩序的维护和良好政治生态的营造。

同维护公共生存秩序相对应,维护自由价值的实现也是思想政治教育公共关怀所追求的核心价值取向之一。要着力优化公共制度,追求公共制度对人的合理自由的价值观照,不断完善公共制度的自由实现机制,在告诉人们不能干什么的同时,告诉人们可以自由地选择什么。把维护

---

① [美]罗斯科·庞德:《通过法律的社会控制——法律的任务》,沈宗灵译,商务印书馆1984年版,第35页。

公共秩序作为实现人的合理自由的手段，通过限制不合理自由而扩大合理自由，通过限制非理性自由而扩大理性自由，避免少数人为实现私人自由而牺牲多数人的公共自由，让人们切实感受公共制度的自由感召力，在遵行公共制度中自觉维护公共秩序和实现自由发展，为思想政治教育公共关怀秩序价值和自由价值的实现提供坚实的制度依托。

第二，优化公共制度对人民合法权益的公正维护，不断增强思想政治教育公共关怀的说服力。在公共生活中，人民群众的合法权益是依靠制度公正来保障的，这反映了制度精神的公共关怀价值。只有切实保障人民的合法权益，用公共制度的长效机制给予人民持续、稳定的公共关怀，人民才能真正认同和信服思想政治教育公共关怀的思想和精神。公共制度的公正性与公共关怀性是相统一的，只有具有公正价值取向的制度才有可能实现公共关怀。只有让多数人的合法权益得到公正的保护，才能增进人们对于公共生活的认同感与满足感，自觉施展公共关怀的思想和行为。"制度是价值理念的凝结，合理制度的目的性所蕴含的一定的社会价值取向，就会使人们在大量的制度化的实践活动中，感受和内化这些社会价值观念，从而促进制度预期的行为类型及其良好品行的形成"①。

一是不断提高制度制定者和实施者的人民情怀，把增进人民的公共福祉作为制定和执行制度的出发点和落脚点。人民赞成不赞成、高兴不高兴、答应不答应，是衡量公共生活中制度制定与执行合理性的根本标尺。在制定、完善和实施各项制度时，应避免制度成为服务于少数人的工具，要让广大人民群众得到实实在在的利益，为思想政治教育公共关怀所倡导的公共精神的落地落实提供坚实的实践土壤。

二是保持制度的与时俱进。制度具有动态性，随着公共实践的发展，应当通过对制度的不断完善，使其不断适应时代发展的公共要求，发挥在各个历史时期对人民合法权益的保障功能。公共制度的公共合理性是在历史发展进程中不断生成的，随着时代的发展，一些制度不但不能反映人民的公共利益和适应时代发展要求，反而有可能成为给予人民公共

---

① 王淑芹：《思想政治教育成效的制度分析》，《思想教育研究》2006年第12期。

关怀和促进社会发展的桎梏，这时就必须要及时对不合理的制度进行修订、更新甚至废止，使其持续具有保障人民合法权益的能力和促进时代发展的公共合理性。

三是在对人民合法权益的保障中调动人民关怀公共世界的热忱。对人民合法权益的公正维护，必然内在地包含着为人民平等参与公共生活的权利提供有效的制度支撑。思想政治教育公共关怀旨在完善人民公共关怀的思想和行为，这就要建立健全人民群众参与和管理公共事务的有效制度机制，为人们提供实施公共关怀的制度性渠道，用制度保障人们的公共关怀思想和行为，坚决防止"让公共关怀者本身失去关怀"的悲剧发生，不断增强思想政治教育公共关怀的实践说服力。

第三，完善公共制度对人的公共关怀思想和行为的奖惩评价机制，为思想政治教育公共关怀的实现创造良好的制度保障环境。优化思想政治教育公共关怀的制度环境，就要从制度层面旗帜鲜明地肯定人的公共关怀的思想和行为。对于符合公共关怀思想和精神的行为要予以奖励，激励人们不断提高关怀公共世界的责任感；对于与公共关怀思想和精神背道而驰的行为要予以惩戒，用制度把人们拉回观照公共世界的正确轨道。要完善激励公共关怀行为的制度化建设。"制度的基本任务就是对个人行为形成一个激励集……通过这些激励，每个人都将受到鼓舞……使其从事的活动对整个社会有益"①。对公共关怀思想和精神的认肯不能只停留于口头化的赞许或自发式的感恩回馈，而应固化为一种常态化的制度激励，避免"好人无好报""做好事遭讹诈"等道德乱象，使人们从良好的制度环境中找到公共关怀的价值依归。公共制度环境要塑造一种社会公共价值标杆，让人们感到何者可为、何者不可为。如果一个人的行为给公共世界带来危害，就必须依据其危害程度进行相应的制度惩戒。以酒后驾车的处罚为例，在香港要受到重罚，在新加坡甚至要入刑，这种严厉惩戒换来了香港和新加坡交通秩序的井然。奖惩评价机制要具有建设性效用，有利于建立具有高度规范性的公共制度环境，有利于人们

---

① [美]丹尼尔·W.布罗姆利：《经济利益与经济制度——公共政策的理论基础》，陈郁等译，生活·读书·新知三联书店1996年版，第1页。

对公共制度的有效认同和遵行，有利于使人的自私性降到最低限度，有利于释放人性的公共关怀价值，为思想政治教育公共关怀的实现创造良好的社会氛围。

二 优化公共交往环境

公共交往表征着公共生存中人与人之间的互动方式和共同生活方式，构成了思想政治教育公共关怀生成发展的社会基础。其一，公共交往是思想政治教育公共关怀生成的客观基础。"思想、观念、意识的生产最初是直接与人们的物质活动，与人们的物质交往，与现实生活的语言交织在一起的。人们的想象、思维、精神交往在这里还是人们物质行动的直接产物"①。随着人的公共交往的日益扩展，公共世界逐步成熟，思想政治教育走出传统的地域、民族界限，在公共领域中不断拓展和深化，人的公共生存不仅构成了思想政治教育的交往前提，也成为思想政治教育本身的存在方式。正是公共交往实践的日趋深入，才促使人们从公共生存视界中探寻思想政治教育的价值追求，把公共关怀作为人的公共生存对思想政治教育提出的价值诉求。其二，良好的公共交往能够在促进社会融合中增强思想政治教育公共关怀的实效性。良好的公共交往旨在实现人与人之间的共在共处，体现了民主、平等、自由的价值理念，反映了人们公共生活的基本价值诉求，为涵养思想政治教育公共关怀的精神品格提供了现实土壤，有利于人们在良性交往互动中对公共关怀思想和行为的体认和实践。其三，思想政治教育公共关怀的效果需要在人与人、人与公共世界的关怀互动中得到检验。能否促进人与人在相互关怀中共同生活，不断提升公共交往的关怀性水平，是评估思想政治教育公共关怀效果的重要指标。因此，思想政治教育公共关怀的实现需要良好的公共交往环境，优化公共交往环境，搭建公共交流互动平台，不断提高人们公共交往的质量和水平。

第一，坚持平等的公共交往原则，以公共交往中的良性互动推动思想政治教育公共关怀的有序运行。树立平等的公共交往理念，构建平等

---

① 《马克思恩格斯文集》第1卷，人民出版社2009年版，第524页。

的公共交往平台，把公共交往的平等价值理念渗透进思想政治教育公共关怀的全过程，促进受教育者在平等的交往氛围中接纳公共关怀的思想和精神。教育者应根据具体交往情境对思想政治教育进行调控和反思，实现教育者与受教育者的双向良性互动，增强思想政治教育公共关怀的内生动力，提升教育者和受教育者对公共关怀思想和精神的共同价值体认。每个人的能力、素质、物质条件等方面可能会存在差距，但都应当尊重彼此生存和发展的资格和权利。在人的公共交往活动中，每个符合公共空间准入资格的人都有参与公共事务和表达意见的权利，这种权利既要充分地给予，又要让公众充分地行使。优化公共交往环境，要促使每个价值主体在平等的环境里广泛参与，实现各主体间的平等对话与相互启迪，在公共交往平台上，没有人能有绝对话语权，更不可以控制思想为目的对他人进行硬性灌输。恩格斯在《反杜林论》中指出："我们不知道有任何一种力量能够强制处在健康清醒状态的每一个人接受某种思想。"① 要建立平等的对话机制与交往平台，在相互尊重原则的指引下，坚持平等协商与和谐对话，增强每个人的他者意识和公共责任感，促进各方对彼此的思想观念、政治观点和道德规范进行归纳、提炼和整合，扩大公共生活的价值共识，完善人们对符合社会发展要求的思想观点和道德规范的公共认同，指引人们形成公共关怀的思想和行为自觉，为思想政治教育公共关怀的顺利运行创造条件。

第二，完善人的公共交往中的组织建设，为思想政治教育公共关怀提供组织保障。公共组织反映了人的公共交往的组织化诉求，构成了公共交往稳固的现实平台，有助于公共交往活动的常态化运行。

要不断完善基层党组织建设，培育一批具有引领示范作用的党员服务社、党员之家等公共组织，为思想政治教育公共关怀提供方向指引。"在社会主义市场经济条件下，中国共产党也将会和现代社会里的其他政党一样，将社区作为主要的政治资源之一，从基层社区开始实现党的领导。"党的基层组织建设是党的生命线，是党密切同人民群众血肉联系的最直接、最关键的纽带。党的基层组织在抗击疫情、脱贫攻坚、抢险救

---

① 《马克思恩格斯选集》第3卷，人民出版社2012年版，第463页。

灾、社会日常治理等方面发挥着越来越重要的作用,生动诠释了党与人民休戚与共、生死相依的公共精神,很好地展现了中国共产党作为"为了人民的党、人民自家的党"的良好形象。要加强党的全面领导,特别是构建党的基层组织体系架构,发挥基层党组织的战斗堡垒作用和广大党员的先锋模范作为,充分发扬党组织为人民服务、对人民负责的公共关怀情怀,为人与人之间的公共交往产生引领和示范效应,给思想政治教育公共关怀提供鲜活的实践教材。要不断加强城市居委会、农村村委会、公共社团、公益慈善机构的组织建设,鼓励各类机构自觉开展公益活动,提升这些机构在公共交往中的感召力,给予公民充分表达意愿和诉求的机会,引领更多的公民积极、正确地参与公共事务管理,培育公民的公共精神。在社会公共交往中,通过政务恳谈会、听证会、市长热线、公民意见箱等有效载体,全面发挥全过程人民民主的优势,在决策前充分听取群众意见,在决策实施过程中欢迎群众的积极反馈,增强政府、各类社会组织和公民个人的信息传递与良性互动,建立思想政治教育公共关怀的互通互联机制,保证思想政治教育公共关怀的持续性和长效性。

第三,激励人们广泛参与公共交往实践活动,促进思想政治教育公共关怀的精神品格在各类公共交往活动中落地生根。公共交往是公共关怀思想和精神生成与发展的源泉,公共交往也需要在具体的公共实践活动中展现。在对公共交往环境进行塑造的过程中,需要自觉提升公共交往活动的公共价值追求,以有效的活动载体激发人们对公共世界的价值责任。在公共交往活动中,有针对性地引导人们积极互动、彼此合作、互谅互敬,注重渗透适宜的思想道德教育内容,提升人的公德修养水平,使人们自觉认识和体会公共关怀对个体、社会以及人类发展的内在价值。

一是组织群众喜闻乐见的文体活动。从举国瞩目的大型体育赛事到响彻大江南北的广场舞,再到一般的小区社火活动,都是群众喜闻乐见的活动形式。在这些公共活动中,人们相互交往,相互合作,相互帮助,在活动中交流感情,在活动中享受快乐,在活动中增进友谊,处处体现了公共关怀精神。

二是组织有针对性的公益活动。有针对性的公益活动是最能体现公共关怀的公共实践活动。比如，各式各样的志愿者活动，每一次活动总有一个明确的价值指向，公共关怀精神在志愿者活动中生根、开花、结果。每年环卫节这一天，为了表达对环卫工人辛勤劳动的尊重，也为了教育人们对城市优美环境的公共关怀意识，许多城市都开展了"今天我来当环卫工人"活动，组织广大市民特别是党政干部到社区街道清扫环境，亲身体验环卫工人这些"城市美容师"的艰辛，亲身感受城市优美环境的来之不易，激发人们共同保护生态环境的公共责任意识。

三是促进交往在各个层面有序展开。从国际公共交往环境看，按照习近平主席"一带一路"和"人类命运共同体"的倡议，应当动员人民群众主动参与与友好国家的公共交往，认真学习人类文明成果，关怀落后国家和地区人民的生存与发展，在公共交往中坚守自身的发展道路和肩负相应的公共责任。从国内发展环境看，城乡一体化建设、东西部联合开发、各行业跨界发展，都需要在加强公共交往中实现优势互补。每个公共生存个体都依存于公共生存整体，每个公共生存子系统的发展都需要在同其他子系统的合作共赢中才能实现。越是成功的公共交往活动，越需要人们之间的良性互动，越需要人们情感的交流和思想的统一，公共生活中任何一项成功的交往活动，都需要各个交往主体发扬公共关怀的精神和风格，既要主动进取，又要相互包容，甚至有时要相互妥协，时时处处以大局为重，在关心自身利益和价值实现的同时，也关心他人利益和价值的实现，在对公共交往价值品性的自觉追求中产生对公共关怀更为深刻的体认，使思想政治教育公共关怀的精神品格在各类公共交往活动中落地生根。

三 优化公共舆论环境

公共舆论是指广大社会公众借助公共传媒平台，基于对一定公共议题进行公开关注、讨论、表态而形成的社会公共意见系统。法国社会学家塔尔德指出："公共头脑有三个分支——传统、理性和舆论；在三者之中，舆论是最后形成的，但也是稍后最容易成长的，而且它的成长要以牺牲其他两个分支为代价。没有一个全民的制度能够抵挡舆论间歇性的进攻；没有任何人的任何判断不在它的威胁或要求面前战战兢兢、结结巴巴。"① 这说明公共舆论深刻制约着人的公共生存的价值选择，也构成了对思想政治教育公共关怀的重要舆论环境。

思想政治教育倡导人们在公共参与中实现对公共事务的价值关怀，而公共舆论本身就是人们公共参与和表达的产物，它作为社会公共意见系统，反映了公共生存中多元主体不同的思想、意志和价值诉求，是一定社会意识形态的集中体现。公共舆论通过现代公共传媒渗透于公共空间的各个角落，既影响着人的公共生存理念和价值的形成，又影响着人们对公共关怀思想和精神的认同与实践程度。体现社会公共价值和人的公共精神的公共舆论环境，能对思想政治教育公共关怀的实现产生积极作用；反之，则可能起到消极甚至破坏作用。因此，要不断优化公共舆论环境，为思想政治教育公共关怀的顺利实现创造良好的公共舆论氛围。

第一，坚持公共舆论的主流价值导向，增进人们对思想政治教育公共关怀的价值认同。

在西方文化视野下，人们把"公共舆论"当作与公共权力相分离的独立社会存在样态，其存在的必要性在于对公共权力的批判，"公共舆论"被理解成为"有判断能力的公众所从事的批判活动"②。把公共舆论置于同政府相对立的地位上加以审视，这并不符合公共舆论本身的发展规律，"国家权力与资本市场是媒体的凭借与依托，大众媒体与权力整合是历史发展的必然。要求媒体完全脱离国家权力或资本权力几乎是痴人说梦"③。

当代中国的公共舆论工具是党和政府的"喉舌"，是与公共权力紧密融合的社会公共意见系统，是社会主流意识形态赖以传播的重要平台，也是实现思想政治教育目的的重要工具。社会主义意识形态的公共性本质，决定了社会公共舆论只有与社会公共权力紧密结合，才能保证公共舆论的公共价值品性，真正体现人民的利益，反映人民的呼声，而不至于成为少数人控制的传播工具。因此，坚持主流价值导向，是优化思想

---

① [法]加布里埃尔·塔尔德：《传播与社会影响》，中国人民大学出版社2005年版，第230页。
② [德]尤尔根·哈贝马斯：《公共领域的结构转型》，学林出版社1999年版，第108页。
③ 张纯晖、李红伟：《现代传媒与公共领域的建构》，《新闻界》2003年第6期。

政治教育公共关怀舆论环境的首要价值选择。

其一，做大做强主流媒体，增强主流媒体的公共责任。主流媒体应坚持党性与人民性的统一，坚持和完善马克思主义在公共舆论意识形态传播中的指导地位，坚持以习近平新时代中国特色社会主义思想为指导，敢于发声、善于发声、巧于发声，时刻注重实现党的主张和人民意志的有机统一，体现社会公共价值取向。在这个仍为西方主导的全球化世界中，西方公共舆论凭借对互联网终端的控制权时常妄图操纵对公共事件的解释权，他们用有利于西方的舆论宣传对中国进行选择性舆论报道，利用西方的价值评价系统来评判中国社会，刻意放大中国的不足甚至丑化、污化中国。我们既要对国内各类公共舆论进行有效引导和监管，使其符合社会主义公共舆论的正确方向；又要善于向国外传递中国声音，讲好中国故事，在事关我国核心利益的问题上加强权威性舆论发布，揭露西方世界利用公共舆论工具西化、分化我国的图谋，勇于同国外各种意识形态上的不良思潮作斗争，成为中国历史和世界优秀文化的解说员和传承者。要正确引导国内国际公共舆论环境，使公共舆论最大限度地反映人民的公共利益和诉求，增进人们对思想政治教育公共关怀的价值认同。

其二，科学界定公共舆论的自由价值底线，正确处理公共舆论主导性与主体性的关系。舆论自由本应是公众参与公共舆论生活的基本权利，但如果滥用这种自由，就会给公共舆论乃至公共生活中人的思想和行为产生不良影响。特别是西方世界以标榜舆论自由为借口，企图达到淹没我国主流声音、惑乱人们思想甚至颠覆社会主义政权的图谋，更应引起我们对舆论自由的辩证认识。为了给思想政治教育公共关怀创造良好的舆论环境，必须划定舆论自由的边界和底线，把舆论自由限定在社会主义大方向的原则范围之内，坚持公共舆论主导性和主体性相结合的原则。坚持公共舆论主体性原则，就是要尊重每个公共舆论参与主体意见表达的权利，允许其就有关思想观点、政治主张和道德规范发表独到的见解；坚持公共舆论主导性，就是坚持主流价值对公共舆论主体的引导和规约，对公共舆论主体发表的不确切、不理智的公共意见注重思想疏导和道德引领，对一些蓄意违背社会主义和破坏社会公共秩序的言论和行为予以澄清和打压。坚持舆论主体性反映了人的公共生存尊重多元价值主体的基本要求，有助于提升公共舆论活力；坚持舆论主导性反映了对公共价值的追求和维护，有助于增强公共舆论的价值引导力和向心力，防止西方反华势力利用公共舆论载体肆意带节奏、生事端、惑乱人心，能够在明辨是非和去伪存真中进一步确证和完善舆论主体性。

其三，增强官方主流舆论导向与民间日常舆论参与的有机融通，提高主流舆论的公信度和权威性。在自媒体时代，每个人都有机会成为一支或几支媒体终端，社会公众都能通过各种新媒体工具表达诉求、宣泄情感和关注公共事务，草根舆论成为社会公共舆论的重要组成部分，形成了官方公共舆论和民间公共舆论两个舆论场。一方面，官方公共舆论应善于倾听民间公共舆论的呼声，以生活化的方式积极与民间公共舆论进行沟通，并对其中偏激或不正确的公共意见进行有效引导，提高官方公共舆论的公信度。另一方面，要加强对民间公共舆论的监管和引导，鉴别民间舆论主体特别是舆论意见领袖的背景和意图，避免西方反华势力代言人干扰舆论导向，努力正本清源，使主流舆论导向随时渗透到民间公共舆论中去，在官方公共舆论与民间公共舆论的有效对接和良性互动中促进人们接纳、认同和践行主流意识形态，自觉关心国家公共事务，增进对思想政治教育公共关怀的价值认同。

第二，完善公共舆论的公共监督功效，提振人们对思想政治教育公共关怀的信心。思想政治教育公共关怀培育公众自觉关怀公共事务，自觉参与公共世界建设，而公共舆论监督恰恰是引导公众公共参与、激励公众对公共事务负责的有效实现形式。公共舆论能否真正发挥公共监督功效，直接影响到公众对公共事务的参与机会和关怀水平，关系到人们对思想政治教育公共关怀的信心。公共舆论虽然必然与公共权力相联系，但也具有一定的相对独立性，这种相对独立性有助于发挥公共舆论对公共事务特别是公共权力的监督功效，从而促进公共权力的合理性建构和推动整个公共世界的良性发展。因此，优化思想政治教育公共关怀的公共舆论环境，必须着力完善公共舆论的公共监督功效。

一方面，政府应避免"长官意志"，谨防以高压态势对待舆论监督。善于与公共舆论打交道是政府的一种执政能力，政府应积极搭建公众舆论监督平台，敢于接受公众的舆论监督，善于接纳具有建设性的公众意见和建议，并在汲取有益的舆论监督基础上完善自身建设，不断确证和完善自身的公共价值品性，进一步调动公众关怀公共事务和完善公共世界的积极性，提高对思想政治教育传递的公共关怀思想和精神的认同度。

另一方面，公众也应当完善自身进行公共舆论监督的动机和方式。社会公众应以关怀公共世界的心态参与公共监督，增强参与公共舆论监督的公共理性，切忌滥用公共监督权利，尤其莫把公共监督当成一种发泄私愤甚至攻击政府和社会的工具。一些舆论媒体作为公共舆论监督的前沿阵地，更要提升从业者的思想素质和业务素质，积极培育公众的公共理性，促进公众在公共舆论监督中实现与政府的良性互动，为思想政治教育公共关怀提供良好公共舆论环境，促进人们在有效的公共监督中提振对思想政治教育公共关怀的信心。

第三，发展公共舆论的公益倡导作用，激发人们对思想政治教育公共关怀的实践转化。公共舆论作为人们基于对公共议题的关注和探讨而形成的公共意见系统，本身就具有较好倡导效用。优化思想政治教育公共关怀的公共舆论环境，就是要进一步优化形成公共舆论的动机，激励人们以实现公共利益为价值目标形成和发展公共舆论，利用公共舆论的传媒平台传播正能量，使一些公益救助、公益扶贫等活动得到褒扬，通过鲜活的事例、朴素的语言、真切的情感激发人们参与公益事业的热忱，发挥公共舆论汇聚大爱、温暖人心的社会功能，使人们在潜移默化的公益参与中践行公共关怀价值，促进思想政治教育公共关怀的实践转化。

第二节 思想政治教育公共关怀的主要实现方法

列宁在《哲学笔记》中曾援引黑格尔的话："在探索的认识中，方法也就是工具，是在主体方面的某个手段，主体方面通过这个手段和客体相联系。"① 方法有三个基本要素：一是蕴含着一定的实践目的。一定的方法总是为实现一定的目的而存在的，达成目的的程度决定了方法运用的效度。二是顺应实践过程中的客观规律。客观规律是确立实践方法的客体依据，方法就是人们在实践过程中对客观规律的自觉运用，只有遵从一定的实践规律，实践方法才有可能为实现实践目的而服务。三是表现为一种实践手段。作为联结主体和客体之间的中介，方法是主体把实践目的对象化于客体的手段，只有依靠一定的方法和手段，实践目的才能真正达到。思想政治教育公共关怀是基于公共关怀的思想政治教育实践活动，其实现方法是思想政治教育实践规律在公共关怀教化活动中的具体运用。思想政治教育公共关怀的实现方法很多，这里重点介绍以下三种：

一 典型教育法

典型教育法是指在思想政治教育公共关怀实践中树立公共典型，发挥公共典型对受教育者的榜样示范或警醒教育作用，促进人们认同公共关怀思想和实施公共关怀行为、规避有违公共关怀思想和行为的教育方法。

（一）深入认识典型的公共性蕴涵

典型是指在一定时期和一定范围内反映某种人或事物普遍性特征的个人、群体或事物。典型是普遍性和特殊性的有机统一。典型的普遍性是指典型都是在一定的社会公共关系中生成和发展的，有较强的广泛性和群众性；典型的特殊性是指典型具有鲜明的特殊性，这种特殊性融入于普遍性的社会关系当中，凸显着公共代表性。典型的普遍性寓于特殊性之中，并通过特殊性予以表现。典型的公共性蕴涵决定了典型教育的公共性价值，典型教育就是要在紧扣典型普遍性的基础上凸显典型的特殊性，在普遍性与特殊性的内在统一中树立、宣传具有公共代表性的人或事，对同类人或事起到示范或警醒效应。比如，我们通过评选"感动中国年度人物"，对特定人或事物进行发掘、宣传和褒扬，树立一定的公

---

① 《列宁全集》第 55 卷，人民出版社 1990 年版，第 189 页。

共标杆供人们学习效仿,体现了典型和典型教育的公共性价值。典型的公共性还表现为,典型具有一定程度的公开性,与思想政治教育公共关怀的生存基础不谋而合。人的公共生存是需要公共典型引领的生存样态,思想政治教育公共关怀需要公共典型为其做出可供参考的实践参照,应当深入把握和运用典型教育的公开性,使思想政治教育公共关怀实践有章可循、有理可依、有物可仿。

(二)确保典型的公共真实性和公共参照性

典型的公共真实性是指在选取典型的过程中,应注重典型的客观性和可信度,让公众真正信服并从中受到启发。在选树典型特别是先进典型的过程中,努力避免盲目拔高、过分渲染、刻意制造的现象,因为"高、大、全""假、大、空"的典型,实际是降低了公共典型的可信度和感染力。在这个追求平等的时代,人们的思想趋于多元化、理性化,选树先模人物特别是英雄式人物一定要真实可信。英模人物是人不是神,他们也有七情六欲,也有优点和不足,如果英模典型失真,非但不能引发人们的尊敬和效仿,反而会使典型脱离群众。我们的时代发展日新月异,是一个需要英雄并且能够产生英雄的时代,但我们需要的英雄是有血有肉的"平民英雄"和"草根英雄",他们来源于日常公共生活世界,并在日常公共生活中生存和发展,他们也是人民大众当中的普通一员,其一言一行都受到人们的审视、评判和监督,其成长成功也需要他人的关怀和帮助。"七一勋章"获得者张桂梅克服病魔带来的身心压力,三十年如一日,致力于贫困山区女孩的教育工作,助力1645名女孩步入大学校园。这个故事之所以能受到公众赞许而广为传扬,就是因为张桂梅是平凡草根中的一员,但因其多年来的公共关怀善举而彰显了伟大,引发了社会的共鸣。在先进典型宣传过程中,应注重典型本身的公共真实性,实事求是地宣传和评价,合理发挥先进典型在公共关怀实践中的作用。在典型管理过程中,应引导先进典型形成正确的自我意识和自我评价,时刻保持清醒的头脑,防止先进典型可能或已经出现的骄傲自满情绪和名利思想,及时地教育和保护典型,促进先进典型继续脚踏实地努力奋斗,更好地起到模范带头作用,引导典型与公众建立良好的关系,夯实典型的群众基础。

典型的公共参照性是指在选取典型展开教育时注重典型人物的可学性、可比性和可鉴性，使人们能够在参照和学习典型的过程中实现公共关怀思想和境界的自我提升。先进典型的公共性在于其具有公共参照价值，即其代表的公共价值能与公众产生共鸣，让人们感到选树的典型接地气、可参照、能学习，达到典型教育的最佳效能。

典型的公共真实性是典型的公共参照性的基础，只有触手可及的真实才是属于现实生活的，才是能够为人们参照和学习的；典型的公共参照性是典型的公共真实性的动力，只有具有公共参照价值，其公共真实性才能得以留存。在思想政治教育公共关怀实践中，要树立公共真实性和公共参照性兼备的典型，彰显典型的说服力和感染力，引导人们真正从内心深处信服典型，从实际行动上自觉学习典型，增强公共关怀精神，为完善公共生活和促进公共关怀作出贡献，使自己也成为关怀公共世界的模范与先锋。

(三) 坚持正面典型与负面典型相结合的原则

从典型的性质看，典型分为正面典型和负面典型。在思想政治教育公共关怀实践中，正面典型是具有公共关怀思想和精神的人或能体现公共关怀思想和行为的事件。如雷锋、焦裕禄、时传祥、张富清、钟南山等这些典型人物都是为了公共利益而不懈努力的人，他们身上闪耀着公共关怀的光辉。负面典型则是那些违背公共关怀思想和精神的人或事件。如以权谋私的贪官污吏、群体性事件中蓄意制造混乱的不法分子，都是以私人利益冲击或毁坏公共利益，与公共关怀的思想和精神背道而驰。通过正、反两方面典型教育的有机结合，思想政治教育公共关怀发挥着抑恶扬善的双重功效。正面典型和负面典型分别起到正强化和负强化的作用。

一是科学运用榜样示范教育法，充分发挥正面典型的"扬善"功能。利用正面典型的榜样示范，提升人们对公共关怀思想、精神和行为的认同度，倡导健康文明的交往方式和社会风尚，培育健康的生活方式，号召人们忠诚本职工作，关注公共生活，奉献公共事业，促进社会公益的不断发展，使公共关怀在全社会蔚然成风。

二是采取切实可行的警示教育法，充分发挥负面典型的"抑恶"功能。思想政治教育公共关怀应有针对性地选取一些违背公共关怀思想和精神的行为，让诸如自私、贪婪、暴力等丑恶现象在正义的阳光下曝光，起到警醒世人的作用。这些负面典型的思想和行为，从根本上讲是对人的自利性的热衷和对他利性的反叛，他们为了一己私利不择手段，丧失公共理想信念，损害社会公共利益。应引导人们认清这些负面典型的错误性质，剖析其产生错误的思想基础，反思其存在的道德缺陷，从他们身上吸取教训，引导更多的人在引以为戒的基础上走上正确轨道。

三是增强正面典型和负面典型的辩证效应，充分发挥正反典型的比较功能。在典型教育中，要坚持正面典型宣传与负面典型鞭挞并举的原则。把正面典型的榜样示范放在主要位置，充分发挥正面典型的公共主导作用，鼓励人们认同先进、学习先进、追赶先进、争当先进，增强对公共道德的认同，完善对公共品格的培育，谋求公共生存质量的不断提高。在适时适度的前提下，狠抓反面典型这个突破口，在不同领域选取有代表性的负面典型，把握好警示教育的效度，加强从负能量到正能量的转化引导，使人们在对负面典型的认知中积聚正能量。对于公职人员，应当充分利用贪污腐败、损人利己等负面典型的警示作用，正确认识公利与私利、公法与私情、权利与责任的关系，把纪律挺在前面，把权力关进制度的笼子里，切莫触碰党纪和法律的红线。在对真善美的弘扬和对假恶丑的抨击中，进一步建设充满正能量的公共世界。

（四）引导受教育者结合自身科学学习先进公共典型

根据受教育者的具体情况，有针对性地选取先进典型来学习。确立适合的教育目标，有利于增强受教育者学习先进典型的自觉性和针对性。从职业划分看，典型教育对于普通公众和公职人员的要求既有相通性，又有区别性。公职人员是社会公共权力的执行者和社会公共利益的实现者，在社会公共生活中扮演着举足轻重的角色。思想政治教育公共关怀应结合其工作特点和实际需要，有针对性地选取供其学习的先进典型，培养其良好的思想品德，陶冶其高尚的公共关怀情操。要大力宣传焦裕禄、孔繁森等一心为民先进典型的事迹，引导公职人员树立正确的公共行政价值观，激励其增强忠于职守、乐于奉献的使命感和责任感，提升其公共关怀的自觉性、坚定性和持久性。对于普通公众来说，要引导大家向雷锋、时传祥、李素丽这些最基层的群众模范学习，感悟他们身上闪耀着的公共关怀的光辉，自觉从我做起、从身边的小事做起，争当热心实施公共关怀的好员工好公民。通过先进典型的教育引导，激励公众树立公共关怀的价值理想，培育公共关怀的道德情操，自觉与违反公共关怀的行为作斗争。

充分调动受教育者学习典型、认知典型的自主性和创造性。典型教育是一种外在的公共形象教育，这种公共形象所传达出的公共关怀思想和精神能否内化于受教育者心中，还需要受教育者的自我教育。学习典型和认知典型无疑是人们与典型思想交流、心灵碰撞和价值启迪的过程。在这个过程中，思想政治教育公共关怀要引导受教育者认清自身的公共品格实然性水平和社会的公共品格应然性要求的具体差距，将正面典型的精神进行吸收内化，将负面典型的教训进行反思自警，以自我教育增强典型教育的实效性。要科学运用横向比较和纵向比较两种方式。横向比较就是结合自身的思想和行为实际，与正面典型的公共关怀思想和行为进行比较，寻找差距，学习先进，取长补短；对照负面典型，重点剖析其因违反公共价值观带来的教训，自警自省自励，有则改之，无则加勉。纵向比较就是以典型为参照，采取回忆、内省等方式，与自身过去的思想和行为进行比较，审视自己学习正面典型和规避负面典型的过程，明晰自己取得了哪些进步，尚存哪些不足。通过横向和纵向的多维比较，自觉内化典型所折射的公共关怀思想和精神，将自己转化为乐于践行公共关怀思想和精神的价值主体。

我们不仅要学习典型经验，弘扬典型精神，而且还要发展典型内涵，让正面典型的先进思想和先进精神保持鲜活的生命力。促进受教育者把典型经验与自身实际创造性地结合起来，形成人人实施公共关怀、人人共享公共关怀的良好风尚。

二 民主讨论法

党的二十大报告概括了新时代十年我国社会主义民主事业的新气象："我们坚持走中国特色社会主义政治发展道路，全面发展全过程人民民主，社会主义民主政治制度化、规范化、程序化全面推进，社会主义协商民主广泛开展，人民当家作主更为扎实，基层民主活力增强，爱国统一战线巩固拓展，民族团结进步呈现新气象，党的宗教工作基本方针得到全面贯彻，人权得到更好保障。"① 这为我们在思想政治教育公共关怀活动中选择和运用民主讨论法提供了根据和遵循。民主讨论法是教育和引导多元价值主体基于公共利益对共同关心的公共事务进行平等讨论和协商，进而促进人们公共关怀水平提高的教育方法。公共领域是一个多元共在和多维融合的领域，需要多元主体间的交往互动，在交流互鉴中形成关于公共世界发展的共识。民主化是人类政治文明发展的内在趋势，也是中国特色社会主义的必然要求。在民主讨论过程中，人们积极参与公共事务，公共精神不断增强，在思想认识和道德觉悟等方面形成双向或多向共鸣，共同实施对世界的公共关怀。因此，民主讨论既是公共交往的重要方式，也是思想政治教育公共关怀得以实现的重要方法。在采取民主讨论法进行基于公共关怀的思想政治教育时，应着力教育和引导人们做到：

（一）以公共价值实现作为民主讨论的出发点和落脚点

在古希腊和古罗马的城邦政治中，基于公共关怀对城邦的公共事务和公共议题进行民主讨论，每个人都可发表自己独立的见解，并为寻求共识而不懈努力。在希腊语中，"政治的存在"的其中一个定义就是"能言说的存在"（zōon logon），强调在公共政治生活中的发言能力。现代公共世界是一个多元共生的世界，随着人类共生性的不断增强，公共世界对于公共利益和公共价值的诉求与日俱增，协商民主成为时代发展的主流。协商民主就是以公共利益实现为价值基点，公民通过自由、平等的讨论、对话和争辩，使公共政策符合多数公民的共同利益和意志的过程。这就要求多元主体在民主讨论中寻求意见的共通性，促进公共利益和公共价值的实现。

思想政治教育公共关怀在运用民主讨论法的过程中，应注意端正主体的思想动机，激励人们以公共利益和公共价值的实现作为民主讨论的出发点和落脚点，提升民主讨论主体的思想觉悟，培育人们豁达无私的

---

① 《习近平著作选读》第一卷，人民出版社2023年版，第8页。

公共情怀，保证民主讨论主体表达的思想观点是出于公心，是以"我"之名表达符合"我们"的公共利益，而不是假借"我们"之名行一己私利之实。思想政治教育公共关怀应敦促人们在公共领域的大是大非面前坚持原则、据理力争，以公共价值整合不同主体的意见分歧，寻求和制定最符合公共利益和公共价值的实施方案。

（二）以平等和包容的姿态参与民主讨论和公共协商

在民主讨论时尊重每个人的平等人格，尊重每个人平等参与公共协商的权利。平等是民主讨论法的内蕴价值，没有真正的平等就不可能有真正的民主。思想政治教育公共关怀采用的民主讨论法是社会主义协商民主的表现方式，以保证最大多数公民平等的民主权利和社会整体的公共利益为目标，最大限度地实现不同主体间对话的平等性是其公共价值诉求，在协商民主中要塑造人们的平等意识。虽然承担的角色、所承担的义务甚至所处的社会地位有差异，但人们之间的人格价值及其关怀公共事务的权利是平等的。民主讨论和公共协商不是专家民主，而是普通公民的广泛民主，应坚持"从群众中来到群众中去"的群众路线，广泛征求群众的意见和建议，使群众对政府决策和公共政策保持持续的影响力。

一方面，应引导决策者树立平等意识，切不可凭借掌握的公共权力限制甚至压制公民的意见表达。毛泽东同志说："凡属于思想性质的问题，凡属于人民内部的争论问题，只能用民主的方法去解决，只能用讨论的方法、批评的方法、说服教育的方法去解决，而不能用强制的、压服的方法去解决，企图用行政命令的方法，用强制的方法解决思想问题，是非问题，不但没有效力，而且是有害的。"[①] 民主讨论是人民内部的公共协商，每一个公民都是具有平等权利的主体，决策者、专家、普通公民之间只是承担的社会角色不同，这就要求在运用民主讨论法时，要注重吸纳不同阶层、不同地域、不同诉求的普通公众，实行党务公开、政务公开、厂务公开、村务公开，充分组织和动员普通公民参与民主讨论。对于诸如价格听证会、单位改革方案、单位住房销售方案等与群众利益

---

① 《毛泽东著作选读》下册，人民出版社1986年版，第762页。

密切相关的公共事务，一定要畅通民主渠道，完善民主程序，虚心向广大群众请教，耐心听取群众的意见和建议。稳妥平衡各个利益群体的诉求，切忌采取压服手段、乱扣帽子、乱打棍子，更不能用形式主义民主代替真正的民主协商。思想政治教育要注意对决策者加强教育引导，优化他们与公众沟通的艺术，对一些因公众信息不对称或能力不足而导致的意见失当，应在包容基础上做好宣传解释工作；对于一些与决策者想法不一致但具有合理性的意见建议，应耐心听取并进行科学评估，在民主讨论实践中增进对公共关怀的践履。

另一方面，应引导普通群众树立平等意识，切忌在对"家长意识"的盲目服从中削弱自我意见表达的真实性。改革开放以来，人们的民主意识有了较大增强，但在具体行使民主权力时又往往出现缩水现象。在一些公共场合，人们不是出于对公共利益的关怀而发表独到见解，而往往习惯揣摩决策者的心思随声附和，民主协商也就流于形式，削弱了对公共世界的关怀意识和关怀责任。思想政治教育公共关怀在运用民主讨论法时，要去除"家长意识"，发展"民主意识"，提升人们敢于发声和善于发声的能力和品格，以事情本身的是非曲直来决定自己的意见，从公共利益的实际需要来取舍自己的观点，做协商民主的"主人翁"而不是盲目顺从的"应声虫"。要培育民主讨论主体的包容精神，尊重多样性，包容差异性，允许和欢迎人们发表不同意见甚至是反对意见。运用民主讨论法实现思想政治教育公共关怀，就是要让人们在平等的公共协商中关怀他者、包容他者，进而增强对公共世界价值关怀。只有坚持平等才能包容不同意见，也只有包容才能真正体现平等。要让所有参与民主讨论的主体都能讲实话，讲真话，做到"知无不言，言无不尽，言者无罪，闻者足戒"。参与民主讨论的各个主体要在相互包容的基础上寻求差异观点的共通性，根据不同观点的交集来取得公共决策的最大公约数，实现民主讨论和公共协商的最优化，推动多元主体的和谐共处。

(三) 完善民主讨论法的制度保障

民主讨论法具体使用过程中还存在一些不足，主要表现为：一是组织方式的选择存在困难。思想政治教育公共关怀在运用民主讨论法时虽然有特定的教育对象，但这些对象都相对分散在不同的公共生活领域，有的处于低度组织化的状态，造成了不同个体意见的分散性、个体对公共利益价值判断的失当性、政府汇聚零散意见的困难性，导致公众之间、公众与政府之间难以实现有效沟通。二是民主讨论过程易出现形式化现象。尽管全过程人民民主的理念开始深入人心，但由于受体制机制和公民素质的影响，致使民主讨论出现形式化、表演化、过场化，往往政策和方案是事先拟定好的，提出的问题和答案也是提前安排好的，即使公众提了意见也大多不被采纳，使得人们对讨论的公共议题漠不关心，或者感到已经早有定案，于是敷衍了事，不能、不愿或不敢提出真知灼见，也难以真正彰显全过程人民民主的真谛。三是运行机制难以实现常态化。采取民主讨论法的随机性和随意性较强，提炼出一个公共议题就进行一次讨论，对讨论的结果、讨论的落实情况、讨论对于人的思想观念的影响缺乏后续的跟踪和监督，没有形成民主讨论的长效机制，往往效果不佳。

　　针对上述问题，应着力推动民主讨论法与相关制度的有机对接，推动民主讨论的有效落实。一是完善民主讨论的有效组织制度。通过建立和完善听证会制度、民主评议制度、网络舆情监督制度等，建立相对稳定的公众之间、公众与政府之间的定期交流互动机制，在长期交流中形成一个相对稳定的公共协商共同体，提高人们表达利益诉求和影响公共利益实现的能力，改变个体在去组织化过程中各自为政、利益诉求表达无门的窘境。二是优化全过程人民民主的制度安排，规避民主讨论过程中的形式化问题。思想政治教育要对决策者施以公共关怀教育，以民主精神推动民主讨论制度的完善，将民主讨论结果的落实情况置于公众的监督之下，让公众看到自身意见在现实落实中的作用，以必要的法律法规制约决策者的决策行为，调动公众参与民主讨论和施展公共关怀的热忱，让人们在民主讨论中真诚相待、直言相告，真正汇集民意、集中民智，落实全过程人民民主的价值优越性。三是以制度建设推动民主讨论运行机制的常态化。建立民主讨论定期互动交流机制，使民主讨论成为国家治理的一种有效方式。民主讨论法是思想政治教育公共关怀重要的运行方式之一，在长期的民主讨论和公共协商中，人们公共关怀的素养和民主管理的能力不断提升，能够对民主讨论成果的落实反馈情况进行科学的评价，对出现的问题及时进行更正，对新的公共议题展开积极的民主讨论和公共协商，靠民主的力量营造公共关怀的浓厚氛围，使民主讨论和公共协商制度化、规范化、常态化。

(四) 丰富和完善民主讨论的实现方式

其一，坚持和完善传统民主讨论方式。下面以民主恳谈会和听证会为例予以阐明。民主恳谈会是由官方确立讨论议题，选取各方面的代表（甚至在一些地区或单位可以全员参与）参加，大家畅所欲言，提出意见和建议，最后在吸纳各方观点的基础上达成共识。通常有以下步骤：先由官方公布讨论的公共议题和讨论程序；再由公民代表和决策者展开讨论，阐明各自的意见，并就公共利益的达成提出自己的见解；最后决策者综合各类意见，能当场决策的可以当场拍板，不能当场决策的再经过反复酝酿斟酌，最后做出决断。在民主恳谈会中，民主恳谈会的组织方即决策者要真正做到虚心恳谈，真心问计于民；参加恳谈的公民代表要提高对公共议题的议事水平，在深思熟虑的基础上理性表达观点和诉求，双方民主恳谈过程实际上就是一种关怀公共世界的过程，在这个过程中都自觉接受了公共关怀思想和精神的洗礼。听证会是行政机关为保证公共政策的公共合理性而在决策之前广泛听取公民意见的民主讨论方式。参加听证的人员有政府官员、人大代表、专家学者和普通公众。通常是由官方先介绍听证内容和主要情况，然后各类听证者依次发表自己的观点，由决策者经过统和后做出决策。在参与听证会的过程中，组织者要给予普通公民充分发表意见的机会，避免听证会成为"专家会"；与会的专家学者要把专业化和大众化有机结合起来，认真听取大众对公共议题的公共需要，积极与普通公民进行沟通，切忌脱离群众、脱离实际。北京公交地铁调价听证会是一次典型的听证会。在听证会准备阶段，北京市有关部门在充分调查研究和意见征集基础上，共收到专项调查样本8000多个，2.4万人提出了4万多条意见建议。听证会上，由于调价方案反映了公众的公共利益，25位听证会代表全部同意调价，地面公交调价方案二获23名代表赞同，轨道交通调价方案二则获24名代表赞同。无论是民主恳谈会还是听证会或是其他民主讨论方式，都需要培育决策者的民主素养和决策能力，提升公民的参政议政能力。讨论过程不可能一蹴而就，有时还会遇到许多波折和反复，这就需要参与者保持耐心和理性，不断强化公共关怀热情，使传统民主讨论形式最大限度地发挥引导人们内化公共关怀思想和精神的功用。

其二，创新和优化现代民主讨论方式。现代民主讨论方式主要是随着新媒体的兴起和运用而产生的网络民主讨论方式。人们通过互联网、微信、微博、博客、QQ、论坛等各种公共平台表达自己的观点和诉求。在虚拟公共世界中，人们的民主讨论打破了时空局限，淡化了身份意识，以符号化的存在形式更自如地表达自己的观点。在网络虚拟空间中，每个人以符号化的形式存在，虽然增强了人们的平等感，但容易淡化人们的公共责任感。思想政治教育者在利用新媒体开展民主讨论的过程中，应增强参与新媒体的能力，通过说服教育、科学引导、舆论监督甚至与必要的法律手段相配合，使人们在虚拟空间里也要保持动机的公共性和语言的公德性，加强公共自律和慎独精神塑造，即使在他人不知自己真实身份的情况下也能规约自己的言行符合公共要求。应注重规范虚拟公共空间中意见领袖的言行，针对一些网络大V往往能引领甚至主宰一些公共讨论走向的现象，思想政治教育者一方面要积极引导和管理，教育他们承担必要的公共责任，避免被别有用心的人所利用，确保将民主讨论引向正确的公共轨道；另一方面应充分发挥有关专家的启蒙和引领作用，让有关专家对一些专业化问题进行必要的解释，避免公众因信息和知识的不对称做出错误的价值判断，保证人们以良性姿态更好地关怀公共世界。

三 主题活动法

主题活动法是指人们按照一定的公共目的，围绕特定的公共主题，有组织、有计划地开展一系列公共关怀实践活动，引导人们在公共实践中增强对公共关怀的实践体认、理性认知和情感认同的方法。在思想政治教育公共关怀中运用主题活动法关键要做好三个方面：

（一）确立符合公共关怀价值诉求的公共主题

公共关怀无疑是主题的核心精神，教育者需要结合实际需要，以公共关怀这一主题精神为指导，围绕培育人的公共关怀思想、塑造人的公共精神和实现人的公共价值确立具体活动主题。党的十八大以来，党中央部署了多次集中教育活动，都可以作为运用思想政治教育公共关怀主题活动法的典范。尽管每次的主题和侧重点有所不同，但强化宗旨意识和为民情怀始终是贯穿其中的共同目的。2013年，党的群众路线教育实践活动以"为民、务实、清廉"为主题；2015年，"三严三实"专题教育，对照"严以修身、严以用权、严以律己，谋事要实、创业要实、做人要实"的要求，聚焦对党忠诚、个人干净、敢于担当；2016年，"两学一做"学习教育强调学党章党规、学系列讲话，做合格党员。2019年，"不忘初心，牢记使命"主题教育，以守初心、担使命，找差距、抓落实为总要求，以实现理论学习有收获、思想政治受洗礼、干事创业敢担当、为民服务解难题、清正廉洁作表率为具体目标。2021年，党史学习教育，要求干部党员做到学史明理、学史增信、学史崇德、学史力行；2023年推进的习近平新时代中国特色社会主义思想主题教育以"学思想、强党性、重实践、建新功"为总要求，以"学思用贯通、知信行统一"为根本任务，追求努力在以学铸魂、以学增智、以学正风、以学促干方面取得实实在在的成效，把"凝心铸魂筑牢根本、锤炼品格强化忠诚、实干担当促进发展、践行宗旨为民造福、廉洁奉公树立新风"作为具体目标。党的历次集中教育，目标要求始终如一，就是一切体现"以人民为中心"的思想和精神，这是中国当代最核心、最本质的公共关怀。再如，中央电视台的心连心艺术团主题活动与艺术家的特点特长紧密结合起来，使艺术家能凭借自身的艺术专长与人民群众打成一片，以自己的专长实现自身的公共价值。心连心艺术团以公益演出的方式把群众喜闻乐见的文艺作品奉献给人民，尽管每场文艺演出都有一个特定的主题，但这些特定主题中始终蕴含着一个总的主题，那就是"心连心"。"心连心"就是党与人民群众心连心、艺术家与人民群众心连心，体现了文艺扎根人民、文艺为人民服务的公共情怀，展现了"人民需要艺术、艺术更需要人民"的真谛。因此，要制定符合公共关怀价值的公共活动主题，以鲜明的公共主题促进思想政治教育公共关怀效果的提升。

（二）根据不同教育对象的角色和能力合理设计主题活动

在施展公共关怀的过程中，不同价值主体因角色和能力的差异承担着不同的公共关怀责任。党的领导干部掌握着公共权力,其决策能力、决策水平决定着人民群众的切身利益和国家的长治久安,是公共责任最为重要的实践主体,也是思想政治教育公共关怀的重点施教人群。在党的十八大以来的历次主题教育活动开展过程中,虽然普通党员和党的领导干部都属于先锋队中的成员,但由于他们在党组织和社会中扮演的角色和承担的责任存在差异,因而对其进行教育的具体内容也会有所区别。因此,党的群众路线主题教育实践活动、"三严三实"主题教育活动的主要教育对象都是党的县处级以上领导干部,主题活动的设计也主要围绕党的领导干部的角色特征、角色定位、角色要求、角色能力、角色价值来展开,不能将普通党员角色和领导干部角色一概而论。

(三) 引导人们在公共活动中积极施展公共关怀和切实感受公共关怀

实践是主题活动法实现公共关怀的落脚点,任何理论主题都要在鲜活的实践活动中体现其现实性和感召力。中央电视台的心连心艺术团深入到革命老区、少数民族地区、欠发达地区、边疆地区,深入到灾区、学校、工厂、社区、生产建设一线等地,让艺术家们走出书斋、录音棚、舞蹈房,走进人民群众生动而鲜活的公共生活实践中,启迪艺术工作者的公共关怀思想,激发艺术工作者的公共关怀热情,也使广大人民群众深切感受到了党的亲切关怀和社会主义大家庭的温暖。在一场场精彩演出中,广大文艺工作者用实际行动实践了文艺为人民服务、为社会主义建设服务的宗旨。众多艺术家辞去收入丰厚的商业演出而毅然投身心连心艺术团的无偿公演。艺术工作者在实践中丰富了人民群众的文化生活,用艺术实现了对人民的公共关怀;同时,人民群众火热的生活实践也教育和感染着艺术家,使艺术家们体会到人民的生活甘苦和现实需求,从而激发文艺工作者用艺术服务人民、奉献社会的责任感和使命感,体现了主题教育实践活动对塑造人的公共关怀思想和精神的意义。

为了进一步阐明主题活动法在思想政治教育公共关怀中的运用,在此详细分析两个案例。一个是特指性的党的群众路线教育实践活动,另一个是广普性的各类志愿活动。

第一个案例分析:党的群众路线教育实践活动。

2013年,党中央从党员干部特别是党员领导干部对人民群众应有的公共关怀精神出发，确立了"为民、务实、清廉"的公共主题，通过自上而下、自下而上开展主题活动，优化了党员干部特别是党员领导干部的思想建设和作风建设，强化了为人民服务的宗旨意识，使党员领导干部在对人民群众的公共关怀中能够更好地担当自身的责任和使命。群众路线教育活动主要是在党的县处级以上领导干部中进行的关于马克思主义群众观点、群众立场、群众思维等教育实践活动，旨在通过引导党员干部特别是领导干部在纠正"四风"问题过程中，不断学习和实践党的群众观点和群众路线，始终保持同人民群众的血肉联系，彰显了对人民群众的最大的公共关怀。因此，党的群众路线主题教育活动本质上就是一次思想政治教育公共关怀主题活动法的生动实践。

"为民、务实、清廉"的主题，彰显了深刻的公共关怀价值。"为民"是群众路线的根本，也是思想政治教育公共关怀的核心精神。"为什么人"的问题是一个原则问题，对于无产阶级的先锋队而言，没有自己的特殊利益，其最大的利益追求应当是广大人民群众的公共利益，为人民服务是中国共产党始终不渝的宗旨，这一宗旨本身就具有深刻的公共关怀要求。"为民"的公共关怀要求，决定了党员干部特别是领导干部的一切工作要以人民拥护不拥护、赞成不赞成、高兴不高兴、答应不答应作为最高准绳。依靠人民的支持和拥护，中国共产党取得了革命和建设的伟大胜利，而群众路线教育实践活动重提"为民"主题，就是要在新时代进一步从思想上教育引导广大党员干部始终树立"为民"的宗旨意识和公共节操，通过塑造党员干部特别是领导干部正确的群众观，使人民赋予的公共权力真正造福于民。"务实"是实事求是思想路线的具体体现，旨在用实实在在的工作将为人民服务的公共关怀落到实处，体现了群众路线教育实践活动的直接现实性。"清廉"反映了群众路线教育实践活动对教育对象的党性要求。对于党员干部特别是领导干部而言，唯有清正廉洁，才能大公无私，运用国家公器为国家和人民服务。"清廉"不仅是一项个人要求，而且是一项公共主题，它是公共权力和私人利益的分水岭，是衡量一个党员干部能否一心为公、执政为民的基本准绳。

以查摆"官僚主义、形式主义、享乐主义、奢靡之风"为着力点，反映了党对国家前途和人民命运的公共担当。思想政治教育公共关怀应当引导党员干部特别是领导干部自觉认识到，群众路线是中国共产党的三大法宝之一，密切联系群众是我们党最大的政治优势，脱离群众是我们党执政后的最大危险。新的历史条件下，由于从战争年代转入和平年代，领导干部的危机意识、群众意识日渐淡漠，而随着权力的过分集中，容易滋生官僚主义、形式主义、享乐主义和奢靡之风，从本质上导致领导干部与人民群众关系的不良变化。从领导干部与群众的关系视域看，官僚主义就是把自己当成人民的主人，忘却了自己作为人民公仆的政治本性；形式主义就是注重表面超过内容、注重形式超过实效的思想和行为，它知行不一、不求实效，文山会海、花拳绣腿，贪图虚名、弄虚作假。享乐主义和奢靡之风就是讲排场、讲面子、讲享受，崇尚西方腐朽文化，抛弃了艰苦奋斗精神和同人民同甘共苦的价值取向，用掌握的公共权力和资源为私人享受服务。"四风"问题的人性根源就是领导干部没有真正处理好"公"与"私"的问题，把"公权"变成了谋求私人利益的"私器"，背离了对人民进行公共关怀的宗旨，甚至影响整个国家的前途和命运。群众路线教育实践活动以查摆"四风"为着力点，整肃党员干部特别是领导干部的自身作风建设，实际上是要解决领导干部与人民群众的关系问题。打铁还需自身硬，坚决整饬"四风"，就是要在新的历史条件下以公共关怀精神重塑领导干部的世界观、人生观、价值观，启发领导干部从思想深处爆发革命，勇于担当公共责任，认真践行党全心全意为人民服务的宗旨。

第二个案例分析：各类志愿活动。

人的公共生存是一种不同价值主体相互需要的生存样态，需要在人们对他人、对公共世界的关怀实践中得以确证和发展。在人的公共生存实践中，人类探索和发展了各类志愿活动。改革开放以来，我国的志愿服务事业也获得长足进步，形成了以弘扬"奉献、友爱、互助、进步"为主题的志愿精神，人们基于主体自由意志无私奉献，在鲜活的公共关怀实践中实现了对人的思想观念和社会公德的价值塑造，成为思想政治教育公共关怀主题活动法的生动表现。

其一，志愿精神反映了人们深刻的公共价值自觉。志愿精神是各类志愿活动的永恒主题，"是指个人或群体在不受名利驱动、不取物质报酬的前提下，自觉自愿参与社会生活和公益服务、促进社会发展和人类进步事业所体现出的坚定的人道主义信念、强烈的社会责任感和乐于奉献的崇高伦理精神"①。志愿精神本质上是一种公共精神，是公共精神在志愿活动中的表现形态，人的志愿活动过程就是公共关怀精神的涵育和内化过程。在志愿公共关怀实践中进一步丰富和完善公共关怀的思想和精神，体悟自身生存和发展的意义，实现人的公共价值自觉。

其二，志愿活动参与主体的广泛性要求对不同对象采取有针对性的活动设计。在各类志愿活动的组织实施过程中，根据志愿活动的范围、内容、强度以及专业化程度，有针对性地选择志愿者人群，并对志愿者进行必要的思想教育、专业化培训和活动设计，有利于保证和提高志愿活动的效果。例如，像北京奥运会这样的大型活动，需要数以百万计的各类志愿者，但各类志愿者的承担人群和具体分工应有所差异。青年学生身体灵活、反应敏捷，有高涨的公共服务热情和专业化服务水平，适宜在场馆和赛事当中担当志愿服务；对于公共热忱高，但身体素质和文化水平相对有限的中老年志愿者，应更多地把他们安置在社区、街道等地，让他们在各自熟悉的环境中承担社会服务任务。各取所需，各尽所能，在各自的志愿服务岗位上发挥最佳的公共关怀效能，在适宜的公共关怀实践中增强公共关怀的思想和精神。

其三，志愿服务的公共精神在公共关怀实践中得到传承和升华。各类志愿服务活动是典型的公共关怀活动，为思想政治教育公共关怀开辟了广阔的天地，不仅能够培育志愿者坚定的公共关怀思想和精神，而且能够激发受助者的公共关怀热忱。每一个主题鲜明的志愿服务活动，本身就是一个综合性的教育过程，它能够对助人者和受助者产生双向教育作用。受助对象在接收到社会和他人的公共关怀之后，对社会和他人充满感恩之心，会自觉考量自己的公共价值观，产生回报他人和公共世界的责任意识和担当情怀，并在能力许可的范围内投身到志愿活动中，自觉关怀他人、帮扶他人，对更多的人施展公共关怀，志愿精神在助人者和受助者之间形成良性互递和传承，形成"人人互相关怀、人人共享关

---

① 张耀灿：《关于弘扬志愿精神的几个问题》，《思想政治教育研究》2011年第5期。

怀"的生动局面，志愿服务的公共关怀主题也在公众有机互动与传承中不断升华。

第三节　思想政治教育公共关怀的公共人塑造

所谓公共人，就是具有完善的社会主义核心价值观、完备的公共精神追求和成熟的公共行为能力，能够在关怀公共世界中建设公共世界的公共价值主体。思想政治教育公共关怀是"育人"和"成人"的教育，公共人体现了其"育人"和"成人"的价值定位，公共人塑造反映了思想政治教育公共关怀对于教育对象的价值期待，思想政治教育公共关怀就是在对公共人价值塑造中不断实现的。人的公共生存领域涵盖政治、经济、文化、生态四大方面，每个领域都对公共人塑造提出了相应的要求，形成了政治公共人、经济公共人、文化公共人、生态公共人的生存样态，构成了公共人塑造的四重维度。

政治公共人是指具有良好的政治素质，能承担公共政治角色，并能正确行使政治权利和履行政治义务的公共政治主体；经济公共人是指能遵循市场公共规则，认同并追求不同经济主体之间的互利共赢，着力实现个体利益与公共利益有机统一的公共经济主体；文化公共人是指能在传播、创造和归属公共文化过程中坚定树立公共价值信念和文化理想的公共文化主体；生态公共人是指能在深刻认识人与自然命运与共基础上自觉肩负公共生态责任的公共生态主体。政治公共人、经济公共人、文化公共人、生态公共人构成了现代公共人的立体化结构，也构成了思想政治教育公共关怀公共人塑造的逻辑框架。

一　政治公共人塑造

从一定意义上说，现代政治活动是基于一定的利益关系进行社会公共治理的活动方式，是通过利益关系的相互妥协和融合而实施"公意"和达成"公意"的过程。公共性是政治活动的本质要求和发展趋势，政治公共人塑造反映了政治生活的内在主体诉求，传播公共政治观点、引导人们形成公共政治价值认同是思想政治教育的重要使命。鲜明的政治性是思想政治教育活动区别于其他教育实践活动的关键属性，在市场经济高速发展的新时期，人们在对单一化"政治教育"的反思中，出现了"去政治化"倾向，使得思想政治教育的政治教化功能受到质疑甚至被舍弃。我们既要反对"单一政治人"的育人导向，又要反对"去政治化"的倾向。基于公共关怀的思想政治教育应引导人们科学认识政治生活本质，准确扮演自身的政治角色，形成正确的政治价值观念，使越来越多的人成为具有高度公共政治素养的政治公共人。

在当代中国，政治公共人首先要坚持和拥护中国特色社会主义政治发展道路，这是对当代政治公共人的本质要求。党的十九大报告指出："中国特色社会主义政治发展道路，是近代以来中国人民长期奋斗历史逻辑、理论逻辑、实践逻辑的必然结果……世界上没有完全相同的政治制度模式，政治制度不能脱离特定社会政治条件和历史文化传统抽象来评判，不能定于一尊，不能生搬硬套外国政治制度模式。"[①] 思想政治教育关键要引导人科学认识中西公共政治生态的本质区别，认识中西政治生态的政治基础和价值取向的本质区别，认清西方所谓政治民主不过是资产阶级用以为自身服务的"政治游戏"，理解西方政治生态的"非公共性"，从而在百年未有之大变局中科学认知复杂多变的政治公共环境。要激励人民理解中国特色社会主义政治发展道路是中国共产党基于历史文化传统和现实国情做出的正确选择。中国共产党的根基在人民、血脉在人民、力量在人民，始终代表最广大人民根本利益，与人民休戚与共、生死相依，这也决定了中国政治生态的根本价值取向是全心全意为人民服务。中国共产党的领导之所以是历史的选择、人民的选择，是因为中国共产党首先选择了人民，始终站在历史发展的正确一边，始终致力于实现人民的公共利益，旨在实现共产主义的最高政治理想。中国特色社会主义政治发展道路的鲜明内涵就在于党的领导、人民当家作主和依法治国的有机统一，并在此基础上促进人民公共利益的不断实现。思想政治教育公共关怀塑造的政治公共人，必须是模范践行中国特色社会主义

[①]《习近平著作选读》第二卷，人民出版社2023年版，第29—30页。

政治发展道路的先锋。

按照在公共政治生活中的角色及其作用差异,参与社会公共政治生活的人群主要分为两类:一类是直接制定公共政策、行使公共政治权力和履行公共政治义务,在公共政治生活中起引领作用的公职人员;另一类是参与制定公共政策、接受党和政府领导,并在公共政治权力执行中发挥参与及监督作用的社会公众。尽管政治公共人反映了二者在公共政治生活中共同的人性追求,但由于公共政治角色和作用存在差异,决定了思想政治教育公共关怀在培育中内容选取和路径选择的差异。

(一) 面向公职人员的政治公共人塑造

政府公职人员是社会公共意志的代理人,也是社会公共政治权力的直接行使者,能否正确对待及怎样对待公共权力、公共政绩和推动公共协商,是其在公共政治领域成为政治公共人并施展公共关怀的关键问题。思想政治教育公共关怀在对政府公职人员的塑造中应重点做到:

第一,重点加强公共权力观教育。习近平总书记指出:"马克思主义权力观,概括起来是两句话:权为民所赋,权为民所用。"①

一是引导公职人员正确认识公共权力的来源。毛泽东同志在革命实践中认识到:"人民要解放,就把权力委托给能够代表他们的、能够忠实为他们办事的人,这就是我们共产党人。"② 这表明,公职人员的公共权力来自人民的公共意志,公职人员代表人民行使职权,这就是"权为民所赋"。

二是引导公职人员正确认识公共权力的归宿。毛泽东同志指出:"我们一切干部,不论职位高低,都是人民的勤务员,我们所做的一切都是为人民。"③ 党和政府的宗旨是"为人民服务",这就意味着要将人民赋予的权力用来为人民谋利益,广大人民的利益是最根本的公共利益,对人民的公共关怀是公职人员最大的公共关怀。公共权力的公共性和人民性是内在统一的,这就是"权为民所用"。公职人员要牢固

---

① 习近平:《领导干部要树立正确的世界观权力观事业观》,《中国党政干部论坛》2010年第9期。
② 《毛泽东选集》第四卷,人民出版社1991年版,第1128页。
③ 《毛泽东文集》第三卷,人民出版社1996年版,第243页。

树立"公仆意识",强化公共担当情怀,促进社会公平正义,保障人民各项合法权益,始终把解决人民群众最关心、最直接、最现实的利益问题作为衡量自身工作是非得失的首要标准,不断增强运用公共权力服务的意识和能力,全心全意做好人民群众的代言人。现实生活中,有些公职人员倚仗公共权力强化"长官意志",疏远了公共权力的公共本性。思想政治教育公共关怀应引导公职人员认识到,公共权力不是向人民群众发号施令的工具,而是为人民谋福祉的手段。权力意味着责任,公职人员应当努力做到公共权力与公共责任的统一,增强服务意识,提升服务效能,拓宽服务范围,完善服务质量,积极回应人民的合理诉求,促进公共权力服务本性的回归,用良好的公共服务使公共权力成为密切党群干群关系的纽带。

三是增强公职人员的公共权力自律意识。思想政治教育公共关怀要引导公职人员认识个体生命的二重化。一方面要具有私人利益和价值追求,另一方面要必须成为社会公共利益的代理人,在二重化的私人生命和公共生命中,其公共生命应得到充分彰显。作为国家公职人员,公共生活与私人生活应有明显的界限,公共利益和个人利益应有严格的区分,应竭力避免将私人生活和公共生活相混淆,尤其不能让私人生活侵入公共生活,利用公共权力谋取个人私利。正如孙中山先生在谈论公职人员时所说:"在为事期内,此少数人,当停止其自由,为民尽职,以答人民之供奉。"① 公职人员不仅要增强对纪律和法律的敬畏感,还要自觉把外在的制度约束转化为内心的价值信念和行动指南,增强廉洁自律意识,干干净净做人,踏踏实实做事,自觉把公共利益作为政治活动追求的目标,恪守公私分明的价值底线,遵循先公后私的职业操守,追求大公无私的高尚情怀,在公共关怀中实现主体价值的升华。

第二,着力完善公共政绩观教育。政绩是公职人员运用公共权力科学行政的结果,是集体共同奋斗的公共业绩。真正的政绩,应当有利于国民经济水平的持续发展,有利于人民生活质量的持续改善,有利于社会文明程度的持续提高。政绩具有鲜明的公共价值属性,公职人员应当

---

① 转引自刘祖云《当代中国公共行政的伦理审视》,人民出版社 2006 年版,第 95 页。

形成科学的公共政绩观,对政绩有正确合理的认知和评价,重点要处理好两个关系:

一是处理好个人与公共的关系。"政绩为了谁""政绩应由谁来评价"的问题,这是政绩观的核心问题。个人是政绩的实施主体,人民群众是政绩的目标主体,而公共利益最大化是政绩追求的目标和方向。当前,不少公职人员对这两个问题存在错误认识,认为政绩是个人升迁或扬名的资本,评价主体主要是上级领导,人民群众只是政绩的旁观者,其满意与否或受益与否不是必然的选项,把对党和人民负责变成了只对上级领导负责。在某市的一次各级领导干部调查中,50%的被访者赞同或者比较赞同"为党和人民的事业奉献了我的一切,党和人民当然要给予我相应的回报"[①]的观点,这种观点容易导致领导干部把政绩当作资本向人民讨要更多的权力,这种错误政绩观的根源在于公职人员立足于私人利益来看待政绩。应教育引导公职人员正确认识政绩的公共性本质,把政绩当作公共利益不断实现的成果。政绩的评价主体不只是上级组织甚至某个领导,主要是广大人民群众;评价标准也不是领导的"个人标准",而是人民群众的公共标准。正如邓小平同志指出:"把'人民拥护不拥护'、'人民赞成不赞成'、'人民高兴不高兴'、'人民答应不答应'作为制定各项方针政策的出发点和归宿。"[②]

二是正确处理当前与和长远的关系。判定政绩的好坏优劣,不仅要看其是否对当前和近期利益产生了多大效用,还要有历史眼光和发展眼光,审视和预判对长远科学发展的效用。如果只能有利于当下,而给长远发展带来弊端,无异于饮鸩止渴,决不是真正的政绩。公职人员特别是领导干部要登高望远,科学用权,规范用权,认真审视每一项决策对现实和未来的双重效用。习近平总书记反复强调"功成不必在我""建功必须有我",就是告诫各级领导干部要立足长远考虑发展问题,使公共权力不仅造福于当前,还能促进长期的可持续发展。

---

① 刘馨瑜:《领导干部权力观教育研究》,博士学位论文,湖南师范大学,2012年。
② 转引自江泽民《在学习〈邓小平文选〉第三卷报告会上的讲话——〈用邓小平同志建设有中国特色社会主义理论武装全党〉》,《人民日报》1993年11月2日第1版。

第三，培养公职人员形成积极的公共协商意识。对公众施展公共关怀，基础性前提是深入了解公众的真实需要和诉求，有的放矢地制定各种政策。封建时代的范仲淹尚能"居庙堂之高则忧其民，处江湖之远则忧其君"，我们的公职人员特别是领导干部，更应当走进"草野"与公众积极沟通，切忌坐在"庙堂"之上发号施令。思想政治教育公共关怀要培养公职人员特别是领导干部的民主素养和民主作风，真心实意地坚持政务公开、党务公开和厂务公开，规范公众联席会、座谈会、听证会等制度，大力推行民主管理，畅通公共协商的主渠道，保障公众对事关公共利益和切身利益的问题享有知情权和参与权，让公共权力在阳光下运行。要坚持群众路线，善于问计于民。公职人员要深入基层调查研究，虚心向人民群众请教，激励人们畅所欲言。要教育公职人员在集思广益的基础上，准确解析不同利益主体的观点，积极回应大多数人的合理关切，保证公共协商的真实性，决不能只是为了程序走过场，切实通过过程民主保障人民群众的根本利益。

（二）面向社会公众的政治公共人塑造

社会公众也是政治公共领域的参与主体，一个开放成熟的公共政治领域，必然是一个社会公众共同参与、民主协商的领域，必然是公职人员和普通公众共同作为政治公共人共建共享的领域。民主思想和民主制度的建构是普通公众参与公共政治生活的基础。随着人类社会的发展，人的公共生存特征日益凸显和成熟，社会公共领域的形成和拓展促进了政治民主化进程，为社会公众提供了成为政治公共人的可能性。因此，思想政治教育公共关怀要实现对社会公众的政治公共人塑造，关键在于完善社会公众的民主素养。具体表现为：

一是在完善民主素养过程中强化社会公众的公共政治意识。亚里士多德说："人类在本性上，也正是一个政治动物。"[1] 公共政治参与本身就是人实现全面发展的内在需要。然而，有的人认为政治是政府及其工作人员的事，与自己无关，"对于关心个人利益的任何一个人而言，在集会广场上聚会以磋商共同的利益，促进和保护这些利益的方式越来越显得

---

[1] ［古希腊］亚里士多德：《政治学》，吴寿彭译，商务印书馆1965年版，第7页。

是在浪费时间与精力"①。思想政治教育公共关怀应引导人们树立正确的政治参与观念,理解政治的公共性本质以及人的现实生活同公共政治生活的内在联系,唤醒人们的公共政治意识,树立国家民族意识和坚定的政治信仰,保持政治参与的主动性和自觉性,防止和避免"政治冷淡主义",以饱满的热情投身到公共政治生活中。

二是在完善民主素养过程中塑造社会公众的公共政治理性。人们通过公共协商参与公共政治事务,不仅需要公共政治热忱,更要塑造公共政治理性,增强政治敏锐性和政治鉴别力,科学有序地表达诉求。思想政治教育应当通过充足的政治解释力和思想教化力启发人们全面准确地理解公共方针政策,形成正确的公共政治价值取向,审慎地评判当政者的是非得失,根据公共政治事件本身的是非曲直做出正确判断。自由和纪律是一个对立统一体,是保证民主进程健康发展的两个要素。应引导人们理性看待民主进程中自由和纪律的关系。民主赋予了人们意见表达的自由,但这种自由不是无限度的,不能以言论自由为借口无根无据地妄论政治,更不可进行无休止的愤世嫉俗式的政治抱怨。无政府主义的民主和自由不是真正的民主和自由,真正的民主和自由必然是在纪律和法律约制下才能实现的。在公共政治生活中,公众应有辩证思维和政治包容力。公众政治参与旨在通过公共协商达成多元共识,"多元共识并不要求所有公民出于相同理由而同意,它只要求在相同的公共协商过程中公民能够持续合作与妥协"②。要引导公众理性参与公共政治协商,善于包容不同的政见,本着公义的精神有效管控协商过程中的各种分歧,避免争吵压服,追求平等对话,提倡理性讨论,努力寻求公共意志的最大公约数。

三是在完善民主素养过程中激发社会公众的公共政治责任。在参与公共政治生活中,参与者要对自己的言行负责,尽力使自己的意见无偏私性,诚心致力于公共事务的解决和公共利益的实现。要积极培育公众

---

① [英]齐格蒙特·鲍曼:《个体化社会》,范祥涛译,生活·读书·新知三联书店2002年版,第266页。
② [美]詹姆斯·博曼:《公共协商:多元主义、复杂性与民主》,黄相怀译,中央编译出版社2006年版,第78页。

政治智慧，自觉肩负起回应他人意见的责任。在多元共在的政治协商中，人们会遇到各式各样的观点和主张，有些观点和主张难免存在偏私或漏洞，这就要本着对公义负责的精神回应这些观点和主张，以公共关怀为出发点，通过人民代表大会、政治协商会议、职工代表大会、村民代表大会等各种合法渠道，自觉行使向政府建言献策的责任。思想政治教育公共关怀要培养公众与政府沟通的能力，特别要注重培养公众代表建言献策的能力，反映合理诉求，帮助政府完善公共政策，使更多的人成为关心国家和民族命运的公共政治主体。

二 经济公共人塑造

"理性经济人"假设是在西方市场经济条件下生成和发展起来的一种人性假设，由亚当·斯密最早提出，是指当市场主体在经济活动中面临若干不同机会选择时，总是倾向于选择能给自己带来最大经济利益的那种机会。人们通常把"理性经济人"当作完全自私自利的人，把市场领域与社会公共领域截然分立。其实，这并不符合经济生活的现实逻辑。在市场经济中，"理性经济人"的确把追求私利作为自身实践活动的出发点，但如果单纯唯私利是从，人的理性也就转化成了粗暴的非理性，反而会受到非强制性的道德因素和强制性的制度因素的双重制约，并不会给人带来真正的利益。把市场中的经济人看作唯利是图的抽象主体，是仅仅看到了"经济人"的自然属性，而没有看到"经济人"的社会属性。斯密也承认："别的动物，一旦达到壮年期（maturity），几乎全部都能独立，自然状态下（in naturalstate），不需要其它动物的援助。但人类几乎随时随地都需要同胞的援助。"① 因此"经济公共人"并不是一种悖论，"经济人"也不能完全与"自利人"等量齐观，在一定条件和语境下，理性经济人可以实现向经济公共人的转化。当然，这种转化需要在特定条件和意义下进行：第一，对于市场主体而言，其逐利行为必须在与其他市场主体的平等交换和互惠互利中实现，在遵守市场公共规则的前提下

---

① [美] 亚当·斯密：《国民财富的性质和原因的研究》上卷，郭大力、王亚南译，商务印书馆2003年版。

实现。尽管市场主体的目的依旧是私人利益，但是这种交换互利的手段从形式上体现了公共性理念，对市场公共规则的遵守也在一定程度上反映了对公共性价值的敬畏和尊重。第二，市场主体在具备一定的物质积累后，也会投身社会公益领域，兼有经济人和公益人的双重人格。在公共领域中，随着正确的义利观的确立，市场主体的双重人格会出现常态性的交叉和互动，逐步使人们走出唯利是图的藩篱，在一定财力基础上开展公益活动，促进公共领域的健康发展。第三，在社会主义市场经济条件下，经济基础的公共性本质为经济公共人的培育提供了现实可能性和必然性。社会主义基本经济制度是以公有制为主体、多种经济形式并存，这就决定了国有经济主体本质上具有国有资产保值升值和履行社会公共责任的双重义务。思想政治教育公共关怀对经济公共人的塑造必须立足于以公有制为基础的社会主义市场经济这个根本前提。中国特色社会主义市场经济建设，需要思想政治教育公共关怀规范国有市场主体的经济公共人行为，培育其他市场主体的经济公共人特质，完善各个市场主体的公共意识和公共价值，实现社会主义市场经济条件下的经济公共人塑造。因此，思想政治教育公共关怀经济公共人塑造需重点关注以下几个方面：

（一）引导市场主体科学把握平等与互利的公共理念

市场经济始于对封建等级关系的扬弃，马克思称其为"天生的平等派"。恩格斯指出："作为交换的主体，他们的关系是平等的关系。在他们之间看不出任何差别，更看不出对立。"[1] 市场主体不受任何强制，完全自愿地参与平等的交换活动，一定程度上反映了平等的公共理念。思想政治教育应从引导市场主体科学认识市场运行机制入手，启发市场主体理解市场经济的公共性意蕴。市场经济是伴随着社会分工的发展而发展起来的，每个市场主体都是非自足的，都需要在与其他市场主体的交换中满足自身的需要，"分工一经完全确立，一个人自己的劳动生产物便只能满足自己欲望的极小部分。他的大部分欲望，须用自己消费不了的剩余劳动生产物，交换自己所需要的别人劳动生产物的剩余部分来满足。

---

[1] 《马克思恩格斯全集》第20卷，人民出版社1971年版，第195页。

于是，一切人都要依赖交换而生活"①。"不论是谁，如果他要与旁人做买卖，他首先就要这样提议：请给我以我所需要的东西吧？同时，你也可以获得你所需要的东西，这句话就是交易的通义"②。市场主体利益的满足程度倚仗于它对其他市场主体内在需要的满足程度，私人利益的最大化也只有在消费者需要满足最大化中方能实现，二者唯有实现互利，才能使双方都各得其所。市场主体间的平等交换与互相满足本身就体现了公共性理念的认肯。思想政治教育公共关怀当启发市场主体实现由"仅仅关怀自身利益的视角关怀他人利益"向"关怀双方利益共同实现的视角"转换，从公共性的维度审视市场交换，提升对他人利益的关怀程度。当前中国倡导的"一带一路"合作战略，之所以吸引了全世界140多个国家和30多个国际组织共同参与，正是因为我们在遵循互利互惠原则基础上，推动各个国家的各个市场主体都能各得其所，彼此间优势互补和互利共赢。

应引导市场主体深刻认识互利对于自利的作用，从利益视角肯定平等交换和价值共享的意义。推动市场主体要把经济理性和道德理性紧密结合起来。特别在社会主义市场经济条件下，思想政治教育应与制度建构相配合，约制资本的野蛮生长，与"资本逻辑"保持足够的距离，挖掘市场的互利性价值。从人己利益的价值互动看，大致分为损人利己、损己利人、利人利己、损人损己四种情况。我们不可能要求市场主体在常态化交易中追求"损己利人"，但市场主体也绝不会甘于"损人损己"，而"损人利己"的情况也属于比较极端的情况，在大多数情况下，人在道德理性和经济理性的双重约制下，"利人利己"应成为市场主体的理性选择。要激励市场主体在市场经济中施展公共关怀，不仅要看到市场交换的利益维度，更要重视市场交换的责任维度，关注交换中公共道德责任归属这一内在价值，在市场交换中增强自律自警，不断提升自身商品质量，以相互成就的方式寻求利益共享和价值共赢，在利益关系的平衡

---

① [美]亚当·斯密：《国民财富的性质和原因的研究》上卷，郭大力、王亚南译，商务印书馆2003年版。
② [美]亚当·斯密：《国民财富的性质和原因的研究》上卷，郭大力、王亚南译，商务印书馆2003年版。

中寻求坚实的价值支点。

(二) 教育市场主体严格遵守市场运行的公共规则

市场公共规则主要是指对市场主体具有普遍约束力、能够促使各个市场主体按照道义原则获得利益的法律、规章和制度的总和，反映了市场主体对市场秩序公共合理性的价值诉求。从发生学的视角来看，市场公共规则源于"人性恶"的假设，认为："社会是由自私地追求个人目的的人无组织地聚合在一起的，在这种聚合中，能产生出具有合作和道德成分以及权利和公正概念的制度。"[1] 制度经济学家布坎南说："没有合适的法律和制度，市场就不会产生任何价值最大化意义上的'效率'。"[2] 市场公共规则对效率的尊重体现了对"经济人"逐利性的认可，它不是约制合理的逐利行为，而是反对"经济人"逐利过程中的损人利己行为，旨在实现市场主体的个人利益与社会公共利益的有机统一。

思想政治教育公共关怀要引导市场主体增强公共规则意识，敬畏公共规则，遵行公共规则，用公共规则审视和评价自身的行为，使市场公共规则成为主体恒定的行为准绳，严格履行自身的权利和义务，主动捍卫市场公共秩序，积极促进公平竞争与互利合作。市场公共规则为实施公共关怀提供了制度保障，思想政治教育要引导市场主体把对公共规则的恪守熔铸于关怀其他市场主体利益的实践中，在观照他人中实现自身的公共价值。如果各个市场主体都能把公共规则作为一种公共价值理念，那么就会形成积极的公共市场秩序格局，在各个市场主体之间以及与消费者之间形成良好的交往互动关系，在互利互惠中实现对彼此的价值关怀。

(三) 教育市场主体努力实现经济效益与社会效益的有机统一

经济效益的获取和物质生活的提高不仅能刺激市场主体的趋利性，也会引发其对物质意义和人生价值的思考。很多人在反思：经济利益在带来个人物质享受的同时还能带来什么？当物质利益已经超出了个人需要的满足时，还能为社会做些什么？物质需要的满足触发了人们的道德

---

[1] 席恒：《公与私：公共事业的运行机制研究》，商务印书馆2003年版，第72页。
[2] [美] 布坎南：《自由、市场和国家》，北京经济学院出版社1988年版，第89页。

理性，引起了他们对社会公益的价值追求。如今，越来越多的商人投身公益事业，像陈嘉庚、邵逸夫、比尔·盖茨等，他们不仅是杰出的企业家，也是著名的慈善家，他们把自己从市场中获得的物质利益用于社会公益事业，施展对更多人的公共关怀。市场中的经济利益和社会公益是一种互促关系。一方面，雄厚的经济实力为市场主体从事公益事业、施展公共关怀奠定了坚实的物质基础；另一方面，市场主体在社会公益事业中树立的良好形象也会使其收获良好的商业信誉，进而获得更多更大的经济效益。物质利益的满足并不一定唤醒市场主体的道德理性，但基于公共关怀的思想政治教育应帮助市场主体在自利和利他间找到价值对接点，激励市场主体自觉走出唯利是图的藩篱，克制愈演愈烈的欲望，避免滑向极端个人主义的深渊。

思想政治教育公共关怀应引导人们树立正确的义利观，正确认识物质财富和人生价值的关系，规避因利欲熏心带来的人生意义空虚和人文价值沦落。人生的意义不只在于索取，更在于奉献；不仅在于个人掌控多少财富，更在于这些财富能够发挥多大的社会效益。实现经济效益与社会效益的和谐统一，是市场经济发展的高级形态。在社会主义条件下，各个市场主体应自觉承担更多的公益责任，让更多人分享社会财富和经济发展的成果。既有利于经济利益促进社会公益，实现个人经济利益的公共关怀价值；又有利于社会公益促进经济利益，在个人经济利益和社会公益相得益彰中促进经济公共人的生成。

（四）激励市场主体认同并践行社会主义市场经济的公共性价值

"私"固然是市场机制的动力，但并不是市场机制的唯一目标，市场是一个各主体相互联结的公共系统，每个主体的存在和发展都需要与其他主体合作和交换，并在公共规则的框架内达成协调统一。因此，市场机制的另一个要素是"公"，追求资源配置结构的整体性和利益分配的普惠性。特别是在社会主义市场经济中，经济活动不仅具有追求利益的私人性蕴涵，更具有促进共享的公共性价值。中国特色社会主义打破"社会主义"与"市场经济"二元对立的现代性范式，进而创造出"社会主义市场经济"这一崭新实践样态，孕育出符合社会主义价值诉求的现代性市场精神，创造了一种人类市场文明发展的新形态，其一，坚持公有制是社会主义市场现代性精神孕育发展的基础。社会主义市场现代性将利益享有者由私人资本家转变为全体劳动者，把渐进性实现全体人民共同富裕作为现代化实现的显著特征和重要标志，在人类文明发展史上首次使多数人成为驾驭市场与财富的力量。其二，坚持政府与市场间良性互动是社会主义市场精神的价值支点。中国既注重发挥市场在资源配置中的决定性作用，又强调更好发挥政府作用，以人民为中心科学补偿市场运行的局限性，涵养了中国式现代化市场精神的公共价值取向。其三，在发展市场经济中做好对"资本逻辑"的有效管控。在公有制基础上，中国市场经济分配的主要尺度不是"资本"而是"劳动"，我们要消解资本主义市场经济中"资本"与"劳动"二元对立，既发挥好资本的活力，又给予所有劳动者实现梦想和共享成果的机会，以社会主义的共同富裕实现对人类市场文明的全新建构。

社会主义市场经济是促进这一公共价值实现的手段，其本质不仅是一种自利性的经济样态，更是一种公共经济样态，除了坚持等价交换的公共性理念和坚持法律制度等公共性规则之外，还为"经济人"转变为"公共人"创造了条件。在社会主义市场经济条件下，国有经济主体、集体经济主体、混合所有制经济中的国有成分和集体成分在经济运行中起着主导性作用，市场的私人逐利性固然存在，但社会主义企业独有的公共担当性却占据着主流。思想政治教育应因势利导，激励人们做到：

一是深刻认肯和维护公有制经济的主体地位。公有制是社会主义市场经济的本质特征，它意味生产资料归社会和集体占有与支配，每个个体劳动者的地位和作用由社会根据公共性原则进行确认。国有经济控制国民经济的命脉，关乎国家政权的巩固和全体人民的福祉。集体经济作为公有制的重要实现形式，对集体公共事业发展发挥着重要作用。思想政治教育公共关怀应教育国有经济和集体经济中的市场主体树立正确的公共利益观，谨慎运用国有资本和集体资本，坚决杜绝和打击国有资本和集体资本私有化行为，严格遵守市场公共规则，既要积极参与市场竞争和促进企业自身发展，又要将商业利润转换为公共财富，致力于国家建设和人民福祉，忠诚履行社会公共责任，凸显国有企业和集体企业的公共关怀效能。

二是合理发挥民营经济和其他混合所有制经济的公共价值作用。民营经济和其他混合所有制经济是社会主义市场经济的重要组成部分，要教育市场主体准确把握自身的价值定位，认识到自己也是中国特色社会主义的建设者，要避免抽象的经济人取向，自觉把个体经济理性与公共价值理性有机结合起来，通过依法经营、照章纳税、热心公益等方式积极为国家经济社会发展服务。

三是激励市场主体努力追求共同富裕的公共目标。共同富裕不仅是社会主义的本质要求，也是中国式现代化的重要特征和核心指向，是中国式现代化超越以往资本主义国家现代化的优越性所在。共同富裕也应成为社会主义市场经济主体的价值遵循和责任担当。要教育市场主体全面把握社会主义市场经济的现实境遇和理想追求，创造性实践共同富裕的公共理想。各个市场主体既要利用国家政策合理追求自身利益，又要响应国家的倡议和号召，正确处理好效率与公平的关系，积极参与政府二次分配和社会三次分配，致力于维护社会公平正义，紧紧围绕共同富裕这个公共目标，促进经济理性的公共塑造和价值升华，实现由理性经济人向经济公共人的价值飞跃。

三　文化公共人塑造

人是文化存在物，文化是人的生存方式。人超越于动物之处就在于人在社会实践中产生自觉的精神文化诉求，并在此基础上找到自身的价值追求和生存寓所，在建设丰富的物质世界的同时建设多彩的精神家园。所谓精神家园，就是在人们的文化创造和传承实践中生成发展起来，符合人的精神文化诉求，建立在深度文化认同基础上的文化价值系统。[①] 按照精神家园指称的文化价值系统的公开度而言，精神家园分为个体精神家园和公共精神家园。公共精神家园是人们在公共文化实践中形成的普遍认同的、以公共价值信念和公共文化理想为核心的精神活动的总和，它构成了维系多元主体共同生存的价值基础，表征着人们对公共文化合

[①] 万光侠主编：《精神家园——关注当代中国文化建设的终极目的》，济南出版社2012年版，第57页。

理性的自觉追求。思想政治教育公共关怀作为一种以公共关怀价值为导向建构人的精神家园的教育实践活动，理应承担起塑造文化公共人的使命，而文化公共人也理应成为公共文化精神家园的建构者和承担者。

建构人的公共精神家园为思想政治教育公共关怀的文化公共人塑造提供了可能性和必要性。从可能性的角度看，人的精神文化互通性为思想政治教育公共关怀的文化公共人塑造提供了现实条件。建构人的公共精神家园，实质上就是建构人们共同生活、合作共赢的价值纽带，使人们在公共生存中找到普遍认同的价值寓所，让思想有所期盼、价值有所归属、心灵有所皈依，彼此间实现精神共鸣。在人的公共生存中，利用人的这种价值文化的互通性，思想政治教育应促进各种不同文化间的交流融合，寻求不同主体普遍认同的公共价值，引导人们在公共价值的指引下实现相互关怀，共同致力于公共世界的建构。从必要性的角度看，文化公共性危机宣示了思想政治教育文化公共人塑造的紧迫性。文化公共性是公共精神家园的外在表征，即人们在公共生存实践中形成和发展起来的对公共价值信念和公共文化理想的坚守与追求。与之相对应，文化公共性危机则是主体因偏恋个体物质利益，丧失对公共意义世界的探求，造成工具理性和价值理性的深层断裂所带来的文化价值危机。现代性的不断发展，实现了人的理性对神学世界的"祛魅"，促使人们把目光从形而上的本体世界转向日常生活世界，原有的、普世性的宗教宰制被人的能动的创造活动所取代，人的自主性和创造性获得了前所未有的解放。但是，由于人们过分注重个体的利益谋划而忽视了对"宏大叙事"式的公共信仰的价值追索，个体化的生存逻辑使人们逐渐淡化了公共价值根基，人们共同的价值和意义链条遭到破坏，造成了现代人所谓的"信仰危机"或"意义沦落"。作为公共价值存在物的人类世界，如果丧失了维系其发展的公共精神纽带，个体就会因丧失精神依归而无法与他者共存共处，从而导致混乱与纷争的无序状态，由个体精神世界的迷惘演化成人类世界的文化价值空洞。面对文化公共性危机，迫切需要思想政治教育发挥公共效能，凝聚社会公共价值，通过文化公共人塑造，帮助人们寻回失落的公共精神家园。

当前，世界正处于百年未有之大变局，中华民族伟大复兴也进入不可逆转的历史进程，西方守成大国不甘心面对在变局中持续走低的发展态势，更不愿看到中华民族伟大复兴和世界百年未有之大变局实现契合，加紧了对中国的思想入侵和文化演变，试图扰乱我国人民对传统与现代、东方与西方、社会主义和资本主义各类文化价值的认识，给我国的思想文化环境带来了严峻挑战。在当代中国，塑造文化公共人，一定要注重公共性价值信念和文化理想的培养，形成以社会主义核心价值观为主体内容的社会公共文化价值传播体系，以习近平文化思想为指导把思想政治教育对于各类主流公共性文化的传播统一在社会主义核心价值观的旗帜下，顺应人们共同生活和共同发展的需要，展示中华文明的精神标识和文化精髓，加快构建中国话语和中国叙事体系，建设中华民族现代文明。

（一）在公共实践中树立公共价值信念

启蒙运动唤醒了人的主体性，追求个人价值实现和个性张扬成为人的自觉选择，但启蒙运动的世界影响促使人们过多地追求私人诉求的满足，造成了私人生活和公共生活间的价值失衡，本以重建文化公共性为目标的启蒙运动却走向了文化分裂和公共性丧失。有人把"个人自扫门前雪，莫管他人瓦上霜"当作生活信条，甚至在面对他人安全危难时，也采取冷漠态度；谁能在公共空间取得个人利益被视为强者；充满家国情怀和集体荣耀的豪言壮语逐渐隐退，关怀自己和发展自己成为人们价值选择背后的文化潜意识。"凡是属于最多数人的公共事物常常是最少受人照顾的事物，人们关怀着自己的所有，而忽视公共的事物；对于公共的一切，他至多只留心到其中对他个人多少有些相关的事物"①。思想政治教育公共关怀要对人的这种价值倾向进行纠偏，启发人们反思个体价值生成和发展的逻辑起点，引导人们认识到，个体价值有赖于社会公共价值的给予，个体价值唯有融汇于公共价值中才有现实的意义。应引导人们从关怀公共世界的价值立场思考个人与社会的关系，把公共精神家园的核心要求纳入个体精神家园的建构中，遵循公共价值信念，培育公共品质，弘扬公共精神，自觉关怀他人和公共世界的价值诉求，以健康

---

① ［古希腊］亚里士多德：《政治学》，吴寿彭译，商务印书馆1965年版，第48—49页。

的私人生活促进公共生活的完善，构建私人生活与公共生活间的价值平衡。

（二）在文化参与中形成公共文化理想

公共文化表征着人在公共世界中对文化生存方式的确认，公共文化理想反映了人们对公共文化合理性的价值期许。在人的公共生存中，由于主体利益诉求的多元化导致文化追求的多样性，由此形成的各种公共文化样态良莠不齐，有的能够代表人类社会发展的价值取向，有的则流于形式上的文化公开性而在内容上缺乏应有的公共旨趣，有的则可能远离甚至违背了人的公共价值取向。一方面，应激励人们广泛而深远的公共文化参与，在公共文化建设中分享公共文化产品和服务，汲取公共文化中的先进养分，把个体精神家园构建融汇于公共精神文化家园建构中，提升自身的文化修养，使自身的文化存在越发丰满。另一方面，应引导人们从公共价值维度对各种公共文化进行评估，在科学的文化选择中追寻公共文化理想。应教育人们理性判别当今社会文化多元化现象，对主流文化、大众文化、流行文化、传统文化、外来文化、低俗文化等进行有效的公共文化选择，对于符合公共价值要求的文化大力继承和发扬，对于不符合公共价值要求的文化则应改造或摒弃。在当代中国，培育文化公共人，塑造公共文化理想，关键就是要学习领悟习近平文化思想，培育和践行社会主义核心价值观，从国家、社会和个人层面树立以公共价值观为核心的公共文化理想，以社会主义核心价值观所标示的公共文化理想为指引，建构我们共同的公共精神家园，激励人们在关心国家和民族命运中促进文化公共人的成长。

（三）在公共文化创建中培育公共文化骨干和打造公共文化品牌

公共文化骨干是文化公共人的优秀代表，是在长期公共文化实践中形成的公共文化参与和创建的中坚力量。思想政治教育公共关怀培育文化公共人，要坚持广泛性和先进性的有机统一。所谓广泛性，就是要善于调动广大群众的公共文化参与热忱，引导人们开展亿万人的精神文化创建活动；所谓先进性，就是要注重培养公共文化参与和创建的带头人和骨干力量，发挥这些人的引领和示范效能，把公共文化创建不断引向深入。应推进公共文化骨干的培育，以公共文化骨干打造公共文化品牌。

一是科学选取公共文化骨干的培养对象。公共文化骨干的选择和培育标准要根据公共文化传播和创造的需要加以确定。总的来说，思想基础好、受教育水平高、具有良好的公共关怀精神和公益感召能力的人是公共文化骨干的重点培养对象，要加强对这类人的教育引导，充分调动其参与和引领公共文化的积极性，使其充分领会公共文化中蕴含的公共精神，并在公共文化传播和创造中将其发扬光大。

二是丰富和创新公共文化骨干的培养方式。要紧密结合不同公共文化对其骨干的基本要求，结合不同层次公共文化骨干的思想实际和文化水平进行培养。比如，对于旨在服务于社区居民公共文化建设的文化骨干，要以普及性、大众化为重点进行培养；而对于旨在为全社会贡献文化成果的文化骨干来说，要以推出文化艺术精品为重点加以要求。对于各类文化骨干来说，由于思想素质、文化水平、对公共文化及其内在公共价值的理解能力不同，思想政治教育在进行教育引导时，一方面要善于保护他们高度的公共关怀热忱，另一方面要根据社会的具体需求在教育目标、教育内容和教育方法上有所分殊，依据其社会公共角色和实际能力实施文化公共人的塑造。

三是注重发挥公共文化骨干和公共文化品牌的良性互促效应。公共文化骨干能够打造和完善公共文化品牌，公共文化品牌又能够培养公共文化骨干。比如，在公共文化品牌打造上，我国每年会评选"五个一工程"，打造"万人计划"哲学社会科学领军人才等等，这些优秀公共文化品牌能够激励人们积极投身公共文化创建，促进公共文化骨干的培育，而这些公共文化骨干又将是打造公共文化品牌的人才基础。思想政治教育公共关怀要善于激励公共文化骨干打造越来越多优秀的公共文化品牌，彰显公共文化骨干的公共关怀效能，发展公共文化骨干和公共文化品牌的良性互促效应，推动文化公共人的深度塑造。

四　生态公共人塑造

生态公共人是指具备全面生态公共意识和充沛生态公共情感，能够坚定履行生态公共责任，并能致力于人与自然和谐发展的公共价值主体。习近平总书记在党的二十大报告中明确指出："大自然是人类赖以生存发展的基本条件。尊重自然、顺应自然、保护自然，是全面建设社会主义现代化国家的内在要求。必须牢固树立和践行绿水青山就是金山银山的理念，站在人与自然和谐共生的高度谋划发展。"[①] 因此，生态公共人成为思想政治教育公共关怀育人成人的必然要求。

（一）培育人全面的生态公共意识

首先，培育人的生命共同体意识。引导人们树立生态整体观念和生态系统化思维，把人、自然以及社会看作一个相互依存、密切联系的生命大系统。人的形成和发展过程是与动物界逐步分化的过程，人类应当正确认识这种分化，尊重和把握生态系统的内在规律，以生态公共智慧、整体性思维方式和公共关怀的价值取向促进生态公共系统的健康运行，保证与其他生物共存共荣，维系生态大系统永续地生存和发展。

其次，培育人的生态平等意识。既要避免以"控制自然"为核心的"单极人类中心主义"的"生态霸权"思维，又要避免以"人与自然等同"为核心的"生态中心主义"的"消极生态"思维，引导人科学认识人性与物性的根本区别，激励人以公共关怀意识尊重、维护和建构自然的平等权利，促进人与自然的和谐发展。

最后，培育生态公共自律意识。从某种意义上讲，生态公共领域是一个无主的领域，这种"无主性"就意味着人人都想利益均沾且逃避责任。进行生态公共关怀的前提就是学会生态公共自律，自觉调控改造自然的方式，避免因追求眼前经济利益而罔顾生态公共利益的"片面占有"行为。思想政治教育要与相应的生态法律和制度等他律性手段紧密配合，唤醒人的生态自律意识，在私人或团体利益与生态公益之间做出正确抉择。

（二）激发人充沛的生态公共情感

激发人的生态敬畏感。在原始时期，敬畏自然是一种无奈的选择。在现代社会，对自然的敬畏感则体现了人对生态文明的觉悟。思想政治教育公共关怀要教育人们不管科技如何发达、改造自然的能力如何增长，也要时刻对自然怀有一份虔敬之心，深切体悟"人从自然而来""只能在

[①] 《习近平著作选读》第一卷，人民出版社2023年版，第41页。

自然中求生"的深刻含义。不论人类认识自然的能力多么强,也要始终保持对自然的神圣感、神秘感和谦卑感,在自然面前体悟人类的渺小,从内心深处升腾起对大自然这个公共家园的崇敬与呵护。

激发人的生态热爱感。要通过情境教育、实践教育引领人们接触自然、欣赏自然,不止于追求自然的工具价值,更要在欣赏自然中挖掘自然的美学价值。人们对亲近的人或事物往往更容易产生关怀情感和关怀行为,要培养人们对公共生态的熟悉感和亲近感,把对自然的美好体验转化为人的公共生存发展的内在要素。每个人内心深处都怀有对大自然的情愫,这是人脱胎于自然的过程中留下的生态情感基因。思想政治教育公共关怀应善于开掘这一情感基因,让人们在亲近自然中更加尊重和热爱自然,并在美丽的生态环境中体味人类的存在价值。

激发人的生态危机感。由于不合理的开发自然和粗放的经济发展以及不文明的生活方式,人类赖以生存的生态环境已经危机四伏。思想政治教育公共关怀要引导人们对生态破坏和生态危机现状产生深深的忧虑,深切领悟生态危机的广泛性、生态矛盾的复杂性、生态维护的艰巨性,进而产生对人类公共生存命运的忧思,自觉肩负起拯救自然、爱护自然、美化自然的历史使命。

(三) 激励人自觉承担生态公共责任

公共关怀本质上就是一种对于公共世界的主体责任传递,是关怀者基于自由意志而自觉承担对于促进自然、社会、他人生存发展责任的过程。思想政治教育培育人的生态公共关怀,最终落脚点是促进人自觉承担保护和优化公共生态的价值责任。

其一,要激励人自觉承担种际公共生态责任。教育人们尊重自然万物的平等生存发展权,树立生态大生命的整体性理念,自觉肩负起为自然万物代言的责任,在与万物的和谐共处中促进公共生态的优化。

其二,要激励人们自觉承担代内生态责任。代内生态责任是指每个人都应该自觉承担起对他人的生态责任,尊重生活在同一时代的人共享相应生态资源的平等权利。在资本逐利本性的催逼下,先发现代化国家为了获取私人利益而置多数人的公共经济利益和公共生态权益于不顾,以不合理的私人生存威胁人类公共生存,把高污染、高消费、高耗能、低附加值的工业转移到后发现代化国家，使后发现代化的多数人民承担着他们的经济发展成本和生态消耗成本，形成了生态帝国主义。面对这种新形势下的生态侵略，我们切不可被眼前利益所迷惑，一定要保持清醒的头脑。一方面，要号召后发现代化国家人民以国际国内制度为依托，自觉抵制先发资本主义国家的生态殖民；另一方面，要努力唤醒生态殖民者的生态公共良知，培育人们在生态治理基础上形成人类生态命运共同体意识。

其三，要激励人们自觉承担代际生态责任。关怀公共生态环境不仅是对现实负责，也要对未来负责。塑造人的代际公平观，树立可持续发展理念，不仅满足当代人生存发展的需要，还要关怀后代人生存发展的公共生态条件，保证当代人和后代人公平享有蓝天绿树、碧水青山，公平获得人与自然和谐发展的权利，促进公共生态责任的历史传承与共同担当。

经济公共人、政治公共人、文化公共人、生态公共人共同构成了当代公共生存背景下思想政治教育公共关怀的理想育人图景。他们既是思想政治教育公共关怀的育人成果，又是关怀公共事务、奉献国家和民族的价值主体。当前，中国式现代化的实践叙事正在全面铺展开来，中华民族现代文明建构正在向人类社会显示出另一幅文明图景。作为现代性的基础要素和内在精神，当代中国公共性建构迎来了新的时代发展机遇，思想政治教育公共关怀也将迎来更为广阔的发展空间，这需要亿万公共人的价值担当，在关怀公共中享受公共，在公共奉献中确证自我，在强国建设、民族复兴中展现公共关怀的价值和魅力，回应"我们能够在一起"的价值期许，践行"我们共同创造美好生活"公共价值信念和文化理想。

参考文献

一 经典著作及文献

《马克思恩格斯选集》第1—4卷，人民出版社2012年版。

《马克思恩格斯文集》第1—10卷，人民出版社2009年版。

《马克思恩格斯全集》第1—50卷，中文1版，人民出版社1956—1985年版。

《马克思恩格斯全集》第1、3、5、30卷，中文2版，人民出版社1995—2008年版。

《列宁选集》第1—4卷，人民出版社1995年版。

《毛泽东选集》第一—四卷，人民出版社1991年版。

《毛泽东文集》第三、七卷，人民出版社1996、1999年版。

《毛泽东著作选读》上、下，人民出版社1986年版。

《邓小平文选》第一—三卷，人民出版社1993—1994年版。

《习近平著作选读》第一—二卷，人民出版社2023年版。

《习近平谈治国理政》第一—四卷，外文出版社2014、2017、2020、2022年版。

习近平：《高举中国特色社会主义伟大旗帜，为全面建设社会主义现代化国家而团结奋斗——在中国共产党第二十次全国代表大会上的报告》，人民出版社2022年版。

习近平：《决胜全面建成小康社会，夺取新时代中国特色社会主义伟大胜利——在中国共产党第十九次全国代表大会上的报告》，人民出版社2017年版。

胡锦涛：《坚定不移沿着中国特色社会主义道路前进 为全面建成小康社会而奋斗——在中国共产党第十八次全国代表大会上的报告》，人民出版社 2012 年版。

中共中央宣传部：《习近平新时代中国特色社会主义思想学习纲要》，学习出版社、人民出版社 2023 年版。

《中共中央关于全面深化改革若干重大问题的决定》，人民出版社 2013 年版。

《中共中央关于全面推进依法治国若干重大问题的决定》，人民出版社 2014 年版。

《中共中央关于坚持和完善中国特色社会主义制度、推进国家治理体系和治理能力现代化若干重大问题的决定》，人民出版社 2019 年版。

《中共中央关于制定国民经济和社会发展第十四个五年规划和二〇三五年远景目标的建议》，人民出版社 2020 年版。

《中共中央关于党的百年奋斗重大成就和历史经验的决议》，人民出版社 2021 年版。

中共中央文献研究室：《十八大以来重要文献选编（上）》，中央文献出版社 2014 年版。

习近平：《在文艺工作座谈会上的讲话》，人民出版社 2015 年版。

二 中文专著

蔡元培：《蔡元培全集》第 2 卷，中华书局 1984 年版。

陈万柏、张耀灿主编：《思想政治教育学原理》，高等教育出版社 2001 年版。

陈志尚：《人学原理》，北京出版社 2005 年版。

戴维·迈尔斯：《社会心理学》第 8 版，张智勇、乐国安、侯玉波译，人民邮电出版社 2006 年版。

杜维明：《对话与创新》，广西师范大学出版社 2005 年版。

冯永刚：《制度道德教育论》，北京师范大学出版社 2011 年版。

葛懋、蒋俊编：《梁启超哲学思想论文选》，北京大学出版社 1984 年版。

郭建宁主编：《社会主义核心价值观基本内容释义》，人民出版社 2014

年版。

郭湛主编：《社会公共性研究》，人民出版社2009年版。

贺来：《宽容意识》，吉林教育出版社2001年版。

侯晶晶：《关怀德育论》，人民教育出版社2005年版。

胡群英：《社会共同体的公共性建构》，知识产权出版社2013年版。

黄岩：《旁观者道德研究》，人民出版社2010年版。

贾英健：《公共性视域——马克思主义哲学的当代阐释》，人民出版社2008年版。

兰久富：《全球化过程中的价值多样化》，北京师范大学出版社2010年版。

李伯聪：《工程哲学引论》，大象出版社2002年版。

李红：《现代心理学》，四川教育出版社2009年版。

梁启超：《中国历史上民族志研究》，《饮冰室合集》之八《饮冰室专集》，中华书局1989年版。

廖申白、孙春晨主编：《伦理新视点》，中国社会科学出版社1997年版。

刘鑫淼：《当代中国公共精神的培育研究》，人民出版社2010年版。

流心：《自我的他性——当代中国的自我系谱》，上海人民出版社2005年版。

鲁洁、朱小蔓编：《道德教育论丛》第1卷，南京师范大学出版社2000年版。

罗国杰主编：《伦理学》，人民出版社1989年版。

秦树理、陈思坤、王晶等：《西方公民学说史》，人民出版社2012年版。

任平：《交往实践中的哲学——全球化语境中的哲学视域》，云南人民出版社2003年版。

沈晓阳：《关怀伦理研究》，人民出版社2010年版。

沈壮海：《思想政治教育有效性研究》，武汉大学出版社2007年版。

谭清华：《从人的公共性到公共性的人：论人的公共性及其发展》，中国社会科学出版社2015年版。

陶行知：《陶行知全集》第3卷，四川教育出版社1991年版。

万光侠、张九童、夏峰：《马克思主义人学视域中的思想政治教育范式转换研究》，山东人民出版社 2014 年版。

万光侠等：《思想政治教育的人学基础》，人民出版社 2006 年版。

万光侠主编：《精神家园——关注当代中国文化建设的终极目的》，济南出版社 2012 年版。

汪晖、陈燕谷主编：《文化与公共性》，生活·读书·新知三联书店 1998 年版。

王成兵：《当代认同危机的人学解读》，中国社会科学出版社 2004 年版。

王维国：《公共性理念的现代转型及其困境》，兰州大学出版社 2005 年版。

吴忠民：《社会公正论》第二版（上、下卷），山东人民出版社 2012 年版。

席恒：《公与私：公共事业的运行机制研究》，商务印书馆 2003 年版。

夏铸九：《公共空间》，台北艺术家出版社 1994 年版。

辛鸣：《制度论——关于制度哲学的理论建构》，人民出版社 2005 年版。

徐向东：《自我、他人与道德——道德哲学导论》，商务印书馆 2007 年版。

许慎：《说文解字》，中华书局 1963 年版。

袁贵仁：《价值学引论》，北京师范大学出版社 1991 年版。

袁贵仁主编：《人的哲学》，工人出版社 1988 年版。

袁祖社：《市场经济与现代社会的公共理性研究——当代"公共哲学"的理论视角》，人民出版社 2011 年版。

张东娇：《教育沟通论》，山西教育出版社 2003 年版。

张康之：《公共行政中的哲学与伦理》，中国人民大学出版社 2004 年版。

张康之：《世界的中心—边缘结构》，中国社会科学出版社 2016 年版。

张康之：《寻找公共行政的伦理视角》，中国人民大学出版社 2002 年版。

张曙光：《生存哲学——走向本真的存在》，云南人民出版社 2002 年版。

张耀灿、郑永廷、吴潜涛、骆郁廷等：《思想政治教育学》，人民出版社 2006 年版。

张万柏、张耀灿：《思想政治教育学原理》（第二版），高等教育出版社 2007 年版。

赵汀阳：《天下体系——世界制度哲学导论》，江苏教育出版社2005年版。

郑永廷、叶启绩、郭文亮：《社会主义意识形态研究》，中山大学出版社1999年版。

中国社会科学杂志社主编：《社会转型：多元文化与多民族观念》，社会科学文献出版社2000年版。

邹诗鹏：《生存论研究》，上海人民出版社2005年版。

三　中文译著

何光沪选编：《蒂里希选集》（下卷），生活·读书·新知三联书店1999年版。

[美]汉娜·阿伦特：《人的境况》，王寅丽译，上海世纪出版集团2009年版。

[德]尤尔根·哈贝马斯：《公共领域的结构转型》，曹卫东、王晓钰、刘北成、宋伟杰译，学林出版社1999年版。

[美]约翰·罗尔斯：《政治自由主义》（增订版），万俊人译，译林出版社2013年版。

[英]齐格蒙特·鲍曼：《个体化社会》，范祥涛译，生活·读书·新知三联书店2002年版。

[美]詹姆斯·博曼：《公共协商：多元主义、复杂性与民主》，黄相怀译，中央编译出版社2006年版。

[美]亚当·斯密：《国民财富的性质和原因的研究》（上），郭大力、王亚南译，商务印书馆2003年版。

[德]尤尔根·哈贝马斯：《公共领域的结构转型》，曹卫东等译，学林出版社1999年版。

[美]英格尔斯：《人的现代化》，殷陆君译，四川人民出版社1985年版。

[英]齐格蒙特·鲍曼：《生活在碎片之中——论后现代道德》，郁建兴等译，学林出版社2002年版。

[德]康德：《历史理性批判文集》，何兆武译，商务印书馆1990年版。

[美]麦金泰尔：《德性之后》，龚群译，中国社会科学出版社1997年版。

参考文献

［英］齐格蒙特·鲍曼：《后现代伦理学》，张成刚译，江苏人民出版社 2003 年版。

［古希腊］修昔底德：《伯罗奔尼撒战争史》（上），谢德风译，商务印书馆 1985 年版。

［古希腊］色诺芬：《回忆苏格拉底》，吴永泉译，商务印书馆 1984 年版。

［古希腊］柏拉图：《理想国》，郭斌和、张竹明译，商务印书馆 1986 年版。

［古希腊］亚里士多德：《政治学》，吴寿彭译，商务印书馆 1965 年版。

［古希腊］柏拉图：《柏拉图全集》第 1 卷，王晓朝译，人民出版社 2002 年版。

［古希腊］柏拉图：《柏拉图对话集》，王太庆译，商务印书馆 2004 年版。

［古罗马］西塞罗：《西塞罗三论》，徐奕春译，商务印书馆 1998 年版。

［英］培根：《培根论说文集》，水天同译，商务印书馆 1958 年版。

［法］伏尔泰：《哲学通信》，高达观等译，上海人民出版社 1961 年版。

［英］霍布斯：《利维坦》，黎思复、黎廷弼译，商务印书馆 1985 年版。

［法］卢梭：《社会契约论》，何兆武译，商务印书馆 2002 年版。

［法］孟德斯鸠：《论法的精神》，许明龙译，商务印书馆 2009 年版。

［法］托克维尔：《论美国的民主》（上、下），董果良译，商务印书馆 1988 年版。

［美］约翰·罗尔斯：《正义论》（修订版），何怀宏、何包钢、廖申白译，中国社会科学出版社 2009 年版。

［美］布坎南：《自由、市场和国家》，北京经济学院出版社 1988 年版。

［西］费尔南多·萨瓦特尔：《政治学的邀请》，魏然译，北京大学出版社 2009 年版。

［美］罗斯科·庞德：《通过法律的社会控制——法律的任务》，沈宗灵译，商务印书馆 1984 年版。

［美］丹尼尔·W. 布罗姆利：《经济利益与经济制度——公共政策的理论基础》，陈郁等译，生活·读书·新知三联书店 1996 年版。

［德］马克斯·霍克海默、特奥多·威·阿多尔诺：《启蒙辩证法》（哲学片断），洪佩郁、蔺月峰译，《启蒙辩证法》，重庆出版社 1990 年版。

［美］大卫·格里芬编：《后现代精神》，王成兵译，中央编译出版社1998年版。

［英］威廉·莱斯：《自然的控制》，岳长龄等译，重庆出版社1993年版。

［美］埃莉诺·奥斯特落姆：《公共事物的治理之道》，余逊达、陈旭东译，上海译文出版社2012年版。

［德］包尔生：《伦理学体系》，中国社会科学出版社1988年版。

［美］亚当·斯密：《道德情操论》，蒋自强等译，商务印书馆1997年版。

［英］乔治·克劳德：《自由主义与价值多元论》，应奇等译，江苏人民出版社2006年版。

［德］马丁·海德格尔：《存在与时间》（修订译本），陈嘉映、王庆节合译，生活·读书·新知三联书店2006年版。

［苏联］科恩：《自我论》，佟景韩等译，生活·读书·新知三联书店1986年版。

［美］戴维·约翰·法默尔：《公共行政的语言——官僚制、现代性和后现代性》，吴琼译，中国人民大学出版社2005年版。

［法］加布里埃尔·塔尔德：《传播与社会影响》，中国人民大学出版社2005年版。

［美］弗朗西斯·福山：《历史的终结及最后的人》，中国社会科学出版社2003年版。

［德］伊曼努尔·康德：《道德的形而上学原理》，苗力田译，上海世纪出版集团2005年版。

［美］弗莱切：《境遇伦理学》，程立显译，中国社会科学出版社1989年版。

［英］费夫尔：《西方文化的终结》，丁万江、曹艳译，江苏人民出版社2004年版。

［美］约瑟夫·E.斯蒂格利茨：《美国真相》，刘斌、刘一鸣、刘嘉牧译，机械工业出版社2020年版。

［德］康德：《道德的形而上学原理》，苗力田译，上海人民出版社1986年版。

［德］弗洛姆：《占有还是生存》，关山译，生活·读书·新知三联书店

1989年版。

［英］道金斯：《自私的基因》，卢允中、张岱云、陈复加、罗小舟译，科学出版社1981年版。

［苏联］科恩：《自我论》，佟景韩等译，生活·读书·新知三联书店1986年版。

［美］内尔·诺丁斯：《学会关心——教育的另一种模式》，于天龙译，教育科学出版社2011年版。

［美］内尔·诺丁斯：《始于家庭：关怀与社会政策》，侯晶晶译，教育科学出版社2011年版。

［美］大卫·麦克里兰：《意识形态》，吉林人民出版社2005年版。

四 中文期刊及报纸

［美］迈克尔·斯洛特著，黎良华译，赵永刚校：《关怀伦理视域下的社会正义》，《吉首大学学报》（社会科学版）2011年第4期。

《马克思主义财富观下的共同富裕：现实图景及实践路径——兼论对福利政治的超越》，《浙江社会科学》2021年第8期。

柏路：《精神生活共同富裕的时代意涵与价值遵循》，《马克思主义研究》2022年第2期。

本刊评论员：《一刻也不能放松和削弱意识形态工作——认真学习贯彻全国宣传思想工作会议精神》，《求是》2013年第17期。

常楷、丁友文：《马克思主义哲学视阈中的公共关怀观》，《浙江学刊》2017年第2期。

陈秉公：《马克思主义意识形态理论与社会主义核心价值体系建构》，《马克思主义研究》2008年第3期。

陈富国：《论现代思想政治教育的公共性图景》，《思想理论教育》2017年第7期。

褚凤英：《思想政治教育本质再认识》，《探索》2010年第3期。

戴木才、彭隆辉：《倡导"自由"：高扬社会主义核心价值观的理想旗帜》，《人民日报》2013年4月18日。

戴锐：《思想政治教育的公共化转型》，《马克思主义与现实》2013年第

1 期。

韩昌跃：《利己利他双重人性论》，《山东行政学院·山东省经济管理干部学院学报》2009 年第 2 期。

郝立新：《物质文明和精神文明协调发展的中国式现代化》，《中国人民大学学报》2022 年第 6 期。

贺来：《走向公共性的丧失——论后现代主义哲学的根本理论旨趣》，《吉林大学学报》（社会科学版）1995 年第 6 期。

侯惠勤：《论人类文明新形态》，《陕西师范大学学报》2022 年第 2 期。

黄蓉生、耿靖：《思想政治教育赋能中国式现代化》，《理论与改革》2023 年第 1 期。

贾英健：《公共性的出场与马克思主义哲学创新的当代视域》，《湖南社会科学》2008 年第 4 期。

金耀基：《中国人的"公"、"私"观念——兼谈中国人对隐私权的理解》，《中国社会科学丛刊》1994 年第 6 期。

李海清：《马克思主义使命型政党的公共性——对中国共产党特质的一种解读视角》，《社会科学辑刊》2022 年第 5 期。

李金龙、王昶：《公民公共精神培育的有效建构——基于人性的分析》，《东北大学学报》2013 年第 2 期。

李进荣：《历史虚无主义的碎片化症候批判》，《马克思主义研究》2022 年第 10 期。

李景林：《共通性与共同性——从中国哲学看人的超越性存在》，《齐鲁学刊》2006 年第 2 期。

廖申白：《私人交往与公共交往》，《北京师范大学学报》（社会科学版）2005 年第 4 期。

廖小琴：《精神生活共同富裕的价值意蕴、科学内涵与衡量指标》，《思想理论教育》2023 年第 6 期。

刘同舫：《人类共同价值建设的伦理旨趣与中国方案》，《重庆大学学报》2023 年第 1 期。

刘秀华：《当代大学生马克思主义价值观教育的文化公共性审视》，《思想教育研究》2008 年第 6 期。

刘志洪、朱华彬：《总结、探索与争论——唯物史观视野中的公共性问题理论研讨会综述》，《哲学研究》2009年第8期。

卢景昆：《关于思想政治教育本质的再思考——基于对思想政治教育基本矛盾的反思》，《探索》2012年第2期。

罗仲尤、邹德萍：《论思想政治教育的公共属性》，《思想教育研究》2017年第9期。

骆郁廷、丁雪琴：《思想政治教育客体主体化探析》，《学校党建与思想教育》2002年第11期。

孟凡辉、胡晓红：《思想政治教育公共性的内涵及其构建》，《思想政治教育研究》2019年第5期。

桑明旭：《关于"公共性"的唯物史观阐释》，《理论探索》2020年第6期。

桑明旭：《马克思的"公共性"概念》，《宁夏社会科学》2019年第1期。

沈壮海：《论思想政治教育过程的内在构成》，《中国青年政治学院学报》2001年第1期。

沈壮海：《思想政治教育有效主体论》，《上海交通大学学报》（社科版）2000年第4期。

田鹏颖、武雯婧：《论人类文明新形态的生成逻辑》，《科学社会主义》2021年第6期。

万光侠、雷骥：《思想政治教育基本规律的人性基础探析》，《思想教育研究》2007年第6期。

王乐夫、陈干全：《公共性：公共管理研究的基础与核心》，《社会科学》2003年第4期。

王淑芹：《思想政治教育成效的制度分析》，《思想教育研究》2006年第12期。

王同新：《公共性与阶级性：马克思主义国家观的理论透视及其当代价值》，《科学社会主义》2015年第6期。

王习胜、狄瑞波：《"促进人民精神生活共同富裕"的思想政治教育意蕴》，《思想理论教育导刊》2022年第7期。

王晓玉、苏国红：《社会转型时期思想政治教育公共性的困境与实践》，

《齐鲁师范学院学报》2021年第1期。

王鑫、袁祖社：《人类共同价值的公共性特质及其典范性意义》，《江海学刊》2022年第6期。

王永益：《思想政治教育的公共性和差别性考察》，《求实》2012年第11期。

夏庆波：《论公共性视域中的思想政治教育》，《思想教育研究》2009年第6期。

肖巍：《当代女性主义伦理学景观》，《清华大学学报》（哲学社会科学版）2001年第1期。

辛世俊、王丹：《试论人民精神生活共同富裕的内涵与实践路径》，《社会主义核心价值观研究》2021年第6期。

辛向阳：《人类文明新形态的三维阐释》，《贵州省委党校学报》2023年第1期。

徐秦法、刘星亮：《中国式现代化道路何以突出文化建设？——基于物质文明和精神文明关系视角的考察》，《社会科学战线》2022年第12期。

阎孟伟：《道德信念、道德权威性与人的自由》，《教学与研究》2002年第11期。

阳义南：《获得感、公平度与国民幸福感提升——基于CGSS微观调查数据的分析》，《社会科学辑刊》2022年第3期。

杨胜刚：《让有公共关怀的学术登场——中国大学学术讲演录的取向》，《光明日报》2002年9月12日。

于文秀：《大学精神与公共关怀》，《光明日报》2009年2月4日第11版。

袁航：《从"溯源"到"植根"：当代中国公共哲学研究的逻辑旨归》，《东南学术》2020年第2期。

袁玉立：《公共性：走进我们生活的哲学范畴——马克思主义哲学的一个新视点》，《学术界》2005年第5期。

袁祖社：《公共哲学与当代中国的公共性社会实践》，《中国社会科学》2007年第3期。

袁祖社：《价值多元的实践超越与"公共性真实"的生存信念》，《南开学报》（哲学社会科学版）2015年第2期。

袁祖社：《全球化与市场社会"公共生活"合理性的理性审视与价值呼求——现代"公共哲学"的理论背景、实践旨趣及其含义识辨》，《哲学动态》2004年第3期。

袁祖社：《文化公共性理想的复权及其历史性创生——马克思主义哲学的一种新的解释视域》，《学术界》2005年第5期。

袁祖社：《中国式现代化与人类文明新形态创造》，《社会科学辑刊》2023年第2期。

张纯晖、李红伟：《现代传媒与公共领域的建构》，《新闻界》2003年第6期。

张三元、彭歆格：《论人类共同价值生成的三维基础》，《宁夏社会科学》2019年第3期。

张言亮、卢风：《道德相对主义的界标》，《道德与文明》2009年第1期。

张耀灿：《关于弘扬志愿精神的几个问题》，《思想政治教育研究》2011年第5期。

郑志康：《历史虚无主义的日常生活化渗透批判》，《思想教育研究》2023年第8期。

周菲：《当代欧美公共哲学研究述评》，《上海师范大学学报》2005年第3期。

周泉、刘同舫：《中国共产党对精神生活共同富裕的科学认知与价值追求》，《马克思主义研究》2022年第5期。

五　外文文献类

Bruce Douglass, "The Common Good and the Public Interest. Political Theory", No.1, June 1980.

Charles Taylor, *The Ethics of Authenticity*, Cambridge: Harvard University Press, 1991.

David Mathews, *The Public in Practice and Theory*, Public Administration Review, Vol.44, Special Issue: Citizenship and Public Administration, 1984.

Gilligan, C. In a Different Voice: Psychological Theory and Women. Development, Cambridge: Mass, Harvard University Press, 1982.

J. B. Foster, *Marx's Ecology: Materialism and Nature*, Monthly Review Press, 2000.

Jane Allyn Piliavin, Hong-Wen Charng, Altruism, "*A Review of Recent Theory and Research*", Annual Review of Sociology, No. 16, 1990.

Joehua Cohen, *Deliberation and Democratic Legitimacy*, Deliberative Democracy: *Essays on Reason and Politics*. The MIT Press, 1997.

Leopold & Aldo, *A Sand County Almanac*, ON: Oxford University Press, 1949.

N. Noddings, Caring: A Feminine Approach to Ethics & Moral Education, California: University of California Press, 1986.

Sara Steinmetz, *Democratic Transition and Human Rights: Perspectives on U. S. Foreign Policy*, State University of New York Press, Albany, 1994.

Susan Okin, "*Reason and Feeling in Thinking about Justice*", Ethic, No. 2, 1989.

Theodore Zeldin, An Intemate Historyof Humanity, New York: Harper Collins, 1994.

后 记

2013年攻读博士学位以来，我对人的公共生存视域中思想政治教育公共关怀问题进行了持续研究。博士毕业7年来，世界的公共生存格局发生了复杂而深刻的变化，世界百年未有之变局和中华民族伟大复兴战略全局相互交织，世界多极化、经济全球化、文化多样化、社会信息化加速演进，和平、发展、合作、共赢的时代潮流与保护主义、单边主义、霸权主义的历史逆流共时化展现，中国式现代化正在与西方现代化的共存碰撞中展现出光明的前景。我们正深处大公共生存时代，却不知应"如何共同生存"，"我们如何能在一起"的价值期许越发强烈，人的公共生存对思想政治教育公共关怀的文化憧憬更加深厚，对思想政治教育公共关怀的内涵阐释、时代境遇、内容建构、价值呈现、路径选择都有了全新的要求。

正是基于新的时代背景，作为教育部人文社会科学研究青年基金项目"基于马克思主义生存论的思想政治教育公共关怀研究"（项目批准号：17YJC710106）的最终结项成果，本书是对博士论文的全面的深化、拓新和延展，修改幅度达到了15万字以上，比较系统地研究了在习近平新时代中国特色社会主义思想指导下思想政治教育公共关怀的理论和实践的建构与创新问题。应当说相较于博士论文更有深度，也更具时代性。

作为一名残疾学者，我从小学一路读到博士、完成清华大学博士后研究，成为高校教师和马克思主义学院的负责人，在我求学、研究、教书育人、从事行政管理工作的过程中，付出的艰辛劳苦，克服的重重困难是常人难以想象的。我这 35 年的生命成长史不仅是自强奋进的历史，也是充满爱与奉献的历史，更是反映了中国特色残疾人事业发展壮大的历史。这近 40 万字的著作，既饱含着我求学治学 23 年的付出，也彰显着我对生活、对事业、对人生梦想的孜孜追求，凝结着家人、师长和社会各界的关爱。此时此刻，我怀着一颗感恩的心，真诚地感谢一路走来帮助我的人们。

我要真诚地感谢我的博士生导师万光侠教授。万老师以一颗仁爱之心将我招致门下，让我有幸跟随他进行硕士、博士的学习。万老师为我制订了系统的培养计划，根据我的特点和特长确定研究方向，在理论知识、治学思路、学术发展上对我进行了耐心细致的指导，让我明确了自己的学术方向，坚定了自己的学术信念。万老师对我的论文进行指导多达 50 余次，老师严谨的治学态度和民主教学作风为我打下了坚实的学术基础。

我要由衷地感谢我的博士后导师邹广文教授。正是在邹老师的认可和支持下，我得以步入中国顶尖学府——清华大学，跟随他从事博士后学习和研究，达成了我儿时进入清华大学学习的夙愿。邹老师在课堂上充满智慧而又慷慨激昂的讲授，在课下同我充满思辨与哲理的交谈，将我带入了一个深邃的文化哲学世界，让我对文化和生命又有了崭新的价值体认。在与邹老师的深度学术合作中，邹老师对中国式现代化的文化哲学思考引领我不断瞄准学术前沿、紧跟时代脉搏、淬炼理论思维、实现研究创新。邹老师不仅给予我学术上的指导，还时常给予我人生上的点拨，他那智慧明达的教诲使我从新的视角去审视人生、思索残障、探寻生命的本真价值。

人生幸甚，得遇明师。师恩似海，毕生感铭。在我这一标志性的学术成果即将付梓之际，我要对我的两位恩师真诚地道一声：谢谢！

感谢我现在的工作单位南京特殊教育师范学院。作为中国特教师资培养的摇篮和残疾人高等融合教育高地，已为祖国培养了近 3 万名特教老师和残疾人事业管理人才。南京特师助我实现了由融合教育受益者到奉献者的人生跨越，做超越残障的奋进者、当献身特教的筑梦人是我矢志不渝的人生追求。健全学生说，看到我就看到残疾人生命成长的可能性；残疾学生说，看到我就看到自己人生发展的希望。学生甚至把我称为"一生难遇的好老师"，这是对我教书育人的最高褒奖。衷心感谢南京特殊教育师范学院各级领导、同事们和学生们对我的支持、认可和帮助，感谢学校为我的教学、科研和事业发展提供的平台，感谢江苏省哲学社会科学重点研究基地"江苏省特殊教育发展研究院"、南京特殊教育师范学院"十四五"马克思主义理论重点学科对本书出版所提供的资助。

我要深情地感谢我亲爱的家人。为了我的成长，从我刚出生起，姥爷姥姥就远离家乡前来照顾我，距今已经35年。作为一名参加过解放战争和抗美援朝的老兵，姥爷在我的心中种下了红色的种子，虽然他已在3年前走完了最后的人生旅程，但他给我留下的宝贵精神财富将激励着我奋勇前行。我要向姥爷姥姥致以崇高的敬意！我还要感谢我的父母和兄弟。爸爸为了我的成长呕心沥血，既是好父亲，又是良师益友，在我的学习和学术上给予我很多支持和启发；妈妈从小在生活上就给予我无微不至的照顾，为我的成长付出了辛勤劳动。我的弟弟北京航空航天大学博士后张清源，从小在生活上给予我许多帮助，在学术科研中我们相互探讨，共同进步。

我要特别感谢我的爱人王颖女士。我们因特教结缘，因共同的特教梦想而相知相许、相伴一生。作为一名基层特教老师，她不仅把自己的爱心和耐心献给了许多智障和自闭症儿童，更把她的善良、体贴、温柔、睿智与聪慧献给了我。为了支持我的工作，她甘当默默无闻的贤内助，不仅承担起繁重的家务劳动，而且给予我珍贵的理解、包容与陪伴，成为我不断前进的动力。

家人们的爱是我学习和生活的坚实后盾，是我不懈奋斗的强大动力，相信这浓浓的亲情一定会陪伴我继续走向更加美好的明天！

感谢中国社会科学出版社对我研究成果的认可，感谢本书责任编辑刘艳老师对本书的指导和付出的辛劳。在本书写作过程中参阅了大量专家学者的学术成果，在本课题的研究和我的学术成长中，《光明日报》（理论版）、《理论探讨》、《求索》、《东岳论丛》、《长白学刊》、《教育理论与实践》、《社会主义核心价值观研究》等期刊刊发了我的学术成果，中国人民大学复印报刊资料也转载了相关研究成果。借此机会，向我参阅学术成果的作者和为我论文发表提供平台的刊物表示衷心的谢意！

  本书的付梓出版将是我学术生涯的崭新起点。"路漫漫其修远兮，吾将上下而求索。"我将继续脚踏实地，以自强不息的精神在我钟爱的学术研究道路上越走越远……

张九童

2023 年 12 月于南京